JN087313

侠の歴史

士は己を知る者のために死す、「侠」に生きた勇者たち

日本編 上

関 幸彦◆編著

清水書院

はしがき

「俠《きょう》」の語感には「任俠」云々が結びつくようだ。信義を重んじる行為から転じて「弱きを助け強きをくじく」。「義俠」も同じゾーンということになろうか。「夾」は『漢和辞典』では大きな人を支え、援助する行為を指すという。要は自己を犠牲に、時には自己の命さえも他者のために投げ出して尽力する、そんな人物が「俠」の字義にふさわしい。難儀に立ち向かう漢気《おとこぎ》的要素もこれに近い。ちなみに昨今はあまり使われないが、「お俠《きゃん》」という言葉がある。これは「お転婆《てんば》娘」の代名詞だが、行動的で凛《りん》とした女性の生き方にも通じる言葉である。

ここに「俠の歴史」として俎上《そじょう》にあげたのは、いずれも右に述べた字義のような生き方をした人物たちである。権力や権威にあらがい抵抗した人物もいれば、主君や国家に殉《じゅん》じた人物もいる。勝者として歴史を紡ぐ人物にもの申して歴史の表舞台から消された名もなき敗者も少なくない。こうした無数にいる「俠者」から「これぞ」という生き方や死に様をした人物を精選して掲載した。けれども、「仁義」という言葉に代表される博徒《ばくと》やヤクザなど、アウトロー的な人物は含まれていない。

本書は、清水書院から二〇一七、一八年に刊行された『悪の歴史』シリーズの姉妹編にあたる。前者で汲み上げることが叶わなかった、「侠」ある人物を取りあげたが、それは「表向きの歴史」とは異なる負の要素に彩られたもう一つの歴史を演出してみたい、そんな想いからである。もちろん、『悪の歴史』と同様に、昨今における研究動向も加味して、人物を通じて時代を読み解くこともまた主眼としている。

以下、本書の基本的な編集方針についてお伝えしておきたい。
一、『侠の歴史』シリーズは、「日本編」「東洋編」「西洋編（含む中東編）」の各上下巻の六冊からなる。
二、本書は、先の『悪の歴史』で選択された人物を除外して、「侠」の精神をもつと思われる人物を選んで掲載した。
三、人物名を各テーマ名としたが、その該当人物の「侠」たる所以をサブテーマとして掲げた。
四、本書は、各掲載人物ごとに、それぞれの研究者がおのおのの研究成果にもとづいて執筆したものであり、各テーマは独立した構成となっている。そのために同じ人物が別のテーマで異なる性格をもつ人物としてあつかわれる可能性もあるが、それは各執筆者の、ひいては研究成果にもとづく差異でもあり、編集段階での内容の統一などは行っていない。

五、年代表記は原則として、「西暦（元号）年」として、各テーマを統一した。元史料などを引用する場合はこの限りではない。

六、各人物論には、そのテーマでの主要登場人物に生没年、即位年などを付した。

七、上記四でもふれたように、各人物論は独立しており、いわばオムニバス構成となっている。そのために読者がどの人物論から読んでもよいように、その利便性を優先して、同一人物の生没年や即位年などが別の人物論で重複して呈示される場合もある。

「侠」とは特別に彩られた性格ではなく、歴史の狭間や裏舞台にあって自らの信念を最期まで貫いた普通の生き方でもある。「侠」を主題にした本書が、読者諸氏の豊かな歴史像に資することを期待したい。

二〇二〇年一月二〇日

関　幸彦

「侠の歴史」日本編【上】

目次

対照地図

国は廃藩置県（1871年）の前
（　）は現在の都道府県
※1868 年に設定された国

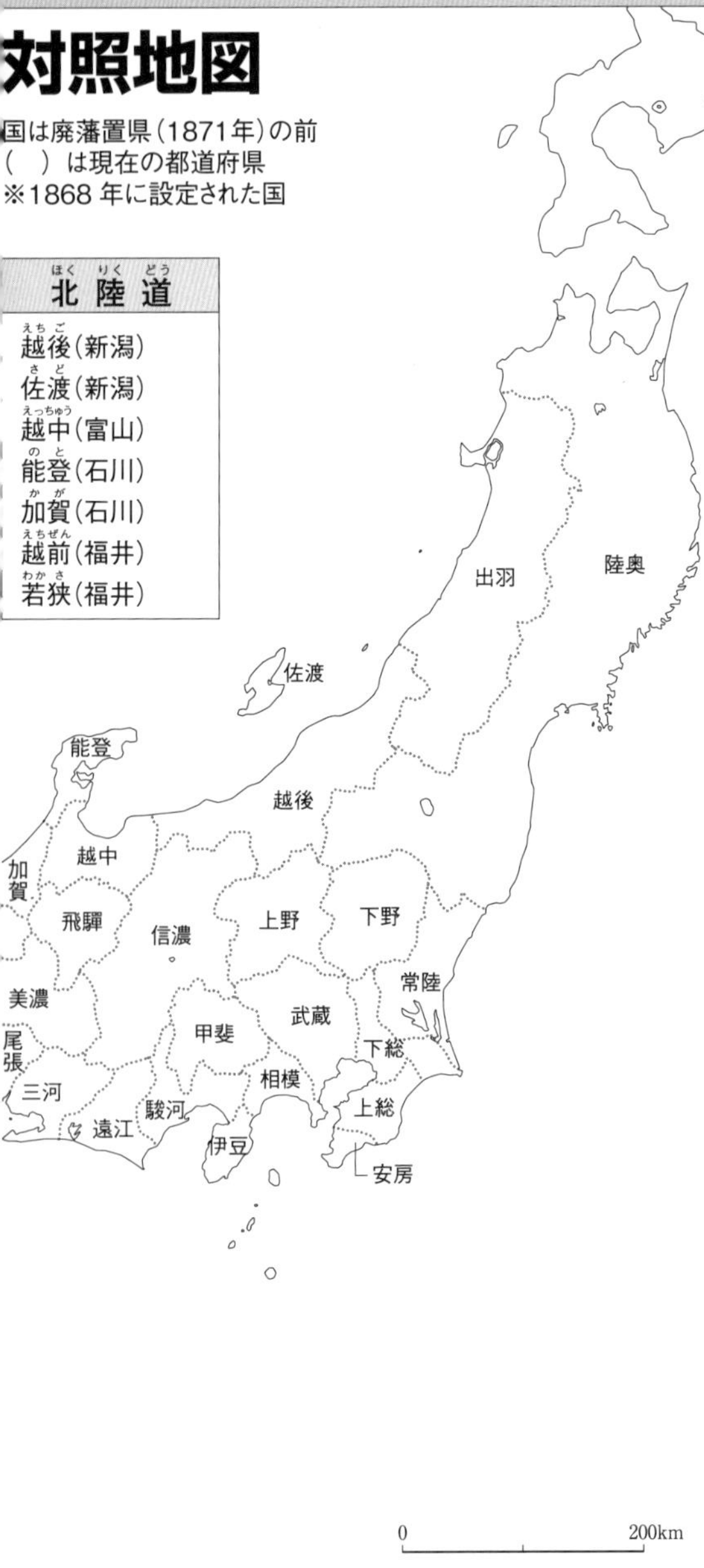

北《ほく》陸《りく》道《どう》

越後《えちご》（新潟）
佐渡《さど》（新潟）
越中《えっちゅう》（富山）
能登《のと》（石川）
加賀《かが》（石川）
越前《えちぜん》（福井）
若狭《わかさ》（福井）

東《とう》海《かい》道《どう》

常陸《ひたち》（茨城）
下総《しもうさ》（千葉・茨城）
上総《かずさ》（千葉）
安房《あわ》（千葉）
武蔵《むさし》（東京・神奈川・埼玉）
相模《さがみ》（神奈川）
甲斐《かい》（山梨）
駿河《するが》（静岡）　尾張《おわり》（愛知）
伊豆《いず》（静岡）　伊勢《いせ》（三重）
遠江《とおとうみ》（静岡）　伊賀《いが》（三重）
三河《みかわ》（愛知）　志摩《しま》（三重）

東《とう》山《さん》道《どう》

陸《む》奥《つ》
※陸奥《むつ》（青森・岩手）
※陸中《りくちゅう》（岩手・秋田）
※陸前《りくぜん》（宮城・岩手）
※磐城《いわき》（福島・宮城）
※岩代《いわしろ》（福島）

出《で》羽《わ》
※羽前《うぜん》（山形）
※羽後《うご》（秋田・山形）

下野《しもつけ》（栃木）　飛驒《ひだ》（岐阜）
上野《こうずけ》（群馬）　美濃《みの》（岐阜）
信濃《しなの》（長野）　近江《おうみ》（滋賀）

国県名

西《さい》海《かい》道《どう》

筑前《ちくぜん》(福岡)
筑後《ちくご》(福岡)
豊前《ぶぜん》(福岡・大分)
豊後《ぶんご》(大分)
肥前《ひぜん》(佐賀・長崎)
肥後《ひご》(熊本)
日向《ひゅうが》(宮崎・鹿児島)
薩摩《さつま》(鹿児島)
大隅《おおすみ》(鹿児島)
壱岐《いき》(長崎)
対馬《つしま》(長崎)

琉球《りゅうきゅう》(沖縄)

山《さん》陽《よう》道《どう》

播磨《はりま》(兵庫)
美作《みまさか》(岡山)
備前《びぜん》(岡山)
備中《びっちゅう》(岡山)
備後《びんご》(広島)
安芸《あき》(広島)
周防《すおう》(山口)
長門《ながと》(山口)

南《なん》海《かい》道《どう》

紀伊《きい》(和歌山・三重)
淡路《あわじ》(兵庫)
阿波《あわ》(徳島)
讃岐《さぬき》(香川)
伊予《いよ》(愛媛)
土佐《とさ》(高知)

山《さん》陰《いん》道《どう》

丹波《たんば》(京都・兵庫)
丹後《たんご》(京都)
但馬《たじま》(兵庫)
因幡《いなば》(鳥取)
伯耆《ほうき》(鳥取)
出雲《いずも》(島根)
石見《いわみ》(島根)
隠岐《おき》(島根)

畿《き》内《ない》

山城《やましろ》(京都)
大和《やまと》(奈良)
河内《かわち》(大阪)
和泉《いずみ》(大阪)
摂津《せっつ》(大阪・兵庫)

「俠の歴史」

日本編

【上】

祖先を神として守り抜く信念に生きた

物部守屋

……もののべのもりや……

松尾 光

物部守屋《もののべのもりや》(?—五八七)は、敏達天皇《びだつてんのう》(在位五七二—五八五)・用明《ようめい》天皇(在位五八五—五八七)の治世下で、大連《おおむらじ》を務めた。国家的な宗教政策をめぐって崇仏《すうぶつ》を求める大臣《おおおみ》・蘇我馬子《そがのうまこ》(?—六二六)と対立し、敏達天皇の勅許《ちょっきょ》をえて中臣勝海《なかとみのかつみ》(?—五八七)とともに仏法排撃を実行した。五八七(用明天皇二)年、用明天皇の没後に欽明《きんめい》天皇(在位五三九—五七一)の皇子・穴穂部皇子《あなほべのみこ》(?—五八七)の擁立《ようりつ》を図ったが、穴穂部皇子は馬子らに殺され、守屋は敏達天皇の大后《たいこう》であった額田部皇女《ぬかたべのひめみこ》(推古《すいこ》天皇、在位五九二—六二八)を推戴《すいたい》した朝廷軍に攻め滅ぼされた。

丁未の変の顚末

ことのはじまりは、五八六(用明天皇元)年、大王《おおきみ》・敏達天皇の死没直後に穴穂部皇子が動いたことにあった。穴穂部皇子は欽明天皇の子で、敏達天皇にとっては異母弟にあたる。彼は、敏達天皇の大后である額田部皇女(のちの推古天皇)におそらく大王への推挙を求め、敏達天皇の遺体が埋葬前に仮安置されている広瀬(奈良県広陵町)の殯《もがり》の宮に赴いた。夫がいなくなった王宮に額田部皇女が留まっていたのならば、常住の住まいを訪ねればよかったのだが、おそらく長い服喪《ふくも》の期間をやや離れている殯の宮に仮住まいすることになっていたので、戻る日が待てなかったのだろう。それほどに心急《せ》くことだったのである。

ところが殯の宮は厳重に守られ、警護責任者となっていた三輪逆《みわのさかう》は門を閉ざしたまま。穴穂部が「七度、門を開け」といった、つまりさんざん要求して押し問答となったものの入場を拒まれ、大后に会えなかった。

会えなかった鬱憤晴《うっぷんば》らしのためか、穴穂部皇子は三輪逆の無礼な発言・振る舞いを問題とした。穴穂部皇子はおそらく「だれとも面会しないというのは、額田部皇女の意思なのかどうか。穴穂部皇子でも面会しないというのか、聞いてこい」と要求したのに、逆が自分の判断で面会を阻《はば》んでいると邪推したのだろう。門前払いされた者がよく懐《いだ》く感情だ。額田部皇女に伝えたかった内容からすればおよそ論点のずれた問題のすり替えにすぎないが、穴穂部皇子はここで大連・物部守屋と大臣・蘇我馬子に、「逆は殯の宮で勝手に『私は、朝廷を荒らさず、鏡面のように清浄に保つように奉仕する』と誄《しのびごと》（死者に対して哀悼の意を表す詞《ことば》）をあげて誓い、天皇の子弟や大臣・大連を差し置いて自分一人で奉仕しているかのようにいう。しかも殯の宮のなかに入れず、門を開けろといったが聞かなかった。まったく無礼なので、斬ってしまいたい」（『日本書紀』）と訴えた。守屋も馬子も同意したので、穴穂部皇子は、守屋とともに磐余《いわれ》の池辺（広瀬の誤りか）を囲んだ。

逆はこの動きを察知し、本拠地である三諸岳《みもろだけ》（三輪山《みわやま》）に退き、そこから戻って皇后の別業《べつごう》（別荘）に身を潜めた。しかし同族に密告されて潜伏先がばれ、守屋は軍士を率いてそこに向かった。皇子も宮を出ようとしていたが、馬子は「王たる人は刑人《つみびと》を近づけないもの。みずから出向いてはいけない」と諫止《かんし》した。そこでは止められなかったが、出先きでさらに諫言し、じかに手を下すことは止めさせた。そこに守屋が戻ってきて、逆を成敗したことを報告した。そのとき馬子は「天下の乱れる日も近そうだ」といったが、守屋は「おまえのような小臣が知るところじゃない」と言い放った。

しかし、守屋の立場は悪くなった。逆は敏達天皇と大后の寵臣《ちょうしん》だったので、大后は深く穴穂部皇子を恨んだが、止めるどころか盲従して軽率に実行した守屋にも不快感を懐いたであろう。さらに、新大王となった用明天皇が「仏法に帰依《きえ》する」と明言したのに対し、守屋は昂然《こうぜん》と反対の意思を表明した。廷内での政治状況はにわかに怪しくなり、押坂部毛屎《おしさかべのけぐそ》が守屋に「あなたを陥れようという画策があり、退路が断たれる危険性がある」と報らせてきた。

守屋は、ただちに反応した。別業のあった河内《かわち》の阿都《あと》に赴き、部下に集まるよう指令を出した。かねて好《よし》みを通じてきた中臣勝海も守屋に味方しようと軍士を集め、また大王を目指す穴穂部皇子にとって有力な対立候補となる押坂彦人大兄皇子《おしさかのひこひとのおおえのみこ》（敏達天皇と前の大后広姫との子）と竹田皇子《たけだの》（敏達天皇と後の大后の額田部皇女との子）の像を造ってその死を祈った。しかし予知能力のせいか、趨勢《すうせい》を読んだか、押坂彦人大兄皇子側に寝返ろうと翻意《ほんい》した。その挙動を見張っていた守屋の側近・迹見赤檮《とみのいちい》はただちに勝海を斬殺し、朝廷側と守屋陣営とは一触即発の状態へと進んでいった。

翌年四月にかねて療養中の用明天皇が没すると、五月に守屋が穴穂部皇子の擁立に向けて動き出し、穴穂部皇子との合流を求めて呼び出しにかかったという。この情報に接して、六月七日、馬子は額田部皇女を奉じ、佐伯《さえき》・土師《はじ》・的《いくわ》らに命じて穴穂部皇子と宅部皇子《やかべのみこ》(宣化天皇《せんかてんのう》の子)を襲わせた。佐伯丹経手《にうて》らは穴穂部皇子の宮を囲み、楼閣の上にいた皇子の肩に兵士が斬りつける。皇子は飛び降りてなお建屋《たてや》に逃げ込んだが、兵士たちは隈《くま》なく探して殺した。翌日には、皇子とかねて深い親交があったという宅部皇子も殺害された。

七月に入って、馬子は皇子・諸臣に呼びかけ、守屋討伐軍を興こした。もちろん額田部皇女の諒《りょう》解《かい》のもとでの動きである。穴穂部皇子の弟・泊瀬部皇子《はっせべのみこ》(のちの崇峻《すしゅん》天皇)・竹田皇子・厩戸皇子《うまやとのみこ》(聖徳太子)らを先頭に、蘇我・紀《き》・巨勢《こせ》・膳《かしわで》・葛城《かづらき》・大伴《おおとも》・阿倍・平群《へぐり》・坂本・春日などおもだった廷臣がこれに従った。

五月の穴穂部皇子の擁立以来、守屋の動きは記されていない。拱手傍観《こうしゅぼうかん》しているはずもないから、王宮のある飛鳥《あすか》周辺で蘇我氏に対抗すべく懸命な政治工作をしていただろう。だが王宮・額田部皇女への工作に失敗し、ついに討伐軍の発令を許してしまった。こうなれば戦うほかなく、本拠地の渋河《しぶかわ》(東大阪市)に馳せ戻り、一族に緊急招集をかけた。だが討伐軍の動きは速く、守屋は子弟と奴軍とを率い、稲城《いなぎ》を築いて応急の防衛態勢をとった。稲城とは、侵入されそうな口に稲穀を山積みし、足もとを不安定にさせて立ち止まらせる工作である。稲穀は大切な兵粮だが、もはやそんなことをいっていられないほど急迫した状態であった。

守屋は朴《えのき》(榎)に登って、雨のように矢を射かけた。そうこうするうちに応援の軍勢も家に満ち、野にあふれるほどだった。押し寄せた朝廷軍を三度も押し返したが、懐刀の迹見赤檮がとつぜん裏切って守屋を射落とし、その子たちもろとも殺してしまった。しょせん朝廷の大半を相手とする衆《しゅう》寡敵《かてき》せずの希望のない戦いであり、その心の隙に付け込む調略にしてやられたのだろうか。予期せぬ展開に「厩戸皇子や馬子が四天王などの諸天王・大神王に祈ったために、奇跡が起きたのではないか」という噂が飛び交ったらしいが、「右足から出たから試合に勝てた」というような根拠のない連想である。それはともあれ守屋とその子らが没し、継体朝以降の廷内に絶大な力を振るってきた物部氏宗家《そうけ》はあえなく断絶した。

これが丁未《ていび》の変といわれる内紛の顚末《てんまつ》である。これならば、守屋は人望のない穴穂部皇子をむりやり擁立し、額田部皇女や馬子など多くの廷臣らと対立して敗れていったようにしかみえない。

だが、一連の記事にはことさらな悪意が込められていないか。

『日本書紀』用明天皇元年五月条によれば、「穴穂部皇子、炊屋姫《かしきやひめ》皇后を奸《おか》さむとして、自ら強ひて殯宮に入る」とあり、殯の宮に押し入ってあろうことか服喪中である敏達天皇の后・額田部皇女を奸そうとしていたとする。悪行を見透かされ、面会を阻止されたから、その腹癒《はらい》せに業務を遂行しただけの三輪逆を殺させた。そんな粗暴な皇子が擁立されても、付き随おうという廷臣のいるはずもない。討伐されてしかるべき。『日本書紀』は、読み手にそう理解させようとしている。しかし穴穂部皇子は逮捕も訊問《じんもん》もされていない。その皇子がかつて殯の宮を訪れた動機について、しかも殯の宮に入ってもいないし成就もしていない「炊屋姫皇后を奸さむ」という意図まで、どうして知り得たのか。自分の悪辣《あくらつ》な意図が判明すれば、三輪逆が無礼だったという主張は成り立たなくなる。だから、殯の宮を訪ねた意図を本人が周囲の人たちに漏らすはずがない。つまりこれは『日本書紀』の記事を書いた人の悪意ある推測にすぎない。

また『日本書紀』崇峻天皇即位前紀には、「守屋は、もともとほかの皇子を排し、穴穂部皇子を天皇に立てようとしていた。遊猟にかこつけて擁立しようとして、ひそかに穴穂部皇子のもとに使いを送り、『皇子と淡路で狩猟をしたい』と伝えた」が「謀《はかりごと》、泄《も》りぬ」という。淡路《あわじ》でといいながらじつは守屋の本拠地の河内の渋河に迎えるつもりであってもいいが、じっさいに淡路にも渋河にもいっていない。また五月に擁立を考えたといいながら、六月七日に穴穂部皇子が殺されている。そして穴穂部皇子が討伐されたのなら、擁立の企てはばれているのに、守屋は何も手を打たず、討伐軍派遣もさらに一ヶ月後の七月である。動きがあまりに緩慢《かんまん》すぎる。穴穂部皇子の事件と守屋討滅はもともと関係がなく、これを結びつける作為《さくい》に二ヶ月を要した。「謀、泄りぬ」ではなく、「公然と確認できないような謀計《ぼうけい》が、ひそかに聞こえてきた」ことにしようという意味ではなかったのか。

というのも守屋にとって、穴穂部皇子は擁立すべき人だと思えないのだ。穴穂部皇子は欽明天皇の皇子だが、母は蘇我馬子の姉妹の小姉君《おあねぎみ》である。よりによって、宿敵・馬子の甥《おい》を擁立するだろうか。

穴穂部皇子が大王位を狙って動くことはあったかもしれない。欽明天皇の子には石姫《いわのひめ》皇后との間に敏達天皇がおり、蘇我堅塩媛《きたしひめ》との間に用明天皇がいた。しかし用明天皇のあとには敏達天皇の子である押坂彦人大兄皇子や竹田皇子が取り沙汰され、小姉君所生の穴穂部皇子や泊瀬部皇子に即位の打診がない。黙っていては、永久に即位の日がこない。そういう思惑から、敏達天皇の皇后に推挙を求めにいったのであろう。もちろん群臣のトップにいる叔父・馬子を頼ればよいはずだ。かつて筆者は、「馬子は小姉君が嫌い」という個人的な心のうちがわかる珍しい例だと推測した。その当否はいまだ不明だが、いくら敵の敵は味方といっても、馬子の甥を擁立する気にはなるまい。手持ちの駒がないのならば、物部氏との姻戚関係などないが、蘇我氏との縁もない押坂彦人大兄皇子を推した方がよい、と思う。守屋滅亡に繋《つな》がる事態の叙述は、筆先の虚構と思う。

仏教公伝をめぐる対立

では、なにが原因で守屋は滅ぼされたのか。それは、仏教導入をめぐる政策的な対立だったろう。そもそもの対立は、物部守屋・蘇我馬子の父である尾輿《おこし》(生没年不詳)・稲目《いなめ》(?―五七〇)のときにはじまった。五三八(欽明天皇七)年(『日本書紀』は欽明天皇十三〈五五二〉年とする)、百済《くだら》の聖明王《せいめいおう》は金銅の釈迦《しゃか》像《ぞう》・幡蓋《ばんがい》・経論《きょうろん》とともに「この法は、多くの法のうち最も優れている」という言葉を添え、欽明天皇に仏教を伝えてきた(仏教公伝)。

仏教はいわば世界大百科事典のような壮大な知識大系を基礎にした社会観・世界観であり、その導入によって文化・文物の理解・活用が見込まれる。『隋書《ずいしょ》』は仏教の導入で日本ははじめて文字を知ったかのように書いている。それは見当違いだが、中国がそう認識しているくらい中国の周縁国は実用的な知識から深遠な哲学思想にいたるまでの文化・文明を仏教の導入によって獲得した。国家の文化水準・技術水準を飛躍的に高めるので、これを伝えることは利敵行為ともなりかねない。だから高句麗《こうくり》に仏教が入ったのが三七二（小獣林王《しょうじゅうりんおう》二）年、百済には三八四（枕流王《ちんるおう》元）年なのに、日本には一世紀半も間があいた。

それならば、日本が喜んで受け容れたのかといえば、そうはならなかった。それは、ここで問われたのが「一般に人々が仏教を信じてもよいか」でなく、「仏教を国家の基軸となる教えとして採用しそれに伴う国家行事などを行うか」どうかだったからである。

無宗教とかいわれている現代でも、日常生活から葬儀にいたるまで、なんらかの宗教性を帯びた行動をしている。加地伸行氏（『儒教とは何か』「中公新書」）によれば、それは儒教原理だというが、たしかに日本人がそれを宗教と思っていないだけのことかもしれない。ともあれ、そこに「ほかの国では定評がある」といわれても、まったく馴染《なじ》みのない宗教原理が齎《もたら》されて「これを国家宗教の基本としなさい」と勧められても、在来の宗教による哲理・習慣と合わずに混乱が起こること必至である。五世紀前半、新羅《しらぎ》にも高句麗僧が仏教を伝えたが、いざ国教化となると少数の導入賛成派と多くの反対派との間で争いとなった。『三国史記』新羅本紀によれば、五二八（法興王《ほうこうおう》十五）年賛成派・異次頓《いじとん》の殉教《じゅんきょう》のさいの奇跡を目の当たりにして、やっと反対する者がいなくなったという。国家の公認には、それなりの時間が必要だった。

まさに日本も、そうした混乱に陥った。

『日本書紀』欽明天皇十三（五五二）年十月条によれば、欽明天皇は「これほど素晴らしい法を聞いたことがない。だが、受容の可否は自分で決めかねる」といって群臣の意見を聴取すると、稲目は「西の諸国はみな礼拝している。日本だけが背《そむ》くべきでない」といったものの、尾輿と中臣鎌子《かまこ》は「わが国の王は天地の多数の神々を一年中祀ることを務めとしている。それを改めて蕃神《あだしくにのかみ》を礼拝すれば、国の神々が怒るだろう」と反対した。とくに中臣氏は朝廷内での祭祀担当であり、氏族としての存立が危うくなる重大問題であった。

ここでは稲目に「試みに礼拝させてみよう」で終わり、国教化しなかった。それに欽明天皇も、本心は賛成でなかったようだ。

稲目は下げ渡された仏像などをとりあえず小墾田《おはりだ》の家に安置し、向原《むくはら》の家を寺院に造り替えた。ところが仏像を齎した人々のだれかが病んでいたようで、天然痘《てんねんとう》が流行った。これから近代まで連綿と、ほぼ一世代に一度繰り返し流行する、その最初となった。そんな因果がわかるはずもなく、国つ神(国土神)の祟《たた》りと考えた尾輿と鎌子は稲目の仏像を破壊し仏舎を焼いたのである。

この抗争は守屋と馬子に引き継がれた。五八四(敏達天皇十三)年九月に、百済から鹿深《かふか》某が弥勒《みろく》石仏を、佐伯某が仏像を持って帰国した。そこで馬子はその二体を受け容れて邸宅の近くに仏殿を建て、還俗していた高麗恵便《こまのえべん》を招いた。さらにその彼を師として尼三人を得度《とくど》させ、尼たちに法会《ほうえ》を執行させた。石川の邸宅にも仏殿を建て、翌年二月には大野丘の北に塔を建てて司馬達等《しばたっと》が得たという舎利《しゃり》を柱頭に収めた。おりしも馬子が病にかかったので、これを占わせると、父・稲目が崇《あが》めた神すなわち仏が祟っているという。そこで大王に奏請し、弥勒石仏を礼拝する許可を得た。しかし折悪しくその直後にまたまた疫病が流行り、守屋・勝海の抗議をうけた敏達天皇は「事態は明白なので、仏法を禁断せよ」と命じた。守屋は塔を切り倒し、仏像・仏殿を焼き、仏像の残骸を廃棄した。ついで佐伯御室《みむろ》が大王の命によって尼を捕縛し、海石榴市《つばいち》でむち打った。

それからしばらくして敏達天皇と馬子が天然痘にかかり、感染していた人々は「仏像を焼いた罪だ」といい募った。馬子は「仏法の力をかりなければ、病は癒《い》えない」と奏請し、大王は「馬子一人が信仰することは認めるが、ほかの人々は禁止する」とし、三人の尼を返還した。馬子はふたたび仏殿を建て、仏像を据えて尼とともに供養した。ある伝えでは、守屋・中臣磐余《いわれ》らがその仏殿などを焼きにきたが、馬子が拒んで防遏《ぼうあつ》したという。

五八六(敏達天皇十四)年八月に大王は死没したが、その殯宮で刀剣を帯びていた馬子を守屋は「猟《しし》矢《や》に射られた雀のようだ」とあざ笑い、手足を震わせて誄《しのびごと》していた守屋を馬子が「鈴をつけたら面白かろう」と揶揄《やゆ》した。もはや論理性を通り越した感情的対立までに至っており、『日本書紀』は「是《これ》に由りて、二の臣、微《ようやく》に怨恨《うらみ》を生す」とする。しかしどうみてもこれは長く対立してきたことの結果であり、葬儀での言いあいていどが怨恨のはじまりであるはずがない。

では、何が対立のきっかけだったのか。それは、いうまでもなく仏教の国教化をめぐる対応の違いである。

蘇我氏からすれば、稲目が欽明天皇に答えていたように「仏教信仰の受容は他国もしていることで、もはや時代の趨勢《すうせい》」と思えた。経済官僚として台頭してきた蘇我氏は、屯倉《みやけ》の効率的管理や船《ふねの》賦《みつぎ》などの厳密な徴収にあたって文字を操る渡来人を数多く配下に収めてきた。その渡来人たちが信仰している仏教は、「やがてこの国でも」と思えて違和感のない教えだった。それだけでなく、渡来人から東アジア諸国の情報を得るなかで、蘇我氏には中央集権政策の一つとして仏教の国教化が不可欠とすら感じられていたろう。いまは氏族がそれぞれにその祖先を神と崇め、精神的にはまとまりのない政治中枢をもつ国家となっている。とりとめのない状態で朝廷を構成する大王や氏族に一体感を持たせてゆくには、汎用性《はんようせい》の高いあたらしい宗教に全員が帰依するのがよい。そうすれば、同じ信仰を持つ信者同士の連帯感が生じる。きたるべき中央集権国家の中枢に、一体感のある指導体制が築ける。しかもすでに中国において仏教は国家を纏《まと》める補強材として成功しており、かつ仏像は皇帝の顔に似せて作られて、皇帝即如来の信仰すらある。仏教への信仰が深まれば深まるほど、臣下の大王への服従が強くなるわけである。大王を軸とした中央集権体制は、制度・法律的に強制されるだけでなく、同一宗教の信徒という心情的な網に包まれ、揺るがぬものとなる。そういう将来性を見据えまたその価値を熟知していたから、疫病の原因として非難を浴び、繰り返し仏像・仏殿を焼却されてもこの信仰を手放すことがなかった。

だが物部氏から、いや蘇我氏とその周縁にないほかの氏族員からみれば、この案はまったく受け容れがたい。それは、祭祀という廷内での担当業務に抵触《ていしょく》するから不都合である中臣氏だけの事情でもない。どの氏族もが、共通して懐いていた思いだろう。尾輿が言い放った思い、つまり先掲の「方《まさ》に今改めて蕃神を拝みたまはば、恐るらくは国神の怒を致したまはむ」である。

それぞれの氏族には、それぞれに護ってくれる神がいる。物部氏には饒速日命《にぎはやひのみこと》がおり、その族員はこの神の子孫と思っていた。つまり族員の祖先神が、その子孫を守り抜いてくれると信じて

❖物部氏略系図（近藤敏喬『古代豪族系図集成』、篠川賢『物部氏の研究』、『国史大辞典』参照）

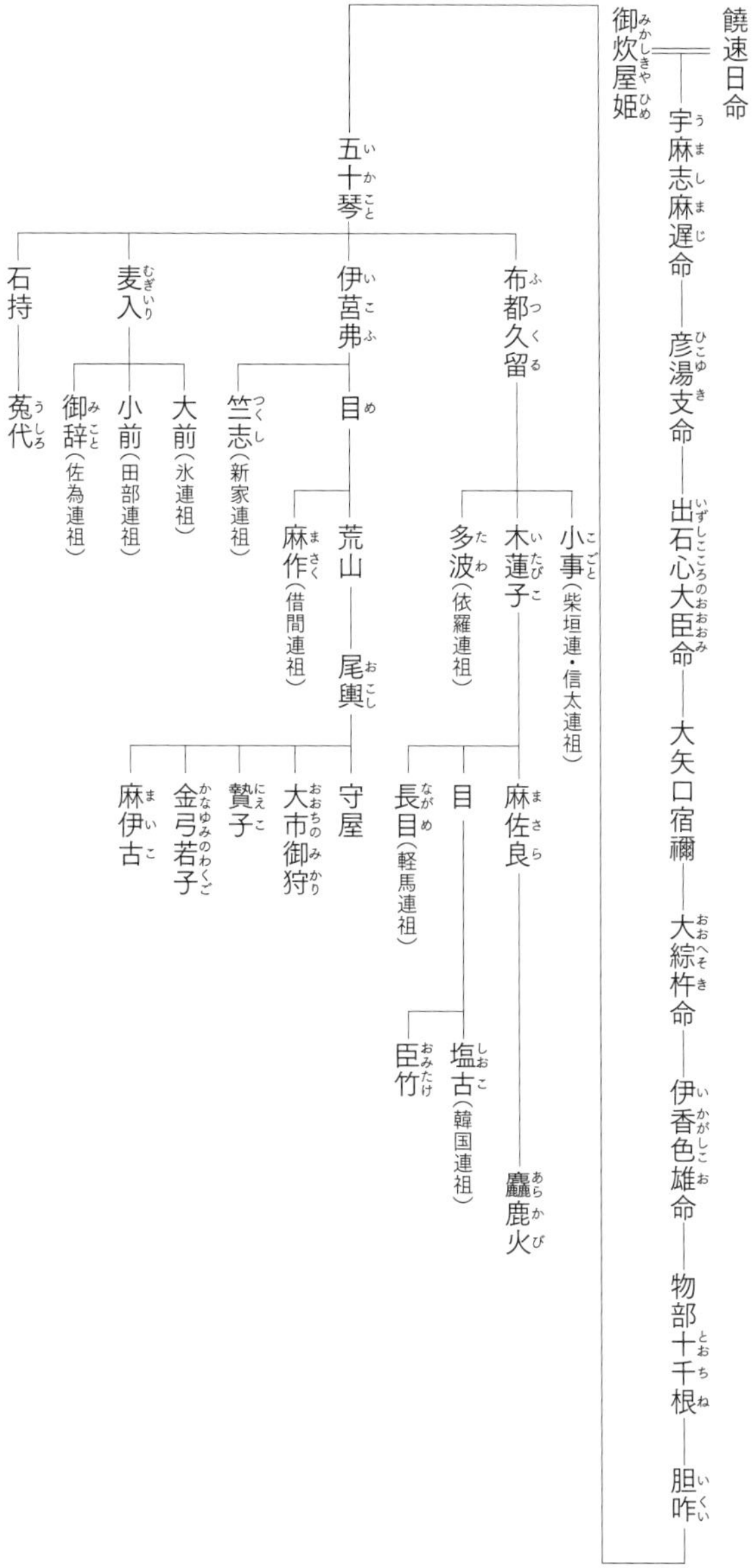

結束していた。大伴氏は天忍日命《あめのおしひのみこと》（または道臣命《みちのおみのみこと》）を祖先神とし、族員はその子孫。中臣氏は天児屋根命《あめのこやねのみこと》を祖先神とし、その後裔《こうえい》氏族である。地方豪族の上毛野氏《かみつけのうじ》も崇神《すじん》天皇の子・豊城入彦《とよきいりひこ》を始祖とし、その子孫と称する。渡来系の東漢氏《やまとのあやうじ》は阿知使主《あちのおみ》とその子・都加使主《つかのおみ》が率いてきた人たちで、秦氏《はたうじ》も秦《しん》の始皇帝《しこうてい》の子孫である功満王《こうまんおう》の子・弓月君《ゆづきのきみ》が率いた人たちとしている。この考え方の基礎には儒教の祖先信仰があるのだろうが、どの氏族も神となった祖先に守られて今日の繁栄があると信じている。蘇我氏が「それぞれの氏族が自分の祖先神に責任を感じて恥じないようにと考えているから、だからすべての氏族が別の方向を拝んで、纏まれないのだ」と思ってきたであろう理由は、たしかにここにある。しかし「その状態を克服する」と称して、「みんなが共通するあたらしい蕃神を信じればよい」というのは、あまりの暴論である。特別な効能があるかどうかも試されていないのに、「ほかの国でも信仰しているから」というだけで受容できるものか。国土にいます神々や氏々の祖先神との兼ね合いはどうか。時間をかけて、仏教の効果をみんなで試しつつ、受容の是非を見極めていくべきだろう。神々との鬩《せめ》ぎ合いの有無も、心に留めて観察していかねばなるまい。それを仏像・経論がきた途端《とたん》に「受容しよう」とは、とりわけて大臣としてあまりに軽率である。この判断は、国家の方向性を見誤る危険性大である。

　しかも現に天然痘が流行している。そのなかで守屋・勝海のとった行動は至当である。疫病蔓延《まんえん》の原因として思い当たった仏教崇拝を、まずは停止させる。疫病がはやっている以上、因果関係を疑われることはやむをえない。それでも平林章仁氏（『物部氏と石上神宮の古代史』和泉書院）の説かれたように、尾輿や守屋は独断で行動していない。尾輿の行動は「天皇曰《い》はく、『奏す依《まま》に』と」あるし、仏像をすてたのは尾輿でなく「有司、乃ち仏像を以て、難波の堀江に流し棄つ」である。守屋の破仏も敏達天皇の「詔して曰はく、『灼然なれば、仏法を断《や》めよ』と」あるのに拠っているし、『元興寺伽藍《がんごうじがらん》縁起《えんぎ》并《ならびに》流記《るき》資財帳《しざいちょう》』によれば「此会此時、他田天皇、仏法を破らむとす。即ち此の二月十五日、刹《さつ》柱《ちゅう》を斫伐《き》り、重ねて大臣及び仏法に依る人々の家を責め、仏像殿、皆《みな》破《は》焼滅尽《しょうめつじん》す」とあり、弾圧の中心人物は大王自身であった。守屋がかりに行動の中心者に見えたとしても、それは廷内の取り纏め責任者だったからである。大王の承認を得ているのだから、つまり王命である。万一結果として誤った行動であったとしても、その責任は命じた大王にあり、命《めい》を承けて行動した廷臣の罪とはならない。

　そうではあるが、そのはずなのに、じっさいは仏教弾圧が守屋の個人的な意向で、その顚末はすべて彼の責任であるかのような雰囲気となった。その理由は、大王家の心変わりである。敏達天皇のあとに立った用明天皇は「朕《ちん》、三宝《さんぽう》に帰《よ》らむと思ふ。卿等議《はか》れ」となった。いままで反仏教施策を担ってきたのは欽明天皇であり、敏達天皇だった。大王家が、物部・中臣ら廷臣たちの言を受け容れる形で仏教弾圧を指揮していた。それが用明天皇になるや、仏教推進派に転身した。いままでの仏教弾圧の責任にはまったく触れずに。

　もちろんそれが王命ならばその王命に、または群臣たちの議論に身を委ねてその帰結に、そのまま従えばよかったかもしれない。ただ政界を巧みに生き抜いて、一日でも長く廷内にとどまることが大事だと思うならば、変わり身で保身するのも人の生き方である。

だが、人には節度・節操がある。人々に説いてきた言葉を翻《ひるがえ》し、王命だからといって真顔で気持ちとまったく反対のことを言えるわけでもない。かつて廷臣たちの多くが頷《うなず》いた国土神・祖先神の祟りを恐れる気持ちに嘘はないし、おそらく多くの廷臣たちも本心はそう思っているだろう。沈黙せざるをえないとの声がひそかに聞こえるように思うから、それならば正論が言えず、口を噤《つぐ》むようにされた原因をこそ除去すべし。大王の意思を背景として圧力を加えてくる額田部皇女と馬子らを、敵に回さなければならない。ひそかに各氏族たちから送られてくる、または敵対しているかのようだがじつは守屋を心うちでは応援しているように思える人たちのために、守屋は立ち上がった。その心持ちは、まさに侠と呼ぶにふさわしい。

だがとりわけての嫌疑の根拠もないのに、突飛《とっぴ》な動きをしている穴穂部皇子との間を取り沙汰されて謀反人《むほんにん》へと仕立てられ、各氏族がひそかにでも手助けしにくい状況が日々作られていく。

守屋の心境は、察するに余りある。討伐軍を受けるにいたったこの状況は、自分の責任なのか。自分は、いや自分たちは、なにか間違えたことをいったのか。みんなで見たろう、国つ神が怒って疫病を流行《はや》らせたさまを。それにもしも自分が何か間違えていたのだとしたら、なぜ大王をはじめとするみんなはそれに賛成していたのか。いま自分だけが、罪を問われ、討伐される。しかし討伐軍に加わっている人たちに罪はないのか。だが、いつものことだが、こうした立場になった人に、そうした思いを伝えられる場は決して与えられない。凄絶《せいぜつ》な最期で相手の肝を冷やさせてその強い反発心を示すことしか、無念さを表現することはもはや許されていなかった。

覚えのない容疑に身を捧げた

長屋王
…ながやおう…

松尾 光

長屋王《ながやおう》(六八四—七二九)は、持統《じとう》(在位六九〇—六九七)朝の太政大臣《だいじょうだいじん》だった高市皇子《たけちのみこ》(六五四—六九六)と天智《てんじ》天皇の娘・御名部皇女《みなべのひめみこ》の子で、妃は元明《げんめい》天皇(在位七〇七—七一五)の娘で元正《げんしょう》天皇(在位七一五—七二四)の妹である吉《き》備内親王《びないしんのう》(?—七二九)。夫人に藤原不比等《ふじわらのふひと》(六五九—七二〇)の娘もいる、尊貴なエリート皇族である。自邸を作宝楼《さほろう》と称してしきりに宴を設け漢詩文を作り、文雅な生活も楽しんだ。不比等没後の政界首班として左大臣となっていたが、七二九(天平《てんぴょう》元)年誣告《ぶこく》をうけて失脚し、吉備内親王ともども自尽《じじん》させられた。

期待されて登場した長屋王

長屋王といえば、その父は高市皇子である。六七二(天武《てんむ》天皇元)年六月二四日にはじまった壬申《じんしん》の乱は天武天皇(在位六七二—六八六)が近江《おうみ》朝の大友皇子《おおとものみこ》(六四八—六七二)を滅ぼして、政権を簒奪《さんだつ》した著名な戦いである。とはいうが、天武天皇は吉野から美濃《みの》に逃げ込んだあと、一度も戦場に立っていない。軍を率いて戦ったのは、高市皇子と大伴吹負《ふけい》である。とくに高市皇子は、美濃に集結した主力部隊を率いて近江湖東を進み、息長横河《おきながのよこかわ》(滋賀県米原市醒井《さめがい》付近)で境部薬《さかいべのくすり》軍を、鳥籠山《とこのやま》(坂田・犬上の郡境付近か)で秦友足《はだのともたり》軍を、野洲川畔《やすかはん》で社戸大口《こそべのおおくち》・土師千嶋《はじのちしま》軍を、栗太《くりもと》でも近江軍を破り、連戦連勝。七月二二日近江大津宮を陥落させ、二六日には天武天皇のいる不破《ふわ》で大友皇子の首実検をしている。めざましい戦いぶりは歌に詠まれて語り継がれ、

……大御身《おおみみ》に　大刀《たち》取り佩《は》かし　大御手《おおみて》に　弓取り持たし　御軍士《みいくさ》を　あどもひたまひ　整ふる　鼓《つづみ》の音は　雷《いかづち》の　声と聞くまで　吹き鳴《な》せる　小角《くだ》の音も　あたみたる　虎か吼《ほ》ゆると　諸人《もろひと》の　おびゆるまでに　ささげたる　旗のなびきは　冬ごもり　春さり来れば　野ごとに　つきてある火の　風のむた　なびかふごとく　取り持てる　弓弭《ゆはず》の騒き　み雪降る　冬の林に　つむじかも　い巻き渡ると　思ふまで　聞きの恐《かしこ》く　引き放つ　矢のしげけく　大雪の　乱れて来《きた》れ　まつろはず　立ち向かひしも　露霜《つゆしも》の　消なば消ぬべく　行く鳥の　争ふはしに……

(「日本古典文学全集」本『万葉集』巻二―一九九)

とあり、鼓が雷を角笛《つのぶえ》が虎の吠声《はいせい》を連想させ、なびく旗は野火のように進み、矢は大雪のように降り注《そそ》いだ。勝利に導いた英雄的功績は廷内の誰より大きく、人気は高かった。だが高市皇子は、生母が北九州地方の胸形徳善《むなかたのとくぜん》の娘・尼子娘《あまこのいらつめ》だったので、天武天皇次世代の多数いる後継者候補のなかでは論外の最下位であった。

ところが、鸕野《うのの》皇后(持統天皇)所生の草壁皇子《くさかべのみこ》(六六二―六八九)が若年死したために情勢がかわり、

持統天皇は高市皇子を太政大臣の地位につけた。太政大臣は天皇とともに庶政を処断する職務で、天智天皇が大友皇子をかつて任じた、事実上の皇太子である。持統天皇は草壁皇子の遺児・珂瑠皇子《かるのみこ》（六八三―七〇七、文武天皇（在位六九七―七〇七））に継がせようと思い、草壁皇子の弟たちに皇位が行くのを嫌った。そこでもっとも即位に遠い高市皇子に恩を売って味方とし、かれのワンポイントの即位まで覚悟した。『万葉集』でも「高市皇子尊」と尊号がつけられているのは、皇太子並に処遇されていた証である。高市皇子の夢は六九六（持統天皇十）年に死没して果てたが、このおかげでその子・長屋王は皇太子の子としての貴種性を付与され、かつ「草壁皇子→文武天皇→聖武天皇」への継承を守ろうとする持統天皇・元明天皇派の期待の星として最初から登場することとなった。

というのも、弓削皇子《ゆげのみこ》による（兄・長親王《ながしんのう》擁立の）画策を制して、文武天皇の即位はできた。だが、その文武《もんむ》天皇も二五歳で死没し、まだ七歳の首皇子《おびとのみこ》（七〇一―七五六、聖武天皇）が残された。その首皇子の擁立に向けて草壁皇子の妃・阿閇皇女《あえのひめみこ》（元明天皇）とその娘・氷高内親王《ひだかないしんのう》が長親王らの執拗《しつよう》な皇位継承工作を押さえ込んで、なんとか聖武天皇（在位七二四―七四九）の即位につなげることに成功した。

文武天皇の末年に知太政官事《ちだいじょうかんじ》が置かれ、刑部《おさかべ》親王・穂積《ほずみ》親王・舎人《とねり》親王・鈴鹿王《すずかおう》（長屋王の弟）が次々任じられる。これは天皇と貴族代表者（左大臣以下中納言までの公卿《くぎょう》ら）の間に入って、天皇側の立場で貴族側を牽制《けんせい》・抑圧する役目と思われてもいるが、これに長親王が就かないのは、文武天皇側に決してならないという反感の表われである。就任した皇子たちは懐柔《かいじゅう》されたわけで、形ばかりの名誉職的な地位だが、貴族の上に立ったことで顔を立てられたのである。

こうした暗闘のあるなか、長屋王は七〇四（慶雲《けいうん》元）年正月、二九歳で无品《むほん》から臣下のうける位階である正四位上になった。ということは皇族として即位が期待できる立場を離れ、廷臣の仕事をこなし臣下として聖武天皇を支える道を行くと決められた。聖武天皇が幼い時点では、藤原不比等とともに廷臣の内部でやがて来る聖武天皇の治世を支えてくれる人が必要だった。不比等の力はなにより大きいし、不比等の子たちに期待も寄せるが、端境期《はざかいき》の間を守ってくれる人がいない。不比等と武智麻呂《むちまろ》（六八〇―七三七）を繋ぐ間に誰かに、廷臣として聖武天皇の補佐をしてもらいたい。その要望にぴったり合うのが、長屋王だったのだ。

七〇九（和銅《わどう》二）年宮内卿《くないきょう》、翌年式部卿《しきぶきょう》となって従三位。七一八（養老《ようろう》二）年に正三位で参議・中納言を歴ずに大納言となった。藤原房前《ふささき》（六八一―七三七）・粟田真人《あわたのまひと》・多治比池守《たじひのいけもり》・巨勢祖父《こせのおおち》・大伴旅人《おおとものたびと》を抜いて、阿倍宿奈麻呂《あべのすくなまろ》と同格で政界第二位にいきなりなった。その二年後、草壁皇子皇統の守護神であった不比等がついに死んだ。このとき武智麻呂は四一歳でまだ正四位下・東宮傅《とうぐうふ》であり、公卿でなかった。絶大な力を振るった不比等の没後には、その反動も考えられる。廷内には、皇族内部の争いを含みこんで、政治的な巻き返しがありうる。その修羅場を抑えられるのは誰なのか。

このとき元明上皇が期待を寄せたのは、武智麻呂より四歳年上の長屋王と武智麻呂の一歳年下の弟・房前だった。同格だった宿奈麻呂は不比等に先立って死没しており、長屋王は政界一位として七二一（養老五）年に右大臣となり、不比等の地位と役割を完全に引き継いだ。

持統上皇はかつて派内で内々の構想を立てた。若年死が予想される文武天皇の即位にあたり、その息子への皇位継承の間に氷高内親王を差し挟む。そのために氷高内親王には独身を強いた。しかしいざ皇嗣《こうし》決定会議の場面となると、内々の取り決めごとは通用しなかった。皇后の経歴がない氷高内親王には、即位の資格がない。そういわれて、仕方なく草壁皇子の正妃と天皇の生母（皇太后）の資格を以て阿閇皇女が元明天皇として即位した。元明天皇は長親王の死没を見届け、氷高内親王（元正天皇）に譲位した。いまその元正天皇の治世であるが、元明・元正両帝とも首皇子の即位こそ本命と考えている強力な後見人である。しかし元明上皇には、もはや寿命がきていた。

七二一（養老五）年十月十三日（『続日本紀』）、元明上皇は長屋王と房前を召し入れて、「火葬に付して薄葬《はくそう》とし、廃朝・廃務もするな」といい、「近侍の官人・五衛府らに、厳重に警戒させて不慮の出来事に備えよ」と諭した。その十一日後には「家の中に病気があると、不意に悪しき事が起こりうる。房前は内臣となって、内外によく計り考え、天皇の仕事を助けて国家を安寧にするように」と房前に述べたという。遺詔《いしょう》に従い、畿内の東側にある三関を閉鎖し、軍乱への備えを固めた。

不比等の嫡子《ちゃくし》である武智麻呂に先んじて房前を参議にまた内々に（官職ではないが）内臣に登用した理由は明らかでないが、『藤氏家伝』武智麻呂伝によれば若き日の武智麻呂は「幼くして其の母《いろは》を喪《うしな》ひ、血の泣《なみだなが》して摧《くだ》け残《そこな》はれ、漿《こみず》も口に入らずして、幾《ほとほと》に性《たましひ》を滅さむとしき。茲《ここ》より尫弱《ちからな》く、進趣すれども病饒《ほこ》りぬ」（書き下しは、佐藤信氏ら著『藤氏家伝注釈と研究』による）とあり、幼児期に母を亡くして脆《ぜい》弱《じゃく》な体質になったという。周囲の人がそうした様子を見て、次男・房前に望みを託そうと動いたのかもしれない。ただし房前は宇合《うまかい》（六九四―七三七）・麻呂《まろ》（六九五―七三七）とともに参議止まりで、正式な公卿とされていない。七二一（養老五）年には房前を抜いて中納言になっているから、あくまでも藤原氏の正嫡《せいちゃく》は武智麻呂であった。

そして七二四（神亀《じんき》元）年二月に元正天皇が譲位して本命の聖武天皇が即位すると、これに伴う人事で長屋王は左大臣に昇進した。臣下としての極官となって、聖武天皇を真下で支える地位に就いた。

その三月に、大夫人問題が起こる。聖武天皇が生母・藤原宮子《みやこ》に尊称を奉呈しようとして、藤原夫人であったのを大夫人にしたいと勅《ちょく》を出した。これに対して、長屋王は「先勅では大夫人と称せよというが、大宝令《たいほうりょう》では皇太夫人とある。勅に従えば違令《いりょう》罪、令に従えば違勅《いちょく》罪となる。いずれを採るべきか」（『続日本紀』）と言上した。聖武天皇はふたたび詔して「文（字）は令の通りに皇太夫人とするが、語（口）ではオホミオヤ（大御祖）とせよ」と改めた。この問題は後で検討するが、聖武天皇と対立したのではなく、長屋王としては持ち上げようとしたものと思われる。

それから五年後の七二九（神亀六）年二月、左京住人の漆部君足《ぬりべのきみたり》と中臣宮処東人《なかとみのみやこのあずまびと》による密告で、謀反人として処罰されることになる。密告の内容は「王はひそかに左道（よこしまな道）を学んで、国家《みかど》（天皇のこと）を傾けよう（倒そうと）している」というのだが、これが虚偽であったことは『続日本紀』天平十年（七三八）七月十日条で明らかにされている。長屋王にかつて仕えていた大伴子虫《こむし》が左兵庫少属になって、密告以来出世して右兵庫頭となっていた東人と碁《ご》を囲んでいた。話が長屋王事件のことに及ぶと、憤激した子虫が東人を斬り殺した、というのだ。これだけなら何についての紛争だったかわからないが、その記事の下文に「東人は、即ち長屋王の事を誣告《ぶこく》したる人也」と書かれていて、

「誣告」つまり無実の人を譏《そし》って告発し陥れた人と解説されている。あれは誣告だった。長屋王は誣告を受けて家を兵士たちに取り囲まれ、勅使に取り調べられた上で、天皇の意思で死刑と決められたのだった。

長屋王排斥の理由

誣告ならば、誣告を画策した人がいるはずだ。まずは誣告を受理した人は誰か。誣告は罪であり、当然密告したときから拘禁《こうきん》され、きつい取り調べをうける。とくに相手が左大臣という大物ならば、なおさらである。筆者からすれば、君足は従七位下で、東人は无位《むい》である。このような下っ端が、どうして長屋王がひそやかにしていた天皇打倒の祈りを知りえたというのか。それからして疑問に思うが、その経緯はもはや明らかにできない。事実でないから、訴えの通る見通しなどない。となれば、最初から「将来の出世を約束するから、このように密告しろ」という話が持ち込まれ、密告を真に受けた形で取り調べ、訴えを採用して長屋王を犯人に仕立て上げる。そういう筋書きがあったのだろう。左京人だから左京職に訴える。そこの長官・左京大夫は藤原麻呂なので、そこから兄・式部卿藤原宇合に連絡。宇合はただちに六衛府《ろくえふ》の兵士を率い、平城宮東南隅に面した長屋王邸を厳重に取り囲んだ。しかしこのルートもややおかしい。左京の警衛は左衛士府の管轄だが、六衛府すべての軍を動かす理由がない。また兵部省と衛府との間にも統属関係がないが、まして式部卿が衛府の兵の指揮を執るべき権限はない。この動きは弟から兄へという血縁による連携だったとしかいえない。いずれにせよこうした形を取ってしまうことで、「長屋王は犯罪者だ」というイメージが人々の間に作られていく。そして知太政官事・舎人親王を筆頭に大納言・中納言が訊問にあたり、その査問結果をもとに、天皇が死刑と決めた。査問の報告でも、状況証拠や裏付けの証言を載せたかもしれないが、決定的な証拠があるはずもない。事実無根であって容疑を否認したという長屋王本人の供述も、伝えられていたろう。そのなかでの死刑判決は、天皇の最終決断だった。

筆者は、この画策の主犯は藤原武智麻呂と考えている。黒幕となる大物は名前が出てこないとの推理から、この事件に関係して名がみえない房前こそ真犯人とみる人もいるが、そうした一般論の的中率はどのていどなのか。武智麻呂は長屋王の変の功績で大納言になるが、七三〇（天平二）年に抜いていた大伴旅人に並ばれ、七三一（天平三）年には位階の差で大伴旅人に抜きかえされた。左大臣・右大臣とも空席なのに、七年も大納言に留め置かれた。大臣クラスでないと執務できず、廷内業務が滞ることもあるのに、武智麻呂はこれといった政敵もいないのに、それでも右大臣になれない。旅人が没して大納言・中納言が各一人で、参議が七人という状況になってもだ。長屋王誣告事件の責任者が武智麻呂だったと露見《ろけん》していたからで、懲罰的《ちょうばつてき》な留任だったのだろう。

もともと『続日本紀』に誣告とあるのは、『続日本紀』編纂時にはじめて得られた認識でない。そこで関根淳氏（「長屋王の『誣告』記事と桓武朝の歴史認識」〔『日本歴史』六六七号、二〇〇三年十二月〕）は、誣告が記事に書き込まれたのは桓武朝のこととし、「『新王朝』創始者としての桓武が前代までの治世を克服し、批判的に評価する必要があった。……長屋王の『誣告』記事を挿入することは、時代の差異を意識づけ、『新王朝』の幕開けを効果的に演出する一つの手段だった」とされた。聖武朝のこととできない理由として、「事件を『謀反』と処理した聖武天皇の在位中に、その過誤を明らかにするような意味をもつ長屋王の冤罪《えんざい》が暴露されたとは考えられない」とし、中臣宮処東人の殺害事件と誣告の暴露は関係がない、という。しかし想定されたように後世の都合で記事内容の意味がとうとつに変質させられるものならば、『続日本紀』はおよそ信憑性《しんぴょうせい》のない史料群となってしまう。聖武天皇の過誤云々は、東人の処分ができなかった理由となりうるが、だからといって誣告の発覚が認められない理由とまではいえない。筆者は、事件直後から無実とする声があり、七三二、三(天平四、五)年に黒い噂が広がり、七三六(天平八)年には冤罪が確定して、翌年延内で誣告事件についての政治決着がつけられた、と思っている。もちろん一般に報知されないから、大伴子虫のような下級役人は何も知らなかったろうが。この確定を承け、一方で武智麻呂が留任を解かれて右大臣に昇り、他方で七三七(天平九)年十月二〇日に長屋王の生き残っていた子女が叙位されて復権した。寺崎保広氏(『長屋王』吉川弘文館)は、長屋王が怨霊《おんりょう》となっていて、その鎮魂《ちんこん》のための叙位かとするが、そう読み取るべき蓋然性《がいぜんせい》などない。

だが、誣告とわかったのなら、中臣宮処東人はなぜ誣告罪で解官されていないのか。それは、最終的に有罪と認定し死刑と決めたのが聖武天皇だったからである。東人や虚偽の密告を不十分な調査で通過させた麻呂を処罰させれば、日々言葉を交わし政府最高官として近侍させて知り尽くしていた仲である長屋王の無罪の抗弁を、「信用できない」と退けた天皇の非情かつ不明な判断も罪に問われないでは済まない。だから、ここまでとする。貴族界の組織ぐるみの隠蔽《いんぺい》だが、政治決着によってあとは闇に葬ったのだ。となると東人は政治決着がついたことを密かに告げられたのに、自分の誣告とその免罪《めんざい》は子虫もふくめた官界のみんなが知っていることだと思って気楽に口にしてしまったことになろうか。

では、どうして聖武天皇は冤罪を見抜けなかったのか。もちろん密告を信じたといえばそうだが、決定的な証拠のあったはずもなく、本人は無実と言い続けていた。本人にじかに訊問もせず、これだけの高官を見切ったのは、なぜなのか。

瀧浪《たきなみ》貞子氏は聖武天皇が激怒した理由を、「皇太子基王《もといおう》の夭死《ようし》以外には考えられない。基王の死で悲しみに沈んでいるとき、長屋王の写経が、じつは基王を厭魅《えんみ》(呪詛《じゅそ》)するためであったと告げ口されたら、聖武天皇ならずとも憎しみが噴き出したであろう」(『光明皇后』「中公新書」)とされる。筆者の指導教授・黛弘道先生が講義中に、「子どもが死んだのが、長屋王の呪詛によるものといわれたからでしょう」と仰られたことを記憶している。異常な心理状態に陥って冷静な判断力を失っていたところに長屋王のしていた写経事業の意図が悪く受け取られて判断を誤ったという、いかにもありそうな話ではある。しかし密告は「私《ひそか》に左道を学びて、国家《みかど》を傾けんと欲す」であって、「私に皇太子を呪ひ、夭死させんと欲す」ではない。この事件では、長屋王の嫌疑内容について遠回しな言い方をする必要もない。皇太子が対象だったなら、皇太子と書くはず。皇太子を呪詛で死なせても、国家(天皇)を傾けたことにはなるまい。しかも長屋王には、基王の死を祈るべき動機がない。

個人の特定の心情・思考に入り込んで憶測を巡らすのは歴史研究者の分を超えるが、本書は「俠」の精神を懐いていたかどうかの気持ちを問題にするので、あえて踏み込ませてもらう。筆者は、聖武天皇は長屋王と反りが合わず、嫌いだったのだと思う。「長屋王は祖母・元明上皇が信頼し、元正上皇も引き立て、高市皇子以来の数少ない草壁皇子皇統の味方だ」とは知っている。そうした重鎮《じゅうちん》として処遇し、その意見を大事にするようにとも聞かされてきた。だからその言を容れ、教えの内容を尊んで黙って従ってきた。だが聖武天皇は長屋王が好きでなかった。排斥すべき理由はない。だから皇統の守護神・政府の重鎮として丁重に処遇してきたが、ひとたび長屋王に疑いがかかり、いわば水に落ちた犬となったとき、容赦なく悪意で見てしまえる。聖武天皇は、本心をあらわにして容疑を過大に聞き入れ、弁明を過小に評価することで見捨てた。そういうことではなかったか。

長屋王は、決して聖武天皇をないがしろにしてなどいない。

さきに掲げた大夫人問題は、律令の規定を金科玉条として皇太夫人を主張する長屋王と大夫人の敬称を奉呈したい聖武天皇との対決とみられてきた。律令至上主義で規定にこだわる長屋王が、夫人・安宿媛《あすかべひめ》(光明子)を皇后に冊立《さくりつ》したい藤原氏の提案に反対することを見越して、長屋王の変を起こして排斥したという推測も、筋が通っていた。しかしよく考えてみると、そうともいえない。

「大宝令」公式令皇太后条には、たしかに「皇太妃・皇太夫人」とある。代替わりのさい、天皇の生母(国母)で前皇后なら皇太后、前妃は皇太妃となるのだが、生母が夫人だったらどう呼ぶのか必ずしも明瞭でない。皇太夫人に「皇」の字が入っているからである。後宮職員令によれば「妃は二人、右は四品以上」で「夫人は三人、右は三位以上」であり、普通なら妃は皇族出身者しかなれず、夫人は臣下出身者がなると解く。しかし皇太夫人の「皇」が皇族の意味とすると、无品の皇女は妃になれないから夫人となり、天皇の母となった場合に呼称を皇太夫人とするとも読める。聖武天皇が生母・宮子夫人に大夫人という称号を作ろうとしたのは、臣下出身者だから「皇」字を憚《はばか》ったのである。これに対して長屋王はそもそも宮子夫人への尊号奉呈に反対でないし、特別な名称など作らずに遠慮なく律令規定の皇太夫人を名乗るようにと勧めているのである。長屋王は遠慮に反対し、天皇を後押ししたわけで、遠慮の要不要をめぐる君臣のほほえましい遣り取りの一齣にすぎない。

後世、徳川綱吉《とくがわつなよし》は柳沢吉保《やなぎさわよしやす》の私邸にたびたび「お成り」し、それが君臣間の親密度の指標ともされた。そうしたお成りも、長屋王は受けている。『万葉集』に、

太上天皇の御製歌一首
はだすすき尾花逆葺《おばなさかふ》き黒木《くろぎ》もち造れる室《むろ》は万代《よろずよ》までに
天皇の御製歌一首
あをによし奈良の山なる黒木もち造れる室は座せど飽かぬかも（巻八―一六三七・一六三八）
右、聞くならく、左大臣長屋王の佐保《さほ》の宅にいまして肆宴《とよのあかり》したまふときの御製なりと。

と聖武天皇は佐保邸を訪れたことが記され、君臣間は外面的に水魚の交わりにあったとみておか

しくない。

しかも、聖武天皇が東大寺・国分寺を造って仏教による鎮護国家政策を進めようとすることについても、長屋王の信心はむしろその先駆けか推進役であった。長屋王は私財を投げ打って、七一二（和銅五）年に文武天皇追福のため大般若経六〇〇巻（和銅経）を、七二八（神亀《じんき》五）年に高市皇子（亡父）と御名部皇女（亡母）と歴代の天皇および聖武天皇のために大般若経六〇〇巻（神亀経）を書写させた。

さらに日本の崇仏篤信者に長屋王ありとの評判は、海外にも知れ渡っていた。思託《したく》撰の『唐大和上東征伝』によれば、栄叡《ようえい》・普照《ふしょう》が揚州《ようしゅう》大明寺にいた鑑真《がんじん》を訪れて僧侶の派遣を願ったとき、鑑真は、

昔聞く、南岳の思禅師、遷化《せんげ》の後、生を倭国の王子に託して、仏法を興隆し、衆生《しゅじょう》を済度《さいど》すと。又聞く、日本の長屋王、仏法を崇敬して、千の袈裟《けさ》を造りて、此の国の大徳・衆僧に棄施《きし》す。其の袈裟の縁の上に四句を繍著《しゅうちょ》して曰《いわ》く、「山川域を異にすれども、風月は天を同じうす。諸の仏子に寄せて、共に来縁を結ばん」と。此を以て思量するに、誠に是れ仏法有縁の国なり。


といったとある。長屋王が私財で造った一〇〇〇枚の袈裟を唐の僧侶たちに贈ったことが、中国でも知られていたというのだ。

非の打ち所のないように見える人物だが、気になるところがなくもない。それが『日本霊異記《にほんりょういき》』の記載で、中巻第一「己《おの》が高徳を恃《たの》み、賤形《せんぎょう》の沙弥《しゃみ》を刑《う》ちて、以て現に悪死を得る縁」にある。

七二九(神亀六)年二月八日に左京の元興寺《がんごうじ》で三宝を供養する法会が行われた。そのさい長屋王は「衆僧に供する司」を任されていたが、その供養の食事を盛り付ける場に、無作法にもじかに沙弥がやってきて鉢を捧げて飯を受けようとした。つまり乞食《こつじき》をした。これをみた長屋王は持っていた牙《げの》笏《しゃく》で沙弥の頭を打ち、これによって沙弥の皮膚は破れ血を流した。沙弥は頭を撫で血を拭って恨めしそうに立ち去った。法会に集まった道俗の人々はみな「凶《あ》し、善くはあらず」とささやきあったという。はたして二日後に「長屋、社稷《くに》を傾けむことを謀り、国位《みかどのくらい》を奪らむとす」と讒訴《ざんそ》された、という。『日本霊異記』著者の景戒《きょうかい》は法相宗徒《ほっそうしゅうと》なので、華厳宗《けごんしゅう》に依拠する聖武天皇・光明皇后の事績をあまり評価しないが、長屋王のような篤信《とくしん》・高徳を謳われた人をあしざまにいう理由もなく、非難は一見不可解である。

そもそも藤原氏が長屋王を陥れた理由だが、藤原氏の進める光明皇后冊立策に対し長屋王が律令規定を盾に反対するかもという懸念は、先述のようになかった。そこでいまは、長屋王の群を抜く富裕さと貴種性の増進のせいかと見られている。

長屋王は正二位左大臣だから、職田《しきでん》三〇町・職封《しきふ》二〇〇〇戸、位田《いでん》六〇町・位封《いふう》三五〇戸、ほかに夏冬に大量の季禄《きろく》が賜与され、公費での家政機関がつけられた。筆者の推計では年所得三億六〇〇〇万円、税込みで七億円くらいだが、それでもこの職につけばみなこの待遇をうける。ところが長屋王家は、ちょっと違うのだ。それは高市皇子の壬申《じんしん》の乱での活躍などが大功《たいこう》とされてそれに見合う功封《こうふう》が与えられ、功封の半分を子からの三世代が継承することとなっていた(禄令功封条)。六九二(持統天皇六)年にみえる五〇〇〇戸が大功だったとすれば、没後の長屋王は二五〇〇戸と位封・職封で併せて四八五〇戸、五〇戸で一里(郷)だから、六郷で一郡なら十六郡分にあたり、二〜三カ国分の調庸《ちょうよう》全額と租《そ》の半分が自宅に持ち込まれる。「長屋王家木簡《もっかん》」からは外部に田・園・山・杣《そま》・炭焼処などの営所や氷室《ひむろ》を置き、邸内に鞍具作司・鋳物所・仏造司・薬師処など工作所や大炊《おおい》司・膳司・酒司・水取司などの炊爨《すいさん》施設、馬司・犬司・鶴司などに多数の職員がいて、何でも自力で作り出しつつ天皇家と肩を並べる優雅な生活を楽しんでいたさまがうかがえる。

そして今一つ。長屋王は二世王だから、子は三世王となる。ところが妻・吉備皇女の母・阿閇皇女が元明天皇となり、姉も元正天皇となった。継嗣令皇兄弟子条には「女帝の子も同じ」との注記があり、この適用で七一六(霊亀《れいき》二)年二月に吉備皇女は内親王となり、長屋王との間の子は二世王になった。子が二世王ならば、父の長屋王は事実上の一世王(親王)ではないか。だから長屋王家木簡に「長屋親王」、『日本霊異記』でも「長屋親王」と書かれた。藤原氏は、長屋王の貴種性が増したことで本人の登極工作を警戒するとともに、吉備内親王所生の膳夫王《かしわでおう》を聖武天皇没後の皇位継承の有力候補者の一角と目し、その芽を未然に摘み取るべく画策した。長屋王の変の、藤原氏側の動機として有力視される解釈である。

ただ筆者は、長屋王は品階を捨て正四位上を受けたとき、皇族扱いを脱する決意をしていたと思う。聖武天皇も、藤原氏が何と訴えたとしても長屋王が即位を画策しているとまでは思わなかっただろうし、安積親王も生まれて、かつ基王の次の子を待つ余裕もある時期で、膳夫王をそこまで危険な芽とは思わなかったろう。

そのなかで長屋王の容疑を聞いたとき、聖武天皇が死刑を選んだのは、長屋王の人間性と自分があわないうっとうしさを感じていたからだろう。聖人君子にはだれもが惹かれて従うはずだ。だが聖人と思っている人同士だったら惹かれ合わずに反目しあうわけで、聖人でもすべての人に慕われはしないということだ。まして並の人間である。聖武天皇には本書「藤原広嗣」で述べるように読書によって得られた根拠のない「賢帝としての自負心」があり、長屋王には『日本霊異記』が指摘するように仏教篤信者といっても表裏の二面性があった。寺川眞知夫氏は「長屋王は法相《ほっそう》ではなく、三論の依拠する経典、大般若経を二度に亘って願経として写経し元興寺に寄進した」「三論系を偏重する長屋王に対する法相系の僧侶の隠微な反感が働いていたことを思わせる」(「『霊異記』の描く長屋王」神戸大学文学部国語国文学会『国文論叢』三四号、二〇〇四年三月)とする。根には宗論の立場のこうした違いがあるのだろうが、それを露わにすれば、民衆には篤信者でも罰を被ると聞こえて、仏教離れを起こそう。筆者は、道教などへの関心も懐く長屋王は本心で仏教行事を大切に思っていないと看取していたと読むのだが。ともあれ両者の歯車が噛み合わないことを自覚していて、長屋王をどのようにも裁ける立場になったとき、天皇は彼を見切る気になった。長屋王からすれば、噛み合わないと知っていても、それでもなお元明上皇・元正上皇・藤原不比等らが自分に託してくれた聖武天皇の後見人としての役割を果たすのが自分に課せられた責務。尽くすべき相手から「死を」といわれれば、ただ生き延びても仕方ない。一身を国に捧げる「俠の心」で、身を捨てるしかなかったのである。

大忠臣の誇りを胸に
無念の最期を遂げた

藤原広嗣

…ふじわらのひろつぐ…

松尾 光

藤原広嗣《ふじわらのひろつぐ》(?—七四〇)は、藤原式家《しきけ》の宇合《うまかい》(六九四—七三七)の子である。七三七(天平《てんぴょう》九)年の天然痘《てんねんとう》流行で藤原四子(宇合など、藤原不比等《ふひと》の四人の子)が死没し、その翌年に大養徳守《おおやまとのかみ》兼式部少輔《しきぶしょうゆう》となって要職を歩みはじめたが、同年中に大宰少弐《だざいのしょうに》に左遷された。二年後に聖武《しょうむ》天皇(在位七二四—七四九)の失政を指摘して、その原因となる君側《くんそく》の奸《かん》の玄昉《げんぼう》(?—七四六)・吉備真備《きびのまきび》(六九五—七七五)の排除を掲げ、大宰府で挙兵(藤原広嗣の乱)。一万人以上を率いたが、大野東人《おおののあずまひと》(?—七四二)を将とする政府軍に敗れ、五島列島で刑死した。

大宰府での挙兵

『続日本紀《しょくにほんぎ》』天平十二(七四〇)年八月二九日条によれば、少弐の職にあって大宰府にいた藤原広嗣から、平城宮《へいじょうきゅう》の聖武天皇に上表文が届いた。内容は大意だけだが「時政《じせい》の得失を指し、天地の災異を陳《の》ぶ。因《よ》りて僧正玄昉法師・右衛士督《うえじのかみ》従五位上下道朝臣《しもつみちのあそん》真備を除かんと言うを以て、言を為す」と記され、結論として君側の奸である玄昉・吉備真備を宮廷から排除するよう求めていた。

だが、その上表が受け容れられる可能性は小さい。なぜなら、二人とも聖武天皇の寵臣《ちょうしん》だからだ。

そこで上京して武力で打倒すべく、広嗣は大宰府で決起した。上表文が都に届いてから四日後の九月三日の記事に、「広嗣、遂に兵を起して反す」とある。律令国家機構を使った唯一の兵乱となった、藤原広嗣の乱の幕開けである。

聖武天皇は、ただちに征討軍を編制させた。大将軍に東北経略で勇名を馳せた大野東人を任じ、副将軍に紀飯麻呂《きのいいまろ》、軍監《ぐんかん》・軍曹《ぐんそう》を各四人任命し、東海・東山・山陰・山陽・南海の五道から一万七〇〇〇人の兵士を徴発させることとした。

急いで広嗣側の状況を分析し、それに対応する作戦立てをしたようだ。都近くにいた二四人の隼人《はやと》を招いて位階や服を与え、さらに佐伯常人《さえきのつねひと》（生没年不詳）・阿倍虫麻呂《あべのむしまろ》（？—七五二）を特任の勅使《ちょくし》に仕立て、遠征軍に合流させた。

東人の軍はゆっくりと九州対岸の長門国《ながとのくに》に向かい、その途次に各地で徴発された兵士が合流してきた。二一日には戦いがはじまっているから、『延喜式《えんぎしき》』運脚《うんきゃく》行程の十一日のほぼ一・五倍をかけて進み、適宜傘下《さんか》に収めていったことになる。その間兵士への命令系統・手順を確認したり、東海・東山など広域から集めたために雑居状態にある兵士たちを編み直して戦えるように系統立てる作業に追われたであろう。それでも、前年六月に三関国（越前《えちぜん》・美濃《みの》・伊勢《いせ》）・陸奥《むつ》・出羽《でわ》・長門・大宰府管内諸国を除く、諸国の軍団兵士の徴集は廃止されている。政策転換して廃止された兵士役をここで急に徴発することとなったため、誰を点定《てんてい》するかの作業からだから、発遣《はっけん》までに相当な時間がかかる。開戦時には一万七〇〇〇人を大きく下回る兵数しか集められなかったろうと思う。

広嗣の方は、決起を表明してから徴兵作業に入った。上表に先んじて徴兵をはじめていたら、半月後には大軍を率いて山陽道を進めていたろう。だが、事前に徴兵を命じれば都に注進がいく。秘密裡《みつり》に進められた少人数でのクーデタ計画でないから、「挙兵宣言してから徴兵指示」という手順は仕方ない。

それにしても少弐の広嗣は、大宰府官人として第三位でしかない。命令は通るはずもないのだが、大宰府で彼の専断を抑止すべき長官の帥《そち》は七三七(天平九)年八月の藤原宇合没後たぶん欠員で、七三八(天平十)年十一月に大弐《だいに》に任ぜられていた高橋安麻呂《たかはしのやすまろ》は右大弁の兼務であったので京内にいた。つまり七四〇(天平十二)年には少弐が現地の最高官だったので、広嗣の意思がそのまま大宰府の最高決定事項となってしまった。

大宰府は律令官制のなかで特殊な権限を有しており、九州(西海道)の九ヶ国を独自に統括した。大宰府管理下の九ヶ国はじかに中央政府につながっておらず、まずは大宰府の命令に従うこととなっていたのだ。

これは、大宰府が地理的に外国に直面しているための特例だった。かつて六七二(天武天皇元)年六月の壬申《じんしん》の乱にさいし、近江朝廷の大友皇子《おおとものみこ》は筑紫大宰・栗隈王《くりくまおう》に近江への援兵派遣を命じた。しかし栗隈王は「筑紫国は、元より辺賊《ほか》の難を戍《まも》る。其《そ》れ城を峻《たか》くし隍《みぞ》を深くして、海に臨みて守らするは、豈内賊《あにうちのあだ》の為ならむや。今命《みことのり》を畏《かしこ》みて軍を発《おこ》さば、国空《むな》しけむ。若《も》し不意之外に、倉卒《にわか》なる事有らば、頓《ひたぶる》に社稷《しゃしょく》傾きなむ」(『日本書紀』)といい、つまり内輪もめしているうちに外国から攻められたら国が滅びる。筑紫大宰の兵は対外用であって、国内のどんな変乱でも動かさないと主張した。

外国勢力とまず戦うのは中央政府でなく、大宰府である。そのために九ヶ国の兵の徴発権を持つ。まずは国土防衛の最前線として戦い、その力で排撃できなければ、時間を稼いで中央政府からの援軍を待つ。それが大宰府の役割で、物理的な裏付けとして管内九ヶ国の調庸《ちょうよう》はまず大宰府がその必要量を確保し、なお余れば中央政府に送ることとなっていた。軍事的権限と財務に半独立的な権限を与えたのは、この任務遂行のためだった。ところがその軍事力が国内に向けられ、中央政府を攻めるために使われることになった。

大宰府の軍団兵士がどれほどの規模なのかは、史料が整っていないので明瞭でない。

『太宰府市史　通史編Ⅰ』(二〇〇五年)によれば、八一三(弘仁《こうにん》四)年八月以前の軍団が筑前《ちくぜん》四・筑後《ちくご》三・豊前《ぶぜん》二・豊後《ぶんご》二・肥前《ひぜん》三・肥後《ひご》四で、計十八軍団一万七一〇〇人いて、ほかに日向《ひゅうが》に一軍団五〇〇人と小規模ならば薩摩《さつま》・大隅《おおすみ》にも存在した蓋然性《がいぜんせい》がある。こまかくは不明としても、机上の計算では大野東人率いる征討軍とほぼ互角の兵数を動員しうる見込みがあった。政府側の征討軍の規模が一万七〇〇〇人というのも偶然でなく、広嗣軍と対等かやや上回るていどに設定されたものと思われる。

広嗣は根こそぎ動員をかけるつもりで、三手にわけて徴発しながら軍を整え、三者が合流してから本州側に渡る計画だったようだ。

広嗣が北側の鞍手道《くらてみち》を行って板櫃鎮《いたびつのちん》を目指し、広嗣の弟・綱手《つなて》が南側の豊後から登美鎮《とみのちん》を、広嗣の腹心の部下・多胡古麻呂《たごのこまろ》が中央の田川道《たがわみち》から京都郡《みやこぐんの》鎮《ちん》（京都鎮か）に向かう。各自が軍事拠点を押さえたうえで、三者揃って本州に渡る手はずだったらしいが、目論見《もくろみ》はやや外れた。

第一に、中央政府からの妨害工作にあった。挙兵を知るや、聖武天皇は広嗣の指示に従わないよう諭《さと》す勅書を作らせた。長文なのでいくぶん要約して掲げるが、そこには、

反逆者である広嗣は小さいときから凶悪で、成長してからはよく人を詐《はか》り陥れるようになった。彼の父の宇合はつねに広嗣を廷内から排除しようといっていたのだが、朕《ちん》はその願いを退けて彼のことをかばってきた。そんなことも知らず、京内で親族を譏《そし》って折り合おうとしないので、仕方な

広嗣の乱略地図

（太宰府市史編集委員会編『太宰府市史　通史編Ⅰ』太宰府市、2005年）

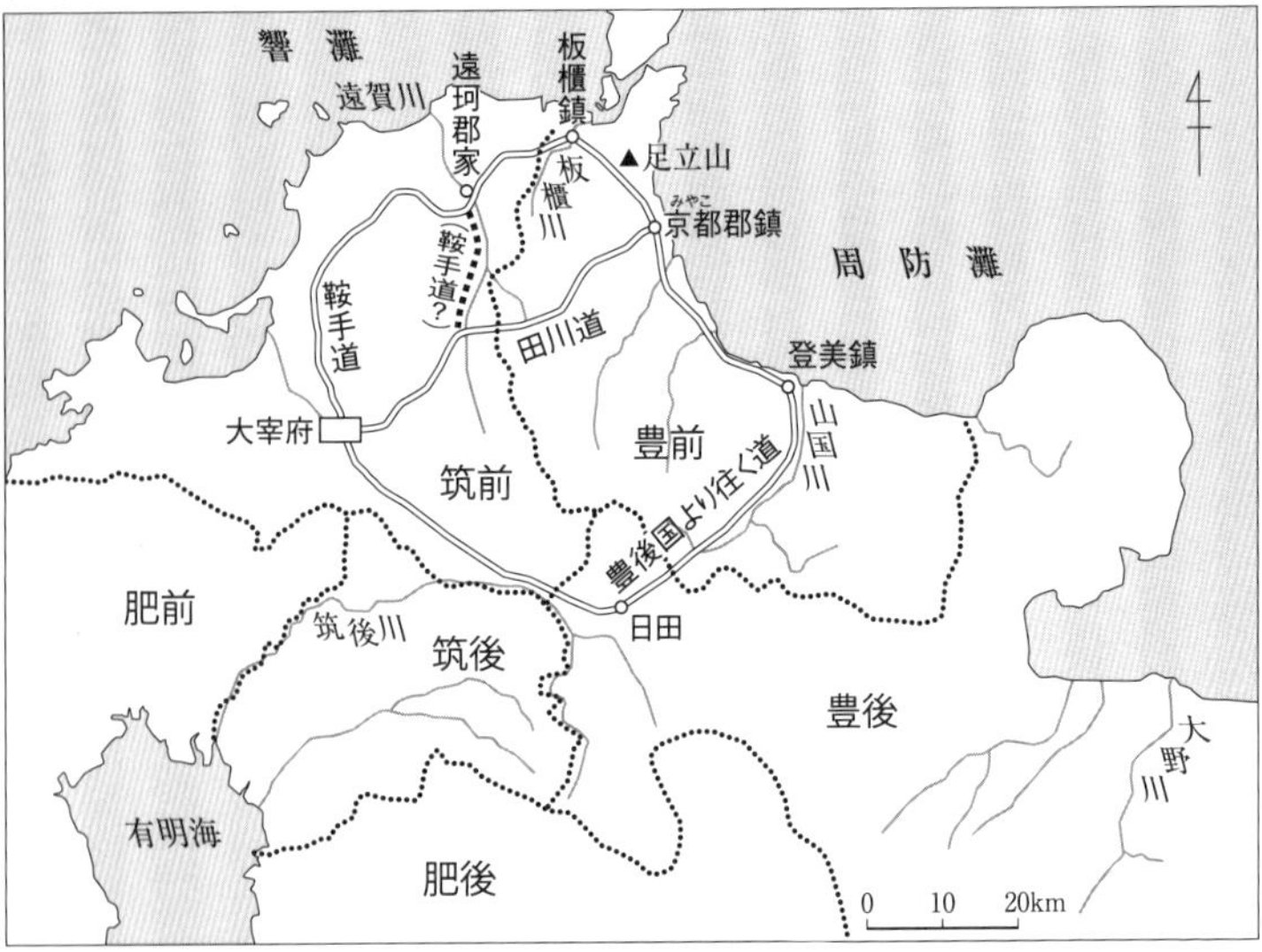

く遠くにやって彼の改心するのを願っていた。しかしいま反逆し、人々を騒がすに至った。こうした行為は天地の道理にかなわないから、神明に見放されて滅亡するだろう。この勅符《ちょくふ》を見た者は、朕の意思を早く承知して対処せよ。広嗣の企てに一度は同心した者でも、広嗣を殺したら高い官位を授けよう。忠臣・義士はこの勅旨を実行せよ。討伐の大軍がこの勅書に引き続いて進入するだろう。この状況をよくわきまえて行動せよ。

とあり、この勅書が人々の目に触れないように使者を捕らえたりする場合も想定し、諸国に向けて数十通を複製して撒《ま》いた。広嗣の命令は大宰府の合法的な決定であり、ふつうなら実行しなければ罪に問われる。そのなかで勅符が聖武天皇の言葉と見定められずに疑問視する人もいたろうが、大宰府の指示を否定する勅書があるという噂だけでも、兵士の徴発は滞ったであろう。

第二に、右の勅符の効果かどうかは不明だが、九ヶ国の軍団関係者たちが、この徴発命令に納得しなかったようなのだ。「重装備をして、行軍に加われ」「戦闘態勢に入れ」といわれても、「軍船が見えた」とか「外国兵の密偵《みってい》が捕まった」とかの噂すらなく、徴発の意図がわからない。兵士の訓練や統率はほんらい軍毅《ぐんき》の職にある人たちの仕事だが、現実にはその地の有力者である郡司《ぐんじ》が納得しなければ徴発は難しい。さらに集めた兵士の統率も、郡司の意向を承けて行われる。その郡司たちはとうとつな軍事行動の意図を疑った。いわれるがままに大宰府側に身を委ねることをためらい、大宰府の指示に従わずに個々の郡司の判断で独自な動きをしはじめる。

戦いは、小競り合いからはじまった。

九月二一日、長門国豊浦郡《とゆらぐん》の郡司に兵四〇をつけ、関門海峡のもっとも短距離な部分を渡らせた。本隊が渡海しても、波打ち際で攻撃をうけると損害が大きくなる。安全に上陸できる場所を確保したかったのだ。そして翌日、佐伯常人・阿倍虫麻呂を将として兵四〇〇〇が渡海し、広嗣軍の要塞となっている板櫃鎮を攻撃。さらに南でも京都郡鎮・登美鎮をはやばやと落とし、一七六七人を捕《ほ》虜《りょ》とした。この戦いにあたり、九州各地の郡司たちはどちらの命令を聞くべきかを自分で判断しなければならなくなった。板櫃鎮から逃げ出した大長・三田塩籠《みたのしおこ》は豊前国の百姓・豊国秋山《とよくにのあきやま》に討ち取られ、豊前国の京都郡《みやこぐん》の楉田勢麻呂《しもとだのせまろ》が兵五〇〇、仲津郡《なかつぐん》の膳東人《かしわでのあずまびと》が兵八〇、下毛郡《しもげぐん》の勇山伎《いさやまのき》美麻呂《みまろ》と築城郡の佐伯豊石《とよいわ》らが兵七〇を率いて投降した。広嗣軍が崩れはじめた。

広嗣のもとにはそれでも一万という軍兵が集まっており、佐伯・阿倍が率いる兵六〇〇〇を打ち破る兵力はあった。綱手・古麻呂とどこで合流する予定だったかはっきりしないが、待ち続ければ郡司間の「戦っている相手は、政府軍らしい。自分たちは反乱軍と見なされているようだ」という噂話から脱走がはじまり、軍が崩れていく危険性もある。結束を固めるにはここで政府軍を蹴散《けち》らし、相手を圧倒して見せることだ。

十月九日、広嗣は意を決し、二軍を待たずに単独で板櫃川《いたびつがわ》西岸に臨んで対岸の政府軍と対峙した。そして材木を組んで筏《いかだ》に仕立て、それに配下の隼人を軸にした突撃隊を組織しておし渡らせようとした。これに対して政府軍側はまだ兵数が少なくて戦力が低いので、上陸を防ぐべく弩《いしゆみ》を射かけた。

弩とは巨大なクロスボーのようなもので、数人力で弦《つる》を引き、遠くまで届かせかつ矢の貫通力を高めた武器である。広嗣軍もこれにやや怯《ひる》み、戦況は膠着《こうちゃく》状態となった。

このとき、佐伯・阿倍らはとっておきの策に出た。政府軍に随行していた隼人を呼び出し、広嗣側にいる隼人に「逆賊の広嗣に与《くみ》して官軍に抵抗すれば、自分の身を滅ぼすだけでなく、罪は都の周辺に伺候《しこう》している家族・親族にも及ぶぞ」と呼びかけさせたのだ。隼人には勇猛果敢な兵士が多く、大宰府麾下《きか》の軍のうちでも勝敗の帰趨《きすう》を左右するような決戦場面での要《かなめ》となる存在だった。ここでも先鋒を務め、勝利の雰囲気を作り出す効果が期待された。ところがこれを聞いた広嗣側の隼人たちは、矢を射かけなくなった。効果があるとみて、佐伯常人が勅使として呼びかけた。十度ほど呼ぶと、広嗣が現れた。広嗣としても、「おまえらは反乱軍だ」といわれては士気にかかわる。義挙をしている自分の正当性を兵士たちに明示しておく必要もあると思い直し、「勅使が来たというが、その勅使とはだれか」と問うた。常人は「勅使は佐伯大夫と阿倍大夫である」と返答する。広嗣は「今にして勅使を知った。私は朝命に背くつもりはない。ただ朝廷を乱す二人の処分を請うているだけだ。朝命に背くのだというのなら、この広嗣は天神地祇《てんしんちぎ》の罰を受けてとっくに殺されている」といったが、常人は「その聖武天皇の命令を記した勅符を賜与するために、大宰府の官人を呼んでいる。それなのになぜ軍を興こして押し寄せてきたのか」と返された。「なぜ反乱をおこしたのか」という議論なら、「これは反乱ではない。朝廷を浄化するための正義の戦いだ」といって玄昉と吉備真備の罪状を滔々《とうとう》と述べればよい。だが、いま「勅使が大宰府官人に勅符を渡すだけだから、軍をおいてこちらに来い」という話になってしまった。

集団の圧力、軍事力による強制によって「君側の奸」を除きたいと述べている以上、聖武天皇の権威は拒絶しておらず、その命令に忠実に従う臣下の分を守る。それなら天皇の勅符を謹んで受けるべく勅使のもとにいくべきだ。論理としてはそうである。もちろんのこと勅符を受けにいけば、逮捕・処刑される。では「君側の奸に操られている聖武天皇が敵なのだから、勅符など受け取れるものか」といってしまえば、大宰府軍は天皇を最高権者とするのだから、天皇の敵となった広嗣の命令など聞けない。もともと大宰府軍は広嗣が反乱していることを承知で集まっているわけでないので、説明されれば兵士はより上級権者である聖武天皇側つまり勅使側に従うこととなり、軍としては瓦解する。「聖武天皇の軍隊を使って聖武天皇を倒す」というのは、もともと難しいのである。

広嗣が返答できずに引き退がると、まず三人の隼人が東岸に泳ぎ渡りはじめ、政府軍の助けをかりて上陸。仲間たちに投降を呼びかけると二〇人の隼人が投降し、広嗣本隊からも十騎が政府軍に寝返った。ここからの記述は『続日本紀』にないが、反乱軍と知らされた広嗣麾下の各部隊は戦闘意欲を失い、一挙に崩壊したのであろう。

それから半月後、古麻呂はどうなったか不明だが、綱手は広嗣と落ち合えた。十月二三日、政府軍の別働隊が五島列島の一つ値嘉島《ちかのしま》(福江島)の長野村に潜んでいた広嗣らを発見。広嗣は无位《むい》・阿倍黒麻呂《くろまろ》に捕らえられ、大野東人の本営に連行された。彼らについての政府処分案を待つのが筋だったが、一味が奪還する危険性もあったため、十一月一日、東人の判断で広嗣・綱手ら首謀者を斬った。

翌年正月、死罪二六人、没官《もっかん》（公奴婢《くぬひ》となる）五人、流罪《るざい》四七人、徒罪《ずざい》（懲役）三二人、杖罪《じょうざい》一七七人の処分が確定して、この乱は終わった。

我は大忠臣なりという誇り

広嗣の乱の顚末《てんまつ》の大要は以上だが、広嗣には反乱者としての悪意がなく、反省の色は微塵《みじん》もなかった。広嗣の従卒《じゅうそつ》である三田兄人《みたのえひと》ら二〇余人からの聴聞によると、こうだった。板櫃川での敗戦のあと、広嗣は海上に逃れ、とりあえず値嘉島に逃げ込んだ。しかし見つかるのも時間の問題なので、海上に出た。東風に押されて漂い、四日後に耽羅島《たんらとう》（済州島《チェジュド》）の島影を目にした。日本からの脱出に成功したと思ったが、東風は吹くのに島に近づかない。一日一夜が過ぎ、今度は西風に変わって日本へと向かいはじめた。驚いた広嗣は駅鈴《えきれい》を捧げ持ち、天を仰いで「私は大忠臣である。神霊は私を見捨てるのか。願わくは、神の力によってしばらく風波を鎮めよ」といい、駅鈴を海中に投げ込んだ。しかし風波は激しさを増し、遠《とお》値嘉島の色都島《しこうしま》に戻されてしまった、という。

そうなのだ。負けてもなお広嗣は、みずからを大忠臣と評していた。聖武天皇個人につく忠臣というより、国家にとっての柱石、忠臣でありたいという気概をもって、広嗣は反乱に踏み切った。よくないことと知っているのに見て見ぬふりをし事なかれ主義に身を置いて唯々諾々《いいだくだく》と命令に従って保身するという安易な道を選ばず、道を誤る国家の岐路を前に、ただ一人俠気を見せようとしたのだ。

そのいわんとするところを辿り、心のうちを推測してみよう。

広嗣は、玄昉と吉備真備の排除を求めた。

このうちの玄昉は渡来系の阿刀《あと》氏の出身で、七一六(霊亀《れいき》)二年、学問僧として入唐し、唐の玄宗《げんそう》皇帝(在位七一二―七五六)から三品に准じて紫の袈裟《けさ》を賜与された。紫の袈裟は、高僧の象徴である。七三五(天平七)年に帰朝し、経論五千余巻や仏像を多数持ち帰った。中国で許されたくらいだから、帰朝しても紫の袈裟は許され、七三七(天平九)年僧正となった。問題はここからだ。内道場《ないどうじょう》に入って、宮中での仏事の相談事に預かったのだが、そのさい聖武天皇を出産後に気鬱《きうつ》となってずっと臥《ふ》せっていた藤原宮子《みやこ》(文武《もんむ》天皇〔在位六九七―七〇七〕の夫人、?―七五四)の看病を担当し、病を快癒《かいゆ》させたのである。聖武天皇は三七年ぶりに母子の面会を果たし、玄昉に感謝して寵用《ちょうよう》した。ところが「栄《えい》寵《ちょう》日に盛んにして、稍《ようや》く沙門の行いに背く。時の人、これを悪《にく》む」(『続日本紀』)とあって、その後の彼には悪評が立っていた。政界人は廟堂《ちょうどう》で執政を行い、僧侶は寺院内で国家の安寧を祈る。宮子の治療とて、もともと僧侶の任務の一部としての医療行為であり、任務を果したまでのこと。僧侶界で僧正の発言が重要視されるとしても、僧正が政界に口を出せば越権行為である。「沙門の行いに背く」というのだから、政界の人々に対して分を超えた内容の口出しや振る舞いをするようになったのだろう。かりに天皇や皇太夫人から問われたのだとしても、述べてはいけない意見もあったろう。それなら広嗣の怒りも理解できるが、そうなると僧侶の意見を聞こうとして分限を超えさせた聖武天皇の政治姿勢も問われることとなる。

一方の真備は、備中《びっちゅう》土豪の下道氏の出身である。七一六(霊亀二)年以来十七年間留学生《るがくしょう》として唐におり、阿倍仲麻呂《なかまろ》に比肩する秀才ぶりを発揮した。七三五(天平七)年の帰朝にさいして『唐礼』一三〇巻・『大衍暦経《だいえんれききょう》』一巻・『大衍暦立成』十二巻・『楽書要録』十巻などの書籍や測影鉄尺《そくえいてつじゃく》・銅律管《どうのりつかん》・鉄《てつ》如方響写律管声《のほうきょうしゃりつかんせい》・馬上飲水漆角弓《ばじょういんすいのぬりのつのゆみ》・射甲箭《しゃこうせん》・平射箭《へいしゃせん》などの器物を多数もたらした。朝廷の典礼や造暦あるいは楽器・武器・測定具など、朝廷内がかねて欲しかったものを献上した。正六位下・大学助となって能力を発揮する場につき、広嗣の乱のときには従五位上・右衛士督として貴族の仲間入りを果たしていた。翌年東宮学士《とうぐうがくし》となって阿倍内親王に近侍し、やがて右大臣にまで昇進する。

玄昉の発言や行動はともかく、有能・有用な人材であり朝廷は大いに助かっている、真備を君側の奸として排斥しようとするのは広嗣の失当と思われるところだが、広嗣の本当の狙いはどうも聖武天皇の失政を糾弾し抑制することにあったようだ。

大宰府からの上表文の「時政の得失を指し」とは聖武天皇のしてきた政治を広嗣が得と失で評価した意味であり、「天地の災異」とは天帝《てんてい》が地皇《ちこう》にその政治が天意に沿っていないことを知らせるために地上に表わす現象である。人々の脳裡には、七三七(天平九)年を中心とした天然痘が思い浮かんだだろう。それをことさらに陳べたのは、聖武天皇のこれまでの政治がいかに天帝の意に沿わず、天帝がどれほど多くの警鐘を鳴らしているか、その鈍感さを正面切って指摘したのである。失政をもたらしたのは聖武天皇自身の不徳のせいとせず玄昉と真備の排除をというのだから、失政の内容が彼らの登用となるのだ。「玄昉や真備を登用するから、天帝が怒って地上に飢饉《ききん》を起こし、疫病を流行らせるなどして、さかんに警告を送っている。それなのに無為に過ごすだけで、なぜ国政をただささないのか」という上表であるが、玄昉はともかく、真備の登用は失政ともいえまい。

ではあらためて問う。聖武天皇の何が問題なのか、と。

聖武天皇は、「草壁皇子《くさかべのみこ》↓文武天皇」と繋いできた天武《てんむ》天皇と持統《じとう》天皇の血統を承け継ぎ、その間に元明《げんめい》天皇（在位七〇七―七一五）・元正《げんしょう》天皇（在位七一五―七二四）を入れて時間稼ぎしてやっと立てられた男帝である。天皇家と藤原氏がことのほか大事にしてきた、期待の星である。甘やかされたといえばそうだが、優れた天子はどうあるべきかの帝王学を基礎から叩き込まれてきた。そのせいで、それがやれる自分は賢帝だと思い込んだ。「賢帝ならば、『野に遺賢なし』」の論理の実現へと導かれる。『書経』大禹謨《たいうぼ》にある「賢者はもれなく朝廷に登用されており、民間に隠れた逸材はいない」という話で、そうした状況ならばよい政治が行われて、天下泰平でみな豊かに暮らしている、というわけだ。

そのために、じかに言葉を交わすはずもなかった玄昉を寵愛してみせ、真備を大げさに登用した。玄昉は天皇の母の治療で成果をあげたし、真備は秀才だった。真備がもたらした文物は律令国家として形をなそうとしていた日本にとって貴重だった。持ち込んだ文物がよいのではなく、かれに中国の制度・文化を理解する力があり、それを日本に適用する力があった。じっさい、中国にいって学んできた兵学は、のちに藤原仲麻呂（恵美押勝）の乱（七六〇〔天平宝字八〕年）を鎮圧するさいに役立ってもいる。

だが問題は、登用の仕方である。

真備が優れているとしても、官僚機構の中堅クラスにおいて使えばよい。かれのような地方出身者を、安易に五位以上すなわち貴族の列に加えるべきでない。晩年の引退直前ならば永年表彰をかねて優遇してもよいが、これからの人材である。それならわれら貴族の下に組み込んでコントロールし、物事はわれらを通じて実現すればよいではないか。というのも、真備のような人材はこれからも出てこよう。そのたびに彼らを貴族に上げていくというのか。

そもそも大和政権は、大王《おおきみ》家が一人発起して王朝を樹立したものでない。平群《へぐり》・葛城《かづらき》・巨勢《こせ》・羽《は》田《だ》・和珥《わに》などの氏が集まって大王を共立し、朝廷の作業を分担すべく物部《もののべ》・大伴《おおとも》・佐伯《さえき》・中臣《なかとみ》・馬飼《うまかい》などを成立させて支えとしてきた。時代に合わせて部民制から律令官人制に形は変わったが、国家草創以来の事情に即して政務は上級氏族員が貴族となり、中下級氏族員が中堅以下の役人となっている。この機構は、蔭子孫《おんしそん》・位子《いし》制度を通じて、貴族の子孫は貴族に、役人の子は役人として再生産されるようになっている。中国のような科挙《かきょ》による登用はしていない。それなのに、民間の優れた人を勝手に登用して貴族とされては、藤原氏や阿倍・石上《いそのかみ》(物部)・石川(蘇我)・佐伯・大伴・多治比《たじひ》など名門貴族が没落してしまう。すくなくともいま確実にポストが一つ奪われており、この手の登用を続けられたら藤原氏のポストも次々失われる。賢帝を気取ったとはいえ、天皇がなぜ勝手に遺賢を登用するのか。大和政権の歴史を顧みるなら、いまこうした登用の仕方は止めさせなければ。それにはまず、聖武天皇が賢帝でないことを自覚してもらわなければ。「聖武天皇、あなたは賢帝じゃない。天平九年に眼前で多くの人が疫死したことや近ごろの天変地異が、それを証明しているでしょう」と、彼は臆せずに口にできる。歴史的な知識を基盤とした、妥当・穏当な信念である。これは自分だけでなく、藤原氏のみんな、また貴族を輩出している多くの他氏の人たちはみなこう思っているはずだ。それなのに、誰もそれを問題としない。でも、それはおかしい。それでも自分が不退転の決意で決起すれば「よくぞ言ってくれた」として彼に共鳴し、都の周辺でも叛旗《はんき》が次々と飜《ひるがえ》るはず。そして聖武天皇が譲位するか心を入れ替えるか、となるだろう。自分がしていることは、すくなくとも間違えていない。自分は国家の柱石となるべき人であり、義臣・忠臣また信念を貫く俠の人として長く讃《たた》えられる。そう心から信じた。だからこそ、「大忠臣」として挙兵した。

だが、彼に続く者はいなかった。保身といえばそうかもしれないが、自分の出世が阻まれたわけではない。それに、広嗣は「貴族のなかの俠たらん」思っていただろうが、その眼には貴族の利害しか映っていない。彼は、彼が現に率いている兵士たちのために挙兵したのではないから、軍士に同調を求め、正義・大義を掲げて戦い続けることができなかった。それでも名指しで批判された聖武天皇はことのほか動揺し、以降五年間、恭仁宮《くに》・難波宮《なにわ》・紫香楽宮《しがらき》に遷都《せんと》(七八頁の地図参照)しつつ畿内とその周縁を彷徨《ほうこう》したのである。

政治はだれのためにするのかを心に問い続けた

橘諸兄

…たちばなのもろえ…

松尾 光

橘諸兄《たちばなのもろえ》(六八四―七五七)は、奈良時代の政治家である。皇族の一員でもと葛城王《かづらきおう》といい、臣籍《しんせき》に降《お》りて橘諸兄と改めた。参議だったとき、天然痘《てんねんとう》の流行で上司が相次いで死没したため、大納言《だいなごん》・右大臣・左大臣を駆け上り、藤原氏を押さえて首班《しゅはん》の地位にあり続けた。この間、聖武天皇《しょうむてんのう》(在位七二四―七四九)をみずからの地盤に誘って恭仁京《くにきょう》を造らせたりしたが、他方で藤原広嗣《ふじわらのひろつぐ》(?―七四〇)の軍乱にあい、光明皇太后《こうみょうこうたいごう》(七〇一―七六〇)・藤原仲麻呂《なかまろ》(七〇六―七六四)に押されるなかで密告を受けて致仕《ちし》。失意のうちに没した。

橘諸兄の登場

橘諸兄とは、六八四(天武《てんむ》天皇十三)年に生まれたときからの名でない。かつては皇族の一員として葛城王といった。そののち弟・佐為王《さいおう》(橘佐為)、妹・牟漏《むろ》女王も生まれた。

父の美努《みの》王(三野王)は六七二(天武天皇元)年の壬申《じんしん》の乱勃発《ぼっぱつ》にさいし、その父で筑紫大宰《つくしのだざい》であった栗隈王《くりくまおう》にしたがって博多《はかた》にいた。近江朝《おうみちょう》の総帥《そうすい》・大友《おおとも》皇子は筑紫大宰麾下《きか》の兵士を鎮圧に動員しようと、佐伯男《さえきのおとこ》を派遣した。そのさい、命令に従わないようなら、斬るよう指示していた。栗隈王は「外国からの侵略を防ぐ軍士を内戦に使えば、内戦に勝っても国が滅びる」との理由で命令を拒絶したが、本心は大海人皇子《おおあまのみこ》への支持であった。佐伯の殺意を予知した王は武家《むげ》王とともに父を守護し、暗殺を阻止した。九州の軍士が近江朝に味方していたら、大和は波状攻撃で制圧され、一時的に押されたとしても近江軍は難波《なにわ》を根拠に戦い続けたかもしれない。天武朝以降の美努王は筑紫大宰率・大幣司長官・左京大夫・摂津《せっつ》大夫・治部卿《じぶきょう》を歴任し、父の功の余慶をそれなりに受けてきた。

一方、母は県犬養三千代《あがたいぬかいのみちよ》(?—七三三)。一族の県犬養大伴《おおとも》は壬申の乱の功臣で、天武天皇の殯《もがりの》宮《みや》で宮内《くない》のことを誄《しのびごと》している。とはいえ、県犬養氏は河内《かわち》の茅渟県《ちぬのあがた》を本貫《ほんがん》とする豪族で、その仕事は犬を連れて屯倉《みやけ》や宮室の門などの守衛に当たる伴造《とものみやつこ》。大夫《まえつぎみ》などとなるにはおよそ縁遠い、低い格付けの氏族であった。

こうした来歴の美努王と県犬養氏の女から生まれた四世王か五世王では、官界での出世に望みはもてない。その彼が公卿《くぎょう》に連なれたのは、母・三千代の出世と行動に負うところが大きい。

三千代は天武朝から七三三(天平《てんぴょう》五)年の死没まで歴代の後宮《こうきゅう》に勤務したというから、その横で日々活躍を見ていた藤原不比等《ふひと》(六五九—七二〇)の人となりに惹かれたのだろう。文武朝の初年に美努王と離婚し、不比等と再婚した。そして七〇一(大宝元《たいほう》)年、安宿媛《あすかべひめ》(光明皇后)を産んだ。諸兄は母が動いたことで不比等の縁戚となり、光明皇后の異母兄ともなった。それだけでない。不比等の娘・多比能《たひの》を正妻として、七二一(養老《ようろう》五)年に奈良麻呂《ならまろ》(七二一—七五七)

を儲けており、不比等の女婿《むすめむこ》にもなった。さらに母は七〇八(和銅《わどう》元)年十一月の元明《げんめい》天皇(在位七〇七―七一五)の大嘗祭《だいじょうさい》の宴席《えんせき》で、長年の忠誠の褒賞《ほうしょう》として杯に浮かべた橘《たちばな》にちなんで県犬養 橘 宿禰《たちばなのすくね》の氏姓《しせい》を(たぶん一代限りで)賜与《しよ》されていた。母死没後の七三六(天平八)年十一月、葛城王・佐為王は「母が授かった橘宿禰氏の名を継承したい」と申し出て、皇籍を離れて臣籍降下するとともに、莫大《ばくだい》なものとなっていたであろう三千代の遺産を継承したのである。

こうした政治・経済的な環境もあって、七一〇(和銅三)年に無位から従五位下となってスタートから貴族の仲間入りを果たし、七二九(神亀《じんき》六)年正月に正四位下となり、九月に左大弁《さだいべん》となった。大弁は太政官の要をなす激務の職で、八省の卿をへて公卿に出世していくポストでもあった。そして七三一(天平三)年八月、諸司の推挙により、藤原宇合《うまかい》(六九四―七三七)・麻呂《まろ》(六九五―七三七)とともにいわば藤原四子グループ・不比等一家の一員として参議に連なった。武智麻呂《むちまろ》(六八〇―七三七)はそのとき大納言で五二歳。かつて兄に先んじて出世して参議となっていた房前《ふささき》(六八一―七三七)は五一歳。四八歳の諸兄は、三八歳の宇合、三七歳の麻呂とやっと肩を並べた。四子に比べれば、出世は遅い。そうではあるが、不比等の女婿でなければ、ここまで昇ることすらなかったろう。このまま取り巻きとなって四子の活躍を見守り、さらに義理の甥《おい》たちへの権力継承を見届けつつその生涯を終わるはずだった。

それなのに七三七(天平九)年九月とつぜん政治の舞台が回わり、諸兄の出番がきた。後世の徳川《とくがわ》吉宗《よしむね》は紀州《きしゅう》藩主《はんしゅ》の四男で越前《えちぜん》・葛野藩《かづらのはん》三万石の主となったものの赴任せず、江戸藩邸で部屋住みのまま果てるはずだった。それが三人の兄の死没で紀州五五万石の第五代藩主に、さらに徳川本家を継いで第八代征夷大将軍《せいいたいしょうぐん》として江戸城に迎えられた。吉宗は悲運とも幸運ともいえることが何回も起きたのだが、この諸兄の場合はたった一度のチャンスだった。それが天然痘の大流行である。

　この疫病は、七三五(天平七)年の九州にはじまった。持ち込んだのは新羅《しらぎ》の貢調使《こうちょうし》。彼らは入京を拒絶されたため接触した者が少なく、罹患者《りかんしゃ》も限定的なまま小康状態となった。だが、ぶり返した。翌七三六(天平八)年に派遣されていた遣《けん》新羅使一行が七三七(天平九)年正月に帰京し、そのさい大使・阿倍継麻呂《あべのつぎまろ》は、はや対馬《つしま》で病没し、副使・大伴三中《おおとものみなか》は感染・発病した状態で入京した。同じ船に乗っていたから、一行の多くもとうぜん罹患していた。その彼らが二月に朝廷に赴いて新羅からの帰朝報告をしたこともあり、三月ごろから京内に蔓延《まんえん》しはじめた。四月十七日に藤原房前が死没。五月に疫病の蔓延を記す悲痛な詔《みことのり》が出され、東進して東海道諸国も惨状を呈した。八月末まで猛威を振るうなかで、四位以上では水主《もいとり》内親王・長田《ながた》王・大野王の王族、武智麻呂・房前・宇合・麻呂の藤原四子、中納言丹治比県守《たじひのあがたもり》・中宮大夫兼右兵衛率橘佐為・散位大宅大国《おおくに》・大宰大弐《だいに》小野老《おののおゆ》・散位百済《くだらの》王郎《こにきしろう》虞《ぐ》が死没した。木本好信氏の思いつきだが、房前の死没は四月と早く、ほかの三人の死没は七月十三日が麻呂、二五日に武智麻呂、宇合は八月五日と連続している。四子のなかで、房前だけが浮いた存在で、武智麻呂ら三人と距離があったことが窺えるという(『藤原四子』ミネルヴァ書房)。長屋王の変でも房前が同調したあとは見られず、兄弟のこの距離感の推測はおもしろい。

　それはさておき、このときの公卿の顔ぶれを『公卿補任《ぶにん》』の記載をもとに四月時点に調整して並べ

てみると、

天平九年丁丑《ていちゅう》　今年四月より赤疱瘡之疫《あかもがさのえき》発《おこ》り、公卿已下没せし者勝計《しょうけい》すべからず。

右大臣	従二位	×藤原朝臣武智麻呂	五十八
中納言	正三位	×多治比真人県守	七十
参議	正三位	×藤原朝臣房前	五十七
	正三位	×藤原朝臣宇合	四十四
	従三位	×藤原朝臣麻呂	四十三
	従三位	鈴鹿王	
	従三位	橘宿禰諸兄	五十三
	正四位下	大伴宿禰道足	

という八人であった。このうち藤原四子をふくむ×印の五人が一挙にいなくなり、執政官見習いに過ぎない参議三人しか残らなかった。嘆いていても仕方ない。この結果を受け容れ、ともあれ廟堂《びょうどう》を建て直すには、残っている執政経験者の鈴鹿《すずか》王（?—七四五）・橘諸兄・大伴道足《みちたり》（?—七四二）を軸に、新戦力を補充して乗り切るほかない。そこで年末には、

知太政官事《ちだいじょうかんじ》	従三位	鈴鹿王	九月任。准大臣。
大納言	従三位	橘宿禰諸兄	九月十三日任
中納言	従三位	多治比《たじひ》真人広成《ひろなり》	九月十三日任
参議	正四位下	大伴宿禰道足	八月十九日任参議
	従四位下	藤原朝臣豊成《とよなり》	十二月一日任参議

という五人体制にあらためられた。

大臣が不在になっているので、鈴鹿王をとりあえず太政官統括を職務とする知太政官事とし、天皇と繫《つな》ぐ役割を負わせた。翌年に諸兄を右大臣に昇らせるが、王の抜擢はそれまでの臨時代行職のつもりでの人事だったろう。多治比広成（?—七三九）は多治比県守の後継者で、多治比氏枠を順当に継承したもの。藤原豊成（七〇四—七六六）は藤原南家枠で、早すぎたが継承すること自体は穏当だった。そのなかで棚ぼたというか、諸兄は疫病で死なずに済んだだけなのに、まったく予想しない事情で天平廟堂首班の地位が転がり込んできたのである。

諸兄のめざした政治

諸兄は不比等の妻の連れ子であり、不比等の女婿でもある。不比等にとって広い意味で一家の一員である。その引き立てをうけ、恩恵にあずかってきたろう。その引きがなければ、参議になれていない。それならば不比等の意向に沿い、藤原四子政権の従順な持ち駒であり続けるべきだったが、そうはならなかった。孝徳《こうとく》天皇（在位六四五—六五四）がそうだったように、大王になれば従前の外交政策をむりやり新羅重視に転換させ、自分なりに描いてきた国政改革を急進的に実施しようともする。社長の器《うつわ》でない人でも、社長になればなったで地位に見合った行動をしようとするものだ。首班になった諸兄は、やっと不比等の呪縛《じゅばく》から解き放たれた。そこで潜在していたかもともと押し殺していた本心を露わにして、彼らしい理念で政治を執りはじめた。

ところがその執務内容は、なんと大恩人であるはずの不比等の実績を覆《くつがえ》すことだった。不比等は大宝律令の編纂《へんさん》を実質的に領導《りょうどう》し、その後も補訂作業を続けて養老《ようろう》律令を編み、自分なりに完成度を高めようと努めた。その一方で天皇の口を借りて「律令を張《は》り設くること年月已《すで》に久し。然《しか》れども纔《わずか》に一、二を行ひて悉《ことごと》くに行ふこと能《あた》はず。良《まこと》に諸司怠慢《たいまん》して恪勤《かくきん》を存《もう》せざるに由《よ》りて、遂に名をして員数に充《あ》てて空《むな》しく政事《まつりごと》を廃せしむ」（『続《しょく》日本紀《にほんぎ》』和銅四年七月甲戌《こうじゅつ》条）つまり官吏の怠慢で律令の趣旨に沿った政治がほとんどできていないとぼやきつつ、重罪を科すぞと脅して官吏の尻を叩いていた。みずから定めた律令の完全な履行《りこう》こそ、彼の悲願であり夢だった。それを後ろ姿から見守っていたはずの諸兄だが、根本的に考えが違った。ともあれ、諸兄の施政ぶりを年代順に辿っていこう。

まず七三八（天平十）年五月に「東海・東山・山陰・山陽・西海等道諸国の健兒《こんでい》を停《とど》む」（天平十年五月庚午《こうご》

条)、翌年六月に「兵士を停むるに縁《よ》りて、国府の兵庫は白丁《はくてい》を点じ、番を作りて守らしめよ」(天平十一年六月癸未《きび》条)と発令し、諸国の健児と兵士の徴発を停止させた。

不比等は地方有力者であって経済力もある郡司《ぐんじ》の子弟を日常的に訓練して健児に育て上げ、地方の治安維持の中核部隊としたかった。それとともに白村江《はくすきのえ》の戦いのような唐《とう》・新羅軍との戦いに備えて国民皆兵を選択し、庶民をいつでも戦線に投入できるよう軍団で軍事教練を受けて待機させることとした。これにより国内の治安も万全で、対外戦の備えともなる。そういう国家構想だったが、健児も軍団もこれで消えた。諸兄は「凡《およ》そ兵士の簡《えら》び点《さ》さむの次では、皆比近にて団割せしめよ。隔越《かくおつ》することを得ざれ。其の応《まさ》に点して軍に入るべきは、同戸の内、三丁毎《ごと》に一丁を取れ」という『令義解《りょうのぎげ》』軍防令兵士簡点条の施行を全面的に否定したのである。

ついで七三九(天平十一)年五月、「諸国の郡司、徒《いたずら》に員数多くして、任用に益無し。百姓《ひゃくせい》を侵し損《そこな》ひて蠹《と》を為すこと実に深し。仍《よ》りて旧員を省《はぶ》きて改め定む。大郡には大領・少領・主政は各一人、主帳は二人。上郡には大領・少領・主政・主帳、各一人。中郡には大領・少領・主帳、各一人。下郡も亦《また》同じ。小郡には領・主帳、各一人」(天平十一年五月甲寅《こういん》条)とし、官吏の削減を指示した。

しかし官吏の増員は、不比等・四子たちが力を入れてきた施策である。もともと統治の極意《ごくい》は「分割して支配せよ(Divide et impera)」(フランス国王ルイ十一世の言葉)というが、小さな単位に分ければ分けるほど支配は徹底する。政治的な効率が高くなる。管理の対象が広く多ければ目が行き届かなくなり、密《ひそ》かに団結されていたら手強い。かつて筆者の勤めた学校で、一学級四八人を受け容れたときは、クラスはおさまらなかったが、活気が漲《みなぎ》っていた。しかし募集に失敗してできた三〇人学級は、どのクラスも教員のいう通りで行儀正しくおとなしい。教員の目が行き届きすぎて、自発性が育たなかった。目が行き届かず手が回らないことは、立場が違えば悪いことではないのだ。この経験がどこにも通じるとはいわないが、官吏を増やして一人あたりの管轄対象者数を少なくすれば、支配網は精緻《せいち》になる。律令制度の浸透度合いは、個々人のランクまでじかに目視して確かめられる。ぎゃくに対象を多くすれば支配の密度が粗くなり、律令制度が蔑《ないがし》ろにされても気付けない危険性が高くなる。

為政者としては好ましからざる話だが、後者の趣旨による改変が諸兄の執政下に多く見られる。律令に規定されたほんらいの地方行政区画は国郡里だが、七一七(霊亀《れいき》三)年不比等の主導で五〇戸で構成される里《り》は郷《ごう》となり、郷がさらに三~四の小里《こざと》に分けられた。従来の里長《さとおさ》は一二〇〇人についての報告を五〇人の郷戸主から受けていたのだが、今度は一五〇~二〇〇人の房《ぼう》戸主から聞くこととなる。情報量が多くてより細かくなり、支配の網の目は精密さを増す。こうして律令制度がさらに深く浸透していくはずだった。ところが諸兄は七三九(天平十一)年末から七四〇(同十二)年初頭のどこかでこの小里を廃止し、郡郷制つまり郡里二段階制に戻してしまった。

国郡の分割でもそうだった。不比等は、越後から出羽《でわ》を、丹波から丹後《たんご》を、備前《びぜん》から美作《みまさか》を、日向《ひゅうが》から大隅《おおすみ》を、河内《かわち》から和泉《いずみ》を、上総《かずさ》から安房《あわ》を、越前《えちぜん》から能登《のと》を相次いで分割・建置させた。国となれば国司集団が中央から派遣されて、支配の目はより緻密になったはずだ。しかし諸兄は、和泉を河内に、安房を上総に、能登を越中《えっちゅう》に、佐渡《さど》を越後に、それぞれ合併させた。

また七四三(天平十五)年五月には「聞く如《なら》く、墾田《こんでん》は養老七年の格《きゃく》に依り、限り満つるの後は、例に依りて収授す。是《これ》に由《よ》り、農夫怠倦《たいけん》して、開ける地、復《ま》た荒る。自今《じこん》以後、任《まま》に私財と為し、三世一身を論ずること無く、咸《みな》、悉《ことごとく》に永年取ること莫《なか》れ」(天平十五年五月乙丑《いっちゅう》条)という墾田永年私財法を発布させた。これは六四五(大化《たいか》二)年正月に大化改新詔《たいかのかいしんのみことのり》で国策大綱を示して以来、国家の悲願とした基本中の基本原則である。私有地を撤廃して国家所有へと移行させるのに五〇年。為政者たちはどれほど苦慮してきたか。その公地原則を、諸兄はこともなげに破ってみせた。

さらに七四四(天平十六)年二月「天下の馬飼《うまかい》・雑戸《ざっこ》の人等を免《ゆる》す。因《よ》りて勅《ちょく》して曰《いわ》く、汝等《なんじら》今負ふ姓は、人之《の》恥《は》ぢる所也。所以《ゆえに》、原免《ゆる》して平民に同じうす。但《ただ》し既に免ずるの後は、汝等が手伎《わざ》、如《も》し子孫に伝習せしめざれば、子孫弥《いよいよ》前姓より降《くだ》して、卑品《ひほん》に従《したが》はしめむと欲す。又、官の奴婢《ぬひ》六十人を放ちて、良に従はしむ」(天平十六年二月丙午《へいご》条)とし、放賤従良《ほうせんじゅうりょう》を実施した。律令官僚機構に賤民《せんみん》として縛りつけられてきた雑戸を解放し、良民としたのである。

右のように、諸兄は藤原不比等と四子が重んじてきた律令制度の充実を図る施策を、こともなげに覆した。といっても、だからといって藤原氏の出世を阻むなどという反抗姿勢はみせていない。筆者が思うにこれは信念で、諸策は諸兄の政治理念の自然な発露。その施策内容には被支配者への温かな眼差しと思いやりが溢《あふ》れている。

支配・管理の網の目をこまかくすれば、支配者側は安心だ。しかし支配者の監視の目にさらされ続ける被支配者側は息苦しくて、窒息しかねない。生きた心地がしない。支配者や政治家のために生きているわけじゃないのだ。律令の規定は生きた人間の顔を見ながらではなく、政治家の都合を優先し、机上で捏《こ》ね上げた文である。支配者側のそんな思いで定めた法文になど依拠させられず、何ものにも縛られずにおおらかに生きるのが仕合わせというものだろう。

日唐間・日羅間の対外戦争の危機からはすでに七〇年以上が経過し、遣唐使《けんとうし》・遣新羅使《けんしらぎし》も行き交う。支配下での内戦は皆無で、異民族の侵入という話も聞かない。それなのに、規定されているからといって軍事教練を続け、人々をむだに疲弊させている。兵士役を廃止すれば、調庸は五割増しの増徴となるのに(下向井龍彦氏「延暦十一年軍団兵士制廃止の歴史的意義」『史人』創刊号、一九九七年三月)、である。またほまち田のようなわずかな墾田を作っていても、班田《はんでん》の年には取り上げられる。これでは日常的に余力があっても、開墾する気持ちになれない。だからいまある以上の開墾田は個人所有とさせよう。律令にあわせた息苦しい生き方をさせず、萎《な》えていた開墾意欲を蘇らせて、いまそこにいる人たちに生きた心地を味合わせたい。

彼らのためになる政治をしようと考えることが、儒教《じゅきょう》の愚民《ぐみん》思想に蔽《おお》われていたこの時代社会ではすでに義侠心だったろう。多くの人たちに明るい顔を取り戻させるため、彼らのために一肌脱ごう。情の通わない律令の規定に人々の生活を擦《す》り寄らせるのではなく、人々の暮らしに沿うように法律の方を合わせる。それが統治者として気を配るべきことじゃないのか。しかも彼は、いまや自分の手で思いのままにそれが実現できる立場にある。かくて諸兄の心は、積年の鬱屈《うっくつ》が晴れようとしていたのだったが……。

聖武天皇の迷走と光明皇后の豪腕

諸兄は聖武天皇治世下の最高官である左大臣に就き、天皇から委ねられて太政官を取り纏《まと》め、執政に当たっている。だから、その天皇の支持さえ失わなければ施策が維持できる。そのはずだ。

ところが肝腎の聖武天皇の体調が、七四五（天平十七）年ころには思わしくなくなっていた。諸兄の子・奈良麻呂が同年に軍事クーデタ計画に佐伯全成《またなり》を誘うなかで「陛下《へいか》、枕席《ちんせき》安からず、殆《ほと》ど大漸《たいぜん》に至らんとす」（天平宝字《てんぴょうほうじ》元〔七五七〕年七月庚戌《こうじゅつ》条）といい、天平十七（七四五）年九月辛未《しんび》条の詔で聖武天皇本人が「朕《ちん》、頃者《このごろ》、枕席安らがず」と述べている。また『東大寺要録』（巻一・本願章第一）にも七四七（天平十九）年三月に光明皇后が天皇の病気平癒《へいゆ》を祈って新薬師寺を発願《ほつがん》したとある。

その二年後の七四九（天平感宝《かんぽう》元）年七月、聖武天皇は皇太子・阿倍内親王（孝謙《こうけん》天皇）に譲位した。ところが孝謙天皇（在位七四九—七五八）に位を譲ったのに、実権はその母・光明皇太后が握ってしまった。皇太后は翌月の七四九（天平勝宝《しょうほう》元）年八月に紫微中台《しびちゅうだい》を設置し、そこを舞台として寵臣《ちょうしん》・藤原仲麻呂に政務をみさせた。先んじて紫微中台で決定・施行し、すべてが終わってから太政官が決裁した。

その施策は、橘諸兄がしてきたことを徹底的に否定するところからはじまった。

七四六（天平十八）年十二月十日には京・畿内《きない》と諸国の兵士を再徴集することとし、七三九（天平十一）年六月二五日の諸兄の施策を覆した。七五二（天平勝宝四）年二月二一日には雑戸を復活させ、七四四

（天平十六）年二月十二日の諸兄の発令が撤回された。七五七（天平宝字元）年には諸兄が合併を命じていた和泉・安房・能登・佐渡の諸国が、ふたたび分置されている。そして七六二（天平宝字六）年二月十二日に健児が復活し、七三八（天平十）年五月三日の諸兄の発令も取り消された。

また『続日本紀』天平九（七三七）年十二月丙寅条《へいいんじょう》に「大倭国《やまと》を改めて、大養徳国《おおやまと》と為す」とある。大養徳国に変えた人物もその時期もよくわかっていなくて、証拠もないのだが、「大倭国→大養徳国→大倭国」という国名表記の変転は、諸兄の施策とその全否定の一例のようだ。諸兄とともに聖武天皇の側近だった玄昉僧正《げんぼうそうじょう》（？—七四六）が「大養徳」を撰進し、諸兄が制定した。それを藤原仲麻呂が否定し、大倭国に戻したと思われる（嵐義人氏『余蘊孤抄』アーツアンドクラフツ）。

ついでながら諸兄は、みずからの別業《べつごう》（別荘）のあった相楽《さがらか》に聖武天皇を誘い、恭仁京を建設させた。そこはほんらい山背《やましろ》国内だったが、都ができたために大倭国内に編入されて大養徳国恭仁宮と呼ばれることとなった。これは諸兄にかかわる優遇措置だったから否定の対象となり、七四七（天平十九）年三月に「大養徳の国を改め、旧に依りて大倭の国と為す」（天平十九年三月辛卯《しんぼう》条）とした一環で恭仁京の旧地はもとの山背国に戻された。

諸兄政権下で採られた政策で残されたのは、封主《ふしゅ》に封戸《ふこ》の租《そ》を全給することと、墾田永年私財法くらいである。どちらも貴族にとって有利有益なもので、だから撤回されなかった。

こうして、諸兄はみずからがとった施策がほぼ全否定されるのを間近で見つめながら、七五六（天平勝宝八歳）年二月二日に左大臣を辞職し、その翌年正月に亡くなった。さぞや無念であったろう。

しかし諸兄の施策は彼の発案に基づいたとしても、聖武天皇の承認のもとに行われている。つまり聖武天皇の意思が加わっており、含まれている聖武天皇の意思も押し潰されたことになる。聖武上皇は、そのことにどれほどの不快感も懐かなかったのだろうか。

もともと七三七(天平九)年の天然痘流行で崩壊した廟堂を再建した主役は、諸兄でなく、聖武天皇だった。諸兄は聖武天皇によって引き立てられた駒であって、再建の主導権は聖武天皇にあった。それまで藤原氏と相談しなくては一枠といえども動かしえなかった人事権が、四子の死没によって、労せずして聖武天皇の掌中《しゅちゅう》に収まった。

七三七(天平九)年の政治危機を主導して乗り切った聖武天皇は、この成果に酔い痴れたようだ。酒を飲みながら漢詩や和歌を詠んでいた宴会で、調子にのって摺《す》られたごまの褒《ほ》め言葉を、そのまま受け留めてしまったのだろうか。みずからを賢帝《けんてい》・名君と思ってしまった。賢帝ならば「野に遺賢《いけん》無し」でなければならない。『書経』大禹謨《だいうぼ》にあるように、民間に隠れた人材がいなくて、優れた人材はみな官に登庸《とうよう》されている世の中が理想だ。それなら遺賢を見抜いて、登庸してみせなければ。そこで玄昉と吉備真備《きびのまきび》(六九五—七七五)を登庸し、これは賢帝の自分だからこそなしえたと自負した。

玄昉は唐の玄宗《げんそう》から紫の袈裟《けさ》を賜与された高僧で、真備も唐に十七年間留学していた実務派知識人である。その能力の活用はよいのだが、聖俗の別を弁《わきま》えない玄昉の発言は困るし、地方豪族の出身者をむやみに貴族に登庸されては官界の秩序が乱れる。「天平九(七三七)年以来の疫病や飢饉《ききん》などの災異《さいい》は、聖武天皇の施政が悪いという天の意思の表われだ」といい、君側《くんそく》の奸《かん》つまり玄昉・真備を排除することを名目として、七四〇(天平十二)年九月に藤原宇合の子・広嗣が大宰府で決起した。じっさいは、聖武天皇に退位を迫る軍乱である。

乱は鎮圧されたが、聖武天皇は動揺した。これが平城京《へいじょうきょう》を棄てて七四〇(天平十二)年十月末から七四五(同十七)年五月までの五年弱、畿内各所を彷徨《ほうこう》する原因となった。彷徨と乱との関係について、天皇の身の安全なら「禁《きん》衛《えい》の衛府の兵士に守られている宮城内の方が優れており、……行幸《ぎょうこう》途次の方が遙かに危険度は高い」(森田悌氏「藤原広嗣の乱」『政治経済史学』三四七号、一九九五年)とする理解もあるが、禁衛の軍事力を現実に動かしているのが藤原氏であり、藤原氏の利益を損なったと評価された天皇としては京を離れておく方がまだ安全と思えたのではなかったか。

ともあれ平城京を出た聖武天皇は、当初こそ諸兄の勧めにしたがって山背国相楽の恭仁宮に落ち着いた。しかしそこに留まる気はなく、七四二(天平十四)年には近江への道を造らせ、七四三(同

古代の宮都の変遷

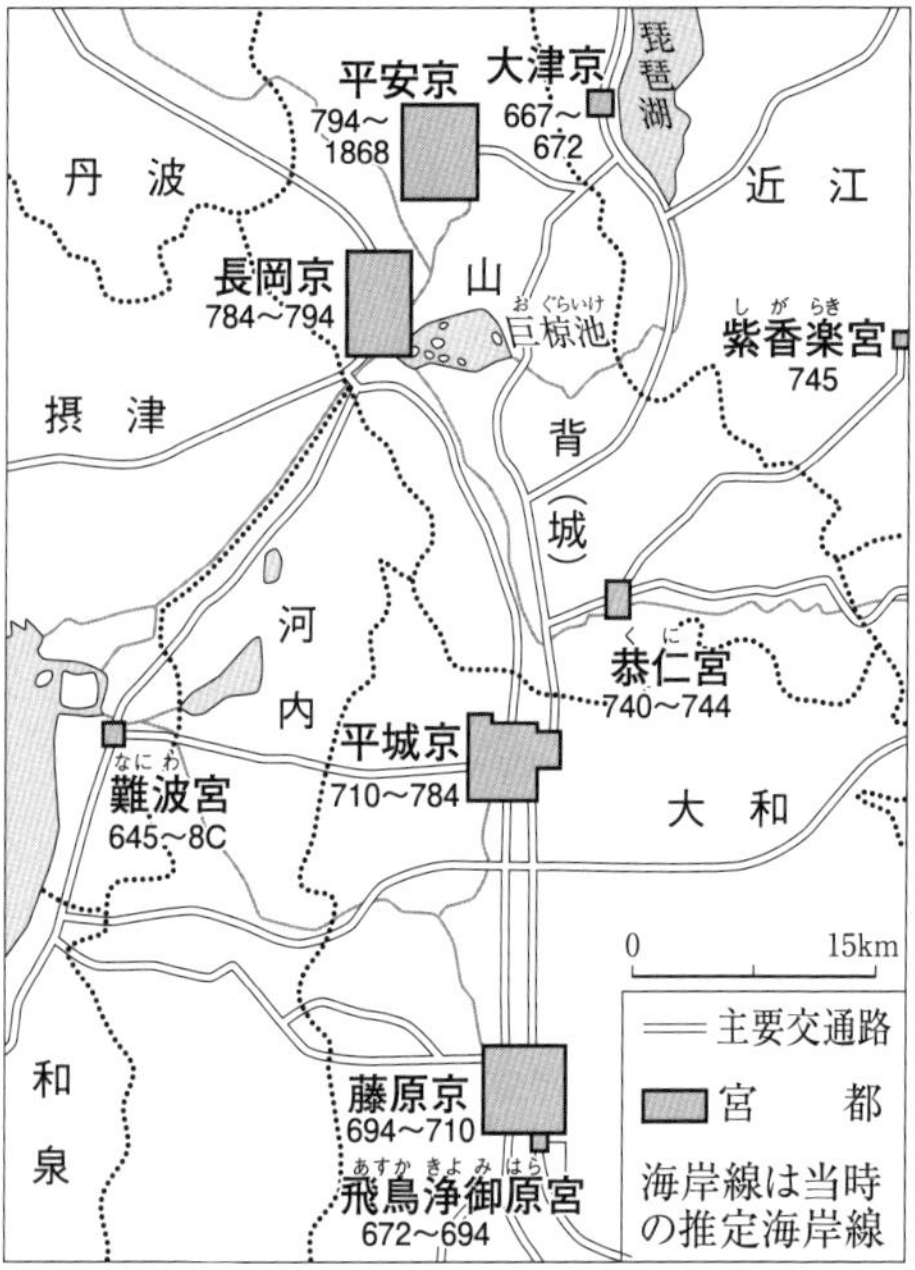

十五)年には紫香楽宮《しがらきのみや》の造営を指示し、七四四(同十六)年には恭仁宮・難波宮のどちらがよいかと百官と市人《いちびと》に諮問《しもん》して恭仁宮に多数の支持があるのを承知しながら難波宮への遷都を発表する。奔放《ほんぽう》・放埒《ほうらつ》のきわみである。

諸兄からみれば、聖武天皇にもともと引き立てられた。その恩義がある。政務自体に興味のない聖武天皇は諸兄の政治内容に容喙《ようかい》せず、思うまま自由にさせてもくれた。だが人事権をふくめた天皇大権に翻弄《ほんろう》され、太政官の最高官である左大臣にいながら人々の負担となる度重なる遷都をまったく抑止できなかった。政権の首班にいながら、いないも同然だった。執政は自由にさせてくれたといったが、その自由さのせいで、妻・光明皇太后が紫微中台を舞台に独裁して太政官体制を崩壊させていることにも無関心であった。

結局、彼の執政は天平世界にほとんど痕跡をとどめなかった。

だが彼の政務にかけた侠の心は、奈良麻呂に引き継がれた。奈良麻呂は光明皇太后・仲麻呂による支配者の儒教理念や仏教理念による政治を批判し、在地の人々の生活意識に沿った父譲りの政治を標榜《ひょうぼう》し、七五七(天平宝字元)年七月に決起した。その軍事政変を鎮定したあと、光明皇太后・孝謙天皇らはこの事件の支持者に告諭するため「諸司に京畿内の百姓村長以上を追し集へ」(天平宝字元年七月戊午《ぼご》条)たという。つまり諸兄・奈良麻呂への支持は、村長《むらおさ》クラスまで広がっていたのだ。勝てなかったが、諸兄の侠の心はたしかに村々にまで届いていた。それだけで、もはやよしとしなければなるまい。

反骨の精神を貫いた文人貴族

小野篁

…おののたかむら…

鈴木 哲

この世とあの世の往還《おうかん》の地とされた京都市東山区の六道《ろくどう》の辻《つじ》にある六道珍皇寺《ろくどうちんのうじ》に、閻魔大王《えんまだいおう》とともに安置されている立像《りゅうぞう》の主が小野篁《おののたかむら》（八〇二―八五二）である。この篁は、文化教養社会の構築を目指して文治政治を推進した嵯峨天皇《さがてんのう》（在位八〇九―八二三）の治政下で頭角を現した文人貴族《ぶんじんきぞく》（中・下級貴族出身で、大学で漢文学を中心とした教養を身につけ、文官に任じられた貴族）の一人である。

篁は、遣隋使《けんずいし》の小野妹子《いもこ》、三蹟《さんせき》の一人の小野道風《みちかぜ》、六歌仙《ろっかせん》の一人の小野小町《こまち》、そして藤原純友《ふじわらのすみとも》の乱の制圧に貢献した小野好古《よしふる》など、多彩な人材を輩出《はいしゅつ》した小野氏の出身で、勅撰《ちょくせん》漢詩集『凌雲集《りょううんしゅう》』を撰進した能吏小野岑守《みねもり》（七七八―八三〇）の子息であった。

篁は、八一五（弘仁《こうにん》六）年に岑守の陸奥守《むつのかみ》就任にともない、少年時代を陸奥国で過ごし、十九歳で帰京し大学に入学して学業に専念、二年ほどで難関の文章生《もんじょうしょう》の試験に合格して、官人社会への切符を手にした。以後、弾正台《だんじょうだい》や中務省《なかつかさしょう》・式部省《しきぶしょう》などに奉仕した。

多才な硬骨漢

篁には、その才能の豊かさと類《たぐ》いまれな反骨精神にまつわる逸話《いつわ》・説話が多数残されている。それらの話の中には、嵯峨天皇と対峙《たいじ》したシーンから伝えられたものがいくつも含まれている。『日《に》本文徳天皇実録《ほんもんとくてんのうじつろく》』の篁の薨伝《こうでん》によれば、陸奥国より帰京後の篁は、名高い文人貴族の岑守の子であるにもかかわらず、学業に励むことなく、「弓馬《きゅうば》の士」として振る舞っていた。その噂を耳にした嵯峨が、「小野岑守の子でありながら、弓馬の士などになってしまったのか」と嘆き叱責《しっせき》した。それを知った篁は、天皇の叱責に萎縮《いしゅく》することなく発奮して大学に進んで学業に専念し、文章生試の合格を勝ち取ったというのである。

同じく平安時代後期に成立した説話集の『江談抄《ごうだんしょう》』にも、篁の人となりを示す話が収められてい

❖小野氏略系図

- 小野妹子 — 毛人《えみし》 — 毛野《けぬ》 — 永見《ながみ》
  - 瀧雄《たきお》 — 恒柯《つねえだ》
  - 岑守 — 篁
    - 俊生
      - 義材
      - 美材《よしき》
    - 良真《よしざね》 — 女（小町）
    - 葛紘《くずお》
      - 保衡
      - 好古《よしふる》
      - 道風
    - 忠範

るが、その一つが嵯峨の代に広まった「無悪善」と書かれた落書《らくしょ》にかかわる説話である。嵯峨からこの落書の解読を命じられた篁は、「さが(悪＝嵯峨)無くは善《よ》かりなまし」と解き明かした。これはすなわち悪嵯峨がいなければ良いとの解答を意味し、この答えに憤慨した嵯峨は、篁を詰問《きつもん》し処罰しようとした。ここで篁は毅然《きぜん》として自らの主張を曲げず、「自身が処罰されたら、以後は才学の道が絶えるであろう」と、文人貴族としての自負から堂々と反論したのであった。それに対して従来より篁の学才を高く評価していた嵯峨は、「それは最も道理である。ならばこの文を読め」と、さらなる難問を課し、あらためてその才を確かめようとした。その時に追加された試問が『宇治拾遺物語《うじしゅういものがたり》』に載せられているが、それは十二個の「子」の字を書き連ねた文をどう読むかというものであった。この試問に対して篁は、「子子《ねこ》(猫)の子、子子子《こねこ》、子子《しし》(獅子)の子、子子子《こじし》」と即座に読み解いたのである。嵯峨はこうした機智に富んだ解答の見事さに感心し、微笑みながら篁の非礼を許したとされる。

ここで取り上げた逸話・説話からうかがい知ることができるのは、対峙した嵯峨と篁との関係が、単なる天皇と臣下との従属的な上下関係とは異なり、互いの才智を認め合った知的信頼関係から生み出されたもので、両者の立ち位置は、限りなく対等に近いものであったということである。

一方の嵯峨は、勅撰漢詩集の『凌雲集』や『文華秀麗集《ぶんかしゅうれいしゅう》』編纂《へんさん》をはじめとして唐風文化の隆盛に努めただけでなく、自身も秀れた漢詩人であるとともに、空海《くうかい》(七七四―八三五)・橘逸勢《たちばなのはやなり》(?―八四二)と並ぶ三筆《さんぴつ》の一人として能筆家の文人天皇であった。他方の篁もまた漢文学の才能については「天下無双なり」（『日本文徳天皇実録』）と賞賛され、また、和歌の歌才についても「小野篁は詩歌の宗匠《そうしょう》たり」（『日本三代実録《にほんさんだいじつろく》』）と評されるほどの人物であった。さらに加えて篁の場合、『令義解《りょうのぎげ》』（『養老令《ようろうりょう》』の公的注釈書）の編纂にも関わったほどの法的知識も兼ね備えており、多様な分野にわたって精通したマルチ人間でもあった。この文人天皇と文人貴族の二人の智者の間で取り交わされた知的交換の場において、両者は好敵手として認め合い、互いの知の広さ・深さ・重さを探り合い、闘い合わせる刺激的で緊張感に満ちた関係が整っていた。だからこそ、篁は嵯峨の威光に臆《おく》することなく、その知的仕掛けに抗論で応じることができたのである。そうした場面で篁は、自己の学識に対する確固たる信念に基づき、文人としての立場から揺るぎない「俠」の姿勢を貫き通したのであった。このような篁の「俠」の発露は、文化的教養主義的な価値を自らの政治的信念の中核に据えた嵯峨の存在があったからであり、その前提条件のなかでのみ許容される行為であったと考えられる。

乗船を拒否した遣唐副使

八三四（承和《じょうわ》元）年、篁は、仁明《にんみょう》天皇（在位八三三―八五〇）により漢詩文の学才を買われて遣唐副使《けんとうふくし》（次官）に任じられた。遣唐大使の藤原常嗣《つねつぐ》（七九六―八四〇）は、八〇一（延暦《えんりゃく》二〇）年に遣唐大使を務めた藤原葛野麻呂《かどのまろ》の子息で、親子二代の大使任命であった。この常嗣は、「少くして大学に遊び、史漢を渉猟《しょうりょう》して、文選《もんぜん》を暗誦《あんしょう》す」（『続日本後紀《しょくにほんこうき》』）といわれ、篁とともに『令義解』の編纂にあたった秀れた文人貴族の一人であった。

だが八三八（承和五）年の渡唐に際して、副使篁が病と偽って乗船を拒否したため、やむなく大使常嗣のみで出航するという事件が起こった。事件の発端は、大使と副使の間で生じた遣唐使船の割り当てをめぐる衝突であった。この時の四隻の遣唐使船は一度は出航したものの、途中で暴風雨にあい、引き返してきた。いずれの船も大きく破損したが、特に大使乗船の第一船の破損は激しく、修理を加えたが穴からの浸水は止まらず、完全な修復にはいたらなかった。そこで常嗣が天皇に船の交換を上奏したため、大使の第一船と副使の第二船の取り替えを命じる詔《みことのり》が発せられた。

『続日本紀』によれば、篁は、一度決定した船の割り当てを安直に変更したうえ、「危器」を配当するのは「己の福利を以て他の害損に代ふ」不当なものであり、「之を人情に論ずるに、これ逆施《ぎゃくし》（さかさま）たり」と激論した。さらに、この天皇命に甘んじて乗船するより、実家の貧しく病弱な老親に対して、「水を汲み薪《たきぎ》を採り、まさに匹夫《ひっぷ》の孝を致」した方が良いと強弁して拒絶の態度を示したのであった。こうした篁の頑《かたく》なな行動は、結果として嵯峨上皇や仁明天皇の怒りを買い、隠岐国《おきのくに》への流刑に処せられることとなった。

遣唐使船の航路は、はじめ朝鮮半島の沿岸を経由する北路を取ったが、新羅《しらぎ》との関係が悪化した八世紀以降は、沖縄諸島から奄美島を経て東シナ海を横切る南路への変更を余儀なくされていた。この南路は北路に比べ困難が多く、当時の造船技術や航海術の未熟さもあり、難破や漂流など死と向き合うこともしばしばであった。そして、こうした渡唐にともなう危険に対する不安は誰にでも同じで、大使の立場を盾《たて》にとって部下に一層の危険を押しつけようとした常嗣の身勝手な要求と、その不合理を正そうとした篁に逆に隠岐国配流《はいる》を命じた嵯峨・仁明父子の決断は、誇り高き文人貴族の篁にとって決して承服できるものではなかったのである。篁からすれば、嵯峨が特徴づける文化的教養主義の基本理念は、「合理の精神」にあった。そうであるなら、自己の利害のために第一船と第二船を交換することは、「逆施」であって、天皇命といえども拒否するのは当然とする篁の論理こそ、時代の基本理念と合致するはずのものに違いなかった。

篁にとっての文人貴族は、儒教の古典から中国の歴史書や文学書に広く精通し、総合的な教養を備えたうえで、「天皇に諫言《かんげん》を呈《てい》し、王道を匡輔《きょうほ》(誤りをただし、助ける)する」(『菅家文草《かんけぶんそう》』)存在であり、天皇や権勢者に対する賛美や追従に終始することは、文人貴族としての自己否定につながることであった。こうした文人貴族観を信念としていた自らを、嵯峨が支持してくれることを当然の如く期待していたはずである。しかし、その期待は報われず、嵯峨・仁明父子への失望へと変わっていった。八三九(承和六)年、篁は官位を剥奪《はくだつ》され、身分を庶人《しょじん》に落とされたうえで、隠岐国へと配流されたが、その際、京の知人に宛てた大和歌が『小倉《おぐら》百人一首』に収められている。

わたの原　八十島《やそ》かけて　漕ぎいでぬと　人には告げよ　海人《あま》の釣船

これは『古今和歌集』に「隠岐国に流されける時に、舟に乗り出で立つとて、京なる人のもとにつかはしける」という詞書《ことばがき》とともに載せられた歌である。ここからは、京にあって我がことを思い案じてくれる人に伝えたい無念の思いを、無心の釣船にまで呼びかけざるを得ない篁の心情をみることができる。その無念さは、剛直で安易な妥協を嫌う篁の人柄からして、ひとしお強いものがあったはずである。

法隆寺僧善愷の訴訟事件

八四〇(承和七)年、仁明天皇による特赦《とくしゃ》により、篁は一年半余の隠岐での流人生活を終えて帰京し、その翌年には流刑前の本位の正五位下に復すとともに刑部少輔《ぎょうぶしょうゆう》に任じられ、政界への復帰を果たすこととなった。この特赦は、こよなく篁の「文才を愛し」(『続日本紀』)、その図抜けた学識が失われるのを惜しんだ天皇の深慮から発せられたものであった。それ以後の篁の官人生活は順調で、八四二(承和九)年には、その学識を買われて道康《みちやす》親王(仁明と藤原良房の妹順子《じゅんし》の子)の東宮《とうぐう》学士となり、次期天皇の教育係として奉仕するにいたった。

そうしたなか、再び文人貴族として篁の真骨頂《しんこっちょう》を示す事件が起こった。八四五(承和十二)年、法《ほう》隆寺《りゅうじ》の僧善愷《ぜんがい》が檀越《だんおつ》の少納言《しょうなごん》登美真人直名《とみのまひとただな》の不法を太政官《だいじょうかん》の弁官《べんかん》に訴え出た。訴えた理由は、直名が檀越の地位を利用して法隆寺の奴婢《ぬひ》や財物を売り払い、その利益を不当に着服したというものであった。この訴えに対して、参議《さんぎ》左大弁正躬王《まさみおう》・参議右大弁和気真綱《わけのまつな》・左中弁伴成益《とものなります》・右中弁藤原豊嗣《とよつぐ》・左少弁藤原岳雄《たけお》ら五名の弁官は、善愷の訴状を受理し、その申し立てどおりに直名の不正を認め、遠流《おんる》に処すべきことを裁断した。ところが、この裁断に対して、周囲からさまざまな異論が巻き起こることになった。この時弁官の末席にあった右少弁伴善男《よしお》（八〇九―八六八）は、善愷の訴えには手続きの面で不備があると指摘して、訴状の受理に異議を唱えた。

善男の追及した不備は二点で、一点目は、弁官たちが善愷の訴状を受理したことの違法性であった。「僧尼令《そうにりょう》」の規定では、僧尼は治部省《じぶしょう》・玄蕃寮《げんばりょう》・僧綱《そうごう》といった所司を経て提訴しなければならず、その点から善愷の訴状は、手続き上の落ち度があったということである。二点目として、訴状には直名の犯罪の詳細と年月日が明記されていないという書式上の不備についてであった。

善男はこの二点から、上司五名の弁官がこの違法な訴えを受理した背景には、善愷に対する「私《し》曲《きょく》」（よこしまな配慮）があるとして、五名の弁官全員の私罪を認め告発したのであった。この告発に関して朝廷内の会議では意見が百出したため、政府は五人の明法家《みょうほうか》（法律の専門家）に、「善愷の訴訟の違法と受推官人らの罪」についての法解釈を命じた。明法家の一人で「律令の宗旨《そうし》」（『日本三代実録』）と称された明法博士讃岐永直《さぬきのながなお》（七八三―八六二）の見解は次のごとくであった。正躬王らは公事《くじ》によって罪を犯しているので、「私曲」はなく、故に私罪としてではなく、公罪として徒《ず》（懲役刑）三年に処すべきである。ただ位階を帯する有位者なので、贖銅《しょくどう》五十斤《きん》をもって実刑を免除すべし、と主張した。

このような永直の示した見解に対し、真っ向から異を唱えたのが篁であった。篁は、八四六（承和十三）年に権《ごんの》左中弁に任じられ、遅れてこの訴訟に関する意見を聴取される立場であったが、正躬王ら弁官たちに「私曲」があり、それらの私罪は免れがたく解官《げかん》に科せられるべき、として善男の見解を支持した。結局、朝廷の会議においては、この篁の解釈が採用され、事件は一応の決着をみることになった。

こうした結末にいたる過程で、篁が見過ごすことのできない問題があった。『続日本紀』の伝えるところでは、「明法博士らをして正躬王等の罪を断ぜしむるに、永直権勢を畏《おそ》れ憚《はばか》りて、肯《あ》えて正言せず」とあり、永直が正躬王らの権勢を畏れて正しい解釈を避けたとされている。この記事の示すところは、永直は正躬王らの権勢に怯《おび》えて、明法博士としての正義の見解を曲げ、罰として解官が科せられる私罪ではなく、一定の銅を納めて免罪になる公罪としての断罪を主張したことを明らかにしている。このことは、かつて処罰を恐れずに天皇命に背き、遣唐使船への乗船を拒んだ篁からすれば、永直の行為は法解釈の違いを越えて、文人貴族として許されてはならない所業であった。自らが正しいと思うことは、相手が権力者であろうと直言するのが文人貴族の存在価値と確信する篁の高邁《こうまい》なプライドと「俠」の精神に対するこだわりは、隠岐流刑の苦難を経ても不変のものであった。

冥界の官吏・篁

異端の行動で知られた篁にまつわる逸話・説話は数多く伝えられているが、その中でとりわけその人物像をよく示す特徴的な説話として、『今昔物語集』に収められた篁の冥界《めいかい》説話がある。そこには次のように語られている。

かつて篁が罪に問われた時に弁護してくれた大臣の藤原良相《よしみ》(八一三―八六七)が亡くなり、閻魔王《えんま》宮に引き出され、居並ぶ冥官《めいかん》により前世の罪の審査をされることになった。不思議なことに、それらの冥官の中に篁がいて、「この日本の大臣は心正しい善人なので、自分に免じて許してはもらえないか」と、取りなしを申し出たところ、閻魔大王の特別の計らいで良相は赦免《しゃめん》になり、現世に戻ることができた。後日良相が参内《さんだい》すると、そこには参議の篁もいたので、冥界での不思議な体験のことを秘かに篁に尋ねたところ、「先年の恩義のお礼をさせてもらったまでのこと。ただこのことは他言はしないで欲しい」と念を押された良相は、より一層恐れて「篁はただの人ではなく、閻魔大王の臣下なのだ」ということを、はじめて知ったというのであった。

これと同様の説話が『江談抄』にも載せられている。そこには変死した中納言藤原高藤《たかふじ》が閻魔庁に到った時、冥官の篁の働きによって蘇生《そせい》して、この世に生還し、篁に感謝する姿が記されている。

篁が現世と冥界を往来し、閻魔庁の冥官として貴人を蘇生させるという奇妙な冥界説話が生み出された背景には、その文人貴族としての官歴の影響が少なからずあったものと考えられる。隠岐から帰京し、官界に復帰して以降に篁が就任した官職の中でも注目されるのは、刑部大輔《ぎょうぶたいふ》・弾正《だんじょう》大弼《だいひつ》・勘解由《かげゆ》長官などである。訴訟の裁判、罪人の処罰をつかさどった刑部大輔、官人の綱紀粛正《こうきしゅくせい》、非違《ひい》の糾弾《きゅうだん》にあたった弾正大弼、そして国司・官人の監督や解由状《げゆじょう》(官吏の交代にあたり出される前任者の勤務評定書)の審査を担当した勘解由長官、そのいずれもが貴族官人社会の不正を糺《ただ》し、その罪を裁判する職掌《しょくしょう》であったところに共通する性格を認めることができる。そうした官職を歴任した篁の経歴から、冥界で人々の生前の行いによる罪科の判断に携わる冥界伝説が連想されたと考えられる。さらに加えて、天皇のみならず対象が誰であろうと結果を恐れず、自らの正義を主張する直情径行の硬骨漢の篁の姿が、衆生《しゅじょう》の罪を容赦《ようしゃ》なく裁断する冥官と重なり合うところからも冥界説話が成立したと考えることができる。

十四世紀中頃の年代記『帝王編年記《ていおうへんねんき》』には、「篁、昼は日本国に在り、夜は閻魔庁に在りて冥官と為《な》る」という記事が見える。篁の人物像を印象深く特徴づけた「俠」の心意気の世界は、日本国を越えて異界である冥界にまで及ぶ希有な精神世界と意識され、語り継がれていったのである。

⊙参考文献

佐伯有清『伴善男』（吉川弘文館、一九七〇年）
佐藤宗諄『平安前期政治史序説』（東京大学出版会、一九七七年）
阿部猛『菅原道真』（「教育社歴史新書」、一九七九年）
藤原克己『菅原道真と平安朝漢文学』（東京大学出版会、二〇〇一年）
中村修也『今昔物語集の人々』（思文閣出版、二〇〇四年）
桑原朝子『平安朝の漢詩と「法」』（東京大学出版会、二〇〇五年）
関幸彦『百人一首の歴史学』（「NHKブックス」、二〇〇九年）
井上辰雄『平安初期の文人官僚』（塙書房、二〇一三年）

天神として祀られることになった文人貴族の誤算

菅原道真

…すがわらのみちざね…

鈴木 哲

日本全国に一万以上あるといわれる天神社《てんじんしゃ》（天満宮《てんまんぐう》）に「天満大自在天神《てんまだいじざいてんじん》」として神格化され、無数の人々の信仰の対象となっているのが、菅原道真《すがわらのみちざね》（八四五―九〇三）である。道真はその生涯を通して、三つの顔をもっていた。一つは『菅家文草《かんけぶんそう》』『菅家後集《かんけこうしゅう》』という自作の漢詩文集に幾多の秀れた漢詩を残しただけでなく、『類《るい》聚国史《じゅうこくし》』（『六国史《りっこくし》』の記事を事項別に分類した史書）や『日本三代実録《にほんさんだいじつろく》』などの編纂《へんさん》に従事した詩人・文人貴族としての顔。二つには、中下級貴族の出身でありながら、その才能を認めた宇多《うだ》天皇（在位八八七―八九七）に登用され、天皇の側近として右大臣にまで昇りつめて政策立案に貢献した顔である。そして最後は、配流の地大宰府《だざいふ》で生涯を終えた後、怨霊化《おんりょうか》して怨敵《おんてき》たちに祟《たた》りをもたらした末に鎮魂《ちんこん》され、祀《まつ》りあげられた御霊《ごりょう》（怨霊神）としての顔である。

天神として祀られる

以上のような多様な顔をもつ道真は、文章博士《もんじょうはかせ》の是善《これよし》（八一二―八八〇）を父とし、自身もまた文章博士として時代を代表する知識人の立場にあった。この道真の存在が世に知られるようになった時期は、藤原良房《ふじわらのよしふさ》（八〇四―八七二）と基経《もとつね》（八三六―八九一）による前期摂関《せっかん》政治の成立期にあたっていた。それとほぼ同時期に即位した宇多は、阿衡《あこう》事件を契機に関白《かんぱく》基経と対立し苦境に立たされたなかで、基経を諫《いさ》める気概を示した道真を信任し登用した。以後、道真は宇多の強い後見を踏み台に天皇近臣の能吏《のうり》として順調に昇進を重ね、いわゆる「寛平《かんぴょう》の治《ち》」と称された天皇主導型の政治の推進に貢献することになった。それに加えて能吏道真は、遣唐使《けんとうし》の派遣の停止問題や政治改革問題などにあたって、数々の諫言《かんげん》や建言を行うなど、九世紀末の歴史的転換期に獅子奮迅《ししふんじん》の活躍をした。

しかし、道真が長女の衍子《えんし》を宇多の女御《にょうご》として入れ、もう一人の娘を宇多の皇子斉世親王《ときよしんのう》の室《しつ》にして天皇家との姻戚《いんせき》関係を強めたことが、左大臣藤原時平《ときひら》（八七一―九〇九）たち摂関家の反発を引き起こすこととなった。道真への逆風は、八九九（昌泰《しょうたい》二）年の道真の右大臣就任とともに頂点に達し、同じ文人貴族の三善清行《みよしきよゆき》（八四七―九一八）や藤原保則《やすのり》（八二五―八九五）らは、寒門《かんもん》（権門《けんもん》に対して門地の低い家柄）出身の道真の破格の出世を、分不相応な態度として弾劾《だんがい》した。宇多から皇位を継承していた醍醐天皇（在位八九七―九三〇）は、こうした時平や清行らの意向を受け入れ、九〇一（延喜《えんぎ》元）年に「天皇の廃立」を企てたとして道真を大宰府権帥《ごんのそち》に左遷する宣命《せんみょう》を下した。宇多治世下で文人貴族の巨星として栄光の時を過ごしていた道真は、大宰府の地で失意と望郷の念で五九歳の生涯を空しく閉じた。

九三〇（延長《えんちょう》八）年、内裏《だいり》の清涼殿《せいりょうでん》への落雷を機に、雷神《らいじん》と一体化した道真の怨霊の祟りに対する恐れが広がったため、その祟りを忌避《きひ》する目的から、道真の怨霊は御霊化＝神格化され、天神として北野天満宮《きたのてんまんぐう》に祀られるようになった。天神はその後現在に至るまで、十世紀後半に学問神としての性格を帯して以降、書道神、連歌神など多重の性格が付与され、時代とともに天神信仰は多様化していくことになった、

学問の家の麒麟児《きりんじ》

菅原氏はもと土師氏《はじし》を称していたが、桓武《かんむ》天皇(在位七八一―八〇六)の侍読《じどく》(学問を教授する学者)として近侍《きんじ》していた土師古人《ふるひと》の時に改姓し、菅原を姓とするようになった。古人の子菅原清公《きよぎみ》(七七〇―八四二)は俊才の誉れ高く、嵯峨《さが》天皇(在位八〇九―八二三)に重用されて大学の最高位の知識人としての文章博士に任じられ、従三位にも叙せられた。

九世紀初頭、好学の天皇嵯峨は、「国を経《おさ》め家を治めるには、文より善《よ》きはなく、身を立て名を揚ぐるに、学より尚《よ》きはなし」(『日本後紀《にほんこうき》』)との勅《ちょく》を発し、積極的な政教主義路線を推進した。それにより国家の経営には文章道《もんじょうどう》(漢文学や歴史学、文章作成法などを学ぶ学科)が不可欠であるとする「文章経国思想《もんじょうけいこくしそう》」が隆盛し、文章博士は天皇の政治顧問《こもん》的立場を獲得することになった。この時代には、菅原氏のような家柄・血筋で劣る非門閥《ひもんばつ》の下級氏族でも、学問を梃子《てこ》にして公卿《くぎょう》の末席に列することができる政治的環境が整えられたのである。

こうした時流に乗り、菅原氏は文章道を中心とした学問の世界に、貴族官人社会での台頭の場を求めたのであった。この清公の切り開いた文人貴族の道を継承したのが子息の是善で、文章博士・

大学頭《だいがくのとう》となり、文章道学者としての王道を進み、従三位に叙せられて公卿の一員となった。是善はまた、菅原家の私塾「菅家廊下《かんけろうか》」を創設し、多数の門人を育成し、政官界に送り出すなどして、一大学閥を形成していった。

この二代にわたる文章博士の家の遺伝子を受け継いだ道真は、少年時代から秀才の呼び声高く、弱冠十八歳にして文章生試《もんじょうしょうし》に及第し、文章生となった。さらに二三歳で文章得業生《とくごうしょう》（文章生の中から推挙された成績優秀者）となり、三年後には方略試《ほうりゃくし》（最高の官吏任用試験）に合格し、以後官人として順調

❖菅原氏略系図

◉印は文章博士

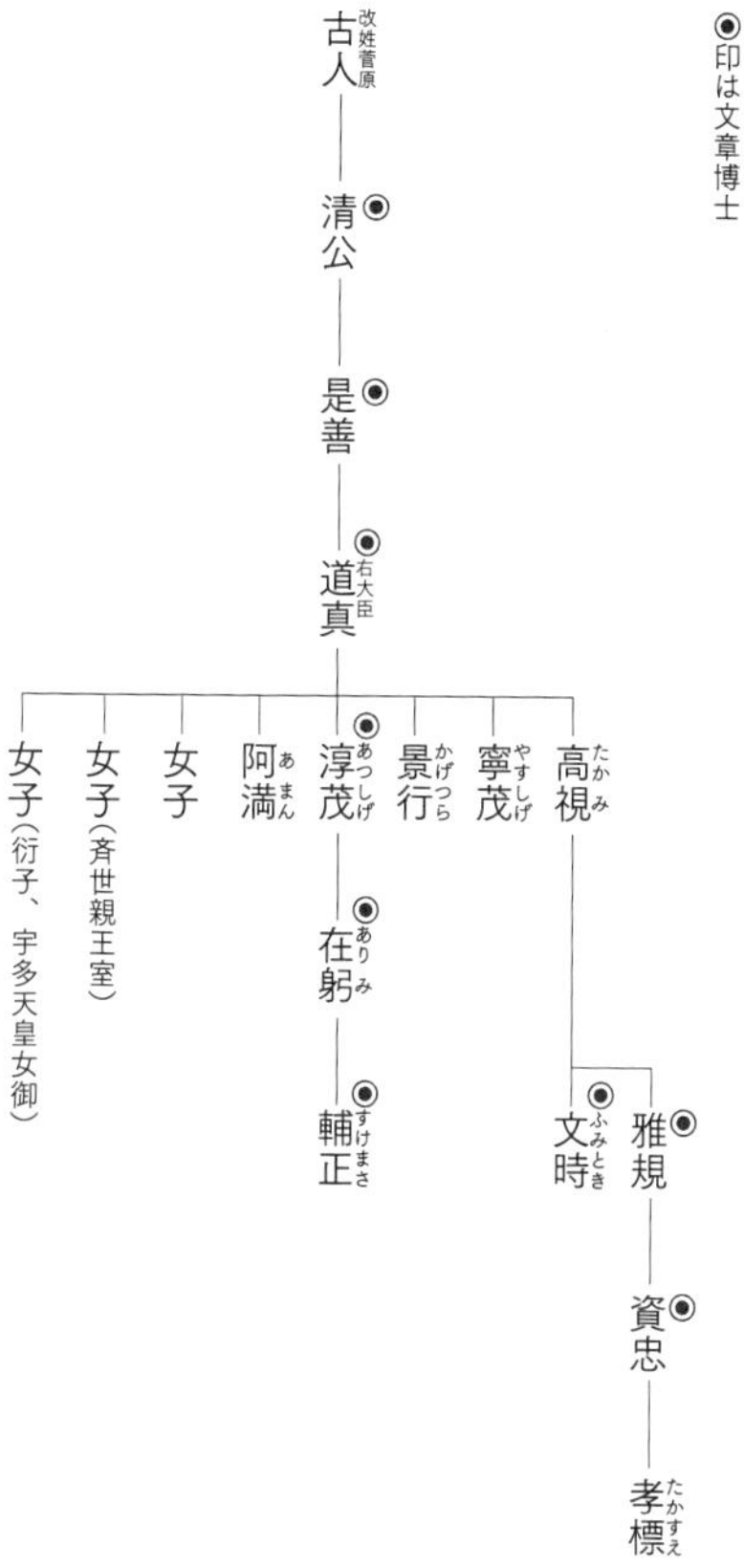

な昇進コースを歩んでいった。八七七(貞観《じょうかん》十九)年、道真は式部少輔《しきぶのしょうゆう》兼文章博士に任じられた。朝廷の儀礼制度や文官の人事を掌る式部省の次官と、父祖から三代続く文章博士として、文章道出身者が望む最終目標の地位に就くことになった。

少年時代からの長い学究生活を経て、道真は文人貴族としての確固たる学者的信条を築き上げていった。道真の理想とした文人像は、「儒教の古典をはじめ、中国の文学や歴史にも精通した文人＝詩人として、天皇の政治を支え、時には諫言《かんげん》を呈しながらも王道を補佐し、天皇の望みに応えて詩を献じる」というものであった。この学者の家に生まれ育った知的エリートの抱いた信条は、それからの道真の生涯を通して揺らぐことなく守り続けられていった。

讃岐守道真の新境地

八八六(仁和《にんな》二)年、道真は式部少輔や文章博士の任を解かれて、讃岐守《さぬきのかみ》に転出を命じられた。菅原家の家業を継ぎ、文章博士として学問とともに詩作をもって天皇に近侍することを天職として考えてきた道真にとっては、寝耳に水の人事異動であった。大学寮の文章院(文章道を学ぶ学生の教育・寄宿施設)で催された送別の宴で、道真は次のような詩を詠んでいる。

我れ将《まさ》に南海にて風煙に飽《あきた》らん
更に妬《そね》む　他人の左遷を道《い》わんことを

倩《つらつら》憶《おも》ふに分憂《ぶんゆう》は祖業《そぎょう》に非《あら》ず
徘徊《はいかい》す孔聖廟門《こうせいびょうもん》の前

（『菅家文草』巻第三）

この詩の第二句からは、道真が地方への転出命令を他者から揶揄《やゆ》されることを屈辱的にとらえていたことを知ることができる。そして第三句の「分憂は祖業に非ず」とした強い口調からは、分憂（国司）という地方官は菅原家の家業では決してなく、知的エリート集団の菅原家出身の文人貴族の居場所はあくまで中央官庁でなければならないとする自負の念が見てとれる。

こうした落胆と無念の思いを抱きつつ、道真は初めて地方官として讃岐国へ赴任するが、その地で在地社会の実情に接したことで、その視野は民衆の世界にまで広がることになった。道真が国司在任中に詠《えい》じた「寒草十種《かんそうじゅっしゅ》」（『菅家文草』）と題する詩の中で、当時の讃岐国における民衆生活の実態を克明に描写している。任地で道真が目にしたものは、律令制的な課税制度の制度疲労がもたらした、さまざまな弊害であった。それは、過重負担による浮浪・逃亡人の増加、病弱な老人や孤児などの社会的弱者に対する不寛容な政治、そして多様な生業を営む人々への官人や在地豪族による過酷な徴税《ちょうぜい》、といった社会的病苦として顕《あら》わになっていた。

このような悲惨な実態を見聞したことにより、道真は地方政治の破綻《はたん》を直視し、その再建の必要性を強く意識するにいたった。このとき道真の心に刻まれた危機意識は、後の宇多朝の「寛平の治」における主要な政治的改革案として結実してゆくことになる。

阿衡事件と道真の義侠心

中央志向の強い道真は、讃岐国で悶々《もんもん》として生活を送っていたが、八八七（仁和三）年に京で勃発《ぼっぱつ》した騒動をきっかけに、中央復帰の好機が到来する。

宇多天皇の即位後、太政大臣《だいじょうだいじん》藤原基経を関白《かんぱく》に任じる詔勅《しょうちょく》が発せられた。当時の要職の就任は、再三辞退したうえで受諾《じゅだく》するのが習いで、基経も型通りに辞退の旨を表明した。それに対して再度就任を求める詔勅が出されたが、その中に「宜《よろ》しく阿衡《あこう》の任を以て卿の任と為《な》すべし」（『政事要略《せいじようりゃく》』）の文言があったことが、いわゆる阿衡事件の発端であった。この勅命の起草者は、宇多の信頼厚い近臣の文章博士 橘 広相《たちばなのひろみ》（八三七―八九〇）であったが、基経の家司《けいし》（三位以上の上級貴族に仕える事務職員）の藤原佐世《すけよ》は、阿衡は位であって職掌《しょくしょう》ではなく有名無実の任であると基経に進言した。それを聞いた基経が一切の政務を放棄したため、国政が停滞する事態に陥った。広相は阿衡には政治を統括する職掌がある、として反論したが、基経を納得させることはできなかった。そこで政府が多数の文人貴族たちに意見聴取を行うなどしたため、騒動は政官界を巻き込んでの一大事件となっていった。

苦境に追い込まれた宇多は、結局は基経の横暴に屈服して「広相が阿衡を引用したのは朕《ちん》の本意ではない」と詔勅を発し、広相の罪を認めることで事態の収束を図った。宇多は「朕ついに志を得ず、枉《ま》げて大臣（基経）の請うに随う。濁世《じょくせ》（けがれた世）の事かくのごとし、長大息《ちょうたいそく》となすべきなり」と、日記（『宇多天皇日記』）に記し、自らの意志に背いて基経に屈する無念の心情を嘆いている。道真は、基経を諫《いさ》める「昭宣公《しょうせんこう》(基経)に奉る書」(『政事要略』)を送った。書の要点は、次に示すように、広相を処罰することが、文章道を志す者だけでなく、菅原家の学業にとっても、そして基経にとっても得策ではないとしたことであった。

文人は作文をする際、経書《けいしょ》(儒教の基本的な教えを記した書)の原義に反していても、史書の用例に即していればそれで良く、広相の行った断章取義《だんしょうしゅぎ》(自分の都合の良い引用をすること)は、文を作る者が一般的に行うことである。もしこれで広相を処罰するようなことがあれば、今後作文をする者はみな処罰を免れなくなり、文章道は廃《すた》れて、わが菅原家の学業も成り立たなくなるであろう。また、広相は宇多天皇擁立《ようりつ》の最大の功労者であり、その娘義子《ぎし》は天皇の女御として皇子二人をもうけている。この「功」と「親」には、基経も及ぶところではない。藤原氏は勲功《くんこう》も大きく、代々優れた人物を輩出してきたが、近頃は少し振わない。広相のような才智豊かな名臣を罰することは、基経にとって利にならない。と、道真は強い口調で迫ったのであった。

この事件は、勅答に引用された文言に端を発しているが、それを口実にした基経が藤原摂関家の政治的威勢《いせい》を、新天皇の宇多と近臣の広相に見せつけたものであった。広相は文人貴族の代表格の一人で、その娘義子は宇多との間に斉中《ときなか》・斉世《ときよ》の二人の皇子を産んでいた。この皇子のどちらかが即位することがあれば、広相が宇多の外戚《がいせき》となり、藤原氏を凌《しの》ぐ立場になってしまう。基経は、この不安要因を取り除いておきたかった。さらなる基経の不安は、藤原氏と外戚関係をもたない宇多が、非門閥系の文人貴族を積極的に近臣として登用し、藤原氏の影響を排して天皇主導型の親政を実現せんとする宇多の政権構想にあった。

道真の諫言は、こうした基経の抱いた懸念とは全く別の次元から基経に向けられたものであり、徹底して文人貴族のあるべき姿や、天皇と臣下の理想的関わり方といった観点から発せられた果敢《かかん》な直言であった。

この諫言の書は、「信じて諫《いさ》めざればこれを諛《ゆ》といい、過《あやま》ちて改めざればこれを過という」という書き出しで始まる。すなわち、藤原氏の筆頭者として多くの公卿を制し、今まさに初代関白の座に就かんとしている基経の権勢を恐れ、自らの信念に反して諫めなければ、それは阿諛《あゆ》(おもねりへつらうこと)であり、過ちを犯すことになる。こうしてただ一人敢然《かんぜん》と正論をもって基経と対峙した道真を駆り立てたものは、強固な学者的信条と正義感に支えられた文人貴族としての「侠」の心意気であった。

学者から政治家への転身

道真の義侠心に満ちた行動に溜飲《りゅういん》を下げたのは、阿衡事件で基経に苦汁《くじゅう》をなめさせられた宇多天皇であった。八九一(寛平《かんぴょう》三)年に基経がこの世を去ると、宇多は即座に基経派の文人貴族で、広相失脚の仕掛人の藤原佐世を陸奥守《むつのかみ》に左遷する報復人事を行った。その一方で、この前年に讃岐から帰京していた道真を早速に蔵人頭《くろうどのとう》に抜擢《ばってき》した。蔵人頭は天皇の秘書的存在として、文書や詔勅の伝達などに従事する蔵人所《くろうどどころ》の長官で、参議《さんぎ》(大臣、大中納言《だいちゅうなごん》に次ぐ重職)へと進む出世コースであった。

参議に昇った道真は、公卿の末席に列し、以後も左大弁から中納言、権大納言と累進していった。こうして最強力官庁の太政官における要職に就いた道真は、存分にその能力を発揮して、さまざまな政治的献策を行って、宇多親政の支柱的役割を果たしてゆくことになった。

「寛平の治」と称された政治は、政治の刷新に意欲的であった宇多の意向を反映した改革性の色濃いものとなった。その主要な改革策の発案者は道真であり、そこには讃岐守在任中の社会的な現場体験が大いに生かされていた。打ち出された改革案の骨子の一つは、課税方式の人から土地への革命的な転換であった。担税能力の有無を考慮せずに性別と年齢により一律に課税する人頭税方式は、既に戸籍《こせき》・計帳《けいちょう》制度の破綻《はたん》により機能不全に陥っており、安定的な税収確保のためには、地税化して土地を媒介とした課税方式への移行は不可避となっていた。二つには、問民苦使《もんみんくし》の派遣を通じて民衆の生活困窮者や国司の任国支配の実情を監察し、民衆の生活保護と健全な地方政治の再建の必要性が示されている。そして最後に、在地勢力と結託した中央の権門勢力による民衆生活の圧迫を抑制することであった。

このようにして道真は、宇多主導の親政に多大な貢献をしていったが、そのなかで最もよく知られているのが、遣唐使《けんとうし》派遣停止を訴えた上表文の提出である。道真の主張した停止理由は、(一)大唐国の凋落《ちょうらく》、(二)遣唐使船派遣による財政的負担の過重、(三)渡航中の危険の増大、などであったが、この上表文提出の裏には、道真の深謀遠慮《しんぼうえんりょ》が隠されていた。

即位して以降、宇多にとっての最大の懸案事項は、基経を中心とした藤原氏の政治的攻勢にさらされ、弱体化した王権をいかにして再建するか、ということであった。宇多の全幅の信頼を一身に集めていた道真は、効果的な王権回復策として遣唐使派遣の停止を献策した。王権を凌《しの》ぐほどに権勢を伸張させていた藤原氏であったが、その藤原氏の手の届かぬ権限として「人臣に外交なし」といわれた外交権がある。この外交権が天皇のみの専権事項であり、その権利の所有者である天皇が主権者であるということを内外に示す好機として、唐との外交関係の停止を宇多に決断させたものと考えられる。

王権の回復に対する期待は、天皇だけが望んだものではなく、道真たち文人貴族も同様に強く求めたものであった。前述のように、九世紀初頭の嵯峨朝に「文章経国思想」が定着して以降、文章道は君主の政治的判断に資するための公的な役割を担わされていたのであり、文人貴族がその存在価値を最大限に発揮できる必要条件としては、当然のごとく確固たる王権の存在がなければならなかった。その点で、文人貴族の政治的地位は、王権の強弱と密接に結びつき、王権の弱体化は文人貴族層の政治的基盤の沈下を余儀なくさせたのである。

道真の見果てぬ夢

藤原基経の死後、腹心道真の補佐を得て順調に「寛平の治」を推進してきた宇多天皇は、八九七(寛平九)年に突然退位し、醍醐《だいご》天皇(在位八九七—九三〇)に譲位した。その際、宇多は新帝醍醐に『寛平《かんぴょうの》御遺誡《ごゆいかい》』(「日本思想体系」)という一書を与えた。その書で宇多は「右大将菅原朝臣《あそん》(道真)は是《こ》れ鴻儒《こうじゅ》なり。又た深く政事を知れり。朕選《ちん》びて博士と為し、多く諫正《かんせい》を受く。仍《よ》て不次《ふじ》に登用し、以てその功に答えつ」と述べ、鴻儒（大学者）の道真を身分秩序を越えて文章博士として登用し、多くの諫言を受けてきたことを伝えている。さらに、「朕の忠臣にあらず、新君の功臣」と加え、新帝醍醐にも道真を重用するよう命じたのであった。

八九九（昌泰《しょうたい》二）年、醍醐は父宇多の誡《いまし》めに従い、道真を右大臣に任じたが、この昇格人事は、宇多上皇による強力な推挙によってなされたものであった。こうした宇多による破格の厚遇は、政界における道真の栄達の面だけでなく、道真の子女二人と宇多・斉世親王との婚姻関係の成立という面にも及んでいた。道真は宇多の恩恵に存分によくしたわけであるが、その心中は複雑で、必ずしも手に入れた名声と地位に浸りきっている訳ではなかった。

宇多の譲位後に大納言藤原時平と交わした詩の中に、道真の心情をうかがうことができる。

限り無き恩涯《おんがい》に、止足《しそく》を知る
何に因《よ》りてか渇望《かつぼう》せん、水心清きものを

（『菅家文草』巻第三）

ここで道真は、自分はすでに上皇と天皇の無限の恩を受けており、自らの分《ぶ》をわきまえて留まることと足ることを知っている。どうしてこれ以上渇望するものがあろうか。自分の心はこの水のように清らかである、と訴えている。すなわち、自身は分相応をわきまえており、今以上の栄達を望む野心を抱いてはいないことを自己弁護している。

ここに示された道真の心情が本心からのものであったことは、道真が右大臣に任命された際に上表した辞表によりあきらかになる。道真が三度提出した右大臣辞表は、儀礼的なものとは異なり、切々と心の内を記したものとなっていた。道真はその中で、自身の門地(家柄)が貴種《きしゅ》でなく、菅原家は学問の家であるにもかかわらず、宇多の抜擢《ばってき》によって過分の栄達にあずかり右大臣まで昇進したが、今はそのことが憂慮《ゆうりょ》や不安の原因となっていると告白している。さらに続けて、寒門出身の者が、大臣にまで進むことは自身の本意ではないし、世間の人々も許容しないはず、と憂慮の理由を強調したのであった。

道真の憂慮と不安は、現実のものとなり、栄光の座から一転して没落の危機に直面することになってしまった。道真の右大臣就任を機に、文人貴族層の中に渦巻いていた成功者道真への妬《ねた》みや反目が一気に表面化していった。なかでも文章博士の三善清行は道真弾劾の急先鋒で、「止足《しそく》の分を知らず(身の程知らず)」として、その辞任を厳しく勧告し、名高い文人貴族の藤原保則も、道真を「危殆《きたい》の士《し》(危険な野心家)」と指弾《しだん》した。他方、基経亡き後、権門を代表する時平も、天皇とは宇多父子との婚姻を経て姻戚関係を築き、政官界には多数の「菅家廊下」の門下生を抱える道真の威勢の拡大を警戒し、その排斥《はいせき》を画策したのであった。こうして道真打倒の流れが加速する状況で、醍醐は上皇宇多の反対を抑えて、道真の左遷を決断した。その罪状は、「道真は止足の分を知らず、専横の心が有り、宇多上皇を惑わし、醍醐天皇の廃立を企てた」(『政事要略』)というものであった。宇多の後楯《うしろだて》を梃子《てこ》に文人貴族の出世頭として一時代を謳歌した道真であったが、余りの栄達に対する周囲からの逆風により苦境に追い込まれてしまった。

道真の立場から見ると、失脚に至る過程において自身の大きな誤算が影響していたことがわかる。文人＝詩人であることに強い自負の念を抱いていた道真が求め続けた文人貴族の理想像は、祖父清公の姿にあった。清公も文人帝嵯峨から厚遇されたが、太政官の中枢にポストを得ることを欲さず、文章博士としての本分に徹し、『凌雲集《りょううんしゅう》』『文華秀麗集《ぶんかしゅうれいしゅう》』『経国集』の三大勅撰漢詩集の撰者に名を連ね、学者として大きな功績を残した。道真も宇多の後見により、公卿に列し、政務に奔走しながらも、文人貴族たる自身に固執し、『日本三代実録』や『類聚国史』の編纂に関わるとともに、多くの詩を作成している。しかし、清公と異なるのは、道真の場合、宇多による過度の厚遇を最後まで固持することができず、右大臣への就任を受け入れてしまったことである。寒門出身者が、左大臣と並び太政官政治の頂点に位置する右大臣に就任することが、いかに周囲の嫉妬《しっと》と反目を引き起こしてしまうか、という懸念は、道真も肝《きも》に銘《めい》じていたはずであった。「菅家廊下」で育てた多数の門下生からなる菅家学閥の先頭に立ち、有意義な献策や義侠心に基づいた諫言を通して王道政治を輔翼《ほよく》していくこと。これこそが、文人貴族道真の描いた夢であった。だが、結局は、道真の想いをはるかに越えた高位高官に昇る運命から逃れる機会を逸してしまった。

儒学は「分相応」の価値観からなる上下の身分秩序を正統な理念として掲げる点を特徴としている。その儒学を最高の形で身につけた文人貴族でありながら、文人貴族としての本分に留まることができなかった誤算が、道真の悲劇を招くことになった。

学問神の誕生

道真が大宰府で没してしばらくすると、道真に敵対した人々の周辺で異変が頻発するようになり、それらの異変を道真の怨霊の祟りと信じる風潮が広がっていった。九二三(延喜《えんぎ》二三)年、醍醐天皇の皇太子保明《やすあきら》親王が二一歳の若さで他界した。この皇太子の急死は、宮中では「世を挙《あ》げて云う、菅帥《かんそち》(道真)の霊魂の宿忿《しゅくふん》の所為なり」(『日本紀略《にほんきりゃく》』)として、道真の怨霊の祟りと確信されるようになった。この確信をより決定的なものにしたのが、九三〇(延長八)年の内裏清涼殿への落雷事件であった。多くの公卿が悲惨を極めた形で死傷し、天皇も余りの惨状にショックで病に臥し、三ヶ月後に死去した。ここに及んで雷神と同化し圧倒的な祟り神となった道真の怨霊に対する畏怖《いふ》の念は、宮中にとどまらず民衆の間にもいっそう広がっていった。そこで祟りを忌避するための鎮魂対策が図られた結果、道真の怨霊は神格化され、「天満大自在天神」と称された御霊(怨霊神)が誕生した。道真の怨霊は、京都の北野天満宮に祀られ、そこを拠点に天神信仰が形成され、天神の存在は巨大化してゆくのであった。

落雷の祟りをなす道真の霊(「北野天神縁起絵巻」をもとにした想像図)

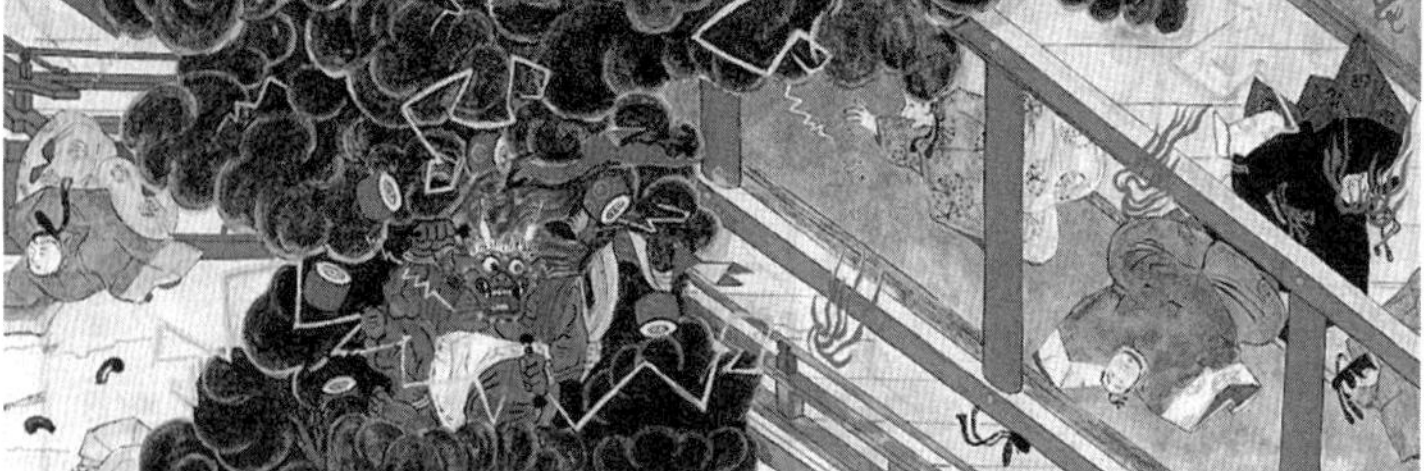

この天神は、他の御霊とは異なり、文人貴族の第一人者であった道真の生前の人格的個性が、信仰の重要な要素を成し、学問神・書道神・連歌神などの多彩な性格を兼ね備えた人格神としての特徴を有する御霊に変貌した。なかでも無数の人々の信仰を集めたのは、学問神としての天神で、十世紀の後半に儒学者の慶滋保胤《よししげのやすたね》が、天神を「文壇の祖、詩境の主」（『本朝文粋《ほんちょうもんずい》』）と位置づけてから今日に至るまで、「学問の道」を志す人々の守護神として崇《あが》められ続けている。

⦿参考文献

阿部猛『菅原道真』（「教育社歴史新書」、一九七五年）
朧谷寿『藤原氏千年』（「講談社現代新書」、一九九六年）
平田耿二『消された政治家菅原道真』（「文春新書」、二〇〇〇年）
坂上康俊『律令国家の転換と「日本」』（「日本の歴史」〇五、講談社、二〇〇一年）
藤原克己『菅原道真と平安朝漢文学』（東京大学出版会、二〇〇一年）
藤原克己『菅原道真』（「ウェッジ選書」、二〇〇二年）
桑原朝子『平安朝の漢詩と「法」』（東京大学出版会、二〇〇五年）
山田雄司『跋扈する怨霊』（吉川弘文館、二〇〇七年）
井上辰雄『平安期の文人官僚』（塙書房、二〇一三年）
今正秀『摂関政治と菅原道真』（吉川弘文館、二〇一三年）

混乱する坂東の
平和維持に尽くした
任侠の武士

平将門

…たいらのまさかど…

下向井龍彦

延喜の国制改革と東国の乱

平将門《たいらのまさかど》(?―九四〇)は桓武《かんむ》天皇(在位七八六―八〇六)の五代の孫である。桓武皇子葛原親王《かづらはらしんのう》の子曾《そう》祖父《そふ》高見王《たかみおう》は、八二五(天長《てんちょう》二)年閏《うるう》七月に高棟王《たかむねおう》(公家平氏の祖)ら兄姉が平姓を賜《たまわ》ったとき、まだ生まれていなかったようだ。賜姓《しせい》されないまま、終生、無位無官であった。その子の高望王《たかもちおう》(生没年不詳)が将門の祖父である。彼こそ清盛につながる武家平氏の祖である。彼の登場から見ていこう。

九世紀末~十世紀初頭(寛平《かんぴょう》・昌泰《しょうたい》・延喜《えんぎ》初年)、七年間にわたって、坂東《ばんどう》諸国富豪層の一団による「僦馬《しゅうば》の党」の蜂起《ほうき》(延喜東国の乱)が、東国を席捲《せっけん》した。史料に乏しく不明な部分が多いこの反乱は、のちに将門の乱の鎮圧対策の先例とされるほど深刻な反乱であった。この乱こそ、武家平氏誕生の原点であり、将門の乱の歴史的前提であった。

九世紀末、諸国富豪層と王臣家《おうしんけ》(有力貴族)との私的結合による脱税闘争が、国司《こくし》支配の危機と国家財政の危機を引き起こしていた。この危機を招いた要因は国司の対政府累積未進であり、国司から未進責任を転嫁された富豪層は、調庸《ちょうよう》運京請負《うけおい》を逆手に取って王臣家と結び脱税の隠《かく》れ蓑《みの》にしたのである。政府(天皇・太政官)・貴族支配層は寛平・延喜の国制改革を通じて、この危機を克服し、律令国家は王朝国家へと転換した。政府は国司の累積未進を切り捨て富豪層の調庸運京請負方式を廃棄する財政改革に成功した。累積未進転嫁の解消と引き替えに王臣家との脱税目的の結合を切断された諸国富豪層は、あらたな受領《ずりょう》(任期分完済を請け負う国司。守《かみ》・介《すけ》)支配=納税方式を受け入れ、公田を請作する「負名《ふみょう》」❖1となった。延喜東国の乱はこの国制改革に反発する坂東諸国富豪層の武装蜂起だった。

乱の平定と武士第一号

乱平定のため政府は、八九九(昌泰二)年と九〇一(延喜元)年四月の二度推問追捕使《すいもんついぶし》を派遣し、はじめて一国単位に押領使《おうりょうし》(国衙《こくが》軍制の指揮官)を配備した。押領使配備は「軍制改革」というべき措置である。内舎人《うどねり》などの在京下級官人だったと思われる将門の祖父高望王は、下野国《しもつけのくに》に留住する王臣子孫の藤原秀郷《ふじわらのひでさと》(生没年不詳)、越前国《えちぜんのくに》に留住する藤原利仁《としひと》(生没年不詳)らとともに、政府から押領使に任命され、「追捕官符」(鎮圧を命じる太政官符=政府命令)を与えられ、乱平定に活躍したと推定されている。

政府の対応は、「推問」追捕使からわかるように、武力鎮圧一辺倒ではなく蜂起側の言い分も聞くものであった。国制改革途上におこったこの武装蜂起は、徹底的な弾圧によって決着したのではなく、罪に問わないことを条件に降服したというのが実情であろう。九〇一(延喜元)年五月ごろと推察される。それは九三六(承平六)年六月に一斉投降した承平南海賊の場合と酷似《こくじ》している。決着の類似は、投降した反乱勢力の処遇の類似につながる。投降後、坂東諸国富豪層は、承平南海賊の場合と同様、国衙支配に従う(納税義務を果たす)ことを条件に公田請作を保証されて「負名」として再出発したと思われる。彼らのなかには高望王・秀郷らと従属関係(従類・伴類)を取り結んだものもいただろう。

七年間にわたる僦馬の党との戦闘を通じて、高望王や秀郷・利仁らは、蝦夷《えみし》=俘囚《ふしゅう》(帰服蝦夷)の戦術に由来する騎馬個人戦術を進化させ、短寸の毛抜型刀《けぬきがたとう》を長寸化した毛抜型太刀《たち》(日本刀の祖型)を開発して中世的騎馬個人戦術を生みだし(戦術革命)、勲功をあげ武名を轟かせたと考える。秀郷の近《おう》江国《みのくに》二上山《ふたかみやま》のムカデ退治、利仁の下野国高蔵山《たかくらやま》の群盗退治、高望王の京での謀反《むほん》退治などの武勇譚《ぶゆうたん》は、乱平定における彼らの活躍が伝説化したものであろう。彼ら延喜勲功者こそ「武士」第一号である。高望王子孫は桓武平氏(伊勢平氏・坂東平氏ら)、秀郷子孫は小山・足利ら北関東武士団や奥州藤原氏ら、利仁子孫は斎藤・富樫《とがし》ら北陸武士団として発展していった。摂津《せっつ》渡辺党の祖の源仕《みなもとのつこう》、武《む》蔵《さし》七党横山党の祖・高向《たかむこの》(小野)利春《としはる》、駿河《するが》・遠江《とうとうみ》の橘《たちばな》氏《し》の祖も「武士」第一号にあげてよい。武士は、国家の軍事力(国衙軍制の戦士)として登場したのであり、開発私領を武力で守るためではなかった。

平高望と子息たちの坂東土着

高望王について『尊卑分脈《そんぴぶんみゃく》』は、「叙爵《じょしゃく》の後、平朝臣《あそん》を賜る。従五下、上総介《かずさのすけ》」と注記する。無位高見王の子が通常の仕方で五位になる可能性は乏しく、高望王の叙爵（従五位下）と上総介任官と平姓賜姓は乱平定の恩賞とみてよい。乱が平定された九〇一（延喜元）年のことと推定される。高望は上総介任終後は上総国に留住したものと思われる。子息の国香《くにか》・良持《よしもち》・良兼《よしかね》・良正《よしまさ》・良文《よしふみ》ら兄弟はほぼ対等の関係であり、長男国香は常陸国《ひたちのくに》に（常陸大掾《だいじょう》・鎮守府《ちんじゅふ》将軍を経験）、次男良持は下総国《しもうさのくに》に（鎮守府将軍経験）、三男良兼❖[2]は上総国に（下総介を経験）、四男良正は常陸国に、五男良文は武蔵国（村岡五郎と称し、『今昔物語集』の説話では、源宛《あつる》（仕の子）と決闘して勝負がつかなかった「並ビナキ兵《つわもの》」）に、それぞれ留住した。

国香・良兼・良正の三人は前常陸大掾源護《まもる》（生没年不詳、仕と同族か）の女婿《むすめむこ》であり、この三兄弟は護一族と強い絆で結ばれていた。護と姻戚《いんせき》関係のない良持・良文は、三兄弟とは距離をおく関係だった。この姻戚関係が、将門と叔父たちとの私闘に大きく影響する。「並ビナキ兵」良文は『将門記《しょうもんき》』に登場しない。良文はいずれの陣営にも付かなかったのであろう。

延喜勲功者といえども勝手に諸国に留住（土着）できるのではない。前司子弟・王臣子孫は国衙支配に服する限りにおいて留住が認められた。納税を拒否すれば追放処分を受け、それを拒めば「追捕《ついぶ》」される。留住を認められた高望ら延喜勲功者＝武士は、国衙から広大な公田を請作して「負名」経営を行うとともに、介・掾に任じられたり在庁官人となって国衙支配に関与した。そして「追捕官符」による政府・受領の動員に応じて反乱を鎮圧する権利と義務を有した。だからこそ彼らは政府・宮廷社会・国衙・地域社会から「武士」と認知されるのである。彼らはまた上京して立身出世する夢（衛府官《えふかん》人《じん》・検非違使《けびいし》を経て五位に）を抱いていた。彼らは中央政府・受領（国衙）との従属関係を自明のこととして受け入れており、根っからの反権力分子ではなかった。将門も同じであった。

もちろん武芸を尚《とうと》ぶ荒々しい坂東の風土のなか、誇り高い延喜勲功者(武士)は、現実には受領に必ずしも従順ではなく、受領の横暴な徴税に反発して武力で対抗することもあった(反受領闘争)。九一六(延喜十六)年、下野国に留住する秀郷らが政府から「配流《はいる》」処分を受け、翌年には前武蔵権介源仕が官物を奪取して武蔵守高向利春を国府に攻める事件を起こし、九二九(延長七)年、下野国からの秀郷「濫行《らんぎょう》」告発の訴えにより政府が五ヶ国に軍兵派遣を命じている。十一年後に将門追討の最高殊勲者となる秀郷は、この時期、政府・受領から指名手配される罪人だった。これらの事件の直接の原因は、延喜勲功者(武士)の受領への反発であるが、背景に受領と広範な「負名」との納税をめぐる緊張関係が横たわっていた。

若き日の将門

将門は、このような坂東の社会的・政治的環境のなかで、九世紀末〜十世紀初頭に、良持(生没年不詳)の長男として生まれた。将門は反乱直後に摂政《せっしょう》藤原忠平《ただひら》(八八〇—九四九)に宛てた書状で、「天の与えたるところ既に武芸にあり。思い惟《はか》るに等輩誰か将門に比《なら》ばん」と書き、「武芸」への強烈な自負を吐露《とろ》している。比肩するものなき彼の武芸は、少年時代、鎮守府将軍となった父良持について奥州胆沢城《いさわじょう》に赴き、蝦夷勢力との恒常的緊張関係のなかで、俘囚戦士から直接学んだ実戦的騎馬個人戦術が土台になっていただろう。将門は書状の続きで、武芸は政府から「褒賞《ほうしょう》」される行使こそ

「面目《めんもく》」というものであり、「譴責《けんせき》」されるような行使は「恥」であると自認していた。将門のこの武芸観・名誉観は延喜勲功者（子孫）＝武士共通の観念であった。

将門は九一〇年代後半か二〇年代はじめごろに上京し、右大臣であった藤原忠平に家人《けにん》として仕えた。通称の「瀧口小二郎」からわかるように、将門は、私君忠平の推挙で瀧口の武士に補《ぶ》され、内裏《だいり》清涼殿《せいりょうでん》の宿直《とのい》・警衛にあたっていた。若き将門は、私君忠平への奉仕や天皇の宿衛《しゅくえい》を通じて官人社会の作法・規範を身につけるとともに、公卿《くぎょう》・殿上人《てんじょうびと》らを羨望《せんぼう》と反感の眼差しで眺めていたであろう。京での立身出世を夢みながら。

しかし将門は、九三一（承平《じょうへい》元）年以前に下総国に帰った。父良持の死去によって、豊田郡・猿島《さしま》郡を中心に国衙から広大な公田を請作する「負名」経営を受け継ぎ、兄弟・郎等《ろうとう》・従属同盟的負名（従類・伴類）を統率し、「家」を維持発展させなければならなかったのである。帰郷した将門は下総国庁を訪れ、公田請作契約を更新し納税と受領支配への協力を誓約したであろう。将門の郎等に国衙御厩《みまや》別当《べっとう》（在庁官人）多治経明《たじのつねあきら》がいたが、将門自身、下総国衙行政に関与していたのではないか。

叔父たちとの私闘

発端は叔父下総介良兼（?―九三九）との「女論」であった。娘と将門の結婚に反対したのだろう。『今昔物語集』の将門説話は、亡父良持遺領をめぐる相論《そうろん》がもとだとする。前常陸大掾源護の女婿である国香・良兼・良正ら叔父たちは、良持没後、護と共謀して彼の経営の乗っ取りを企てたのであり、将門が在京勤務を断念して帰郷したのは、彼らの企図を挫《くじ》き父の経営を守り抜くためであった。良兼の結婚妨害は、このような対立関係を背景としていた。延喜勲功者子孫＝武士の間では、名誉が傷つけられると、合戦＝決闘で決着を着ける風潮があった。将門と良兼は、九三一(承平元、延長九)年、武名をかけて合戦を挑み、互に仇敵《きゅうてき》とみなすようになった。

亡父良持遺領＝経営をめぐって叔父たちと対立する将門は、九三五(承平五)年二月、同じく叔父常陸大掾国香・前大掾源護らと対立する常陸国住人平真樹《まさき》(系譜不詳)の誘いに乗って彼らに合戦を挑み、国香と護子息扶《たすく》・隆・繁らを殺害し、多数の「舎宅」❖3を焼き払った。

父国香敗死の報に急ぎ京より帰国した左馬允《さまのじょう》貞盛《さだもり》(生没年不詳)は、京での出世のため亡父の遺領保全を条件に将門と和睦するが、叔父良兼に説得されて反将門陣営に加わった。同年十月、将門は、護に加勢した叔父良正を常陸国新治《にいはり》郡川曲《かわわ》村で破り、翌九三六(承平六)年七月には、良正・貞盛支援のため両総国衙の制止を無視して越境してきた仇敵良兼を、下野国境での合戦で破り下野国庁に追い詰め、わざと逃がした。将門は下野国衙官人に良兼による「無道の合戦」と記録させた。下野国衙は将門の合戦を正当防衛とみなしたのである。

息子らを殺された護は常陸国解《こくげ》(国から政府＝太政官への申請書)を副えて政府に将門を訴えていた。九三五(承平五)年十二月、政府は護・将門・真樹を召喚する官符《かんぷ》を下した。翌九三六年十月(下野国で良兼を破った三ヶ月後)、将門は上京して検非違使庁で裁判を受けたが、将門の主張(遺領奪取や「無道の合戦」)が認められてか軽罪ですみ、かえって彼の武名が京畿内《けいきない》に轟いた。将門はしばらく拘束されたが、九三七（承平七）年正月の大赦《たいしゃ》で赦免《しゃめん》され、五月に帰国した。

将門帰るの報に、復讐の念に燃える良兼は護・貞盛らと、八月六日、常陸・下総国境の子飼《こがい》の渡しに将門を攻め、多数の舎宅を焼き払った。九月十九日、良兼が護ら姻族を訪ねて常陸に来たと知った将門は、真樹とともに、真壁《まかべ》郡の良兼の服織《はとり》宿と与力の舎宅をことごとく焼き払って報復した。将門が、下総国衙に良兼犯過の解文《げぶみ》を作らせて政府に提出したところ（下総国衙は将門支持）、政府は、十一月五日、武蔵・安房《あわ》・上総・常陸・下野等国に、将門に良兼・護・貞盛らを追捕させよとの官符を下した。政府は将門を支持し政府軍の立場に立たせたのであり、将門は以後、この広域諸国への「追捕官符」を拠り所に坂東「平和維持活動」に東奔西走する。将門は「追捕官符」を得て張り切ったが、諸国受領らは消極的だった。敵意に燃える良兼は、十二月十四日、将門を殺そうと下総国猿島郡の石井《いわい》の営所（将門の拠点）を夜襲したが失敗した。翌九三八（承平八）年二月、和睦《わぼく》を反故《ほご》にした貞盛を憎む将門は、私闘にかかずらうことは立身に不利とみて上洛《じょうらく》をはかる貞盛を、信濃国小県郡《しなののくにちいさがた》の千曲川《ちくまがわ》まで追撃したが、貞盛は振り切って上洛を果たし、将門を訴える。九三九（天

将門の乱関係地図（下向井龍彦『武士の成長と院政』［「日本の歴史」09、講談社、2001年］より）

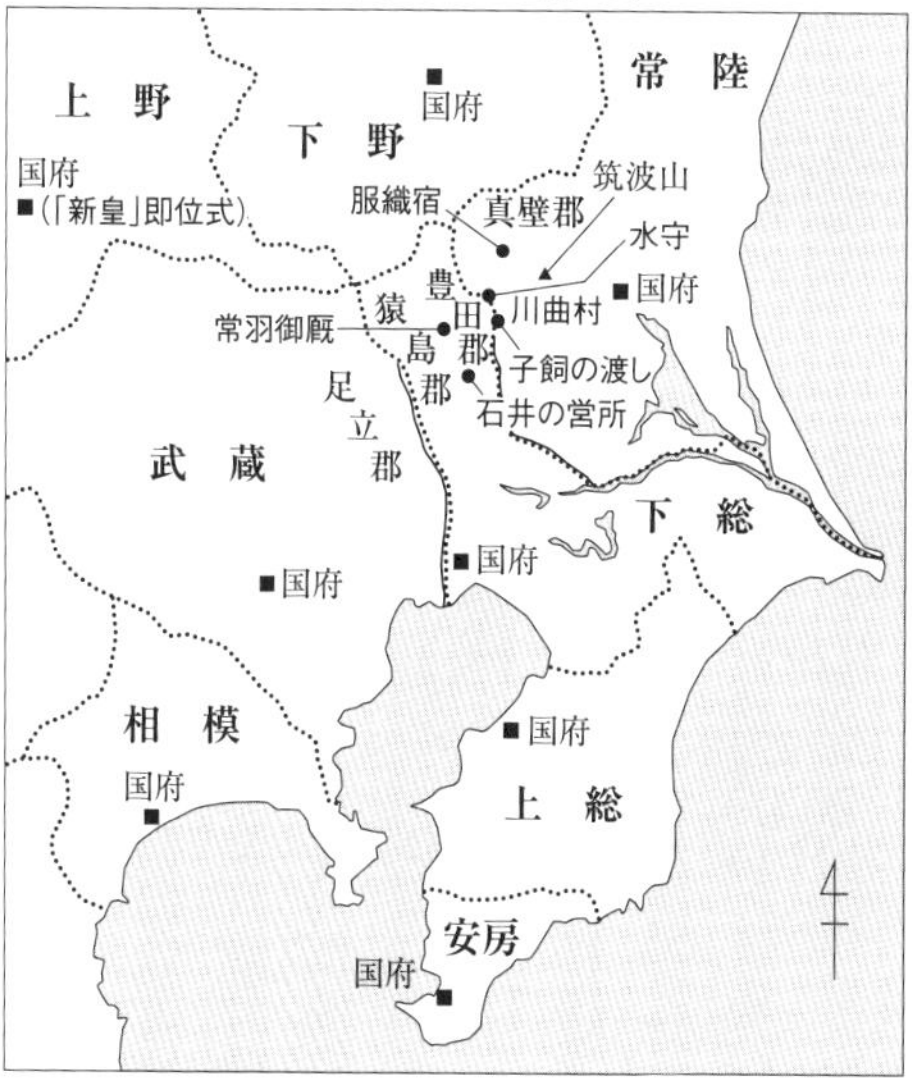

慶二〇年六月、良兼が病で死去し、八年間に及んだ平氏の私闘は終焉《しゅうえん》したかにみえた。

将門と叔父たちとの合戦はどこまでも私闘であった。その泥沼の私闘のはじまりが、将門の平真樹支援であったところに、のちの武蔵国や常陸国の紛争介入にも共通する、圧迫された弱者（負名）に手を伸べる将門の義侠心をみることができる。平氏の私闘に政府も受領・国衙も積極的には介入しないが、常陸国衙が護を支持し下総・下野国衙が将門を支持したように、国衙が関与しなかったわけではない。将門は、自己の合戦を正当化するために国衙をおおいに利用し、また中央政府をも利用している。護との裁判での情状酌量《じょうじょうしゃくりょう》や良兼追捕官符の発給など、政府も将門に好意的である。政府・受領は、将門の卓抜《たくばつ》した武芸による平氏の内紛鎮静と坂東の平和維持を目論《もくろ》んでいたのである。そこには私君忠平の、家人将門の武芸と直情径行に対する高い評価も働いていただろう。

しかしこの平氏の私闘は政府にとってたいした問題ではなかった。将門や良兼は受領に反抗したわけではなかった。政府記録にもとづく年代記も忠平の日記『貞信公記《ていしんこうき》』も、この時期の平氏の私闘について一言も触れていない。ここまでの平氏の私闘に関する叙述のほとんどは、『将門記』にもとづいている。

武蔵国の紛争への介入

平氏の私闘の沈静化と継起するように、武蔵国で反受領闘争が活発になった。九三八（承平八）年二月、強引な徴税に反発する足立郡司で在庁官人の武蔵武芝《むさしのたけしば》に対して、武蔵権守《ごんのかみ》（受領代理）興世《おきよ》王《おう》(?―九四〇)・介《すけ》源経基《つねもと》(?―九六一、清和源氏の祖)らは郡内に乱入して武芝の各地の舎宅を押収した。武芝を支持する在庁官人らはこれに抗議し(武芝は在庁官人・負名の利害を代表)、武芝は押収財物の返却を求めたが、興世王らは合戦の準備をはじめた。同(天慶元)年五月二三日、武蔵国衙から延喜勲功者子孫と思われる橘近保《ちかやす》(後出の遠保《とおやす》の兄弟、最茂《もちしげ》と同族らしい)の「犯過」が報告され、「追捕官符」が武蔵と隣国に下された。この近保と武芝は反興世王の共闘関係にあったと思われる。同年十一月、伊豆国解により平将武に対する追捕官符が駿河・伊豆・甲斐・相模に下された。伊豆では将門弟将武が反受領闘争を主導していたのであり、武蔵国の闘争と連携していたことは想像に難くない。

同年冬か翌九三九(天慶二)年春、興世王・経基が狭山丘陵に陣取り、武芝が原野に潜伏していることを知った将門は、両者の仲裁に乗り出した。将門が使命と自認する坂東平和維持活動の一環である。説得に応じた武芝とともに武蔵国府に入った将門は、興世王を招いて酒宴を張り、両者を和解させたが、そのとき予期せぬことが起こった。まだ国庁に入っていなかった経基を武芝の軍勢が威嚇したのだ。武芸に未熟だった経基は怯《おび》えてその場を逃れ、自分の殺害を計ったと将門を怨み、上京して将門「謀反」を政府に密告した。経基を殺そうとしたわけではなかったが、それだけでは「謀反」とはいえない。しかし直情径行の将門が、宴席で在庁官人・負名らを前に、我こそ坂東の王者だ、などと大言壮語することは大いにありうる。将門の言葉尻をつかんで坂東占領の意図を密告することはたやすい。だがこの時期、将門に坂東占領の意図など微塵《みじん》もなかった。

謀反か？誣告か？

政府が、上京した貞盛の訴えを受けて将門召喚使《しょうかんし》の派遣を決めたのが二月二日、上京した経基が将門謀反を密告したのが三月三日。二つが重なったことは、摂政太政大臣忠平ら将門に好意的だった政府首脳の心証を悪くした。四月二八日、私君忠平から謀反の実否を問う文書が将門のもとに届いた。驚いた将門は、常陸・下総・下野・武蔵・上野五ヶ国に、謀反は無実で将門は坂東諸国の平和維持に貢献してきたとの解文を作ってもらい、五月二日、弁明する書状に副えて忠平に提出した。政府は五月五日、坂東諸国に管内不静粛を問責し、十五日に百済王《くだらのこにきしていれん》貞連を武蔵守（受領）に任じた。着任した貞連は、権守興世王が国庁の座に着くことを禁じ、密告被告人として遇した。興世王はこれを怨んで下総国の将門のもとに走り、将門は同じ密告被告人という自身の立場も顧みず彼を匿《かくま》った。政府首脳の心証はますます悪化する。

六月九日、政府は五月十六日に「乱逆」平定のため相模《さがみ》・武蔵・上野の権介に任じていた延喜勲功者子孫橘最茂《もちしげ》・小野諸興《もろおき》（高向利春の一族か）・藤原惟条《これなが》（利仁の一族）に、それぞれの任国の押領使を兼帯させ、二一日、彼らに「国々群盗」追捕官符を下した。政府は、反受領闘争の震源地武蔵、足柄関《あしがらのせき》を抱える相模、碓氷関《うすいのせき》を抱える上野に、押領使を配して反受領闘争を封じようとしたのである。将門は名指しされてはいない。摂政忠平らは将門に自重を求めているのである。この頃、将門召喚官符をもって常陸国に帰ってきた貞盛は、八月下旬、奥州に身を潜めようと坂東脱出を計るが、将門の追撃にあって果たさず、山野に隠れた。平氏の私闘は、反受領闘争と政府の対応のなかに吸収される。

さかのぼって六月七日、政府は、将門謀反の真偽確認のため、延喜東国の乱の先例によって推問追捕使を任じるとともに、九日、経基を拘禁《こうきん》した。実否判明まで密告者を拘禁するのが決まりであり、無実が確定すれば経基が誣告罪《ぶこくざい》になる。さきの将門謀反無実の諸国解文にもとづく対策会議では、将門の坂東平和維持活動の功績を評価して叙位任官すべきだという意見が出るほどだった。謀反か誣告か、将門と経基はどちらに転ぶか固唾《かたず》を呑んでいた。九三九(天慶二)年冬、実否調査を任務とする推問密告使の進発は遅延を重ね、将門謀反密告問題はうやむやになりかけていた。

常陸国の紛争への介入と国府占領

反受領闘争は貞盛任国の常陸国に広がっていた。常陸国任人藤原玄明《はるあき》(?―九四〇)は、受領常陸介藤原維幾《これちか》(生没年不詳)から「春には広大な公田の満作を請負いながら租税はまったく弁済しない乱人」と糾弾されるような、大規模な負名経営を行っていた。玄明ら負名からみれば、為憲《ためのり》ら維幾の子弟郎等が「受領の権力を振りかざして無茶な要求をしてくる」になる。九三九(天慶二)年冬、受領維幾と玄明ら負名たちとの緊張関係が高まった。維幾は、未進官物の弁済と国府出頭を拒絶した玄明を、六月に出された前記の「国々群盗追捕官符」によって追捕しようとした。それを知った玄明は妻子を連れ、隣国下総の将門を頼って逃走した。玄明を匿う将門と下総国衙に対し、維幾は何度も引き渡しを求めたが、両者は応じなかった。下総受領は将門の行動に理解を示していたのである。

高望女を妻とする維幾は将門と貞盛にとって義理の叔父であり、為憲は従兄弟であった。維幾は将門召喚官符をもって帰国した貞盛を支持して将門に召喚に応じるよう再三通告していた。将門は、かつて官符にもとづく追捕を逃れて入京した貞盛に将門召喚官符を与えた政府と、貞盛に味方する叔父維幾に、不信の念をつのらせていた。

維幾への復讐に合力を求める玄明に同情した将門は、維幾を懲らしめるため、十一月二一日、軍勢を整えて常陸国庁を包囲し、玄明の追捕をやめ常陸国内に居住させるよう要求した。国庁から問答無用と為憲・貞盛らが合戦を挑んできたが、将門は難なく蹴散らし、国庁を占拠して受領権力のシンボルの印鎰《いんいつ》(国印と正倉のカギ)を奪った。捕らえた維幾を跪《ひざまず》かせて息男為憲への指導不行届から兵乱になったという謝罪文を書かせ、彼を下総国豊田郡鎌輪《かまわ》の将門宅に連行した。国庁を占拠して興奮する将門の軍勢は、財物を掠奪《りゃくだつ》し、舎宅を焼き払い、妻女たちを辱めたという。

常陸介維幾・為憲父子に謝罪させるために出陣したはずの将門は、国庁占領・印鎰奪取・財物掠奪・維幾拉致《らち》という思わぬ展開に、茫然自失したにちがいない。そのとき興世王が「常陸一国を占領しただけでも大罪だから、いっそ坂東全域を占領して政府の出方をみよう」と焚きつけた。将門はそれに答えて「俺は桓武天皇五代の孫だ、八ヶ国を占領したあと京も占領してしまおう」とうそぶいたという。平素、放言して憚《はばか》らなかった妄想《もうそう》が、今、現実になろうとしていた。将門自身、鳥肌立つ思いではなかったか。

十二月二日、常陸国から将門・興世王が官私雑物等を損害したという解文が到来した。しかし政

府はすぐには動かなかった。推問密告使派遣の既定方針に変わりはなかった

まぼろしの「坂東独立王国」

十二月十一日、将門が下野国庁に入ると、受領は跪いて将門に印鎰を捧げた。十五日には上野国府に行き印鎰を取り上げ、両国受領を京へ送還した。十九日、上野国庁で将門の「新皇《しんのう》」即位式が挙行された。八幡大菩薩の使と称する巫女《みこ》が現れ、菅原道真《すがわらのみちざね》作の位記によって自らの位を将門に授ける、との神託《しんたく》を告げた[4]。将門が神託に再拝すると軍勢は鬨《とき》の声を上げ、いっせいに伏し拝した。興世王が「新皇」号を奉呈すると、将門は軍勢を前に「武芸は国家の支え、勲功は立身の糧である。我は武名を坂東・京畿に轟かせた。現代は実力ある者が上に立つ時代だ。海外では近年、耶律《やりつ》阿保機《あぼき》が渤海国《ぼっかいこく》を滅ぼし東丹国《とうたんこく》を建てたという。坂東八ヶ国を占領したからには、政府軍が攻め寄せてきても、足柄・碓氷二関を固めて粉砕しよう」と演説した。ついで将門は、兄弟・幹部を坂東八ヶ国の受領に任じた。上総介興世王、下野守平将頼、上野守(介か)多治経明、常陸介藤原玄茂《はるもち》、安房守文屋好立《ぶんやのよしたつ》、相模守平将文《まさふみ》、伊豆守平将武、下総守平将為《まさため》。ほんものの受領たちは京に逃げ帰った。新皇将門は八ヶ国を巡検して在庁官人から印鎰を受け取り、公務を勤めるよう訓告し、下旬、相模国から新皇即位と和平条件を京の天皇に奏して本拠の下総に帰った。

坂東八ヶ国占領は、「政府の出方を待とう」という興世王の進言のとおり、政府と和平交渉をすすめるためであった。将門の要求は、(一)将門らの罪を問わない、(二)将門の坂東平和維持の功績を

認め将門以下に勲功賞として任官叙位する、(三)将門に貞盛・為憲らの追討を命じる、(四)要求実現まで占領を続ける、という内容だっただろう。「新皇」即位は、坂東八ヶ国の延喜勲功者子孫・在庁官人・負名らを将門のもとに結集し、臣従を誓わせるためであった。印鎰奪取・受領追放は、徴税に苦しめられる在庁官人・郡司・負名層の歓迎するところであった。将門の乱は板東諸国負名層の反受領闘争という側面を有していた。将門から受領に任命された兄弟・幹部は歓喜する。受領の地位は延喜勲功者子孫たちの夢であった。印鎰を確保し国衙帳簿類を押さえ在庁官人を臣従させ国衙行政・徴税機構を掌握することによって、長期占領、軍勢・兵粮・馬匹《ばひつ》の徴発が可能になる。新皇即位を告げる政府への奏上は、将門と政府との交渉の始まりのはずだった。将門は「坂東独立王国」を目指したわけではなかった。

政府の対応

九三九(天慶二)年十二月二二日、信濃国から将門の坂東占領の第一報が、二七日に詳報が、二九日には「上野・下野受領が印鎰を奪われ、信濃国まで護送されてきた」との第三報が届いた。二六日には藤原純友《すみとも》蜂起の報も届き、東西同時蜂起に朝廷は騒然となった。二九日、摂政忠平は緊急対策会議を開き、将門に対しては、(一)信濃国の軍兵を徴発して国境を守備させる、(二)内裏を警固する、(三)三関(伊勢鈴鹿《いせすずか》・美濃不破《みののふわ》・近江逢坂《おうみおうさか》)に固関使《こげんし》を派遣し、東海東山道諸国の要害に警固使を派遣する、との決定をした。公卿の間では将門と純友の共謀がささやかれた。

九四〇(天慶三)年正月元日、政府は、追捕東海道使・追捕東山道使・追捕山陽道使を任じ、三日、将門上洛に備えて宮城防御を強化し、九日、将門謀反密告賞として経基が従五位下に叙された。十一日、将門を殺した者には五位以上を、副将を斬った者には勲功に応じて官爵を与えることを約束して、東海東山両道諸国に「将門追討官符」を下し、十四日の臨時除目《じもく》(任官議)で武士八人を坂東八ヶ国の掾に任じ、押領使を兼帯させた。常陸掾平貞盛・上総掾同公雅《きんまさ》(良兼子)・下野掾藤原秀郷・相模掾橘遠保(近保兄弟)らである。破格の恩賞の約束に、彼らは俄然《がぜん》、将門打倒に意欲を燃やす。二二日、将門上洛の噂に京内は一時パニックに陥った。

このように将門の坂東占領が報告されてから忠平ら政府首脳は正月返上で連日会議を開き、諸国からの情報を収集・分析して対策を立て、関係諸国に指示を出していた。将門の要求(講和提案)は握りつぶされ、政府は断固たる姿勢で将門追討の意思を示した。それが、追捕使派遣と「将門追討官符」の発給と坂東諸国掾兼押領使の任命であった。この間に行われた神仏への平定祈願も、追討への断固たる決意表明であった。将門や興世王の目算は甘かった。将門の坂東支配はわずか二ヶ月で崩壊してしまう。

将門の最期

「新皇」即位後、正月中旬、将門は常陸国に軍を進めて貞盛・為憲らを探索したが発見できず、いったん配下の軍勢を解散した。彼らは負名であり、春には公田請作契約が更改される。没収した敵対

将門画像　『俵藤太《たわらとうた》（藤原秀郷）物語』には、将門が猿島郡で貞盛・秀郷に決戦を挑んだ際の様子を「将門の五体は鉄、将門に同じ人体が6体あり」などと記されているが、その伝説を画像化したもの。（東京都、神田明神蔵）

勢力の請作公田や私領は将門の配下に配分されるから、われ先に帰国する。将門のもとに残った兵はわずかだった。将門は坂東八ヶ国を完全掌握しているものと信じ、貞盛ら反将門勢力の存在を、それ以上に政府を見くびっていたのだ。

「将門追討官符」によって破格の恩賞が約束されて勇躍する貞盛は、ようやく重い腰を上げた秀郷とともに、機をのがさず将門に戦いを挑んだ。驚いた将門は貞盛・秀郷を討とうと下野に向かうが、秀郷勢に撃破された。二月十三日、貞盛・秀郷勢は敗走する将門勢を追って下総国境に進出し、将門の本拠石井の営所をはじめ配下の舎宅を焼き払った。いったん逃れた将門は、翌十四日昼、猿島郡の原野で決戦に臨んだ。はじめ将門は風上に立って優勢だったが、風向きが変わると秀郷・貞盛らが順風を利して反撃し、貞盛が馬上の将門を射落とし、秀郷が組み伏せて討ち取った。新皇即位から二ヶ月にも満たないあっけない死であった。坂東平和維持活動の実績によって貴族社会に参入する夢ははかなく潰《つい》えた。

将門討たるの第一報は、二五日、信濃から政府に届き、三月五日には秀郷が将門殺害を飛駅使で報告してきた。そして九日の臨時叙位で、下野掾秀郷が従四位下に、常陸掾貞盛が従五位上に叙された。その後、興世王ら反乱軍幹部の殺害の報がつぎつぎに届く。

四月二五日、秀郷が進上した将門首が東市で衆目にさらされた。十一月十六日、瀬戸内海では純友の反乱が続くなか、将門の乱平定の軍功除目が行われた。秀郷が下野守・武蔵守、貞盛が右馬助に任じられたのをはじめ、任官者は数十人に及んだ。

将門の乱を総括すれば

最後に、将門の反乱について総括しておきたい。将門の活動は、叔父たちとの私闘段階、武蔵・常陸の反受領闘争への介入の段階を経て、坂東八ヶ国制圧＝反乱の段階へとエスカレートし、対政府講和交渉を進めるための長期占領体制（新皇即位・受領任命）を構築してわずか二ヶ月で、一挙に破滅した。承平・天慶の乱といわれるが、常陸国庁を占領する九三九（天慶二）年十二月までは将門自身も政府も反乱とは認識していないし、政府が正式に将門謀反と認定するのは九四〇（天慶三）年正月であった。したがって将門の乱を承平・天慶の乱と呼ぶのは間違いで、天慶将門の乱と呼ぶべきである(純友の乱と総称するときは天慶の乱)。

将門の立場からみると彼の軍事活動は一貫していた。天下無双の武芸による、抑圧される「負名」側に立った「平和維持活動」である。またたく間の坂東八ヶ国占領は、将門からみれば坂東「平和維持活動」の延長であり、自身の活動を評価しない政府への不信と怒りの爆発であり、受領の収奪の緩和を願う広範な「負名」たちの願望の具現であった。将門は自身の武芸を過信していた。政府は将門の武芸の前に屈服し講和を求めてくるはずであった。しかしそれは甘かった。「追討官符」が約束する勲功賞に群がる政府軍によって将門はあえなく打ち負かされた。「追討官符」が象徴する国家権力の組織力と暴力性の前に、将門は屈した。将門の夢だった貴族官人の地位を手にしたのは、将門を打ち破った政府軍戦士=天慶勲功者たちだった。彼ら天慶勲功者が将門の屍を乗り越えて中世的武士へと成長していく。

❖1…「負名」とは経営能力に応じて国衙《こくが》から公田を請作し、公田面積に課税される官物・臨時雑役を負担する経営主体であり、国内居住の王臣子孫から百姓まで身分は多様であり、経営規模も大小さまざまであった。負名経営者は、請作公田を作人に小作させ、私出挙《しすいこ》(高利貸し)と小作料を通じて収奪し隷属させた。負名の経営規模・富は舎宅(倉庫)に備蓄された稲の量に規定された。土地(開発私領)所有ではないことに注意。武士は、訓練のための余暇と装備調達・従者馬匹給養のための財力を持つ有力「負名」でなければならなかった。したがって十世紀の武士は、経営主体としては有力負名、身分は王臣子孫・雑色人《ぞうしきにん》・百姓、国内での政治的地位は在庁官人・郡司《ぐんじ》などであり、中央に出仕して中下級官人になることもできた。

❖2…『尊卑分脈』の配列順から一般に次男良兼、三男良持とされるが、『将門記』は良兼を良持の「舎弟」とし、『尊卑分脈』が将門の通称を「小二郎」(二郎の長男)とするから、次男良持・三男良兼であろう。

❖3…「舎宅」は経営資源の稲を備蓄する倉庫であり、「舎宅」焼却戦術は相手の経営破壊を狙ったものである。土地を直接争奪しているのではない。

❖4…将門の「新皇」位が軍神八幡神の位なら、天皇位の僭称《せんしょう》ではない。

海賊平定の正当な
評価を求めて蜂起した

藤原純友

…ふじわらのすみとも…

下向井龍彦

純友は「あなた」だ！

純友さまは賊じゃない　海にこがれた　夢のあと

三〇年以上前に日振島《ひぶりしま》を訪れたとき、案内された公民館の壁に架かっていた色紙の言葉である。署名は一九七六年のNHK大河ドラマ「風と雲と虹と」で藤原純友《ふじわらのすみとも》を演じた緒形拳《おがたけん》。緒形純友の不敵な笑みが思い出された。緒形もかつて純友の魅力に惹《ひ》かれてこの島を訪れたのだ。

たしかに藤原純友(八八五ごろ?―九四一)は海賊《かいぞく》ではなかった。しかし純友は、決して海に憧《あこが》れた風雲児ではなかった。空想的な男のロマンを求めては、純友は戸惑うばかりであろう。純友の反乱は、自身の功績を正当に評価されない憤懣《ふんまん》や、下積みの不遇の悲哀を味わったことのある者なら誰もが共感するであろう、組織(純友の場合は国家権力)に対する痛ましい抗議であった。純友の憤懣は、状況こそ違え、いつの時代にもどこの世界にもありふれた、あなたの憤懣なのである。フランスの小説家フローベールのひそみに倣っていえば、この瞬間にも日本中の無数の組織のなかで苦しみかつ悲しんでいる、いまを生きる無数の「純友」がいる。純友は一歩を踏み出した。その一歩が歴史を大きく動かし、純友を悲劇のヒーローにしたのであった。純友の末路は、いまを生きるすべての純友にとって、悲しい教訓である。

一〇〇〇年にわたる冤罪をはらす

長い間、『日本紀略《にほんきりゃく》』承平《じょうへい》六(九三六)年六月条の記述から、藤原純友は承平年間、日振島を拠点に海賊集団を率いて瀬戸内海を荒し回った「承平南海賊」[❖1]の首領だったと信じられてきた。

その根拠は記事冒頭部分の、「南海賊徒首《ぞくとのかしら》藤原純友が党を結び、伊予国《いよのくに》日振島に屯聚《とんじゅう》し、一〇〇〇余艘《そう》を設け、官物私財を抄劫《しょうごう》している」という章句である。

ところが、『日本紀略』記事と中心部分がほとんど同じ内容の『扶桑略記《ふそうりゃっき》』承平六年夏六月条の冒頭部分は、「南海道賊船一〇〇〇余艘が海上に浮かび、官物を強取し、人命を殺害している。よって上下往来の人や物は不通になった」となっており、純友の名前も日振島も出てこない。一般に外記日記《げきにっき》など政府記録によって編纂《へんさん》された年代記『日本紀略』のほうが、荒唐無稽《こうとうむけい》な神仏の霊験譚《れいげんたん》が多い『扶桑略記』より史料としての信頼性は高い。しかし『扶桑略記』の年代記部分もまた政府記録にもとづいており、信頼度において『日本紀略』と変わらない。私は、承平六年六月の両記事の共通の原史料は、承平南海賊平定を政府(太政官《だいじょうかん》)に報告する文人貴族《ぶんじんきぞく》の伊予守紀淑人《かみきのよしひと》(生没年不詳)が作成した

「伊予国解《いよこくげ》」(以下、原「伊予国解」)であると考える。

両者のほぼ同じ内容の中心部分は、小野氏彦《おののうじひこ》(『扶桑略記』は「氏寛」)・紀秋茂《あきしげ》・津時成《つのときしげ》等三〇余人を魁帥《かいずい》=賊首《ぞくしゅ》とする二五〇〇人の海賊が、伊予守紀淑人(『扶桑略記』は「淑仁」)の寛大な人柄を聞いて全員投降して農民として国衙《こくが》(受領)の支配に服することになった、というものである。この中心部分には『日本紀略』『扶桑略記』ともに純友の名は出てこない。『日本紀略』記事冒頭のいうように純友が海賊徒首であるなら、中心部分で全員投降したという魁帥のなかに純友がいないのはおかしいし、純友が投降していないのなら全員投降したとする中心部分の記述と矛盾する。また『日本紀略』冒頭部分が純友の海賊活動の拠点とする日振島は瀬戸内海の島ではない。豊予《ほうよ》海峡の外、宇和島《うわじま》沖の豊後《ぶんご》水道に浮かぶ島である。極端にいうなら太平洋の孤島である。この島を根城に瀬戸内海を荒らし回ることは不可能である。これらの点から、『日本紀略』冒頭部分は原「伊予国解」にはなかった章句とみなければならない。むしろ純友に触れるところのない『扶桑略記』冒頭記事が原「伊予国解」に近いといえるのである。

さらに『日本紀略』記事末尾は「これを前海賊という」という文言で結んでおり、『扶桑略記』記事にはない。これは三年後の九三九(天慶《てんぎょう》二)年の純友蜂起を「後海賊」と見立てて書かれた文言であり、原「伊予国解」作成時点では書けない。この文言は『日本紀略』記事全体の構成・構文を破綻《はたん》させており、明らかに後世挿入されたものである。一方『扶桑略記』記事末尾は、対句形式の記事後半の構文が維持されて「民烟漸《みんえんようや》く静まり、郡国興復《ぐんこくこうふく》す」で結ばれており、海賊平定・復興を報告する原「伊予国解」の締めくくりとしてふさわしい文言である。

このように内容上の矛盾、明白な後世の挿入記事の存在から、『日本紀略』記事が後世かなり潤《じゅん》色《しょく》されたものであることは明らかである。すなわち承平六年の純友が承平南海賊の首領であり日振島を拠点に瀬戸内海を荒らし回ったとする『日本紀略』記事冒頭は、史料的価値なきものとして排除しなければならない。むしろ『扶桑略記』記事こそ、承平南海賊研究の中心史料として最大限に活用されなければならないのである。

それでは純友は承平南海賊と無関係だったのかというとそうではない。政府記録にもとづく『本《ほん》朝《ちょう》世《せい》紀《き》』天慶二(九三九)年十二月二一日条は「このたび随《ずい》兵《ひょう》を率いて海に出た前伊予掾《いよのじょう》藤原純友は、去る承平六年に海賊を追《つい》捕《ぶ》せよという宣《せん》旨《じ》を受けた人物である」という「伊予国解」を引いている。疑う余地のないこの記事は、純友を海賊首領とする『日本紀略』記事とは逆に、承平六年の純友が「追捕宣旨」を受けて承平南海賊を平定する側にいたという、きわめて重要な事実を語っている。すなわち、承平六年の純友は海賊でなかったというだけでなく、かえって承平南海賊平定の中心人物だったのである。この事実が抹《まっ》殺《さつ》されたまま、純友には一〇〇〇年以上にわたって海賊の汚名が着せられてきたのである。純友が気の毒でならない。しかし以上の史料批判＝真実の追究によって濡《ぬれ》衣《ぎぬ》は晴らされた。純友の無念も多少は軽減されたであろう。

それでは承平南海賊とその平定が具体的にはどのようなものだったのか。それを明らかにするまえに、純友の出自と前半生についてみてみよう。

謎の前半生をさぐる

藤原純友の生年は明らかでないが、八八五(仁和《にんな》元)年ごろと推定しておく。純友が九三九(天慶二)年十二月に反乱を起こしたときの肩書は前伊予掾、六位の失業官人であった。父は権勢を誇る摂《せっ》政太政大臣《しょうだいじょうだいじん》藤原忠平《ただひら》(八八〇—九四九)の従兄弟の従五位下大宰少弐《だざいのしょうに》筑前守良範《ちくぜんのかみよしのり》、祖父は関白基経《かんぱくもとつね》(八三六—八九一)の兄遠経《とおつね》であった。遠経は公卿に昇ることなく従四位上右大弁《うだいべん》にとどまり、八八八(仁和四)年に死去している。純友の叔父や従兄弟は五位クラスの受領《ずりょう》・中央官人が多く、父良範の五位止まりは特別なことではない。しかし祖父遠経が公卿《くぎょう》に昇らず没し、父良範がおそらく寛平《かんぴょう》年間(八八九〜八九八年)の大宰少弐在任中か離任後まもなく壮年で死去したことによって、少年純友はよるべなき身になり、宮廷貴族社会から閉め出された。純友は摂関家傍流に生まれた没落貴族だったのである。

忠平一家の栄華を尻目に六位の失業官人に甘んじなければならない純友の心のなかには、貴族社会へ復帰することへの切なる願望、やるかたない憤懣、そして過ぎゆく時間に対する焦慮《しょうりょ》が、淀んでいたであろう。それでもまったく一門の援助がなかったわけではない。父の従兄弟の元名《もとな》(八八五—九六五)が九三二(承平二)年に伊予国受領になっており、元名は赴任するにあたって純友を伊予掾に推挙したものと推測されている。それまでの純友は内舎人《うどねり》や瀧口《たきぐち》などの在京下級官人だったと思われ、陽成院《ようぜいいん》(在位八七六—八八四)や重明親王《しげあきらしんのう》(九〇六—九五四)に家人《けにん》として仕えていたとも考えられる。❖2その皇統からはずれた無頼の陽成院に近侍していたなら、忠平から疎《うと》んじられておかしくない。

時期、在京していた平将門《たいらのまさかど》（?―九四〇）と面識・交流があり憤懣を語り合っていたとすれば面白い。純友の伊予掾在任期間は、元名の受領在任期間と推測される九三二（承平二）年正月から九三五（同五）年十二月のまる四年間であろう。

　元名が純友を伊予掾に抜擢《ばってき》したのは、しかしたんに不遇の一門を憐れんでのことではなかった。父良範の大宰少弐在任は新羅《しらぎ》海賊の撃退に全力を注いでいた寛平年間のことと思われる。貞観《じょうがん》期（八五九〜八七七年）以来、少弐は新羅海賊防禦《ぼうぎょ》の責任者であり、父良範は八九四（寛平六）年四月、在京したまま大宰権帥《だざいのごんのそち》・新羅海賊追討使（将軍）に補せられた大叔父国経《くにつね》（良範の叔父）の代官的立場で少弐に任じられ現地派遣されたのであろう。新羅海賊撃退の武力としては東北から強制移住させた俘囚《ふしゅう》（帰服蝦夷《えみし》）が利用されていたが、父良範とともに大宰府《だざいふ》にあった少年時代の純友は、軍事的に緊張した環境のなかで彼らの勇猛果敢な海戦戦術・騎馬戦術を学びながら、ひたすら武芸の錬磨《れんま》にいそしんだのであろう。反乱を起こした九三九（天慶二）年十二月以降の、幾多の電撃的奇襲攻撃に明らかな純友の卓抜《たくばつ》した武芸は、少年期・大宰府時代に培われたものだったのである。

❖平氏略系図

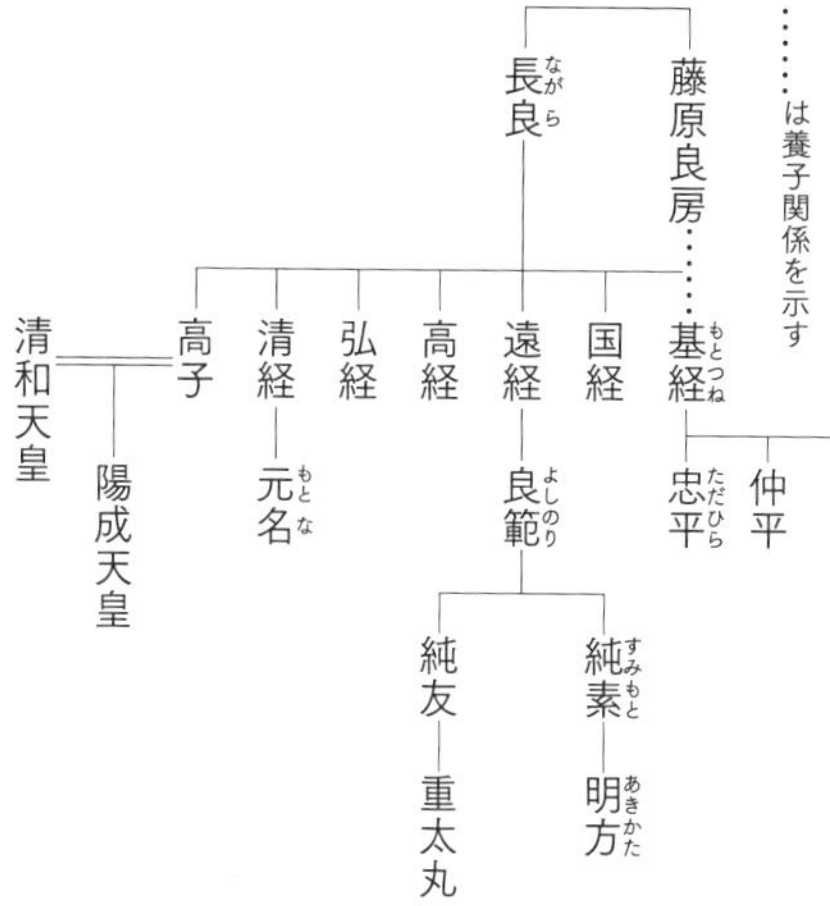

元名が、海賊の被害に悩む伊予国に赴任するさい純友を掾に推挙したのは、彼のすぐれた「武芸」の技量を見込んだからにほかならない。純友は誇り高き武芸の士に成長していたのである。

承平南海賊

藤原純友の伊予掾在任中は、承平南海賊が猛威を振るっていた時期であった。この海賊の実態について触れておこう。

九三一(延長《えんちょう》九＝承平元)年正月、摂政忠平が海賊対策について指示を出した。承平南海賊に関する最初の史料である。九世紀中葉から後半にかけて政治問題化した富豪層による調庸運京《ちょうよううんきょう》請負に便乗した反国司闘争(脱税闘争)は、瀬戸内海地域では海賊・海賊被害偽装という形態を取ることが多かったが、九世紀末の財政構造改革＝運京請負停止によって、海賊(被害偽装)はその制度的根拠を失っていったん鎮静した。❖3

半世紀ぶりに瀬戸内海に姿を現した海賊は、以後、九三六(承平六)年六月に平定されるまで六年間にわたって瀬戸内海を荒らし回った。私はこの海賊を「承平南海賊」と呼び、九三九(天慶二)年十二月にはじまる純友の乱と区別しているが、この理解はおおむね支持されている。

九三二(承平二)年四月には追捕海賊使が派遣され、九三三(同三)年十二月に「南海国々海賊いまだ追捕に従わず、遍満《へんまん》す」という状況のもとで「国々警固使」が配置された。翌九三四(同四)年七月と十月にも追捕海賊使が派遣されたが、同年末には伊予国喜多郡不動《ふどう》三〇〇〇余石が奪い去られ、翌九三五（同五）年になっても「頃年《けいねん》、海賊追捕に従わず」「海賊いまだ平伏《へいふく》せず」という状況であった。

このような長期にわたって活動した海賊勢力は、ひとりの英雄的指導者のもとに結集した集団ではなかった。九三六（承平六）年六月に一斉投降したときに、『日本紀略』『扶桑略記』に「魁帥《かいずい》小野氏彦・紀秋茂・津時成らあわせて三十余人、手を束《つか》ねて交名《こうみょう》を進め帰降す」とみえるとおり、小野氏彦・紀秋茂・津時成ら三〇余人をそれぞれ首領とする小集団が乱立し、各個に活動していたのである。この小集団の乱立という特徴は承平南海賊の正体と関係している。

九世紀末まで免税特権を保障され、受領の課税を拒否してきた国内居住衛府舎人《えふ》（天皇親衛隊。実態は富豪層）に対して、十世紀初頭の国制改革の一環として九〇一（延喜《えんぎ》元）年に受領に課税権が認められ、九〇九（同九）年、政府によって大規模な解雇が強行され、九一四（同十四）年には受領に解雇権が付与されるなど、課税や解雇に反抗する衛府舎人に対する圧迫が徐々に強化されていった。とくに瀬戸内海諸国居住衛府舎人には大粮米《たいろうまい》徴収権が認められていたから、特権剥奪《はくだつ》のダメージは他の地域に比べて大きく、抵抗運動もより過激になる。彼らは解雇と特権剥奪を認めず、免税特権と大粮米取得権を主張して諸国の官米運京船や米倉を襲ったのである。「南海国々海賊いまだ追捕に従わず、遍満す」といわれた九三三（承平三）年十二月に、全国を対象に国内居住衛府舎人の暴力行為を「強盗」に准じて追捕する権限を受領に与えた。政府は海賊の正体がリストラされた衛府舎人集団であることを突き止めていたのである。承平南海賊の実態は免税特権・大粮米取得権にしがみつく瀬戸内海諸国居住衛府舎人の反受領闘争だったのだ。承平南海賊が長期にわたって抵抗したのはリストラを不当としていたからであり、三〇余グループ、二五〇〇余人だったというのも衛府舎人の所属集団が単位になって活動していたからだと考えられる。大粮米負担国居住衛府舎人は国制改革で課税対象にされた時点では暴力的闘争に立ち上がることはなかったが、じわじわと追い詰められた九三〇(延長八)年ごろになって海賊活動(大粮米の掠奪)を活発化させたのである。承平南海賊は、国制改革による特権剥奪に対する抵抗運動という点で、タイムラグはあるものの、本書「平将門」の項で述べた僦馬《しゅうば》の党の蜂起＝延喜東国の乱と同一性格の武装蜂起だったのである。

承平南海賊平定の最高殊勲者純友

九三二(承平二)年に伊予掾となって赴任した藤原純友は、受領藤原元名のもとで四年間にわたって海賊平定活動に実績をあげ、元名や忠平政権から一定の評価を得たにちがいない。あるいは純友は、九三三(承平三)年十二月に配置された「国々警固使」のうち伊予国警固使でもあったかもしれない。他面、平定活動のなかで海賊勢力と交渉・交流を深めた純友は、海賊勢力の間で評判を高めていったと思われる。しかし受領元名が任期満了した九三五(承平五)年十二月をもって京都に帰った純友は、叙位・除目《じもく》に期待をかけつつ無為の日々を過ごしていた。

九三六(承平六)年の純友の行動は、さきの『本朝世紀』記事と重明親王の日記『吏部王記《りほうおうき》』承平六年三月某日条の記事から、以下のようになろう。三月、忠平政権は在京中の前伊予掾純友に「海賊追捕宣旨」を与えた。なかなか平定できない海賊に業を煮やした忠平政権が、掾在任中の実績を買って改めて純友を起用したのである。失業の身の純友にふたたびチャンスがめぐってきたのである。「追捕宣旨」を受けておそらくは伊予国警固使として出撃を命じられた純友は、武装集団を率いて京都をたち、摂津《せっつ》河尻《かわじり》港に入って準備をととのえ、伊予に向かった。純友が着任して二ヶ月あまりたった五月二六日、すでに老境に達していた文人貴族で右衛門権佐（検非違使佐《けびいしのすけ》）紀淑人が伊予守兼追捕南海道使に任じられた。すると入国して一月《ひとつき》も経たない六月、六年間にわたって頑強に抵抗していた海賊が、なんと一斉に淑人に投降してきたのである。海賊平定を政府に報告する淑人の「伊予国解」は、その数三〇〇余グループ二五〇〇人、淑人の「寛仁」なる人柄を聞き知ったからだとする。

　淑人が自己の功績を強調する右の「国解」の内容はそのままでは信じがたい。検非違使佐であるとはいえ、老境の文人が着任後わずか一ヶ月たらずで、あれほど長期にわたって抵抗してきた海賊集団を、その人柄によって独力で鎮静させることができるだろうか。しかし淑人より三ヶ月近く前に伊予に入っていた純友の平定工作を想定するなら、にわかに現実性が高まってくる。すなわち六年間にわたって瀬戸内海に猛威を振るった海賊集団は、旧知の純友による「降服《こうふく》すれば罪は問わない、経営保障はする」という説得工作に、純友を信頼して一斉に投降したのである。このあたりに純友の魅力溢れる人柄が想像される。負名《ふみょう》経営を保障された投降海賊らの純友への信頼感、また伊予国住人の純友人気はますます高まっていく。純友は、承平南海賊の首領どころか、逆に承平南海賊平定の実質的な最高殊勲者だったのである。純友を承平南海賊の首領として疑わなかったかつての通説は、完全に否定されなければならない。

しかし、この海賊平定の恩賞としては、紀淑人が従四位下に加階されただけで、純友はじめ海賊平定に活躍した人々が提出した勲功申請は政府によって握りつぶされ、純友らの期待は大きく裏切られた。純友は忠平政権に対する不信感を強めていった。三年半後の純友蜂起の遠因はここにあった。

純友出撃

承平南海賊平定後の三年間は瀬戸内海は平和であった。藤原純友は伊予に土着し、純友とともに海賊平定に活動した前信濃《しなの》掾（『尊卑分脈《そんぴぶんみゃく》』の守は掾の誤りであろう）藤原文元《ふみもと》（?—九四一）は備前《びぜん》に、前山《やま》城《しろ》掾藤原三辰《みつとし》（?—九四一）は讃岐《さぬき》に土着した。彼ら三人を承平勲功者＝西国における武士第一号と呼んでおこう。彼らはそれぞれ広大な公田を請作して大規模負名経営を行うとともに、船舶・海運管理を行う「船所」などの在庁官人となって国衙行政にも関わったであろう。純友は国守紀淑人の国内支配によく協力し、淑人も伊予国住人の純友人気を国内支配に最大限に利用したと思われる。

しかし三年半後の九三九（天慶二）年十二月、純友は、突然、淑人の制止を振り切って武装集団をひき連れて海に乗り出した。淑人も伊予国の人々も純友の唐突な行動に驚き、国内は騒然となった。純友の武装出撃を知った伊予国の人々はわれ先に純友に従おうとしたのであろう。淑人はただちに、純友が姿を現すはずの山陽道東部諸国に純友召喚官符《しょうかんかんぷ》を出すよう政府に要請し、それを受けて政府は十二月二一日、召喚官符を発給した。淑人が制止し早急に対応したのは、純友に取り返しのつかない事件を起こさせたくなかったからである。淑人は、純友蜂起後も九四〇（天慶三）年八月まで純友をかばい続ける。純友と淑人は深い信頼関係で結ばれていたのである。このあたりにも純友の人柄が偲ばれる。

九三九(天慶二)年夏は深刻な旱ばつであった。瀬戸内諸国では秋から冬の検田《けんでん》・収納において、国衙と「負名」との間に、旱ばつの打撃による減収分の損免《そんめん》をめぐる緊張関係が高まっていた。備前国では承平勲功者藤原文元が反受領闘争の先頭に立っていたが、受領備前介藤原子高《さねたか》(生没年不詳)の弾圧に追い詰められ、十二月、かつての盟友純友に支援を求めた。純友は、ともに海賊平定に活動した盟友が受領の弾圧で窮地に立たされていることを知って激怒し、救援を決意したのであった。純友の突然の武装出国は、文元の支援要請に応えたものだったのである。承平南海賊平定の盟友たちの純友への信頼がいかに大きかったかがうかがわれる。純友は、伊予国内での自身の利害問題によって蜂起したのではなかった。純友は淑人にこの出国事情を打ち明けていた。だから淑人は政府に純友召喚官符(追捕官符ではないことに注意)を備前国を含む瀬戸内東部諸国に出すよう求めた。淑人は純友を反逆者にしたくなかったのである。

摂津須岐駅事件と純友の要求

藤原純友の動きを知って狼狽《ろうばい》した備前介子高は妻子を連れて備前国府を脱出し、陸路、京都を目指して逃走した。純友の武名は諸国に鳴り響いていたのであり、純友動くの報に子高は震え上がったのだ。子高は、経基が将門謀反《むほん》を密告したように、京都放火多発の「風聞」を純友になすりつけ、純友謀反を告発しようとした。純友に支援されて子高を追撃した文元は、十二月二六日、摂津須岐《すき》駅《えき》に子高を追い詰め、合戦のすえ子高を捕らえ耳を切り鼻をそぐという凄惨なリンチを加えて連れ去った。息子は殺され妻は奪われた。文元が子高に加えた酷《むご》たらしいリンチは、それまでの激しい弾圧に対する憎悪に満ちた復讐であった。

純友は、この軍事的勝利を背景にただちに政府に要求を突きつけた。棚上げされたままの承平南海賊平定の恩賞を要求して、伊予国に帰って政府の回答を待った。すなわち純友は文元の支援要請をチャンスととらえ、かねて不満としてきた恩賞問題に一気にけりをつけようとしたのである。純友は義侠心だけではなく、知略にもたけていた。将門の乱に対する対策に精いっぱいの政府は、純友の要求に屈せざるを得なかった。暮れから翌九四〇(天慶三)年正月にかけての公卿会議で純友の要求の受け入れを決定し、正月三日、須岐駅事件の張本の文元ら承平勲功者を任官するとともに将門追討軍幹部に補《ぶ》し、正月三〇日、純友に念願の従五位下を与えた。事は純友の目論見どおりに運ぶかにみえた。

要求実現に満足した純友は、上京して天皇に叙位の慶賀を奏し、そのまま事態をおさめようとした。二月下旬、京都を目指す兵船のなかで純友はつかのまの勝利の美酒に酔いしれたことであろう。ついに夢にみた五位の貴族の仲間入りができたのだ。しかし備前の文元は任官を拒否して備前・備中《びっちゅう》を制圧し、文元に呼応するかのように讃岐の三辰が讃岐国府を焼き討ちして讃岐・阿波《あわ》を制圧し、受領を国外に追い出した。事態は純友の思惑を越えて、諸国負名層の反受領武装蜂起へと拡大していったのである。

純友の上洛は、二月二三日、政府が淀川沿いの河尻、山崎に検問を設けること(警固使の配備)によって阻止された。純友はいったん伊予国府に帰り、淑人に純友弁護の国解を書いてもらい叙位を感謝する自らの「悦《よろこび》(慶)を申す状」とともに政府に提出した。純友は政府との妥協の道をさぐりなんとか事態をおさめようとしたのであろうが、二月二三日までに将門死すの情報をキャッチしていた政府は、純友の和平への願いを無視し、軍事的鎮圧に方向転換したのであった。政府は、軍勢・兵船・兵粮などの準備を着々と進め、山陽道追捕使《ついぶし》小野好古《おののよしふる》(八八四—九六八)の軍勢は八月までには備前の文元の抵抗を粉砕して山陽道を制圧した。文元は讃岐に逃れ、讃岐・阿波を制圧していた三辰勢と合流した。

攻防・決戦・最期

備前の藤原文元を讃岐に追いやった小野好古率いる政府軍は、九四〇(天慶三)年八月、備前・備後《びんご》の兵船一〇〇余艘で渡海し讃岐国の藤原三辰と文元を攻撃した。伊予で政府との和平を模索していた純友も、窮地に立った三辰と文元からふたたび支援を求められ、ついに反乱軍の首領としての立場を明確にし、四〇〇艘の兵船をもって讃岐を急襲して政府軍を撃破した。純友は伊予国衙の行政能力を活用して兵船・軍兵・武器・兵粮を調達したのであろうし、伊予国負名層は我等がヒーロー純友のもとに馳せ参じたのであろう。純友の二度目の決断も、政府軍を撃破することによって政府との講和に持ち込むためであったに違いない。しかしやがて反攻に出た政府軍はしだいに反乱軍を追い詰め、九四一(天慶四)年正月には讃岐の乱の首謀者三辰を讃岐で討ちとり、二月には讃岐・伊予を制圧した。

讃岐・伊予は三辰にまかせて伊予を脱出していた純友・文元らは、九四〇(天慶三)年十月から十二月にかけて、軍需物資調達・戦意昂揚《こうよう》そして政府との講和に持ち込むため、各地で神出鬼没の攻勢を展開する。安芸《あき》・周防《すおう》海域(広島湾)で大宰府に向かう途中の大宰府追捕使の軍勢を撃破し、周防鋳銭司《ちゅうせんし》・土佐《とさ》幡多《はた》郡を焼き討ちするなど政府軍を攪乱《かくらん》したあと、行方をくらました。政府軍が純友らを見失っている間、純友らは南予日振島に身を潜め、最後の攻勢に備えて態勢を立て直していた。❖4

五月はじめごろ、純友勢は、豊後の反受領勢力の手引で密かに豊後水道を渡り、五月中旬、突如大宰府を襲い焼き払った。純友は大宰府焼亡・占領という軍事的勝利を政府に突き付け有利な条件の講和に持ち込もうと、最後の攻勢に出たのである。

だが政府に講和の意思はなかった。五月二〇日、追捕使

純友の乱関係地図

(下向井龍彦『武士の成長と院政』〔「日本の歴史」07、講談社、2001年〕より)

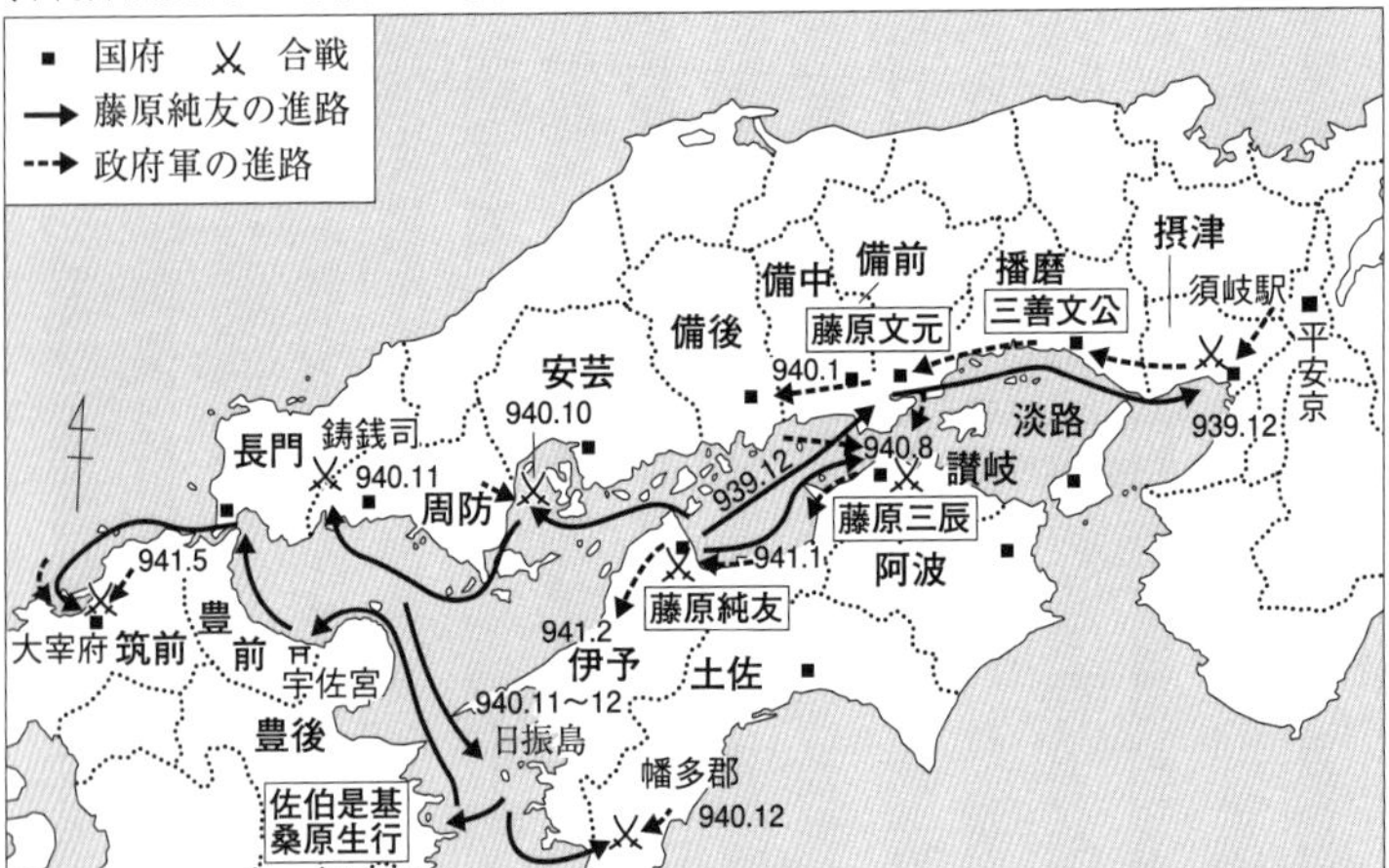

小野好古率いる政府軍は海陸から大宰府を占領する純友勢に総攻撃を加え、博多湾の決戦で大蔵《おおくらの》春実《はるざね》・藤原遠方《とおかた》らが先陣を切って純友勢を粉砕した。敗残の純友勢はちりぢりになってそれぞれの本拠地に逃れていった。純友はいったん京都を目指すも果たせず、六月二〇日、伊予に落ちのびたところで待ちかまえていた伊予国警固使 橘 遠保《たちばなのとおやす》(?—九四四)に討ち取られた。将門の乱では相模《さがみ》国押領使《おうりょうし》でありながら手柄を立てえなかった遠保が転戦してきていたのである。七月、進上された純友の首は東西の市で衆目に晒《さら》された。一方、伊予を経て豊後・日向《ひゅうが》方面に逃れた豊後勢は八月から九月にかけて大宰府警固使 源 経基《みなもとのつねもと》(?—九六一)の追撃を受けて捕獲・殺害された。伊予を経て九月中旬に備前に上陸した文元は、追撃をかいくぐりながらかつて恩を与えた但馬国《たじまのくに》朝来《あさご》郡の賀茂《かもの》貞行《さだゆき》のもとにたどり着いたところで、十月十九日、貞行の騙《だま》し討ちにあって殺害された。こうして天慶純友の乱は最終的に鎮圧されたのである。九三九(天慶二)年十二月の蜂起から一年十ヶ月が経っていた。

備前国受領子高への怒りの鉄槌《てっつい》からはじまった反逆のなかで、貴族社会への復帰をめざし政府との妥協点を探りながら果敢に行動した純友、受領への怒りから徹頭徹尾妥協を拒絶しつづけた反逆児文元、死に臨んで脳裏を駆け巡ったのは何であったか。

乱平定後、経基・春実・遠保・遠方ら政府軍として戦い勲功をあげた人々(天慶勲功者)に対して恩賞が乱発された。おもえば純友は自己の勲功にふさわしい恩賞を求めて抗議の軍事行動を起こしたのだった。だが皮肉にも純友が求めたものは、自らを倒したものたちが手に入れた。純友の敗北は将門の敗北とともに、武士が活躍する時代の幕開けとなったのである。

政府軍と反乱軍

最後に、天慶純友の乱における反乱軍と政府軍の特徴についてみてみよう。反乱勢力の指導者は、純友・文元・三辰に代表される「承平南海賊」平定に活躍した土着勲功者＝武士であり、掾の経歴をもつ六位クラスの散位《さんい》であった。彼らのもとに受領支配に反発する諸国負名層が結集した。そのなかには、九三六(承平六)年六月に純友らの説得工作によって国衙支配に服したもと海賊勢力が含まれていたであろう。冬から春の季節、国衙を襲撃・占領することは、この季節に行われる国衙の収納沙汰(確定申告)を妨害し国衙と負名との支配関係を一時的にも破棄することになる。焼け落ちる国庁、逃げ惑い命乞いする受領とその家族、この権力関係の劇的な逆転に、反乱軍に身を投じた負名層は、祝祭に似た勝利の歓喜に熱狂したであろう。しかし怒りによって結集した反乱軍は、反乱が長期化すればするほど、戦意・闘志を減退させ、まとまりは弛緩《しかん》し、瓦解《がかい》の危機にさらされる。政府軍からの切り崩しがそれに拍車をかけ、脱落者・裏切り者が続出することになる。そこで純友ら指導者は、つねに襲撃・放火略奪などの破壊活動を継続することによって、反乱軍の戦意・闘志を維持するようつとめなければならない。追い詰められた反乱軍が、安芸・周防鋳銭司・長門《ながと》・土佐などを次々に襲撃し、大宰府に決戦の地を求めたのもそのためである。

一方、政府軍の主力、追捕山陽南海道使小野好古指揮下の源経基・大蔵春実ら幕僚たちや諸国警固使も、現役の下級武官、介《すけ》・掾クラスの人々であった。また「追捕官符」によって動員された「諸国兵士」たちは負名層を主体としていただろう。つまり、階層的には、反乱軍も政府軍も同一であった。武士・負名層が政府軍に積極的に参加するのは、「追捕官符」が約束する恩賞のためであった。讃岐反乱軍の指導者の一人で、政府軍側に寝返り、讃岐・伊予での政府軍の勝利に貢献した藤原恒利《つねとし》や、追っ手の探索をかいくぐりようやくたどり着いた恩人文元をだましうちにした賀茂貞行などは、恩賞にかける地方武士の行動様式を典型的に示している。

このように、諸国武士・負名層のうち、あるものは受領の収奪への怒りから純友に身を託し、またあるものは約束された恩賞による破格の出世を夢見て政府軍に参加したのである。その分岐点は、要するに個人の決断であった。

❖1…承平年間の海賊を、『本朝世紀』天慶二(九三九)年五月十五日条「去延喜元年二月東国乱、承平五年六月南海賊等時例」から「承平南海賊」と呼び、九三九(天慶二)年十二月に勃発した天慶藤原純友の乱と区別する。

❖2…父良範が陽成院(父の従兄弟)の母皇太后高子(父の叔母)に皇太后少進として仕えていた。重明親王は日記『吏部王記』承平六(九三六)年三月某日条で、その日京を発って伊予に向かった前掾純友が河尻港に逗留していることを気にしている。

❖3…民部省窓口チェック・大蔵省一括検納が待つ運京請負方式では、不足分は海賊＝掠奪によって補充するか、海賊被害偽装によって被害額免除を認めさせて辻褄《つじつま》を合わせていた。

❖4…『日本紀略』承平六(九三六)年六月某日条冒頭の日振島の記事の原史料は、純友の日振島潜伏が明らかになった時点で伊予守紀淑人か追捕使小野好古が政府に提出した解文の一節であろう。

権力に媚びなかった
孤高の御曹司

藤原実資

…ふじわらのさねすけ…

繁田信一

「摂関《せっかん》政治」と呼ばれる政治が隆盛をみたのは、十世紀～十一世紀の平安時代中期のことであったが、その最大の体現者となったのは、藤原道長《ふじわらのみちなが》（九六六―一〇二七）である。そして、その道長が自身の栄華を端的に表現した次の和歌は、誰もが一度は耳にしているのではないだろうか。

　この世《よ》をば　わが世とぞ思ふ　望月《もちづき》の　欠けたることも　なしと思へば

しかし、右の一首は、『御堂関白記《みどうかんぱくき》』として知られる道長の日記には記されていない。また、道長の堂々たる為政者ぶりを描く『大鏡《おおかがみ》』や『栄花物語《えいがものがたり》』にも、茶目《ちゃめ》っ気《け》たっぷりの道長像を伝える『紫式部日記《むらさきしきぶにっき》』にも、右の和歌は登場しない。

　実のところ、「この世をば」の歌を記録する唯一の同時代史料は、何とも皮肉なことに、道長時代の貴族社会において反道長派の領袖《りょうしゅう》と見做《みな》されていた人物の日記なのである。

　その日記は、『小右記《しょうゆうき》』の名称で知られるが、これを繙《ひもと》くと、随所に道長への批判の言辞を見ることができる。これを残した藤原実資《さねすけ》（九五七―一〇四六）は、道長の腰巾着《こしぎんちゃく》となって安寧《あんねい》を得ること

をよしとせず、権力の濫用《らんよう》に走る道長を指弾《しだん》し続けた人物だったのである。しかし、そんな実資の『小右記』だけが、「この世をば」の一首を伝えており、かつ、道長が件《くだん》の和歌を照れ臭そうに披露《ひろう》する様子をも活《い》き活《い》きと伝えているのは、まさに歴史の悪戯《いたずら》であろう。

さて、ここに登場する実資は、道長と同じく、摂関家の一員である。いや、それどころか、歴史の揺《ゆ》らぎ方によっては、彼こそが、摂関家の中心人物になっていたかもしれなかった。実資は、関《かん》白太政大臣《ぱくだいじょうだいじん》藤原実頼《さねより》(九〇〇―九七〇)の孫として生まれ、その後継者と見込まれて実頼の養子となっていたのである。入内《じゅだい》した実頼の娘がもし皇子を産んでいたなら、実資には、天皇の外戚《がいせき》(母方の親族)として、摂政《せっしょう》や関白になる未来が拓《ひら》けていたことだろう。

が、現実には、実頼の娘が皇子を産むことはなかった。そして、その頃に皇子を産んだのは、実頼の弟の師輔《もろすけ》(九〇八―九六〇)の娘であったため、摂関家の中心は、実頼の家系から師輔の家系へと移り、ついには、師輔の孫の道長が、摂関政治の最盛期を現出することになったのであった。

❖藤原摂関家略系図①

人名 は摂政もしくは関白の経験者

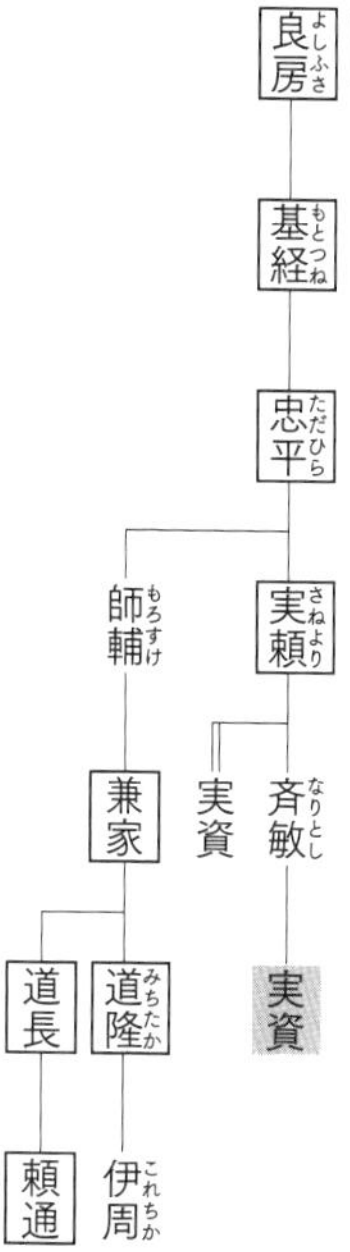

ただ、そのような歴史の流れの中にあっても、実資は、摂関家の御曹司《おんぞうし》としての矜持《きょうじ》を失うことがなかった。彼は、常に、関白太政大臣実頼の後継者である

❖藤原実資関連略年表

（❖印は実資以外）

年	できごと	年齢
957（天徳元）年	右近衛権中将藤原斉敏《なりとし》の三男として誕生する	1歳
966（康保3）年	殿上童として村上《むらかみ》天皇の御前で舞う	10歳
	❖藤原道長《みちなが》が誕生する	
968（安和元）年	❖冷泉《れいぜん》天皇が即位する	
969（同2）年	元服する。従五位下に叙されて侍従に任じられる	13歳
	❖円融《えんゆう》天皇が即位する	
971（天禄2）年	右兵衛佐に任じられる	15歳
973（天延元）年	右近衛少将に任じられる	17歳
980（天元3）年	❖道長が15歳で元服して従五位下に叙される	
981（同4）年	蔵人頭に任じられて頭少将となる	25歳
983（永観元）年	左近衛権中将に任じられて頭中将となる	27歳
984（同2）年	❖花山《かざん》天皇が即位する	
986（寛和2）年	❖一条《いちじょう》天皇が即位する	
	❖藤原兼家《かねいえ》（道長父）が摂政になる	
989（永祚元）年	参議に任じられる	33歳
990（正暦元）年	❖藤原道隆《みちたか》（道長兄）が関白になる	
	❖藤原定子《さだこ》（道隆女）が中宮になる	
995（長徳元）年	❖道隆が薨じる	
	❖道長が内覧の右大臣になる（道長政権が発足する）	
	中納言に任じられる	39歳
996（長徳2）年	❖道長が内覧の左大臣になる	
1000（長保2）年	❖定子が皇后に、藤原彰子《あきこ》（道長長女）が中宮になる	
1001（長徳3）年	権大納言に任じられる	45歳
1009（寛弘6）年	大納言に任じられる	53歳
1011（同8）年	❖三条《さんじょう》天皇が即位する	
1012（長和元）年	❖藤原妍子《きよこ》（道長次女）が中宮に、藤原娍子《すけこ》（藤原済時《なりとき》女）が皇后になる	
1016（同5）年	❖後一条《ごいちじょう》天皇が即位する	
	❖道長が摂政になる	
1017（寛仁元）年	❖道長が摂政を辞して、藤原頼通《よりみち》（道長男）が摂政内大臣になる	
1018（同2）年	❖藤原威子《たけこ》（道長三女）が中宮になる	
	❖道長、「この世をば」の和歌を披露する	
1021（治安元）年	右大臣に任じられる	65歳
1027（万寿4）年	❖道長が享年62にして薨じる	
1046（永承元）年	薨じる	90歳

ことを誇りとして、気高く振る舞ったのである。そして、それゆえにこそ、藤原斉信《なりのぶ》・公任《きんとう》・行成《ゆきなり》といった同じく摂関家に連なる貴公子たちの多くが、競うようにして道長の腰巾着になっていくのを他処《よそ》に、実資だけは、終始、権勢に溺《おぼ》れて暴君と化していく道長に、厳しい批判の眼差しを向け続けることができたのだろう。

道長の用意した「踏絵」

道長が政権担当者になったのは、一条《いちじょう》天皇（在位九八六—一〇一一）の九九五（長徳《ちょうとく》元）年のことであった。道長は、同年の四月、一条天皇から関白とほぼ同じ権限を持つ「内覧《ないらん》」という地位を与えられて、新たな政権を発足させたのである。しかし、この政権の基盤は、実に惰弱《だじゃく》なものであった。というのも、道長は、確かに一条天皇の外叔父《そとおじ》（母方の叔父）であり、かつ、皇太子居貞親王《いやさだしんのう》（後の三条《さんじょう》天皇）の外叔父でもあったものの、ただそれだけだったからである。

三〇歳の若さで政権担当者になった道長には、まだ結婚適齢期の娘がいなかった。道長家においては、九九五（長徳元）年四月の時点で、長女の彰子《あきこ》❖1（九八八—一〇七四）でさえ、ようやく八歳になったところであり、次女の妍子《きよこ》（九九四—一〇二七）などは、どうにか二歳になったばかりだったのである。したがって、当時の道長には、もう数年の間は、天皇や皇太子に娘を入内《じゅだい》させることは不可能であって、その当然の帰結として、道長が一条天皇・居貞親王の次の世代の天皇・皇太子の外祖父になることなど、当面、まずあり得ないはずであった。しかも、一条天皇はといえば、その頃も、亡き前関白道隆《みちたか》の娘の中宮定子《さだこ》（九七六―一〇〇〇）を、唯一の妃として寵愛《ちょうあい》し続けていたから、この定子こそが一条天皇の皇子を最初に産む可能性は、けっして小さなものではなかった。

当然、こうした事実は、貴族社会の人々の多くに、道長政権は短命に終わることを予想させたであろう。そして、権力を長くは維持できそうにない政権担当者に求心力がないのは、世の常なのではないだろうか。道長政権下の朝廷では、当初、大臣以下の公卿《くぎょう》たちから末端の下級官人たちに至るまでが、頻りに無断欠勤や職務放棄を繰り返していたが、それは、全て、道長の政権がしっかりした基盤を持っていないがゆえのことだったのである。

そんな道長であったが、九九九（長保《ちょうほう》元）年の十一月、まだ十二歳にしかならない長女の彰子の入内を強行するとともに、自身の政権の将来を賭けて、一つの勝負に出た。

道長の日記である『御堂関白記』には、九九九（長保元）年十月二一日のこととして、「四尺屏風《よんしゃくびょうぶ》の和歌を人々に読ましむ」との記述が見える。ここに言う「四尺屏風」とは、平安時代を代表する絵師の一人である飛鳥部常則《あすかべのつねのり》によって十二ヶ月の折々の絵が描かれた、高さ四尺の屏風であった。そして、道長は、この名工の手になる屏風に、さらに、人々が新たに詠んだ和歌をあしらおうとしたのである。また、道長としては、この屏風を、娘の彰子の嫁入り道具の一つとするつもりであった。

このような道長の行動は、われわれ現代人には、娘想いの父親の愛情に満ちた行動に見えるかもしれない。が、当時の人々は、そうは見なかった。というのも、道長の「四尺屏風の和歌を人々に読ましむ」という考えの中の「人々」が、ただの「人々」ではなく、当時の言葉では「公卿」とも「上達《かんだち》部《め》」とも呼ばれた、上級貴族たちだったからである。

　上級貴族たちにしてみれば、上級貴族が他の上級貴族に命じられて和歌を詠むなど、けっしてあり得ないことであった。その当時は中納言であった実資は、当時は内覧の左大臣であった道長から「倭歌を読むべし」と命じられたことを、『小右記』に記録しているのだが、そこには、「上達部の役は、荷《にな》ひ汲むに及ぶべき歟《か》」との批判の言葉も見えている。ここで実資が言っているのは、「上級貴族といえども、ここで道長に命じられるままに和歌を詠むようなら、いずれは道長に命じられれば荷運びでも水汲みでもするようになるに違いない」ということである。上級貴族の良識として、上級貴族は、天皇や上皇が相手でもなければ、命じられるままに和歌を詠んだりするものではなかった。

が、道長は、敢えて、その上級貴族たちに和歌を詠むことを命じたのであった。そして、これは、上級貴族たちにとって、言わば、「踏絵《ふみえ》」であった。道長としては、上級貴族たちに対して、和歌を詠むというかたちで自身への忠誠を表明させようとしたのである。

　ここで詠まれた和歌は、例の屛風にあしらわれるはずであった。そして、その屛風は、彰子の嫁入り道具として宮中に持ち込まれるはずであったから、道長の命で詠まれた和歌は、その後、多くの人々の目に晒《さら》されるはずであった。つまり、和歌を詠んだ上級貴族は、道長への服従を誓ったことを、末代に至るまで公開され続けることになるはずだったのである。それが著しく不名誉なことであることは、言うまでもあるまい。

　かといって、ここで和歌を詠むことを拒んだ上級貴族は、今まさに政権担当者の座にある道長へ

❖藤原摂関家略系図②

網かけ表示は故人を示す

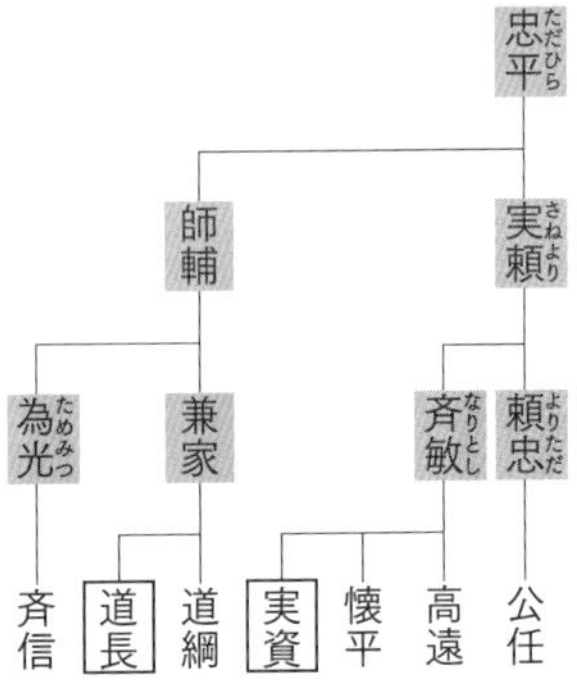

の反抗の意思を示すことになる。これが当人に大きな不利益をもたらしかねないこともまた、殊更《ことさら》に言うまでもないだろう。

　このとき、道長が上級貴族たちに迫ったのは、ずいぶん先の将来を見越したうえで、道長に服従するか否かを選ぶという、実に難しい判断であった。が、踏絵の前に立たされた者は、踏むか否かを、どうしても選ばなければならない。道長に和歌を詠むように命じられた上級貴族たちも、どう答えを出すにせよ、答えを出さなければならなかった。

　これに対して、当時の上級貴族たちのうち、藤原道綱《みちつな》・藤原公任・藤原懐平《かねひら》・藤原高遠《たかとお》・藤原斉信・源俊賢《としかた》は、命じられた和歌を詠むことを選んだ。彼らは、屈服の証が生涯に渡って世に晒され続けるのを承知で、道長に服従することを受け容れたのである。

　ただ、右に名前を挙げた上級貴族たちも、そのほとんどが、摂関家の一員であった。彼らもまた、それなりの矜持を持っていてもよさそうな面々だったのである。特に、公任は、実資の従弟であり、実資と同じく、関白太政大臣実頼を祖父とする身であった。さらに、高遠・懐平などは、実資の実の兄であった。

　それゆえ、公任以下の上級貴族たちが道長に命じられるままに和歌を詠んだことは、実資をひどく失望させた。分けても、公任が道長の命令に従ったことは、実資にとって、最も心外であったらしく、このことについて、『小右記』には、「近来《ちかごろ》の気色《けしき》は、猶《なお》も追従《ついしょう》するに似る。一家の風《ふう》は、豈《あ》に此《か》くの如《ごと》からん乎《や》。嗟乎《ああ》、痛ましき哉《かな》」との所感が見えている。公任の場合、その父親で実資には伯父にあたる頼忠《よりただ》が関白太政大臣であったから、そんな公任が道長に尻尾を振ることは、実資にとって、どうにも堪え難いことだったのだろう。

では、実資自身は、道長からの命令に、どう対処したのか、というと、これを完全に拒否しきったのであった。すなわち、道長は、公任たちが和歌を差し出した後も、いっこうに命令に従おうとしない実資に対して、幾度も和歌を詠むことを催促したのであったが、その都度、実資は、どうしたのかといえば、「堪《た》へず」と返答したのである。「堪へず」とは、現代語にするならば、「できない」とか「無理である」とかいったところであろうか。

中宮定子を圧迫する道長

九九九(長保《ちょうほう》元)年十一月一日、道長の娘の彰子が入内する。『栄花物語』によれば、それは、四〇人もの女房《にょうぼう》たちを伴《ともな》っての、堂々たる入内であった。また、『小右記』によると、その入内の行列には、三人の大納言たちを含む、十人余りの上級貴族たちも加わっていたようだから、それは、天皇の行幸《ぎょうこう》の行列にも負けないような、大行列であったかもしれない(もちろん、ここに実資の姿はなかった)。

しかし、娘の彰子を入内させたからといって、道長は、まだまだ安心するわけにはいかなかった。十二歳の彰子では、入内したからといって、当面、一条天皇との間に皇子を儲《もう》けることなど、全く期待できなかったからである。しかも、この頃、道長が最も警戒していた中宮定子は、一条天皇の皇子もしくは皇女を懐妊《かいにん》していた。もしも、ここで定子が皇子を産みでもしたら、道長政権の将来は、暗雲に閉ざされかねないのであった。

こうした事情から、道長は、彰子が入内する以前から、中宮定子への圧迫を強めていた。いや、より正確に言うならば、彼は、定子に対して、ひどい圧迫を加えていたのである。

例えば、同年の八月九日、身重《みおも》の定子は、自身の出産によって内裏《だいり》に穢《けがれ》を発生させないように、内裏から里第《りだい》へと退出したのであったが、この定子の退出をめぐって、道長が仕掛けた妨害行為は、本当に悪質なものであった。すなわち、中宮が内裏を出るとなると、それは、例え里下がりであっても、公式の行啓《ぎょうけい》として扱われることになり、そのため、中納言以上の上級貴族の指揮のもとに実行されなければならなかったのだが、道長は、そのことを承知のうえで、当日、朝早くから大納言道綱をはじめとする公卿たちを連れて、宇治の別荘へと出かけたのである。道長の意図したところは、明らかであろう。彼は、定子から、彼女の行啓の指揮を執る上級貴族を奪おうとしたのである。

これが中宮定子を困らせたことは、言うまでもない。しかし、これで、彼女に劣らず困惑したのは、一条天皇であった。彼としては、道長の姑息《こそく》な嫌がらせなどで、最愛の妃に恥をかかせるわけにはいかなかったのである。それゆえ、一条天皇は、すぐさま、道長に同行せず都に残っていた公卿たちに動員をかけた。が、右大臣藤原顕光《あきみつ》・内大臣藤原公季《きんすえ》をはじめ、自宅にいた公卿たちの多くは、あれこれと口実を設けて、天皇の命令に従おうとはしなかった。彼らは、道長の供《とも》をして宇治に向かった面々とは異なり、自ら進んで道長の腰巾着になろうとは思っていなかったものの、中宮定子のために動いて道長に睨《にら》まれたくはなかったのである。彼らは、今しばらくの間、どっち着かずの立場を保ちたかったのだろう。

ところが、二人の中納言だけは、中宮定子に協力することを選んだ。その二人というのは、藤原時光《ときみつ》（九四八—一〇一五）と藤原実資とである。中納言以上の上級貴族としては、彼らだけが、一条天皇の動員に応じて、内裏に駆け付けたのである。この二人は、いずれも、中宮定子と親しい関係にあったわけではない。また、両人とも、定子の父親の関白道隆と親密だったわけでもなかった。とすると、彼らを動かしたものは、純粋に、一条天皇への忠誠心であったろう。彼らは、道長に睨まれることをも恐れず、天皇の臣下としての義務を果たそうとしたのである。

なお、ここで実資とともに反道長派と見做《みな》されかねない行動に出た時光は、やはり、藤原摂関家の一員であった。しかも、彼の父親の兼通《かねみち》は、道長の父親の兼家《かねいえ》の兄であり、関白太政大臣に昇った人物であった。このことからすると、時光が道長を恐れることなく、正しい行動に出たのは、父親の名を汚さないためであったかもしれない。そして、それは、実資にも共通するところであったろう。

一条天皇を蔑《ないがし》ろにする道長

『紫 式部日記《むらさきしきぶにっき》』は、一〇〇八(寛弘《かんこう》五)年十月の中宮彰子の出産の準備から書き起こされるが、紫式部(生没年不詳)が詳細に伝える出産によって、一条天皇第二皇子の敦成《あつひら》親王(後の後一条天皇〔在位一〇一六―三六〕)が誕生したことで、道長の政権は、ようやく強固な基盤を得ることになる。

かつて道長にとって最も目障りな存在であった中宮定子も、一〇〇〇(長保《ちょうほう》二)年の二月、道長が彰子を強引に中宮にした皺寄《しわよ》せで皇后定子にされた後、同年の十二月、二四歳の若さで世を去っていた。しかし、彼女は、奇《く》しくも彰子が中宮になったのと同じ日に、一条天皇の第一皇子となる敦《あつ》康《やす》親王(九九九―一〇一九)を産んでいたのであり、そのことによって、道長政権の将来を、それまでになく不確定なものにしていたのである。というのも、それからしばらくの間は、定子の産んだ敦康親王こそが、一条天皇の唯一の皇子であったため、この皇子がいずれ天皇になることは、確実のように考えられていたのであったが、しかし、敦康親王が天皇になった場合には、その外戚ではない道長は、政権を維持できないはずだったからである。

それゆえ、敦康親王が誕生して以来、道長にとっての至上命題は、娘の彰子にも一条天皇の皇子を産ませることになった。とにかく彰子が皇子を産みさえすれば、その皇子を、第一皇子の敦康親王を差し置いて、強引に天皇にしてしまうことは、道長にならば、十分に可能であったろう。が、それも、彰子が皇子を産むことを大前提としていた。

こうした事情を踏まえるならば、道長政権を盤石なものにしたのは、確かに、敦成親王の誕生であったろう。これによって、道長は、ようやく一条天皇・皇太子居貞《いやさだ》親王（後の三条天皇〔在位一〇一一―一六〕）の次の世代の天皇の外祖父の立場を手に入れたのであり、憂いなく長期政権を目指せるようになったのである。しかも、敦成親王誕生の翌年となる一〇〇九（寛弘六）年の十二月、彰子は一条天皇第三皇子の敦良《あつなが》親王をも産み、道長政権が長期政権となることは、もはや、決定的となったのであった。

しかし、第二皇子敦成親王と第三皇子敦良親王とのうち続く誕生は、その父親である一条天皇の立場を、急速に悪くした。なぜなら、自身の孫にあたる皇子を二人も確保した道長が、その皇子たちの即位の一刻も早い実現のために、一条天皇の早期の退位を望むようになったためである。

そして、そんな道長の意向は、暗黙裡に貴族社会の隅々にまで広く伝わったのだろう、一〇一一（寛弘《かんこう》八）年にもなると、貴族社会の全体が、一条天皇を軽んじるようになっていた。

例えば、同年の二月十五日のこと、一条天皇が「朝御膳《あしたのおもの》」と呼ばれる天皇の朝の正式な食事の席に着いても、給仕をする者が誰もいない、という、前代未聞の事態が起きる。本来、天皇の朝夕の正式な食事には、殿上人《てんじょうびと》たちが給仕を務めることになっていた。殿上人といえば、天皇の寝所である清涼殿《せいりょうでん》への出入りを特別に許された天皇の側近であるが、その殿上人に選ばれた者たちの最も重要な仕事の一つが、朝御膳・夕御膳《ゆうべのおもの》の給仕だったのである。

ところが、その日、同日の朝御膳・夕御膳の給仕の当番となっていた殿上人たちは、その全員が、内裏に出仕しなかったばかりか、都を遠く離れて奈良の春日大社《かすがたいしゃ》へと赴こうとしていた。また、それは、この日の給仕当番の殿上人たちばかりではなかった。当番の者も、当番ではない者も、殿上人たちのほとんどが、春日大社に向かおうとしていたのであった。

しかも、それは、彼ら殿上人たちが自ら春日大社に参詣したかったためではなかった。彼らは、道長の長男にして二〇歳の若さで権中納言に昇っていた頼通《よりみち》(九九二―一〇七四)の春日詣の供を務めようとしていたのである。そして、殿上人たちが天皇の給仕という重要な職務を放棄してまで頼通の供を務めようとしたのは、言うまでもなく、道長に胡麻《ごま》を擂《す》ろうとしてのことであった。もはや、殿上人たちまでもが、その多くは、一条天皇に対してではなく、道長に対して忠誠を尽くそうとしていたのである。

さて、こうした状況下、その日、ただ一人で朝御膳の給仕のみならず夕御膳の給仕をも務めたのは、藤原資平《すけひら》(九八六―一〇六八)という殿上人であった。彼は、この日の給仕当番ではなかったが、当時の殿上人としては唯一、都の自宅にいたために、急遽《きゅうきょ》、内裏に呼び出されたのである。また、彼は、当時の殿上人としては唯一、頼通の春日詣の供を務めないつもりであった。

ただ、その日の資平は、本来、自宅で物忌《ものいみ》に籠《こも》らなければならなかったという。そして、それゆえ、彼は、呼び出しを受けると、まずは、どうするべきか、その父親に相談したのであった。が、相談された父親は、迷う資平に対して、「参り入るべし」と、ただちに参内して天皇の給仕を務めるように諭《さと》したのであり、その結果、資平が途方に暮れる一条天皇を救うことになったのである。

なお、その日、資平が、頼通とともに春日大社に詣でようとせず、自宅にいたのは、必ずしも、物忌のためばかりではなかった。実は、彼は、その父親から、道長や頼通に胡麻を擂るような行為をしないよう、厳しく誡《いまし》められていたのである。そうした意味では、一条天皇が食事をめぐって恥をかかずに済んだのは、資平の父親の存在があればこそであった。

そして、その資平の父親というのは、他《ほか》でもない、本項の主人公の実資なのである。彼は、自身が誇り高い生き方を貫こうとしていたのみならず、その息子(養子)を誰に恥じることもない生き方へと導くことにも意を砕いていたのであった。右の出来事についての『小右記』の記述に嘘《うそ》がないとすれば、そのように理解することができるだろう。

三条天皇を蔑ろにする道長

しかしながら、そんな実資にも、一条天皇を道長の横暴から守りきることはできなかった。右の給仕の一件から四ヶ月後の一〇一一(寛弘八)年六月、一条天皇は、執拗《しつよう》に退位を迫り続ける道長に屈して、ついに、玉座《ぎょくざ》を皇太子居貞親王に譲り、上皇へと退《しりぞ》いたのである。しかも、その一条上皇は、帝位を追われて気落ちしたためであろうか、退位の翌月の同年七月、三二歳の若さで崩じてしまったのであった。

そして、一条天皇から玉座を引き継いだ三条天皇(かつての皇太子居貞親王)の時代、道長の専横ぶりは、ますます顕著になっていく。自身の孫にあたる敦成親王・敦良親王の即位を早期に実現させたい道長は、三条天皇に対して、さまざまな嫌がらせを仕掛けつつ、頻《しき》りに退位を迫り続けたのである。また、三条天皇の時代には、ほとんどの貴族たちが、その忠誠を、天皇にではなく、道長に向けていた。

そんな様子であったから、一〇一五(長和元《ちょうわ》)年の四月、三条天皇は、皇太子時代からの妃であって最愛の妃でもある藤原娍子《すけこ》(九七二―一〇二五)を正式に皇后にしようとしたとき、その儀式を執り行う上級貴族を確保するのに、ひどく苦労しなければならなかった。

これに先立つ同年二月、道長は、自身の次女である妍子《きよこ》を、強引に三条天皇の中宮にしていた。それゆえ、道長としては、三条天皇が娍子を皇后にすることがおもしろくなく、娍子が皇后となる儀式の当日には、娍子の儀式を潰《つぶ》すべく、上級貴族たちに、自分の私邸に集まるよう、召集をかけたのである。そして、上級貴族たちのほとんどが、この召集に応じて、道長のもとに馳《は》せ参《さん》じたのであった。

しかし、このときも、実資は、道長の意向に従おうとはしなかった。当時は大納言になっていた彼は、道長の召集に応じることなく、それどころか、娍子を皇后にする儀式のために三条天皇から呼び出されると、内裏に駆け付けたのである。そして、この実資の働きにより、三条天皇は、最愛の妃である娍子を、無事に皇后にすることができたのであった。『小右記』によれば、その翌日、実資は、三条天皇から「悦《よろこ》び思ふこと、極《きわ》まり無し」との言葉を賜ったのだが、右の三条天皇の言葉は、まさに心からのものであったろう。

なお、この一件以来、三条天皇は、実資こそを自身の側近の臣《しん》として頼りにするようになる。そのため、道長が三条天皇に何か嫌がらせをする都度、実資のもとには、厄介《やっかい》な相談が持ち込まれるようになるのであった。

皇太后彰子の信頼を勝ち得る実資

そうして三条天皇の信頼を勝ち得た実資は、同じ頃、かつての一条天皇の中宮で今や皇太后《こうたいごう》になっていた彰子《あきこ》からも信頼を寄せられるようになる。

そのきっかけは、一〇一五(長和元)年五月に彰子が主催した一条上皇の一周忌の法事であった。それは、五日間にわたって行われた盛大な仏事であったが、どうやら、かつて一条天皇の時代に出世して上級貴族となった面々の多くが、この法事には、あまり熱心に参列しなかったようなのである。彼らは、道長に胡麻を擂ることに忙しかったのだろう。

しかし、実資だけは、一条上皇の冥福《めいふく》を祈る法事に、連日、参列した。彼は、亡くなった天皇にも、忠義を尽くそうとしたのであった。

そして、『小右記』によると、そんな実資のもとに、後日、彰子から「あなたの仏事への参列は、喜ばしいことでした。特に、普段はあちらこちらへと胡麻を擂るようなことをしないにもかかわらず、今回の上皇さまの法事には毎日のように顔を出してくれたのですから、非常にうれしく思います」といった意味合いの言葉が伝えられる。どうやら、彰子は、実資こそが亡《な》き夫《おっと》の真の忠臣であったということに、今になって気付いたようなのである。

実のところ、彰子は、まだ一条上皇が一条天皇であった頃から、彼女の実の父親である道長を、一条天皇の忠臣とは見做《みな》していなかった。それが決定的となったのは、道長が一条天皇に頻《しき》りに退位を迫っていることを知ったときであったらしい。『権記《ごんき》』として知られる藤原行成《ゆきなり》の日記には、一〇一一(寛弘八)年五月二七日のこととして、「后宮《きさいのみや》の丞相《じょうしょう》を怨《うら》み奉《たてまつ》り給《たま》ふと云々《うんぬん》」との記述が見られるのだが、これを現代語に訳すならば、「中宮彰子さまが左大臣道長殿をお怨み申し上げていらっしゃるらしい」といったところであろう。

また、彰子は、当然、道長の腰巾着に成り下がった大半の上級貴族たちにも、信を置いてはいなかったに違いない。とすれば、上級貴族たちの多くが一条上皇の法事に熱心に参列しないというのも、彰子には、予想されたことであったかもしれない。

しかし、そんな彰子の前に、一人だけ、既に亡くなった一条上皇にも忠義を尽くそうとする上級貴族が現われた。すなわち、実資である。彰子が実資を信頼するようになったのも、当然のことであったろう。

そして、これ以降、反道長派の領袖《りょうしゅう》と見做される実資と道長の娘である皇太后彰子とが、急速に接近する様子を見せて、しばしば道長政権に小さからぬ動揺を与えるのであった。

❖1…平安時代の女性の名前について、「彰子」を「ショウシ」と読み、「定子」を「テイシ」と読むなど、音読みにすることが、慣例として広く受け容れられている。しかし、例えば、源頼朝の妻となった平政子(北条政子)の名前の読みが、「セイシ」ではなく、「まさこ」であるように、平安時代当時において、女性の名前は、訓読みで読まれるべきものであった。そこで、本稿においては、女性の名前の読みは、推測の限りで、最も妥当と思われるものを採用する。

⦿参考文献

繁田信一『天皇たちの孤独』（角川学芸出版、二〇〇六年）

繁田信一『かぐや姫の結婚』（ＰＨＰ研究所、二〇〇六年）

繁田信一『御堂関白記　藤原道長の日記』（角川学芸出版、二〇〇九年）

繁田信一『殴り合う貴族たち』（文藝春秋社、二〇一八年）

堕落した仏教界に
無言の圧力をかける
異形の僧侶

皮聖　行円

…かわひじり　ぎょうえん…

繁田信一

清少納言《せいしょうなごん》が『枕草子《まくらのそうし》』を著して、紫式部《むらさきしきぶ》が『源氏物語《げんじものがたり》』を創った平安時代中期は、「王朝文化」とも「国風文化」とも呼ばれる絢爛豪華《けんらんごうか》な文化が咲き誇った、華麗な時代として知られる。そして、この時代には、かの藤原道長《ふじわらのみちなが》(九六六―一〇二七)が、九体の長大な阿弥陀如来像《あみだにょらいぞう》を本尊とする闊大な阿弥陀堂(無量寿院《むりょうじゅいん》)を中心に、法成寺《ほっしょうじ》という広大な寺院を営み、また、道長の息子の頼通《よりみち》(九九二―一〇七四)が、一体だけながらも高大な阿弥陀如来像を本尊とする著大な阿弥陀堂(現在の鳳凰堂《ほうおうどう》の原型)を中心に、平等院という壮大な寺院を建てたように、仏教文化にも隆盛が訪れていた。

しかし、そうした表面的な隆盛とは裏腹に、平安時代中期の仏教界は、すっかり堕落《だらく》しきっていた。下級の僧侶たちの大半は言うに及ばず、僧正《そうじょう》・僧都《そうず》や法印《ほういん》・法眼《ほうがん》といった肩書を持つ高僧たちまでが、酒に溺《おぼ》れ、色に溺れ、富に溺れていたのである。

こんな時代においては、日々、庶民を中心とする多くの人々の間を廻って熱心に仏の教えを説き、かつ、ときには、人々の生活を助けるための社会事業を組織するような、まさに僧侶らしい僧侶の存在は、他の多くの僧侶たちに、何とも言えない居心地の悪さを感じさせたことだろう。そうした奇特な僧侶は、ただ自身の信じることを実践するだけで、そんなつもりはなくとも、堕落した大半の僧侶たちに、無言の圧力を与えたに違いない。

そして、世に「皮聖《かわひじり》」と呼ばれた行円《ぎょうえん》という僧侶(生没年不詳)は、まさにそうした存在であった。

この行円の活動が記録されるようになるのは、十一世紀初頭からであるが、おそらくは十世紀の末、どこからともなく平安京に現れた彼は、主として庶民たちの間で仏の教えを説いて廻るとともに、貴族たちに寄付を募って幹線道路の整備に努めたという。彼こそは、当時において、まさに僧侶らしい僧侶だったのである。

ただ、行円という僧侶は、清く正しい布教活動や社会事業とは別のことでも、庶民か貴族かを問わず、多くの人々の関心を集めた。すなわち、彼は、あまりにも異様な姿をしていたのである。記録によれば、まず、彼の頭には、宝冠《ほうかん》が載《の》っていたのであったが、その宝冠というのは、多くの観音菩薩像《かんのんぼさつぞう》が頭に戴《いただ》いているものと同じく、小さな仏像が付いた宝冠であった。また、記録に見る限り、彼の身体は、常に鹿の毛皮に覆《おお》われていたのであったが、それは、夏も冬も関係なく、本当に「常に」のことであった。

もちろん、こうした事情があったからこそ、世の人々は、行円を「皮聖」と呼んだのであったが、そんな異形の僧侶の振る舞いは、自《おの》ずと世間の注目を集めることとなった。しかも、この異形の僧侶の振る舞いは、当時において最も僧侶らしい僧侶の振る舞いであった。とすれば、堕落しきっていた当時の大半の僧侶たちは、行円が何かをするたびに、ひしひしと後ろめたさを感じずにはいられなかったはずである。

平安時代中期の仏教界

一条天皇《いちじょうてんのう》(在位九八六―一〇一一)は、九八六(寛和《かんわ》二)年六月に七歳の幼い身で即位して以来、長い間、藤原摂関家の傀儡《かいらい》に過ぎなかったが、ついに二〇歳になった九九九(長保《ちょうほう》元)年、自《みずか》らの政治指針を世に示すべく、十一ヶ条から成る新制を発令する。すなわち、同年七月二七日、太政官符《だいじょうかんぷ》というかたちで、全部で十一ヶ条にもなる禁制を発布したのである。

そして、それら十一ヶ条の禁制のうちの三ヶ条までが、僧侶の風紀を糺《ただ》そうとするものであった。しかも、それら三ヶ条のうちの二ヶ条は、その条文に「重ねて」という言葉を含むように、一条天皇以前から存在した禁制を改めて敷こうとするものであった。つまり、僧侶の風紀は、既に一条天皇以前から乱れており、かつ、一条以前の天皇によっても取り締まりが試みられたものの、一条天皇の時代になっても、乱れるままになっていたのである。

具体的な話をすると、まず、九九九(長保元)年七月二七日付太政官符の第三条は、「応《まさ》に重ねて仏事の違例《いれい》を禁制すべき事」というものであって、これを現代語に訳すならば、「仏事が定められた通りに行われないことを禁止しなければならない(こと)」となろうか。

当時の朝廷は、毎年、東大寺・興福寺《こうふくじ》・法隆寺《ほうりゅうじ》といった奈良の主要な寺院や延暦寺《えんりゃくじ》・東寺《とうじ》(教王護《きょうおうご》国寺《こくじ》）といった平安京内外の寺院や地方諸国の国分寺《こくぶんじ》において、多くの仏事を行っていた。例えば、天智《てんじ》天皇・桓武《かんむ》天皇・村上《むらかみ》天皇といった過去の偉大な天皇たちの命日が訪れるごとに、右に挙げたような諸々の寺院では、朝廷主催の追善供養《ついぜんくよう》の法事が行われていたのである。しかし、右の第三条の条文によれば、当時、多くの寺院において、朝廷主催の仏事は、かなりしばしば、粗略にしか行われなかった。いや、それどころか、ひどい場合には、全く行われなかったりさえした。そして、言うまでもなく、これは、当時の僧侶たちの多くが、すっかり堕落していたためであった。

また、件《くだん》の太政官符の第四条の「応《まさ》に確かに修理《しゅり》を定額諸寺《じょうがくしょじ》の堂舎《どうしゃ》の破損《はさん》に加ふべき事」は、「主要な寺院の建物に破損がある場合には、しっかりと修理しなければならない（こと）」とでも訳されようが、ここでは、さらにひどい僧侶たちの堕落ぶりが指摘される。

当時の朝廷は、朝廷主催の仏事を行わせるような主要な寺院に関しては、当然のことながら、それぞれの維持に必要な財源を配分していた。が、そうした寺院においても、破損した建物がそのままに放置されていたりした。そして、それは、右の第四条の条文によると、本来ならば寺院の建物の修理に充《あ》てられるべき費用が、それぞれの寺院の僧侶たちによって横領されたためであった。当時の僧侶たちの堕落ぶりは、ここまでひどいものだったのである。なお、右の条文の言うところ、そうした堕落した僧侶たちは、ときに、寺院の財産を勝手に売り払うことまでしていたらしい。

さらに、同じ太政官符の第五条は、「応《まさ》に重ねて僧侶の故《ゆえ》無くして京《みやこ》に住むこと及び『車宿《くるまやどり》』と号す京の舎《いえ》を禁制すべき事」というものであるが、これを現代語にすると、「僧侶が正当な理由なく平安京に住むこと、および、僧侶が『車宿』という名目で平安京に家を持つことを禁止しなければならない(こと)」といったところであろう。

そもそも、僧侶は、寺院に居住しなければならないものであった。これは、古く律令《りつりょう》に見える規定である。ところが、平安時代中期の現実として、他の多くの僧侶たちの手本にならなければならないような高い地位にある僧侶ほど、寺院での不便で窮屈な生活を嫌がり、平安京での生活を好んだのである。しかも、そうした高僧たちは、往々にして、平安京の中に、僧侶にはあるまじき立派な邸宅を構えたのであった。

ただ、僧侶が家を持つことは、これまた律令の規定において、本来、固く禁じられていた。そして、この規制を逃れるために高僧たちが考え付いたのが、立派な邸宅を「車宿」だと言い張ることであった。車宿というのは、要するに、車庫であり、ガレージである。都の中に立派な邸宅を営む高僧たちは、「仏事や祈禱《きとう》などのために都に呼ばれた際、乗ってきた牛車《ぎっしゃ》を駐《と》めておくための車庫に過ぎない」と言い訳することで、邸宅の所有を正当化しようとしたのである。

そして、こうして立派な邸宅まで構えて都に暮らす高僧たちの堕落ぶりには、まさに目に余るものがあった。『小右記《しゅうゆうき》』は、平安時代中期に摂関家の御曹司《おんぞうし》として生まれて右大臣を務めた藤原実《さね》資《すけ》(九五七—一〇四六)という上級貴族の日記であるが、それには、一〇二七(万寿《まんじゅ》四)年正月三日に平安京で起きた大規模な火災をめぐって、次のような記述が見える。

焼亡せる所々は、権左中弁《ごんのさちゅうべん》章信《あきのぶ》の宅《いえ》・暦博士《れきはかせ》守道《もりみち》の宅・主計助《かずへのすけ》益光《ますみつ》の宅・前阿波守《さきのあわのかみ》頼重《よりしげ》の宅・時《とき》延《のぶ》宿祢《のすくね》の宅・天台座主《てんだいざす》の車宿《くるまやどり》・僧都《そうず》実誓《じっせい》の車宿・安養院《あんよういん》・法興院《ほこいん》なり。…。件《くだん》の火は、中御門《なかみかど》富小《とみこう》道《じ》より起こりて三条大路の南に至る歟《か》。…。座主の珎宝《ちんぽう》を収め貯ふる所々の三个所《さんかしょ》も、一時に灰《かい》燼《じん》と為《な》る。

これによると、平安京の北西部の一角を焼いた火災のために邸宅を失ったのは、権左中弁藤原章信・暦博士賀茂守道・主計助中原益光といった俗人の貴族たちばかりではなかった。この火事では、僧正《そうじょう》にして天台座主でもある院源《いんげん》や僧都の実誓といった高僧たちも、それぞれの車宿（邸宅）を失っていたのであり、ここに明らかなように、一条天皇が改めて禁止した後にも、院源や実誓のような高僧たちは、都に車宿（邸宅）を所有し続けていたのである。

しかも、『小右記』によれば、院源に至っては、「車宿《くるまやどり》」という名目の邸宅を、少なくとも三軒も持っていたらしい。また、院源の複数の車宿のそれぞれには、「珎宝《ちんぽう》」と呼ばれるほどに貴重な宝物が、数多く収められていたという。院源が富に溺《おぼ》れていたことは、殊更《ことさら》に言葉にするまでもあるまいが、平安時代中期においては、高僧たちのほとんどが、程度の差はあれ、院源と同じように、物欲の虜《とりこ》になっていたに違いない。

また、一般の僧侶たちの模範となるべき高僧たちにして、右に見たような堕落ぶりであったとすれば、一般の僧侶たちがそれぞれの地位に応じて物欲に負けて堕落していたことは、容易に想像されよう。

「聖」と呼ばれる僧侶たちの登場

そうした堕落の著しい仏教界を離れて真摯《しんし》に修行や布教に打ち込む僧侶が、平安時代中期にも少数ながら存在した。彼らは、僧侶の社会とは距離をおいて、あるいは深い山に籠《こも》って厳しい行法に身を置いたのであり、あるいは賑《にぎ》わう市井《しせい》に交わって易しい言葉で仏の教えを説いたのである。そして、このような僧侶らしい僧侶を、当時の人々は、敬意を込《こ》めて「聖《ひじり》」と呼んだのであった。

『拾遺和歌集《しゅういわかしゅう》』巻第二〇哀傷には、「一度《ひとたび》も　南無阿弥陀仏《なむあみだぶつ》と　言ふ人の　蓮《はちす》の上に　昇らぬはなし」という一首が、「市の門に書き付けて侍《はべ》りける」との詞書《ことばがき》とともに収められているが、この和歌を詠《よ》んだのは、聖の先駆けとして知られる空也《くうや》(九〇三―九七二)である。彼は、平安京において最も多くの庶民が集まる市を活動の場として、極楽往生《ごくらくおうじょう》のために「南無阿弥陀仏」と称えることを、人々に勧めて廻ったのであった。そんな空也が、彼を慕う人々から「市聖《いちひじり》」とも「阿弥陀聖《あみだひじり》」とも呼ばれたのは、当然のことであったろう。

この空也は、「南無阿弥陀仏」と称えることを人々に勧めたばかりではない。『日本紀略《にほんきりゃく》』という史書によれば、彼は、九六三(応和《おうわ》三)年八月二三日、賀茂川《かもがわ》の河原において、庶民から貴族までの数多の人々が見守るなか、盛大な仏事を催したのであったが、その仏事には、賀茂川の河原に放置された無数の屍骸《しがい》を供養《くよう》する意味があった。当時、平安京に暮らす庶民たちの多くは、その肉親が死んだとしても、多大な費用を要する火葬をすることはなく、賀茂川の河原に放置することを以て葬送としたため、当時の賀茂川の河原は、きちんとした供養を受けていない屍骸でいっぱいだったのである。また、空也は、この仏事の費用を工面するため、庶民を中心とする多くの人々に勧進《かんじん》をして廻って喜捨《きしゃ》を求めたのであったが、これは、多くの人々に功徳《くどく》を積ませることにもなった。すなわち、河原に放置された憐れな屍骸を供養する仏事の費用を、ほんの僅かばかりでも負担することが、仏の前では立派に功徳となったのである。

それから六〇年余りを経た一〇二七(万寿四)年六月八日の『小右記』には、「大峯聖《おおみねひじり》」と呼ばれる聖のことが見える。この僧侶が人々から「大峯聖」と呼ばれたのは、彼が大和国《やまとのくに》の吉野の奥に位置して「大峯」と呼ばれた深い山々を修行の場としていたからであるが、その大峯聖が都の貴族の日記に登場したのは、彼が都においても聖らしい活動をしていたからに他ならない。

同年六月八日、都に姿を見せた大峯聖は、造立《ぞうりゅう》を依頼してあった地蔵菩薩像《じぞうぼさつぞう》を仏師のもとに迎えに行くと、これを「大峯堂《おおみねどう》」と呼ばれる平安京北郊の仏堂に安置した。この地蔵菩薩像の造立にあたった仏師の工房の位置は不明であるが、その工房から大峯堂まで移動する間、地蔵菩薩像は、仏像を乗せるにふさわしいように美々しく飾り立てられた荷運び用の牛車に乗せられ、また、その牛車は、口々に念仏を称える数十人の僧侶たちに先導され、かつ、獅子舞《ししまい》や楽人《がくにん》たちなどに追随されたという。大峯聖の地蔵菩薩像は、派手な行列とともに平安京の大路小路を抜けて行ったのであり、当然のことながら、都に暮らす庶民から貴族までの多くの人々の関心を集めたことだろう。

そして、大峯聖が地蔵菩薩像の造立や右の行列のために要した費用は、おそらく、大峯聖が庶民を中心とする人々に勧進をして廻って喜捨を集めることによって賄われたものと思われる。地蔵菩薩像が安置された日、大峯堂の周辺は、見物の人々で溢れ返ったのであったが、そうした見物人の多くは、大峯聖の勧進に応じて喜捨をした人々であったろう。また、そもそも、普段は大峯のような人里離れたところで修行をしている大峯聖が、「大峯聖」として都の人々に知れ渡っていたのは、彼がしばしば都に上っては勧進を行っていた結果なのではないだろうか。あるいは、彼は、地蔵菩薩像を造立するに先立って、大峯堂を建立した折にも、その費用を集めるべく都で勧進を行っていたのかもしれない。そして、それらの勧進活動は、庶民を中心に多くの人々に功徳を積ませることになったのである。

ここに明らかなように、平安時代中期において世の人々から「聖」と呼ばれたのは、まさに僧侶らしい僧侶であり、人々から僧侶として崇敬される僧侶であった。そして、当時の人々は、多くの僧侶たちが堕落しているのを目の当たりにしつつも、何かあれば堕落した僧侶に頼らざるを得ない現実に照らして、聖の登場を常に渇望《かつぼう》していたのかもしれない。

行願寺の賑わい

世に「皮聖《かわひじり》」と呼ばれた行円《ぎょうえん》という僧侶の活動についての確かな記録として最も古いものは、次に引用する『日本紀略《にほんきりゃく》』の一〇〇四（寛弘《かんこう》元）年十二月十一日の記述と、『百錬抄《ひゃくれんしょう》』という史書の同日の記述である。

今日、一条北辺に堂供養のあり。皮聖の之《これ》を建立す。（『日本紀略』）

皮聖の一条北辺の寺を供養す。行願寺《ぎょうがんじ》の是《これ》也。（『百錬抄』）

これによれば、行円は、一条天皇の一〇〇四（寛弘元）年の十二月十一日、新たに建立された寺院の落慶供養《らっけいくよう》を行っていた。そして、その新造寺院は、平安京の北側で平安京から至近の郊外に位置して、「行願寺《ぎょうがんじ》」と命名されたという。また、右に見る限り、この行願寺の建立を企図したのは、間違いなく、行円その人であった。彼は、自ら寺院を建て、その供養を行うというかたちで、歴史の表舞台に登場するのである。

しかし、この事実は、行円をめぐり、一〇〇四（寛弘元）年以前から行願寺建立および行願寺落慶供養の費用を募るための勧進活動を行っていたことを推測させよう。彼は、遅くとも寛弘年間（一〇〇四～一〇一二年）の一つ前の長保年間（九九九～一〇〇四年）には、おそらくは平安京を中心とする地域において、盛んに勧進をして廻って喜捨を集めていたのではないだろうか。

行願寺が行円の勧進活動の成果として建立《こんりゅう》された寺院であったろうことは、何より、その後の行願寺の賑わいが裏付けてくれるだろう。というのも、再び『日本紀略』を繙《ひもと》くならば、一〇〇五（寛弘二年の七月二五日のこととして、次のような記録が見えるからである。

＝皮聖人《かわしょうにん》の建立《こんりゅう》せる行願寺に八講《はっこう》を修《しゅ》するに、貴賤《きせん》の多く以て結縁《けちえん》す。

ここに「八講」と言われるのは、「法華経《ほけきょう》」をめぐる八座（八回）の講説（説法）を中心とした大がかりな仏事であり、「貴賤」というのは、「庶民も貴族も」ということであり、また、「結縁」というのは、そのまま「縁を結ぶ」ということであって、ここでは、仏事に参列することを意味する。したがって、一〇〇五年の行願寺の仏事は、同寺が創建から間もなかったにもかかわらず、庶民から貴族までの多くの人々を集めて、たいへん賑わったことになる。

そして、建立されてほどない行願寺が庶民か貴族かを問わない多数の人々を集め得たのは、同寺が落慶以前から人々に意識されていたためであろう。おそらく、右の行願寺の法華八講に足を運んだ人々の多くは、かつて行円の勧進に応えて喜捨を行った人々だったのである。喜捨をした人々であれば、庶民であろうと、貴族であろうと、自らの喜捨で建立される寺院を意識するのは当たり前であろうし、その寺院で仏事が行われたときには足を運んでみるのも当然のことであろう。

また、これも『日本紀略』によると、行願寺では、一〇〇八（寛弘五）年には、八月の半ばから十月の初めにかけて、四八日がかりの大規模な仏事と五日がかりの仏事とが矢継ぎばやに行われたのであったが、これも、この寺院が人々の喜捨によって建てられたものであったためなのではないだろうか。行願寺を建てるために勧進を行った行円にしてみれば、いざ行願寺が建立されたうえは、一人でも多くに仏の救済を及ぼすべく、次々に仏事を行う必要があったのだろう。

なお、一〇〇八（寛弘五）年の行願寺の仏事として『日本紀略』に記録されているのは、一つは、八月十四日から十月三日までの四八日間にわたって行われた阿弥陀如来に因《ちな》む仏事であり、もう一つは、十月四日から同八日までの五日間にわたって行われた釈迦如来《しゃかにょらい》に因む仏事であった。それぞれ、「阿弥陀四十八講」「釈迦講」などと呼ばれる仏事であるが、いずれも、やはり、「貴賤の多く以て結縁す（庶民から貴族までの多くの人々が参列した）」という盛況であったに違いない。

千手観音の化身

『日本紀略』には、行円が一〇一〇（寛弘七）年三月二一日に行願寺において行った仏事をめぐって、次のような記述が見える。

> 今日、皮聖人の行願寺に於いて『法華経』千部・図絵の三千余体の仏像を供養す。件の聖人は、首《こうべ》に仏像を戴《いただ》きて身に皮裘《かわごろも》を著《き》る。元は鎮西《ちんぜい》の人也。生年は六十余りなり。

右に「皮聖人」と呼ばれているのは、もちろん、皮聖の行円である。そして、彼は、行願寺の創建から数年を経た一〇一〇年、一〇〇〇部もの『法華経』の写経を成し遂げ、かつ、三〇〇〇体以上の絵仏(仏画)の制作をも成し遂げて、それらを供養する仏事を行ったのであった。

また、その内容からすると、右の仏事も、多くの人々の喜捨によって成り立っていたに違いない。そして、それは、この仏事をめぐっても、行円の勧進活動があったことを意味する。おそらく、行円は、右の仏事に先立ち、勧進によって喜捨を募っては、数多の人々とともに、一〇〇〇部の『法華経』と三〇〇〇体以上の絵仏(仏画)とをそろえたのだろう。とすれば、この一〇一〇年(寛弘七)年三月の仏事もまた、たくさんの人々を集めて、大いに賑わったはずである。

ただ、ここでは、その仏事にではなく、これを企図した行円に注目したい。というのも、右の『日本紀略』の記事からは、わずかながら、行円の履歴や風体が知られるからに他ならない。

右の『日本紀略』によれば、行円は、九州の出身であったことになる。古代・中世において「鎮西《ちんぜい》」と呼ばれたのは、現代の沖縄県を除く九州地方である。また、『日本紀略』の言うところ、行円は、一〇一〇(寛弘七)年の時点で、既に六〇歳を過ぎていたから、彼が生まれたのは、九四二(天慶《てんぎょう》五)年から九五〇(天暦《てんれき》四)年までの間であったことになる。すなわち、行円は、一条天皇の祖父にあたる村上《むらかみ》天皇(在位九四六―九六七)の時代に、都から遠く離れた九州の地で生まれた人物だったのである。

そして、右の『日本紀略』の記事も、行円が「皮裘《かわごろも》」をまとった異形の僧侶であったことを伝える。「皮裘」というのは、すなわち、毛皮のことである。しかも、行円の場合、真夏においてさえ、この毛皮をまとい続けていたらしく、同書の一〇〇五(寛弘二)年五月三日条には、「件の聖人は寒さ熱さを論ぜず鹿皮を著る。之を『皮聖人』と号《なづ》く」と見える。これによれば、行円のまとう毛皮は、鹿の毛皮であったようだが、それを夏も冬も関係なくまとっていたとあれば、当時の人々が彼を「皮聖」「皮聖人」と呼ぶようになったのも、全く当然のことであろう。

しかし、行円の風体を異様なものにしていたのは、鹿の毛皮だけではない。再び『日本紀略』の一〇一〇(寛弘七)年三月二一日の記事に眼をやるならば、彼は、「首《こうべ》に仏像を戴《いただ》きて」という姿だったのである。なぜか、行円の姿を直接に眼にした平安時代中期の人々は、この点を行円の異名に反映させなかったのであるが、その頭の上に仏像を載《の》せているのは、いかなる時代においても、異様な姿であろう。

とはいえ、『日本紀略』の言う「首に仏像を戴きて」は、やや言葉の足りない説明であるらしい。というのは、四〇〇人以上の僧侶たちの伝記を集めて鎌倉時代に成立した『元亨釈書《げんこうしゃくしょ》』が、行円の風体について、「頭に宝冠を戴きて身に革服を披《き》る」と記しているからである。『元亨釈書』の言うところから考えるならば、実際に行円の頭に載っていたのは、多くの観音菩薩像の頭に載っているのと同じような宝冠であって、『日本紀略』の言うところの「仏像」というのは、その宝冠を飾る仏像だったのだろう。観音菩薩像の戴く宝冠にも、多くの場合、小さな阿弥陀如来像が付いているものである。

そして、行円が小さな仏像の付いた宝冠を被っていたのは、まさしく観音菩薩の姿を意識してのことであったかもしれない。というのも、これまた、『元亨釈書』の言うところであるが、彼は、常に「千手大悲陀羅尼《せんじゅだいひだらに》」を口にしていたようだからである。「千手大悲陀羅尼」というのは、「ナムカラタンノウタラヤアヤア(南無喝囉怛那哆羅夜耶)」とはじまる、千手観音の加護を得るための真言《しんごん》(陀羅尼)

であって、「千手千眼観自在菩薩広大円満無礙大悲心陀羅尼《せんじゅせんげんかんじざいぼさつこうだいえんまんむげだいひしんだらに》」「大悲呪《だいひじゅ》」「千手陀羅尼《せんじゅだらに》」などとも呼ばれるが、これを唱え続けていたという行円は、やはり、常に千手観音を意識していたのだろう。

とすれば、行円が観音菩薩像が戴くような仏像の付いた宝冠を戴いていたのは、自ら千手観音の化身であろうとしてのことだったのではないだろうか。そして、彼は、彼に尊崇の念を抱く大勢の人々から、衆生済度《しゅじょうさいど》（人々を救済すること）を誓う千手観音の代行者と見做《みな》されていたのではないだろうか。

人々の日々の生活を救う千手観音

『大鏡《おおかがみ》』によれば、藤原道長の息子の一人である顕信《あきのぶ》が出家の意を固めたとき、その顕信を剃髪《ていはつ》させたのは、他ならぬ行円であった。顕信は、父親の道長にも告げずに行円のもとに赴き、そこで僧侶の姿となってから、比叡山《ひえいざん》に登ったというのである。

この摂関家の御曹司の突然の出家は、一条天皇から三条《さんじょう》天皇（在位一〇一一―一六）への代替わりがあって間もない一〇一二（寛弘九＝長和《ちょうわ》元）年の正月のできごとであったが、ここから窺《うかが》われるように、一条天皇の時代の終わり頃から、行円は、上級貴族層の人々の間にも、熱心な支持者を獲得するようになっていた。

そして、行円の熱心な支持者となった上級貴族の一人が、その当時は大納言の地位にあった藤原実資《さねすけ》であるが、彼の日記である『小右記《しょうゆうき》』には、行円についての実に興味深い記述が見られる。すなわち、一〇一八(寛仁《かんにん》二)年十月二日の記事によると、実資家の従者の某姓季武《すえたけ》は、何か不始末を起こして、実資の意向によって獄舎《ごくしゃ》(朝廷の刑務所)に収監されるが、そこで赤痢《せきり》を発病してしまう。すると、これを知った行円が、実資のもとを訪れて、季武の免罪《めんざい》を懇請《こんせい》したのであった。

これなどは、まさに、千手観音の化身たらんとする行円ならではの行動であろう。千手観音の千の手は、あらゆる人々を救おうとする慈悲の心の表れであり、その化身を自任する行円は、獄舎で病に苦しむ季武を放っておけなかったのである。

また、これに先立つ一〇一六(長和五)年の四月にも、実資は、行円の千手観音の化身としての活動を記録している。すなわち、同月十日の記事によれば、同月の七日、行円は、実資のもとを訪れると、平安京と琵琶湖畔とを結ぶ幹線道路となっていた粟田山《あわたやま》の道を整備するつもりであることを告げたうえで、鏨《たがね》や鉄槌《てっつい》を用意することを要請したのである。鏨や鉄槌は、普通、岩を加工するのに使う道具であるが、行円は、それらの道具を使って、粟田山において交通の妨げとなっている岩を砕こうとしていたのであった。

そして、一〇一六(長和五)年四月十日の『小右記』は、右の話に続けて、琵琶湖畔の大津から都に上った者の話として、その前日から、行円が小石を拾ったり岩を砕いたりして粟田山を通る幹線道路を整備していたことを伝える。また、右の実資への情報提供者によれば、粟田山では、行円の活動に賛同する人々が、行円の道路整備を手伝っていたのであった。そして、その情報提供者の言うところ、行円の活動が都から琵琶湖畔への交通を容易にしたことは、間違いないようである。

かくして、行円の千手観音の化身としての活動は、多くの人々に宗教的な救済を与えるだけではなく、多くの人々の日々の生活を助けもしたのであった。

⊙参考文献

井上光貞『〔新訂〕日本浄土教成立史の研究』(山川出版社、一九七五年)
大橋俊雄『遊行聖——庶民の仏教史話——』(大蔵出版、一九七一年)
平林盛得『聖と説話の史的研究』(吉川弘文館、一九八一年)
堀一郎『我が国民間信仰史の研究　二』(東京創文社、一九五三年)

「心操甚だ穏やか」な
武将の実像

平重盛

……たいらのしげもり……

元木泰雄

平重盛の生涯

平　重盛《たいらのしげもり》（一一三八—七九）は、伊勢平氏《いせへいし》の武将平清盛《きよもり》（一一一八—八一）の長男で、母は下級官人高階基章《たかしなもとあき》の娘である。『平家物語』には、冷静沈着な人物と賞賛される。平治《へいじ》の乱（一一五九〈平治元〉年）では、清盛に代わって大将軍として活躍、平氏一門の軍事的中心となる。清盛の正室平時子《ときこ》（?—一一八五）の甥高倉天皇《たかくらてんのう》（在位一一六八—八〇）が即位すると、時子の子供たちが権威を高め、重盛一族の立場を脅かす。このため、重盛は室の兄で後白河《ごしらかわ》（在位一一五五—五八、院政一一五八—七九、一一八一—九二）第一の近臣藤原成親《ふじわらのなりちか》（一一三八—七七）と連携し、後白河に接近する。しかし、一一七七（安元《あんげん》三）年、後白河・成親と、清盛が衝突する鹿ケ谷《ししがだに》事件が勃発《ぼっぱつ》、その苦境のなかで、彼は「俠気」を示したとされる。彼が四二歳で没したのは、それから二年後であった。

忠と孝の間で

まずは平重盛に関する、最も著名な叙述から紹介しよう。

悲しき哉、君の御ために奉公の忠をいたさんとすれば、迷盧《めいろ》八万の頂《いただき》よりなお高き父の恩たちまちに忘れんとす。痛ましき哉、不孝の罪を逃れんと思へば君の御ために不忠の逆心になりぬべし。進退惟極《これきわ》まれり。是非いかにもわきまへ難し。申《もう》しうくるところ、詮《せん》はただ重盛が頸《くび》を召され候へ。

（『平家物語』巻第二「烽火の沙汰」）

「君」、すなわち、大恩ある後白河院に対する忠義と、父平清盛に従う孝行との間で苦しみ、自身の死を願う重盛。のちに頼山陽《らいさんよう》（一七八〇―一八三二）が、この重盛の姿を「忠ならんと欲すれば則ち孝ならず、孝ならんと欲すれば則ち忠ならず、重盛の進退ここに窮れり」と述べたことは、良く知られている。忠と孝の間で苦悶《くもん》する重盛の姿は、『平家物語』全体の中でも、大きな見せ場の一つと言ってよい。

この重盛の発言は、後白河と院近臣による平氏打倒の陰謀《いんぼう》が露顕《ろけん》し、院近臣が処刑された、一一七七（安元《あんげん》三）年六月の鹿ケ谷事件において、謀議《ぼうぎ》に関

❖平氏略系図

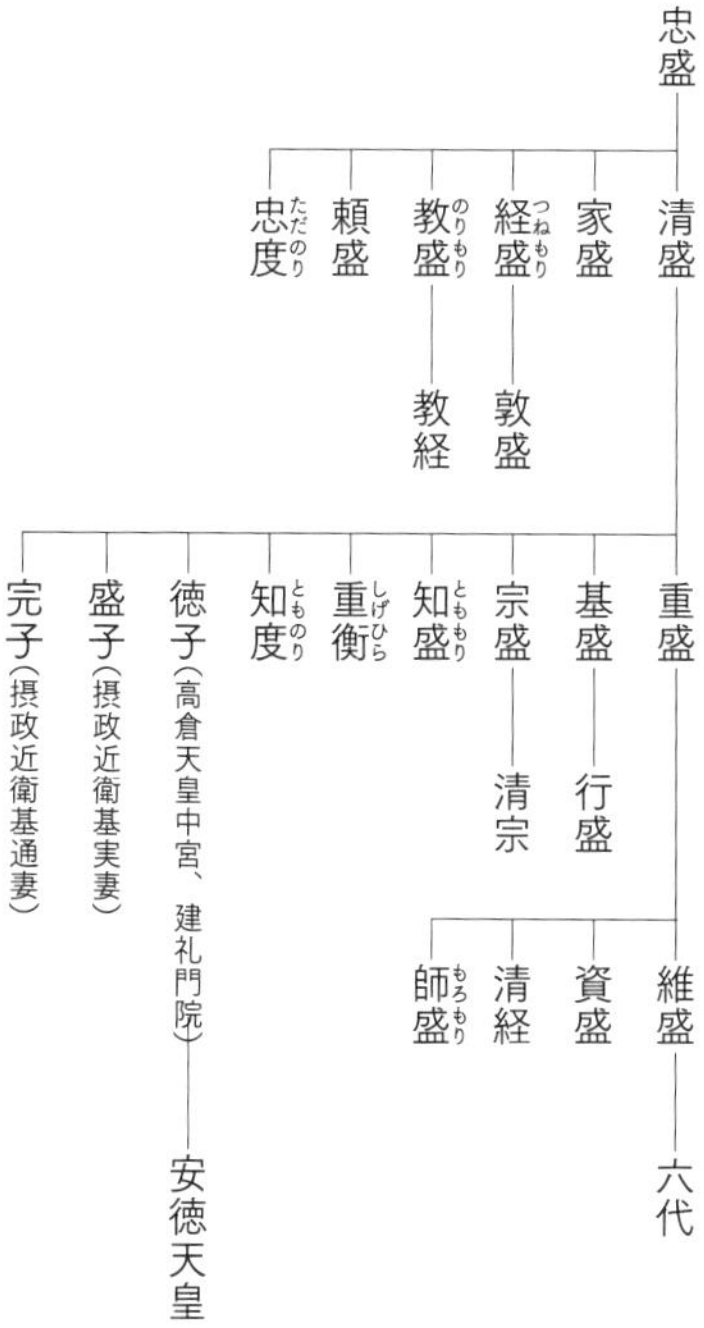

与した後白河を武力で攻撃しようとする清盛を制止するために述べられたものである。激情に駆られて後白河攻撃を企てる清盛と、冷静に理詰めで説得する重盛の姿が鮮やかに対比されている。権勢を誇り院をも蔑《ないがし》ろにする暴虐《ぼうぎゃく》な父に対し、絶対的な父権をも恐れず、院に対する忠節を説き、生命を賭して軽挙を制止した重盛こそは、まさに「俠」の武将であった。

このように『平家物語』は、重盛を実に冷静沈着な人物として描いている。その姿は、清盛の悪逆非道、そして重盛没後に清盛の後継者となる弟宗盛《むねもり》（一一四七―八五）の軽率・臆病《おくびょう》と比べて、実に際立っている。重盛の早世が、清盛の暴走を招き、法皇の幽閉《ゆうへい》、福原遷都《ふくはらせんと》、南都焼き討ちの暴挙をもたらし、さらには無能な後継者宗盛のもとで、平氏は滅亡するに至ったことを示唆するのである。

重盛については、慈円《じえん》（一一五五―一二二五）の『愚管抄《ぐかんしょう》』も「イミジク心ウルハシ」とし、同時期の公家の日記を編纂《へんさん》した『百練抄《ひゃくれんしょう》』にも「武勇、時の輩《ともがら》にすぐると雖《いえど》も、心操《しんそう》は甚だ穏やかなり」とあって、武勇に優れながら、穏健・沈着な人物であったことが知られる。彼が、優れた人格を持ち、貴族社会において高く評価されていたことは疑いない。

とはいえ、『平家物語』はあくまでも文学作品であり、人物を極端に描き分けることで知られる。源氏における合戦の天才 源 義経《みなもとのよしつね》と、凡庸《ぼんよう》な源範頼《のりより》との極端な対比はその典型といえる。重盛についても、かなりの作為《さくい》が見られる。たとえば、一一七〇（嘉応《かおう》二）年、関白藤原基房《もとふさ》一行が襲撃された殿下乗合《てんがのりあい》事件について、『平家物語』は犯人を清盛とし、その悪行の最初とするが、後述するように真犯人は重盛であった。清盛の悪逆、重盛の冷静さを際立たせるために改変したものである。

では、彼の実像はいかなるものか。とくに鹿ケ谷事件における行動、その背景について考えることにしたい。

重盛の躍進

重盛は鳥羽《とば》(在位一一〇七—二三、院政一一二九—五六)院政期の一一三八(保延《ほうえん》四)年に、清盛の長男として生まれた。母方の祖父右近将監《うこんのしょうげん》高階基章は摂関家《せっかんけ》の大殿(元摂政・関白《せっしょうかんぱく》)藤原忠実《ただざね》の家人《けにん》である。当時清盛は二一歳、従四位下肥後守《ひごのかみ》で、その父で院北面《いんほくめん》の中心・忠盛《ただもり》(一〇九六—一一五三)の嫡男《ちゃくなん》として順調に官位を昇進させていた。一方、基章は六位という下級官人に過ぎず、日の出の勢いにある伊勢平氏嫡男室の家柄としては物足りない。恐らく重盛の母は妾《そばめ》とみられ、のちに清盛の正室となる平時子の子供たちとの関係に微妙な影響を与えることになる。

重盛は、院近臣家の嫡男らしく、まずは鳥羽院の蔵人《くろうど》に任じられ、ついで近衛《このえ》天皇(在位一一四一—五五)の蔵人に転じ、その翌一一五一(久安《きゅうあん》七)年正月には叙爵《じょしゃく》し、従五位下の位を得て貴族の仲間入りを果たすことになる。その彼を待ち構えていたのが保元《ほうげん》・平治《へいじ》の乱における戦闘である。

一一五六(保元元)年七月、後白河天皇と崇徳上皇《すとくじょうこう》(在位一一二三—四一)の皇位をめぐる争いなどに端を発し、平安京始まって以来の兵乱・保元の乱が勃発した。重盛は当時十九歳、『保元物語』には、父清盛が崇徳方の勇将源為朝《ためとも》を恐れ退避しようとしたのに対し、重盛は果敢に立ち向かおうとした逸話《いつわ》が見える。しかし清盛らが消極的だったのは、継母池禅尼《いけのぜんに》が崇徳の皇子重仁《しげひと》の乳母《めのと》だったことを憚《はばか》ったためで、活動の実態は不明確である。乱後、父が叔父平忠正《ただまさ》を捕らえた恩賞を譲られ従五位上に昇進している。乱の二年後には、父清盛と同じ二一歳で初の受領《ずりょう》である遠江守《とおとうみのかみ》に就任することになる。

一一五九（平治元）年十二月に勃発した平治の乱における活躍が、重盛の平氏一門における立場を決定付けた。彼は、叔父頼盛《よりもり》とともに大将軍として藤原信頼《のぶより》・源義朝《よしとも》が立てこもった内裏《だいり》を攻撃する。『平治物語』には乗馬を射られ、郎従が身代わりとなって討死する間に辛《から》くも逃れたという逸話がある。物語だけに信憑性《しんぴょうせい》に疑問もあるが、『愚管抄』にも乗馬を射られ、鎧《よろい》に矢が刺さったとする記述があるので、かなり危険な状況に身を置いたことは疑いない。

重盛の活躍もあって平治の乱は清盛の勝利に終わり、一門には多大の恩賞が与えられた。重盛は、院政期に最も富裕な国とされた伊予《いよ》の受領に任じられている。官職以上に重要な意味を有したのは、大将軍として多くの平氏家人を率いて最前線に立ち、勝利に貢献したことである。彼は、ともに命をかけて戦った武将たちと緊密な主従関係を締結する。

『平治物語』では、重盛の配下として伊賀国鞆田荘《いがのくにともだのしょう》を拠点とする平貞能《さだよし》、伊勢の伊藤景綱《いとうかげつな》、館貞保《たちさだやす》等の名前が見える。これらは物語の記述ではあるが、貞能や景綱の子忠清などが彼の腹心となり、重盛の子息の代まで、密接な主従関係を結んだことは諸史料からも裏付けられる。

重盛は、平治の乱鎮圧の立役者として武名を挙げ、平氏の中心的な家人たちと重代相伝の主従関係を締結したのである。かくして、彼は平清盛の後継者の地位を確立し、官位も急激に上昇させてゆく。翌一一六〇(永暦元)年には後白河院の御給で従四位下に昇進、ついで平治の乱まで源義朝の手にあった左馬頭《さまのかみ》に就任する。そして一一六四(長寛《ちょうかん》元)年、重盛はまだ二六歳の若さで、非参議従三位に叙され公卿《くぎょう》に列している。父よりも、十七歳も若い公卿昇進であった。父清盛の躍進と、平治の乱における武勲の結果である。

二年後の一一六六(仁安《にんあん》元)年、清盛が内大臣となると重盛は権中納言《ごんのちゅうなごん》に、そして翌年父の太政《だいじょう》大臣《だいじん》就任と同じ二月二一日に従二位権大納言に昇進した。さらに五月十日、彼は東海・東山・山陽・南海四道における賊徒《ぞくと》追討《ついとう》を院から命じられたが、これは具体的な賊徒追討ではなく、諸国の軍事・警察権を重盛に委ねたものとみられる。太政大臣という名誉職に退いた清盛に代わり、重盛は平氏を公的に代表する立場となったといえる。

高倉天皇即位の影響

一一六八(仁安三)年、後白河と清盛の義妹滋子《しげこ》(正室時子の妹、一一四二—七六)との皇子憲仁《のりひと》親王が即位した。高倉天皇である。後白河は、皇子とはいえ美福門院《びふくもんいん》の意向で即位した二条天皇、その皇子六条天皇の在位中(一一五八—六八)は、思うままに任せなかった院政を、ついに確立したのである。また清盛も義理の外甥の即位ということで後白河と協調し、ともに大輪田泊《おおわだのとまり》で日宋《にっそう》貿易を行い、三年後には娘徳子《とくこ》を中宮《ちゅうぐう》として入内《じゅだい》させている。高倉の即位は平氏と天皇家を結び付けたが、一方で時子を母としない重盛に微妙な影響を与えることになる。

高倉の母滋子（建春門院）は時子の妹であったから、高倉の即位とともに時子所生の子供たちの権威が上昇し、重盛の立場を脅かし始めたのである。時子の長男宗盛は、一一四七（久安三）年の生誕で、一一六七（仁安二）年に二一歳の若さで正四位下のまま参議に任じられて公卿となった。十三歳だった平治の乱ではほとんど武勲はなかったが、時子が清盛の正室となり、その妹滋子が生んだ憲仁が東宮《とうぐう》となったことが急速な昇進に関係したのである。

さらに、宗盛は母時子、そして建春門院の妹、すなわち叔母と結婚し、一一七一（承安《じょうあん》元）年に彼女との間に嫡男清宗《きよむね》を儲ける。この清宗は、翌一一七二（承安二）年に叙爵するとともに、驚くべきことに元服、内昇殿・禁色をも許されたのである。幼児にこうした特権が与えられた例は、全盛期の摂関家にもみられない。清宗は、後白河院が膝に乗せて賞玩したとされる（『たまきはる』）ように、破格の処遇は後白河の寵愛《ちょうあい》の賜物《たまもの》であった。このままゆけば、重盛の子供たちの世代で、平氏嫡流が宗盛流に移行することは確実である。

重盛一門の立場が悪化した原因は、単に後白河院が建春門院・高倉天皇やその縁者を寵愛したためだけではない。重盛は、一一六八（仁安三）年十二月と一一七〇（嘉応二）年十二月の二度にわたり、病気で権大納言を辞任している。また、一一六九（嘉応元）年十二月に勃発した延暦寺強訴《ごうそ》を撃退できず、院近臣藤原成親の配流を防げなかった。そして、翌一一七〇（嘉応二）年十月の殿下乗合事件も、院の不興を買う原因となったとみられる。

殿下乗合事件は、重盛の息資盛《すけもり》が摂政藤原基房《もとふさ》一行に無礼を咎《とが》められ、恥辱を受けたことから、重盛がその報復として基房一行を襲撃した事件である。先述のように『平家物語』は清盛の悪行としているが、確実な古記録には重盛の犯行と明記されている。この事件は、事件当日に予定されていた高倉天皇元服に関する議定を延引させたことで後白河の怒りを招いた。慈円も、心麗しい重盛にしては珍しい蛮行とするが、高倉即位と時子系統の優位とが、重盛の焦慮《しょうりょ》・苛立《いらだ》ちを招き、こうした失策をもたらしたことは疑いない。

重盛の巻き返し

じり貧状態となった重盛だが、健康状態の回復後は巻返しを図ることになる。その方策の一つが、重盛室経子《けいし》の兄で、当時後白河院最大の側近として権勢を誇っていた藤原成親との提携を、より緊密にしたことである。

成親は、藤原北家末茂流《ほっけすえしげ》の院近臣である。この系統は、白河院唯一の乳母藤原親子《しんし》の子顕季《あきすえ》が白河の近臣として公卿に昇進して以来、代々の院近臣を輩出して繁栄する。鳥羽院の寵后美福門院《ちょうごうびふくもんいん》、最大の近臣家成《いえなり》はともにその孫である。成親は家成の三男で後白河近臣となり、藤原信頼に接近したことから平治の乱の首謀者として捕らえられた。しかし、深く関与せず、乱以前に妹が重盛室となっていたことから、処罰は解官に留まった。

後白河院政が確立するや、成親は躍進し権中納言にして検非違使別当《けびいしべっとう》の重職を兼ねるに至った。一一七二(承安二)年七月に成親が院御所三条殿を造営した際には、自身の従二位昇進、知行国《ちぎょうこく》の受領の重任《ちょうにん》など、五つもの恩賞授与という、破格の厚遇を受けていた。まさに後白河の比類ない信頼と寵愛を誇っていたといえる。

成親との関係強化を物語るのが、重盛の長男維盛《これもり》と成親の娘との婚姻である。二人の子供六代《ろくだい》が生まれたのは一一七三(承安三)年とされるので、婚姻はその一〜二年前、まさに平氏一門内で宗盛やその子清宗《きよむね》が台頭した時期にあたる。また、成親は五年の長期にわたって検非違使別当をつとめ、京の警察・治安維持を担当したが、重盛の腹心平貞能、盛国《もりくに》が検非違使として成親を支えており、重盛との連係はさらに密接となっていた。こうした成親との連携を通して、重盛は後白河の信頼を回復することになる。

さらに一一七三(承安三)年十一月、多武峯《とうのみね》焼討ちに対する朝廷の処罰を不服とした興福寺《こうふくじ》以下の南都大衆《だいしゅ》が、大挙上洛を目指し宇治《うじ》に至った。重盛は腹心平貞能らとともに大衆を防御し、入京を防ぐことに成功している。この時、後白河は興福寺以下十五大寺の全荘園を没収するという強硬な措置を実行したが、これは平氏軍の中枢を占める平貞能、伊藤忠清《いとうただきよ》らを統率する重盛の武力を背景として実現したのである。

一一七四(承安四)年七月九日、重盛は平氏一門で初めて右近衛大将《うこのえのたいしょう》(右大将)に就任する。近衛大将は、清盛も就任したことはなく、征夷《せいい》大将軍が常置されていない当時、武門の最高峰であった。右大将となると儀礼も必要となるが、重盛は成親と親しい左大臣藤原経宗《つねむね》、大納言同師長《もろなが》等から故実を学び、この壁を乗り越えている。右大将昇進には清盛の支援もあり、清盛・後白河の協調のもと、両者の深い信任を得た重盛は権勢の頂点に立ったのである。

後白河と清盛の対立

個性の強い二人の権力者、平清盛と後白河がまがりなりにも協調できたのは、ひとえに建春門院の調停の賜物であった。しかし、その心労からか、彼女は一一七六(安元《あんげん》二)年七月に三五歳の若さで世を去ってしまう。以後、政治主導権、人事などをめぐる二人の対立が露呈し、重盛の立場にも影響を及ぼすことになる。

同年十月、後白河は彼の幼い皇子を、まだ皇子のいない高倉の養子とし、東宮に立てようとした。当時高倉は十六歳、すでに成人を迎えていた。天皇の政治介入を排除し、院政を維持するために、成人の天皇から幼帝に譲位させるのは、歴代の院も行ってきたことであった。しかし、高倉の弟の母は平氏と無関係だし、譲位後に徳子が高倉の皇子を生んでも即位の保証はなく、平氏と天皇家との姻戚関係が断絶することになる。このため、清盛には到底容認できないことであった。皇位をめぐり二人の緊張は高まった。

一方、建春門院の死去は平氏内部にも大きな影響を与えた。彼女の支援で躍進していた宗盛は政治的意欲を失い、一一七六(安元二)年十二月に権中納言を辞任してしまったのである。逆に翌七七(安元三)年、重盛は正月に左大将に就任、三月には内大臣に昇進した。高倉天皇の地位が揺らぎ、時子所生の宗盛以下が後退するなか、父清盛に続く大臣昇進を実現した重盛は、平氏の後継者の地位を決定的とした。

ただ、父清盛と後白河との対立の激化で、重盛は後白河や成親との関係を強めたため、軍事活動による後白河への奉仕はより重要な意味をもつことになる。その軍事活動が衝撃的な事件の引き金となった。一一七七(安元三)年四月、加賀守《かがのかみ》藤原師高《もろたか》(?—一一七七)と延暦寺末寺との紛争に端を発した延暦寺・日吉社《ひえしゃ》の強訴は、高倉天皇の閑院内裏を標的とした。師高は院近臣西光《さいこう》(?—一一七七)の子であったから、彼を擁護《ようご》すべく、後白河は重盛に強訴の撃退を命じた。

しかし、戦闘的な大衆と全面的に衝突した重盛軍は、大衆・神人《じにん》を殺傷した上に、神輿《しんよ》に矢を命中させるという不祥事を惹起《じゃっき》し、重盛は謹慎《きんしん》に追い込まれてしまった。積極的な行動が裏目にでたのである。重盛とは対照的に、清盛以下の平氏一門は後白河の命令に消極的な態度をとっており、後白河との関係の相違が顕著にあらわれている。

重盛が強訴撃退に失敗したことで、師高は配流《はいる》に追い込まれ、後白河は屈服を余儀なくされた。その直後、京を大火が襲い、大内裏をはじめとする左京が焼き尽くされ、さらに盗賊が跳梁《ちょうりょう》するに及び、京は未曾有の大混乱に陥った。これを崇徳上皇の怨霊《おんりょう》の仕業《しわざ》とする噂が流れたことで、後白河は激昂《げっこう》した。この流言《るげん》こそ、崇徳を斥けて帝王となった後白河に対する最大の批判にほかならない。

後白河は、混乱の原因は延暦寺の強訴にあるとして、理不尽にも天台座主明雲《みょううん》(一一一五—八四)を捕らえて配流するが、明雲は延暦寺の悪僧に奪回されてしまう。怒り心頭に発した後白河は、ついに平清盛を福原から呼びつけ、延暦寺攻撃を命じるに至ったのである。

不満をあらわにした清盛と対照的に、重盛は知行国越前《えちぜん》から延暦寺攻撃に用いる武士の動員を計画するなど、協力的な姿勢を示した。院に対する軍事的な奉仕を優先する重盛としては当然の行動であった。

鹿ケ谷事件と重盛

しかし、事態は急転、清盛暗殺計画が露顕したとして院近臣成親・西光以下が清盛に処刑されるという驚愕《きょうがく》すべき結末を迎えたのである。院近臣らの謀議が、僧俊寛《しゅんかん》の鹿ケ谷の山荘で行なわれたとされることから、この政変は鹿ケ谷事件と呼ばれている。彼らは、清盛を戦場に誘《おび》き出し、延暦寺悪僧の仕業に見せかけて殺害しようとしたという。

攻撃を加えた者に報復するのは、食うか食われるかという自力《じりき》救済の世界に生きる武士の習いである。清盛は武士出身の西光を即座に斬首し、現職の権大納言とはいえ、武士的な性格を帯びた成親を京外で殺害している。しかし、事件に後白河が関与したことは確実であったが、清盛は後白河を攻撃することはなかった。これは、はたして『平家物語』が説くように、重盛が理を尽くして清盛を制止した結果であろうか。

『平家物語』(巻第二「小教訓」)によると、まず重盛は清盛を理詰めで説得し、成親の死刑を思いとどまらせている。しかし、右大臣九条兼実《くじょうかねざね》の日記『玉葉《ぎょくよう》』には、彼が成親の助命を「平に申し請う」たとあり、清盛に低姿勢で嘆願したとされる。清盛に対し、義兄で政治的に連携していた成親の救済を願い出たことは疑いない。しかし、それは実現せず、成親は無残な最期を遂げることになる。

成親に関して、重盛が低姿勢であったのも当然である。あろうことか、義兄成親が父清盛の暗殺を計画したのであり、首謀者の縁者である重盛は清盛に強い態度で説得などできるはずもない。彼にできたのは、ただ清盛の慈悲を求めることのみであった。重盛は、事件発覚直後に武門の最高峰左大将を辞任したが、これも義兄の行動に対する責任を取ったものである。

こうした重盛が、『平家物語』のように、強い態度で清盛に法皇に対する攻撃停止を説得したとは考え難い。ここで注意されるのは、そもそも清盛が本当に後白河への攻撃を考えたのかということである。むろん清盛は、自身の暗殺計画に関与した後白河に激怒したが、治承《じしょう》三年政変（一一七九年）のように後白河を幽閉《ゆうへい》し、院政を停止することは、当初から想定していなかったのではないか。当時の王権は、院と天皇の存在が不可欠であり、もしも後白河の院政を停止すれば、まだ十七歳の高倉天皇しか残らず、代替の院が不在となる。したがって、後白河院政の停止は不可能であった。重盛が、清盛の院に対する攻撃を制止しなかったとは断言できないが、かりに制止したとしても、それが清盛の後白河攻撃を断念させたわけではない。

重盛の死去と重盛像の創出

成親に連座した重盛は、平氏内での地位を後退させざるを得なかった。後白河と清盛の対立はその後も継続するが、鹿ケ谷事件の翌一一七八(治承二)年、中宮徳子《とくこ》(一一五五―一二一三)が高倉天皇の皇子、のちの安徳《あんとく》天皇(在位一一八〇―八五)を産んだために事態は激変する。安徳即位、高倉院政が可能となったことで、清盛は後白河の排除が可能となったのである。院と清盛の対立が激化するなか、後白河に近い立場にあった重盛はますます厳しい立場に追い込まれた。

さらに、徳子の皇子が即位すれば、徳子の母時子の子供たちが平氏の嫡流となることは確実である。重盛の系統は、もはや平氏の傍流となることが決定的となった。こうした情勢下、『愚管抄』によると、重盛は「トク死ナバヤ(早く死にたい)」と述べたという。政治の現状にも、子孫の立場にも絶望した彼が望んだのは、死だったのである。

一一七九(治承三)年八月、重盛は四二歳で死去した。以後、後白河は清盛に対する挑発を繰り返したため、十一月、清盛は武力で後白河を幽閉、院政を停止し平氏政権を樹立することになる。この強引な行動が、以仁王《もちひとおう》の挙兵(一一八〇年)に始まる平氏政権打倒の動きをもたらし、平氏は一一八五(元暦《げんりゃく》二)年三月、壇ノ浦《だんのうら》合戦で滅亡するのである。

重盛は無力であり、安徳生誕後、清盛の後白河に対する攻撃を制止できたとは思えない。しかし、彼の死去後に清盛の暴走が開始され、内乱まで勃発してしまった。そして清盛没後、平氏の総帥《そうすい》となった宗盛の失策で、ついに平氏は滅亡することになる。重盛が清盛をとどめ、彼が平氏の総帥となっていたら、内乱が勃発し平氏が滅亡することはなかったのではないか。そうした思いが、『平家物語』の作者に、冒頭に掲げたような清盛をも制止する理想的な重盛像を創出させたのである。

美福門院・八条院の武者として貫いた生涯

源頼政

…みなもとのよりまさ…

永井晋

摂津源氏の実力者

摂津源氏《せっつげんじ》は、源《みなもとの》頼光《よりみつ》（九四四―一〇二一）を祖とする清和《せいわ》源氏の一流である。源頼光は、京都に常駐して治安を守る軍事力としての武力と、頼光《らいこう》と四天王の物語としてよく知られる僻邪《へきじゃ》（魔除け）の武の両方ができる家で、朝廷には使い勝手のよい存在であった。頼光と四天王は、大江山《おおえやま》の酒呑童子《しゅてんどうじ》退治《たいじ》、頼光に取り憑《つ》いた物《もの》の怪《け》を退治した土蜘蛛《つちぐも》の物語、童話金太郎のモデルとなった四天王の坂田公時《さかたきんとき》や羅生門《らしょうもん》で鬼と遭遇《そうぐう》した渡辺綱《わたなべのつな》の物語など、この主従は平安時代の『今昔《こんじゃく》物語集』以来、説話・芸能・浮世絵《うきよえ》・歌舞伎《かぶき》などで時代を越えて語られてきた。源頼政《よりまさ》（一一〇六―八〇）の鵺《ぬえ》退治（『平家物語』）も、先祖の栄光の延長線上で語られるエピソードである。摂津源氏が大内守護《おおうちしゅご》（御所内の警備）を重代の職としたのも、日常的な御所の警備だけではなく、物の怪を退治する僻邪の力を有すると見られたためである。

◉摂津源氏と源頼政の本拠地

源頼政の本拠地は、美濃国《みののくに》に形成されたと推測している。頼政が活動した時代、摂津源氏の嫡《ちゃく》流《りゅう》は多田行綱《ただゆきつな》（生没年不詳）で、摂津国多田院（兵庫県川西市）を本拠地とし、畿内《きない》に散在する源氏を従え、数百騎の軍勢を率いていた。行綱は後白河院《ごしらかわいん》(在位一一五五—五八、院政一一五八—七九)を支持する立場を貫き、法住寺合戦《ほうじゅうじがっせん》(一一八三年)に出陣し、一ノ谷《いちのたに》合戦(一一八四年)では鵯越《ひよどりごえ》を突破する勲功《くんこう》を立てた。しかし、後白河院の武者として京都で活動し、鎌倉幕府《かまくらばくふ》に属さなかったため、彼の勲功は『平家物語』や『吾妻鏡《あずまかがみ》』から消された。不当に評価を落とされた人物として、再評価が必要である。摂津・河内《かわち》・和泉《いずみ》の一帯は多田行綱の勢力圏であるため、源頼政の拠点は別に求めなければならない。多田院周辺や渡辺津《わたなべのつ》といった従来の理解は、多田行綱を低く評価しすぎたところから出てきている。

❖摂津源氏略系図

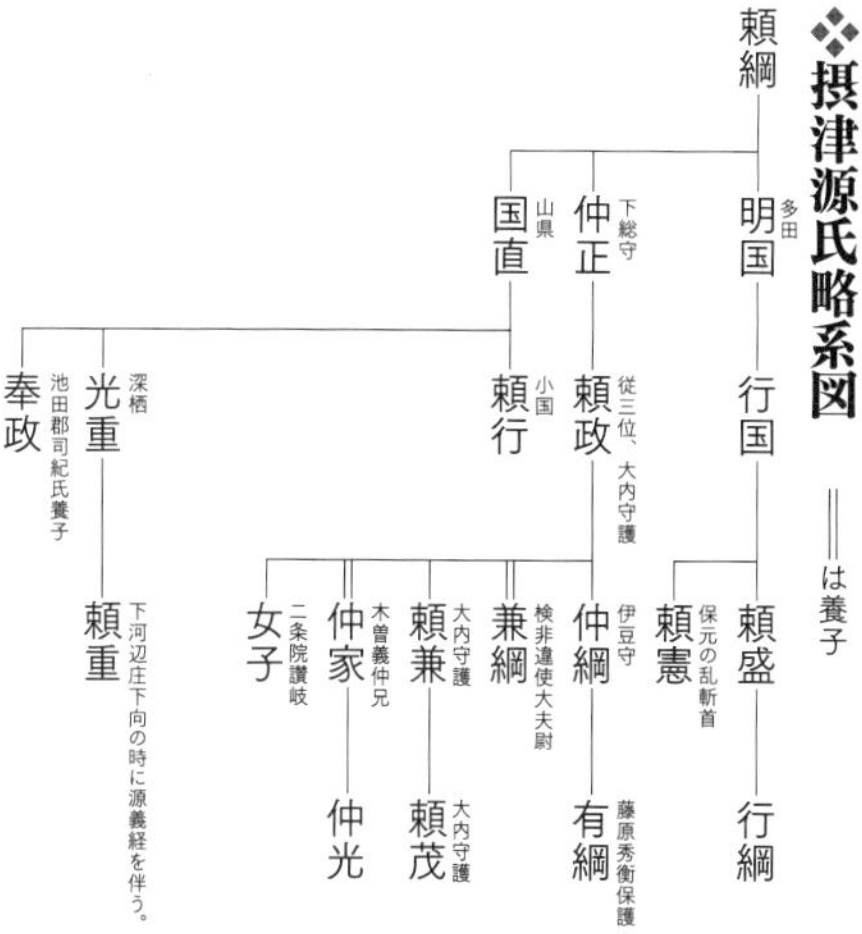

◉源頼政と美濃国

源頼政とつながりの深い土地は、美濃国である。頼政の弟奉政《ともまさ》が美濃国池田郡司紀氏《きし》に養子として入り、美濃源氏土岐氏《ときし》は盟友ともいえる存在であり、子の頼《より》兼《かね》(生没年不詳)は美濃源氏とよばれるようになっていた。実在の人物か摂津源氏の系図に接続させるための人物かは明らかでないが、美濃国山県郡《やまがたぐん》の山県国直《くになお》が頼政の叔父《おじ》ということになっている。美濃国南部、東山道に近いところに一族や味方が存在している。

一一八〇(治承《じしょう》四)年四月に出されたとされる以仁《もちひと》王令旨《おうのりょうじ》が壬申《じんしん》の乱を先例に撰ぶ理由の一つとして、

源頼政の本拠地が美濃国であることを想定すると、以仁王（一一五〇―八〇）が美濃国で軍勢を調《ととの》えて京都に攻め込む計画は実現性のあるものであった、という可能性を考える必要がある。

江戸時代に作成された園城寺《おんじょうじ》の記録『寺門伝記補録』は、寺僧が作成した偽文書《ぎもんじょ》を数多く収めている。以仁王令旨といわれている文書の文体は、この偽文書群に極めて近い雰囲気を持っていて、僧侶が起草した文章である可能性が極めて高いと考えている。そのため、筆者は『吾妻鏡』・『平家物語』に収録された以仁王令旨は、園城寺の僧が草案を作成した文書と推測している。令旨の日付となっている一一八〇（治承四）年四月、以仁王はまだ三条高倉《さんじょうたかくら》の御所《ごしょ》にいた。側近《そっきん》の藤原宗信《ふじわらのむねのぶ》は、大《だい》学寮《がくりょう》で文章道《もんじょうどう》（漢詩文）を学んだ者を優先的に補任《ぶにん》する少納言《しょうなごん》を勤めていたので、朝廷の様式に従って格調の高い漢文を書ける人物である。現存する令旨の文章は、寺院の大衆《だいしゅ》（僧兵）が嗷訴《ごうそ》を起こす時に作成する牒状《ちょうじょう》（他の寺院に参加を呼びかける文書）に文体が近い。九条兼実《くじょうかねざね》（一一四九―一二〇七）の日記『玉葉《ぎょくよう》』は、園城寺に逃げ込んだ以仁王が一一八〇（治承四）年五月に宮の宣（『愚管抄』）を発給したと伝える。この時の令旨や、園城寺が以仁王に味方したことを説明するために鎌倉時代に作成された可能性が高い。園城寺に逃げ込んでから発給した文書であるとすれば、一度は味方すると情報の流れた近江《おうみ》源氏が合流しなかったように、畿内《きない》の武士がこの令旨を異様なものとしてためらったこともうなずける。

以仁王の挙兵は、源頼政や園城寺とつながりのある近江・美濃の源氏や地方に散在する頼政の郎《ろう》党《とう》、園城寺に同調する権門《けんもん》寺院の大衆が主力となる予定だったのであろう。以仁王・源頼政が平氏の軍勢、追討使《ついとうし》に素早く討たれたために小規模な反乱に終わったが、そこから広がった波紋は大きな歴史のうねりを作り出してゆく。

◉美福門院・八条院の武者として

源頼政は、大内守護を重代の職としたので、公家《くげ》社会の作法に通じた武者を中核に据え、地方に居住する郎党を上洛させて在京する軍勢の規模を大きくしていた。宮廷社会の慣習を知らず、問題解決のために武力を用いようとする人々はいろいろと問題を起こすので、中核には据えられない。ここが、河内源氏と決定的に違うところである。

一一五三(仁平《にんぴょう》三)年二月、源頼政は美福門院《びふくもんいん》(一一一七—六〇)の殿上人《てんじょうびと》として女院御所の昇殿《しょうでん》を許された。鳥羽院《とばいん》(在位一一〇七—二三、院政一一二九—五六)・美福門院は近衛天皇《このえてんのう》(在位一一四一—五五)を後継者と考え、英邁《えいまい》の君《きみ》として人望のあった崇徳上皇《すとくじょうこう》(在位一一二三—四一)を遠ざけていたので、源頼政は美福門院が支持する皇統を守る側の武家として政治的な立場を鮮明にすることになった。これが、彼の人生の方向性を定めていくことになる。

一一五五(久寿《きゅうじゅ》二)年に、近衛天皇が早世した。近衛天皇には皇子がいなかったので、鳥羽院・美福門院は、美福門院が養子に迎えている守仁親王《もりひとしんのう》(後の二条天皇(在位一一五八—六五))を後継者にしようと動き始めた。中継ぎが必要なので、鳥羽院は愛娘暲子《あきこ》内親王(後の八条院《はちじょういん》(一一三七—一二一一))を女帝として即位させることを第一案として考えた。しかし、参議《さんぎ》源雅通《まさみち》(一一一八—七五)が守仁親王を即位させるのであれば、その父雅仁《まさひと》親王(後の後白河天皇)を中継ぎとするのが筋であると再考を求めたので、雅通案に切り替えた。後白河天皇の即位によって、次は重仁《しげひと》親王（一一四〇—六二）が即位するものと思っていた崇徳上皇と後白河天皇を支える春宮守仁親王支持派（旧鳥羽院政派）に朝廷の勢力は大きく分かれることになる。河内源氏は崇徳上皇を支持する摂関家の家長藤原忠実《ただなが》に仕える源為義《ためよし》が崇徳上皇支持派となり、鳥羽院殿上人藤原季範《すえのり》を舅《しゅうと》とする源義朝《よしとも》（一一二三—六〇）が守仁親王支持派になった。平氏や摂津源氏は、美福門院に呼び出されたことで後白河天皇側につくことになった。

❖天皇家略系図

●数字は『皇統譜』による即位順

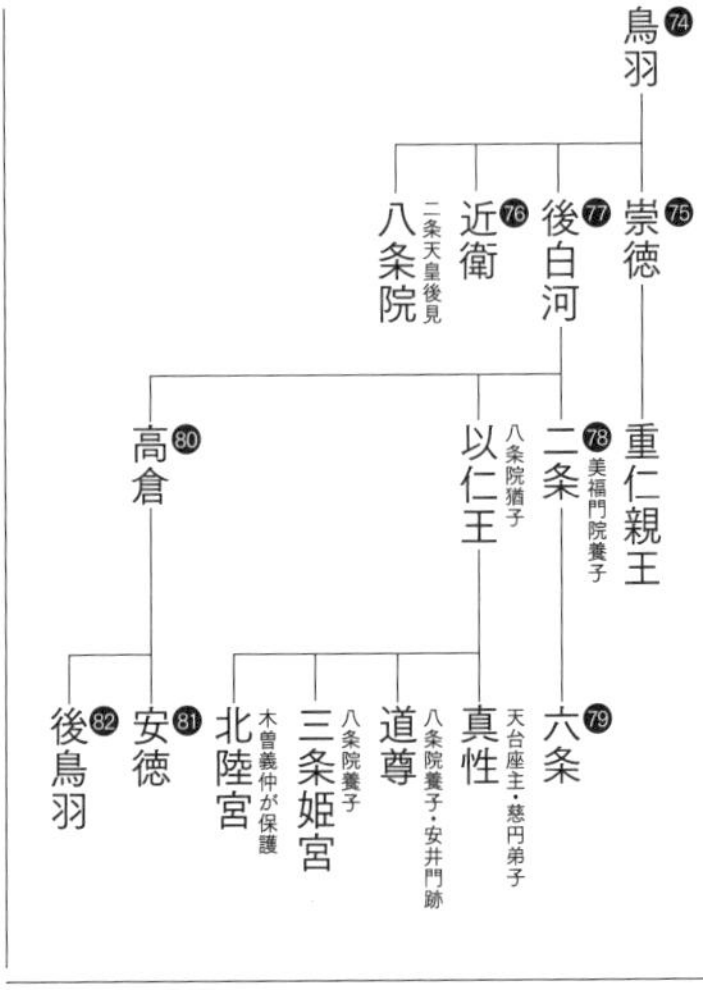

武家源氏の代表として

◉保元・平治の乱

保元《ほうげん》の乱（一一五六年）で、源頼政は後白河天皇の御所を守るため、後詰《ごづ》めに配置された。御所の警備を通常業務とする源頼政の軍勢を、親衛として温存したのであろう。平治《へいじ》の乱（一一五九年）で源頼政の取った行動は、河内源氏を中心に考えると裏切りにみえる。しかし、二条《にじょう》天皇が藤原信頼《のぶより》のもとから平清盛《たいらのきよもり》（一一一八—八一）のもとへと移ったことで、官軍の立場は藤原信頼から平清盛へと移っていた。源頼政は、美福門院が支持する二条天皇派の武家である。

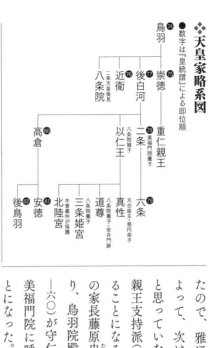

源頼政が守らなければならないのは、二条天皇である。源義朝から離れた頼政は、六波羅《ろくはら》に入るための北側の入口となる五条河原に布陣をした。源義朝は、源頼政と土岐一族が守る五条河原の陣を抜かなければ平清盛の六波羅亭を北から攻めることができない。頼政と土岐《とき》一族はそこにいるだけで大きな障害となった。平治の乱の終盤戦で源義朝の長子義平《よしひら》が五条河原にいる頼政の軍勢を攻めたが、頼政は数で優勢を保ちながらも、積極的に反撃しなかった。平治の乱で源頼政が得たものは、伊豆国《いずのくに》知行国主《ちぎょうこくしゅ》の立場である。伊豆国を支配下に置いたことで、伊豆・駿河《するが》・甲斐《かい》三ヶ国に広がりをもつ伊豆国在庁官人工藤介茂光《くどうすけもちみつ》の一族を郎党に加えることができた。

平治の乱によって、在京する武家の勢力は大きく塗り替えられている。美福門院とその愛娘八条院とが支持する二条天皇は、平治の乱で側近たちが共倒れになった後白河院を抑え、天皇親政を推し進めていこうとした。それを支える武力として勢力を伸ばしたのが、土岐光保《みつやす》と源頼政である。源頼政とその娘二条院讃岐《さぬき》は二条天皇や八条院の御所に出仕し、歌人として天皇親政派の公家や殿上人と交流を持った。二条天皇の嫡子《ちゃくし》六条《ろくじょう》天皇の退位によって鳥羽院政流の皇統が途絶え、後白河天皇・高倉天皇(在位一一六八—八〇)の皇統へと移っていくが、源頼政は八条院の武力として誰もが認める武家の棟梁《とうりょう》の地位を維持した。歌人としての公家と交流を持ち、平氏の全盛時代にあっても八条院に仕える武家として自立した勢力を維持する源頼政が異例の正四位下まで昇進していくことに対し、反発をする公家はいなかった。

◉源平並立という虚構

後白河院は平治の乱で勝者となった平清盛を味方に取り込み、平氏一門と連携して憲仁《のりひと》親王（高倉天皇）擁立《ようりつ》の画策《かくさく》を始めた。後白河院の後押しによって平氏の人々は異例の昇進を遂げ、京都で最大の武家へと成長していった。平氏に取り込まれずに残った武家には、後白河院の傘下にいた摂津源氏の嫡流多田行綱《ゆきつな》や宇多《うだ》源氏の源光遠《みつとう》、八条院の傘下にいた源頼政や土岐一族がいるが、平氏に対抗する武力はなかった。その中で、源平並立の先例を守るために、武家源氏の代表として振る舞うことを要求されたのが源頼政である。

平清盛も、京都の街を守る武力の全権を握ることで責任を負う立場に立つより、軍事の仕事を分担できる源氏が残っていて、源氏と平氏を束《たば》ねる存在として後白河院が責任を負う体制の方が有利と考えていた。比叡山延暦寺《ひえいざんえんりゃくじ》の嗷訴《ごうそ》を防ぐ時に、平氏の方から後白河院に対して源頼政の出陣を求める要請を出したように、平氏の人々の中に源頼政が一人入るだけで、責任の所在は平清盛から後白河院に移った。平清盛が源頼政の従三位昇進を推挙したのも、源頼政が大内守護を本務とする武家で洛中《らくちゅう》の治安維持にあたる規模の武力しか持っていないとしても、公卿《くぎょう》に列する武家源氏の代表として平氏と同格のように振る舞うことを求めたからである。それが可能であったのは、八条院と平氏が源頼政を支え続けたからである。

治承四年の以仁王事件

◉治承四年の複雑系

四〇〇年近く都として発展を続けた京都に住む権力者は、坂東《ばんどう》で荘園を経営する武士達には想像もつかない含みのある駆け引きをする一筋縄ではいかない人々である。一一八〇(治承四)年四月に始まる以仁王事件も、鎌倉幕府成立の発端となった事件という理解に間違いはないものの、事件の本質からはほど遠い結果ありきの理解である。

事件は、源行家《ゆきいえ》(一一四一?—八六)が朝廷の官位を望んで上洛《じょうらく》し、八条院蔵人《くろうど》に補任されたことから始まった。源行家は平治の乱で源義朝側について出陣し、熊野別当家《くまのべっとうけ》に嫁いだ姉鳥居禅尼《とりいぜんに》を頼って熊野に落ち延び、熊野新宮《しんぐう》の保護下に入ることで軟禁《なんきん》の状態に置かれていた。平治の乱の後始末を終えた平清盛は、熊野本宮《ほんぐう》が平氏の支持勢力なので、行家が熊野を離れなければ監視することで十分と、罪科を不問に付していた。しかし、行家が上洛して朝廷の官位を望むとなれば、話は変わってくる。熊野本宮と新宮はこの一件が原因で合戦となり、熊野本宮が敗北した。熊野本宮がこの一件を平清盛に報告すると、清盛はこの問題を糺《ただ》すべく、一一八〇(治承四)年五月十日に軍勢を京都に入れて事件の背後関係を調べ始めた。しかし、決定的な証拠は得られず、五月十五日になると以仁王が謀反《むほん》の計画を企てていることが噂として流れた。この風聞のまま、以仁王に源姓を授けて臣籍降下《しんせきこうか》させ、配流《はいる》とする決定が下された。それとともに、以仁王とその家族を拘束するため、以仁王御所と八条院御所に追捕《ついぶ》の使者が派遣された。不可解なのは、以仁王追捕に向かった使者は源頼政の養子兼綱《かねつな》(?―一一八〇)、八条院御所に向かった使者が八条院乳母《めのと》の娘婿平頼盛《よりもり》(一一三三―八六)だったことである。二人とも、八条院傘下の人々である。

平清盛は、以仁王の謀反が露見したことを理由に決着をつけようとしたが、それは八条院との間で交渉が続けられた結果、導き出された政治的な妥協点なのである。以仁王がそのまま捕縛《ほばく》されていれば、八条院に対する配慮から命の安全を保障した配流、八条院が遺産を譲るために養子に迎えた以仁王の姫宮には罪科が及ばないという結末になったと思われる。未婚の八条院は、側近の三位局《みいのつぼね》が以仁王との間に儲《もう》けた子供達を養子に迎え、家族同様に暮らしていた。八条院の遺産の相続人は、この子供達の中にいた。

『平家物語』は、源頼政が以仁王に情報を流したと伝える。頼政の使者は、八条院と平清盛との間で話がついているから静かに捕まるようにと説明した可能性が高い。ところが、以仁王は園城寺に逃げ込み、園城寺大衆は以仁王を保護して朝廷に冤罪《えんざい》を訴える嗷訴を起こすべく、南都《なんと》・北嶺《ほくれい》の権門《けんもん》寺院に参加を求める牒状を送った。一一八〇(治承四)年五月の「宮の宣」(『愚管抄』)は、この時期に出されている。

源兼綱は以仁王の追捕に失敗したが、この段階で平氏は源頼政に対して疑いの目を向けていない。源頼政は八条院の意向で動いているので、以仁王は困ったことをしてくれたとは考えても、自分が以仁王の側に移って戦うことになるとはまだ思っていないのであろう。

◉以仁王・源頼政の死

園城寺は以仁王を助けるための嗷訴を企てていることを隠さないので、南都・北嶺の権門寺院は勿論、朝廷も平氏も園城寺の動向に関する情報を掴んでいた。平氏は、延暦寺に対して兵粮《ひょうろう》を送り、協力ないし中立を求めた。ところが、延暦寺大衆は宿敵園城寺を焼き打ちする大義名分を得たと喜び、平氏の予想をはるかに越えて活発に動き始めた。

五月二一日、朝廷は園城寺にいる以仁王を捕らえるべく、追捕使の編成を命じた。平頼盛を総大将とした追捕使は平氏の人々が名を連ねているが、その中にただ一人源頼政の名前が入っていた。この翌日、源頼政は近衛河原の館を焼いて園城寺に入っている。このことは、腹心の渡辺競《きおう》も知らなかったと『平家物語』は伝えるので、頼政は館にいた人々だけを率いて園城寺に入ったのであろう。ただ、五月二一日は追捕使に加わる武将を発表しただけなので、指名された人々はこれから軍勢を集めることになる。園城寺は武装して待ち構えているので、すぐに追捕に向かうわけではないのである。また、平頼盛は八条院の重臣でもあるので、追捕使が手荒な手段に訴えないことも予想の範囲であった。この追捕使編成は園城寺に対する脅しであるとともに、まだ交渉の余地があることを伝えるものでもあり、以仁王が諦《あきら》めることを期待していたと考えられる。以仁王とその家族を守りたい八条院の意向が平頼盛の行動を縛るので、追捕使は強硬姿勢を取れないのである。

源頼政が園城寺に入った理由は、追捕使に選ばれたことの他に求めなければならない。それは、延暦寺による園城寺焼き打ちである。延暦寺大衆は、平氏政権の協力要請によって大義名分を得たと活気づいた。五月二五日に延暦寺に登った天台座主《てんだいざす》明雲《みょううん》(一一一五―八三)は、大衆達が満山《まんざん》の合意(比叡山延暦寺が全山をあげて園城寺を焼き打ちすることの同意)を得るために諸方の説得に廻っており、過半の承諾を得たという報告を受けている。

この日の夜、以仁王は興福寺《こうふくじ》に移るべく、与同する人々とともに園城寺を出発した。頼政道とよばれる古道が、その道順を示しているだろう。翌二六日、平氏は京都にいる人を中心に追討の軍勢を出陣させ、以仁王追撃を始めた。源頼政は、追討使を足止めすべく、宇治の平等院に入って陣を構え、宇治橋の橋桁《はしげた》を外して騎馬武者《きばむしゃ》の突撃を防いだ。また、一部の軍勢を以仁王の護衛に付け、興福寺への道を急がせた。

平等院《びょうどういん》に布陣した頼政の目的は以仁王が興福寺大衆に合流するまでの足止めなので、ここで死ぬつもりはなかった。目論見《もくろみ》通り、追討使の第一陣は宇治橋を渡って攻め込もうとして、歩兵の戦いを得意とする園城寺大衆から痛烈な反撃を受けることになった。第一陣が攻めあぐねているのを見た足利忠綱《ただつな》は、利根川を渡ることに慣れている秀郷《ひでさと》流藤原氏の人々を集めて馬筏《うまいかだ》を組み(騎馬武者で密集隊形をつくって、川の流れに押し流されないように渡河すること)、宇治川の渡河を強行した。それによって、合戦は騎馬武者の戦いとなり、勝敗は決した。源頼政は、生き残った軍勢を集めて宇治川沿いに南下したが、負傷して綺河原《かば》(京都府木津川市綺田《かばた》)で自害した。宇治平等院の扇の芝が自害の場所として有名であるが、追討使は綺河原で頼政の軍勢を壊滅させたと報告している(『玉葉』)。『平家物語』も、鎌倉時代に成立した延慶《えんきょう》本は木津川のほとりで負傷して自害したと記している。平等院で源頼政が自害したと『平家物語』が書き換えられたのは、平等院に伝わる伝承を反映させたためであろう。正しい情報を伝えているのは、追討使が朝廷に上げた報告を書き残した『玉葉』である。

高倉宮以仁王は、光明山寺《こうみょうさんじ》の鳥居の側で討死したと伝えられている。南都の大衆の先陣は木津川の渡しを渡り終えていたので、以仁王はほんの数キロという所まで来ていた。南都の大衆は嗷訴のつもりなので、合戦の陣形を組んでいなかった。合戦なら、本隊がいきなり衝突する遭遇戦《そうぐうせん》にならないように、物見《ものみ》を出す。南都の大衆が警戒のために物見を出していれば、以仁王は合流できるところまで来ていたのである。南都の大衆はこの事件を最後まで嗷訴と考えており、謀叛人になったという意識をもっていなかった。謀叛と見なす平氏政権は事件の張本人を差し出すことを求めたが、興福寺の回答はその必要なしであった。興福寺は藤原氏の氏寺なので、摂政近衛基通《せっしょうこのえもとみち》が間にたって調整に努力したが、この認識の食い違いは同年十二月の平重衡《しげひら》による南都焼き打ちへと発展していくことになる。

源頼政は、以仁王とその家族(特に八条院が後継者と考えている以仁王の娘)を守りたいと考える八条院の意向を最後まで守ろうとした。しかし、この事件の主導権は、交渉によって解決を図ろうとする八条院と平清盛から、園城寺が逃げ込んできた以仁王を保護することで罪人に加担したと考えた延暦寺が園城寺焼き打ちに動き出したことで、延暦寺へと移っていった。以仁王が園城寺を脱出した五月二五日は、延暦寺に登った天台座主明雲が延暦寺大衆が総力を上げて園城寺を焼き打ちするために満山の同意を取り付けつつあるという情報を京都に伝えた日である。公称三万人の延暦寺大衆の総攻撃が明日起きてもおかしくない情勢になっていたのである。園城寺では守りきれないと判断した以仁王と源頼政は、延暦寺から遠く離れた興福寺に拠点を移そうとした。この移動を、朝廷は反乱と見なした。その結果、この二人は謀反の罪を被って死ぬことになった。

勝者に付くのが武家の習いといわれる時代であるが、源頼政は八条院の意向を最後まで忠実に守ることで、武家の棟梁《とうりょう》として名を惜しむ最期を遂げた。京都の街で繰り広げられた権門の政治的駆け引きに翻弄《ほんろう》された結末、反乱軍の総大将として生涯を閉じたのである。

以仁王の死後、八条院三位局は摂政九条兼実の妻となった。その縁で、以仁王の王子真性《しんしょう》や源頼政の孫慈賢《じげん》は天台座主慈円《じえん》(九条兼実の弟)の高弟となり、天台座主まで昇り詰めた。以仁王と源頼政の子孫は八条院と九条家の厚い保護を受けて、僧侶として地位を上り詰めた。周囲の人々は、彼らの死に様を哀れと思って生き残った人々を慈しんだのである。

⦿参考文献

平岡定海「園城寺の成立と戒壇問題」(『日本寺院史の研究』、一九八八年)

河内祥輔『日本中世の朝廷・幕府体制』(吉川弘文館、二〇〇七年)

衣川仁『中世寺院勢力論』(吉川弘文館、二〇〇七年)

生駒孝臣「源頼政と以仁王」(野口実編『中世の人物二　治承文治の内乱と鎌倉幕府の成立』清文堂出版、二〇一四年)

永井晋『源頼政と木曽義仲』(中央公論新社、二〇一五年)

永井晋「高倉宮以仁王の家族と縁者」(『古代文化』六六巻四号、二〇一五年)

永井晋「以仁王事件の諸段階――嗷訴から挙兵への段階的発展――」（『鎌倉遺文研究』三六号、二〇一五年）
永井晋「武家の棟梁摂津源氏の終焉」（中村文編『歌人源頼政とその周辺』青簡社、二〇一九年）
桜井陽子「『平家物語』の源頼政」（中村文編『歌人源頼政とその周辺』青簡社、二〇一九年）
日下力「源頼政の挙兵と歌世界」（中村文編『歌人源頼政とその周辺』青簡社、二〇一九年）

「北方の王者」と評されることは事実か

藤原秀衡

…ふじわらのひでひら…

岡田清一

平泉《ひらいずみ》を本拠として、黄金と駿馬《しゅんめ》に支えられた藤原氏は、奥羽の絶対的な支配者というイメージが強く、三代藤原秀衡《ひでひら》(?—一一八七)は「北方の王者」と評されたこともあった。しかし、一九八八(昭和六三)年に始まった「柳之御所《やなぎのごしょ》」遺跡の発掘と保存活動を通じて進められた研究は、藤原氏が奥羽全域を強力に支配したとは考えがたいという成果をもたらし、近年は、「奥州」藤原氏ではなく、「平泉」藤原氏と表現されることが多い。一方、秀衡による奥州幕府構想が指摘され、平清盛《たいらのきよもり》の六波羅《ろくはら》幕府構想とともに鎌倉幕府の前段階的権力機構として、その類似性も指摘されている。

そうした研究の中心に位置づけられるのが、藤原秀衡である。ところが、その実態については資料の少なさから、不明な点が少なくない。以下、限られた史料と研究の成果から、その実態にせまっていこう。

平泉藤原氏と奥羽

藤原氏と奥羽両国の関係は、その祖経清《つねきよ》(?—一〇六二)に始まる。経清は秀郷《ひでさと》流藤原氏の末裔《まつえい》で、一〇四六(永承《えいしょう》元)年十二月に焼失した興福寺《こうふくじ》の復興に関連した記録『造興福寺記《ぞうこうふくじき》』の永承二年条に、五位以上の藤原一族として「経清　六奥」と記されている。「六奥」は陸奥国のことであるが、「奥州御館《みたち》系図」や『奥州後三年記』には「わたりの権太夫《ごんのたゆう》経清」などとあり、陸奥国、とくに亘理郡《わたりぐん》（宮城県南域）と何らかの関係を持っていたことがわかる。

ところで、『陸奥話記《むつわき》』によると、経清とともに「六箇郡の司」安倍頼良《あべのよりよし》（後に頼時《よりとき》と改名）の女婿《じょせい》となった平永衡《ながひら》について、「陸奥前司藤原登任《なりとう》の郎従《ろうじゅう》となって陸奥に下向し、一郡を支配した」とある。さらに「伊具十郎」と称したという類例からすれば、経清もまた亘理郡を支配し、「権大夫」の名のりから、五位の位階を持った国府《こくふ》の有力者として、安倍頼良の女婿に迎えられたものであろう。

前九年合戦に際し、陸奥守・鎮守府《ちんじゅふ》将軍として下向した源頼義《みなもとのよりよし》は、出羽国《でわのくに》の「仙北《せんぼく》三郡の俘囚《ふしゅう》主」清原武則《きよはらたけのり》（生没年不詳）の援助を得て、頼良を制圧した。ところが、『奥州後三年記』によれば、安倍氏の本拠「奥六郡」は清原氏が支配したようである。

その清原氏も、後三年合戦によって滅亡すると、安倍・清原両氏に関係する人物は、経清の子清衡《きよひら》（一〇五六―一一二八）だけになった。清衡は、源義家《よしいえ》を奥州から排除し、安倍氏の「奥六郡の司」、清原氏の「山北三郡の俘囚主」を継承すると、本拠を奥六郡の江刺郡豊田館《とよたのたち》（奥州市）から磐井郡平泉に移すのである。その時期は十一世紀末と考えられており、以後、一一八九（文治《ぶんじ》五）年の泰衡《やすひら》（一一五五―一一八九）の敗死に至る約九〇年間、平泉を本拠とする藤原氏の時代が訪れることになる。

秀衡の系譜

一一五七(保元二)年頃に没した基衡《もとひら》(生没年不詳)の子が、秀衡である。秀衡については、その没年が九条兼実《くじょうかねざね》(一一四九―一二〇二)の日記『玉葉《ぎょくよう》』や『吾妻鏡《あずまかがみ》』から一一八七(文治三)年十月二九日とわかるだけで、没年齢も不明なため、その生年を推測することができない。

良く知られているが、秀衡の遺体は祖父清衡《きよひら》・父基衡《もとひら》、そして嫡泰衡の首級《しるし》とともに中尊寺金色《ちゅうそんじこんじき》堂《どう》の須弥壇《しゅみだん》内に納められている。一九五〇(昭和二五)年に行われた遺体学術調査の報告書によれば、秀衡の身長は一六四センチメートル、血液型はAB型であるが、死亡年齢は六、七〇歳代と幅があり、七〇歳前後とも考えられるという。

一方、後世の編纂史料ではあるが、「秀郷流系図・結城系図」は没年齢を六六歳とする。史料的に不安も残るが、秀衡の没年齢に関する唯一といってよいものでもあるので、これを参考に一一二二(保安三)年ないし一一二三(同四)年頃の生まれ、六五、六六歳頃に没したと考えられている。

したがって、父の跡を継承したのは、おおよそ三五、六歳に達していた。母は、『吾妻鏡』に「観自《かんじ》在王院《ざいおういん》〈阿弥陀堂と号す也〉、基衡の妻(宗任女《むねとうのむすめ》)建立なり」とある安倍宗任の女子《むすめ》。宗任は、基衡の祖父経清と同世代であるから、その女子は父清衡と同世代の可能性もあるが、宗任が伊予国《いよのくに》、さらに大宰府《だざいふ》に配流されてから出生したとすれば、ある程度の辻褄《つじつま》は合うだろう。

秀衡の閨閥《けいばつ》

秀衡には、国衡《くにひら》・泰衡・忠衡《ただひら》・高衡《たかひら》・通衡《みちひら》・頼衡《よりひら》らの子息がいたが、彼らの母については、次男泰衡の母が藤原基成《もとなり》(一一二〇?―?)の女子であること以外はわからない。基成の女子が、いつ秀衡に嫁いだか明らかにできないが、『吾妻鏡』は一一八九(文治五)年九月に殺害された泰衡の年齢を三五歳と記録しているから、逆算すると一一五三(仁平三)年以前のことになる。

基成は、一一四三(康治《こうじ》二)年、陸奥守に任命され、さらに鎮守府将軍を兼ねた。その後、一一五三(仁平《にんぴょう》三)年閏十二月までは在任していたが、離任後は帰京して民部少輔に任じられた。しかし、平治の乱(一一五九年)の首謀者の一人藤原信頼《のぶより》(基成の弟)に縁座して陸奥国に配流された。したがって、秀衡との婚姻関係は基成の離任前のことであろう。

ところで、基成の父忠隆《ただたか》は鳥羽院《とばいん》の近臣《きんしん》であり、さらに兄隆教《たかのり》の母は藤原顕隆《あきたか》の女子であったが、この顕隆は白河上皇の近臣として信任を得、「夜の関白」といわれるほどに権勢があった人物であった。また、弟信頼の母は藤原顕頼《あきより》の女子《むすめ》、顕頼は顕隆の子息であったから、基成の父忠隆と顕隆・顕頼父子の関係はきわめて密接なものがあった。

さらに、兄隆教は、平忠盛《ただもり》の女子《むすめ》とのあいだに子息隆親《たかちか》を、さらに妹は摂関家の基実《もとざね》と結婚して基通《もとみち》をそれぞれもうけている。また、既述の信頼は後白河法皇《ごしらかわほうおう》(院政一一五八―九二)の院別当としてその寵《ちょう》を得たが、それがもとで藤原信西《しんぜい》と対立、源義朝《よしとも》とともに平治の乱をおこしたが、敗れて処罰された公卿でもあった。

このようにみてくると、基成の家系は当時の権勢家とのあいだに複雑な閨閥関係を作り上げていたことがわかり、秀衡と基成の女子《むすめ》との婚姻も、父基衡が政治的背景を考慮した結果といえるだろう。

秀衡の政治基盤

秀衡が奥羽に対して持ち得た権力の基盤に、安倍・清原両氏以来の「六箇郡の司」や「山北三郡の俘囚主」という立場があったことはいうまでもない。また、『尊卑分脈《そんぴぶんみゃく》』によると、清衡が「陸奥国押《おう》

❖藤原秀衡と基成一族

人名は陸奥守就任者
①〜⑥は就任順位
[人名]は鎮守府将軍就任者

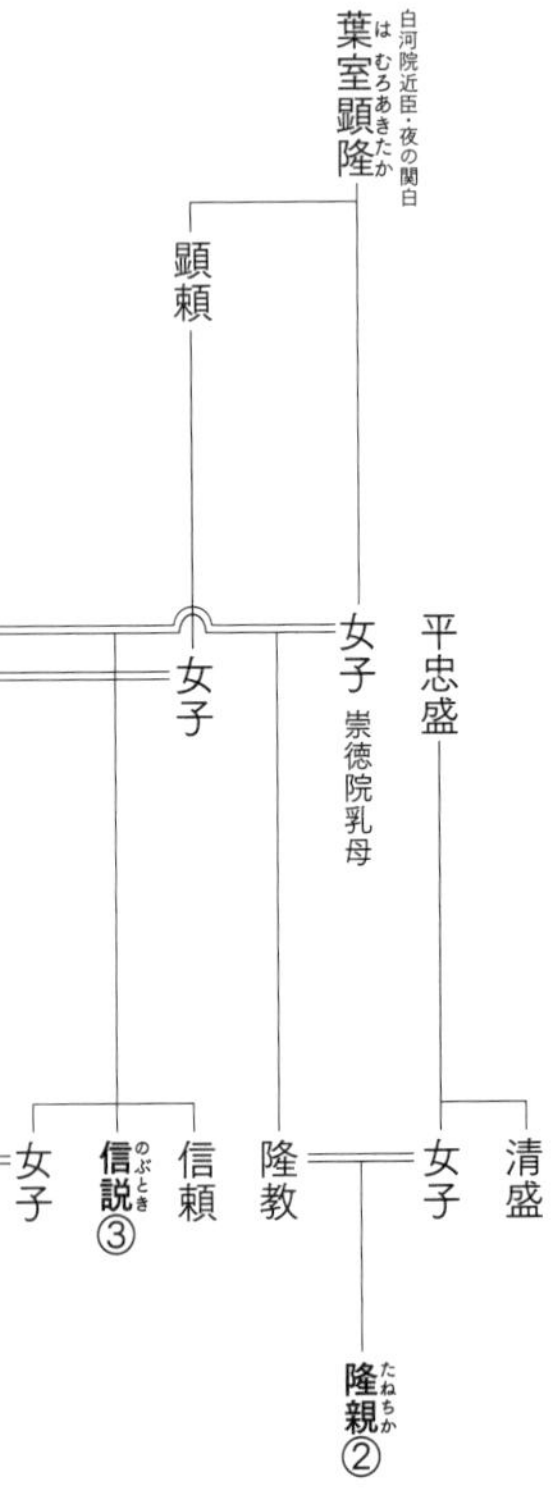

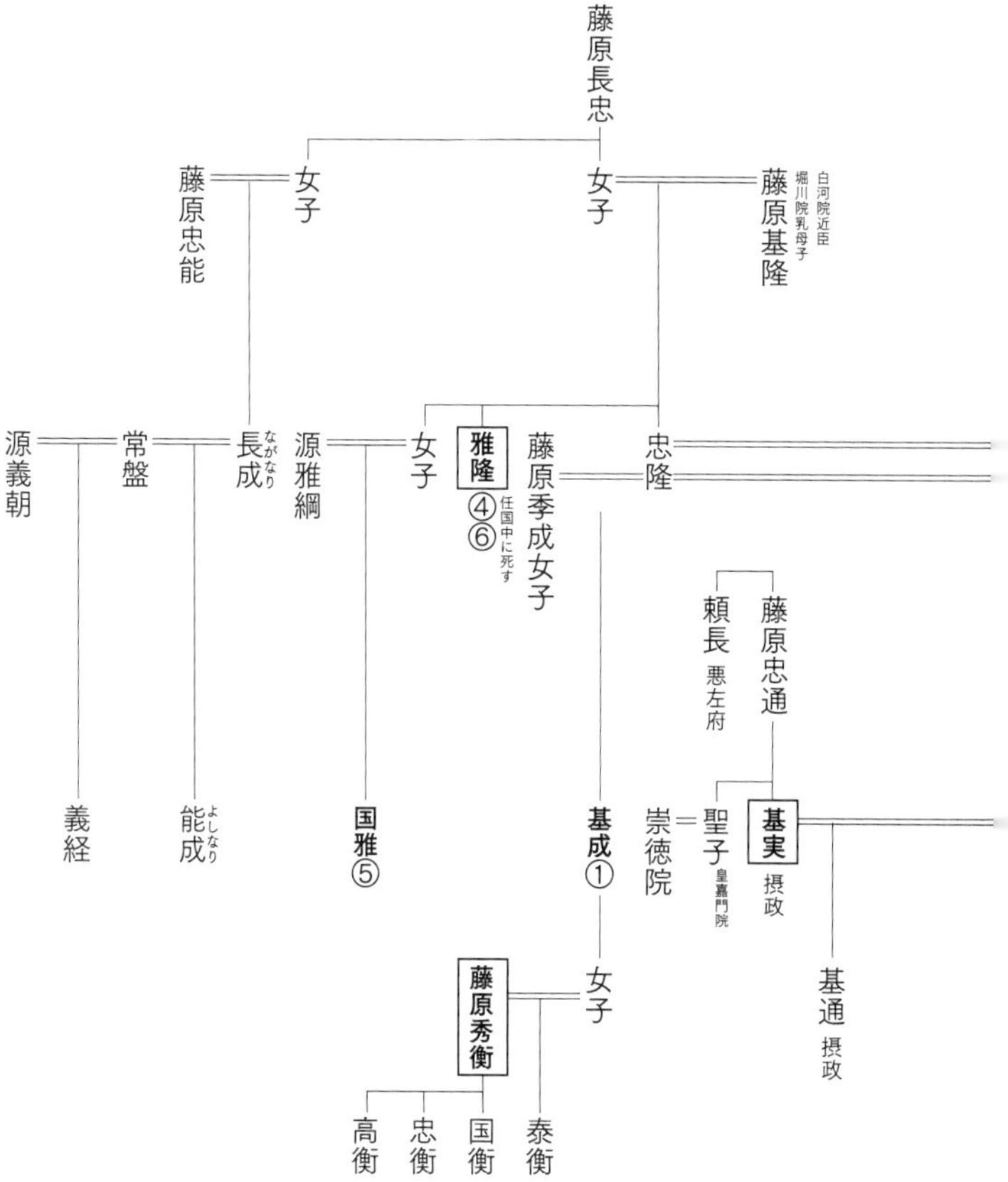
藤原長忠
藤原忠能
女子
女子
藤原基隆
白河院近臣
堀川院乳母子
源義朝
常盤
長成《ながなり》
源雅綱
女子
雅隆
④⑥
任国中に死す
藤原季成女子
忠隆
頼長
悪左府
藤原忠通
義経
能成《よしなり》
国雅⑤
基成①
崇徳院
聖子
皇嘉門院
基実
摂政
藤原秀衡
女子
基通
摂政
高衡
忠衡
国衡
泰衡

領使《りょうし》」に、基衡も「六郡押領使・出羽押領使」にそれぞれ任じられていた。押領使とは、地域の濫行《らんぎょう》を取り締まり、あるいは盗賊の逮捕などにあたった武官のひとつである。ただし、清衡の「陸奥国押領使」も実質的には安倍氏以来の「奥六郡」を、同じように「出羽押領使」も清原氏以来の「山北三郡」がそれぞれ対象であった可能性がある。

しかし、こうした奥羽に対する影響力を持ち得た基衡・秀衡父子に、陸奥守藤原基成が近づいてきた。基成は、その陸奥守離任前に女子と秀衡との婚姻を成立させたことは既述した。ところが、基成の離任後も、かれの姻戚関係者が陸奥守に就任し、さらに基成自身が平治の乱後に陸奥に配流されると、秀衡の岳父《がくふ》として平泉に迎え入れられたのである。

一一七〇(嘉応《かおう》二)年五月、秀衡は鎮守府将軍に任命され、従五位下に叙せられた。在地の豪族で鎮守府将軍に任命されたのは、前九年合戦後の清原武則以来であったが、その背景に、院政権に対する基成系一族の影響力を想像することは可能であろう。

北上川の治水事業に関連して発掘調査された「柳之御所」遺跡は、貴重な遺構とおびただしい遺物が出土し、『吾妻鏡』に「金色堂の正方、無量光院《むりょうこういん》の北に並び、宿館《しゅくかん》を構える、平泉館《ひらいずみのたち》と号す」と

平泉略地図

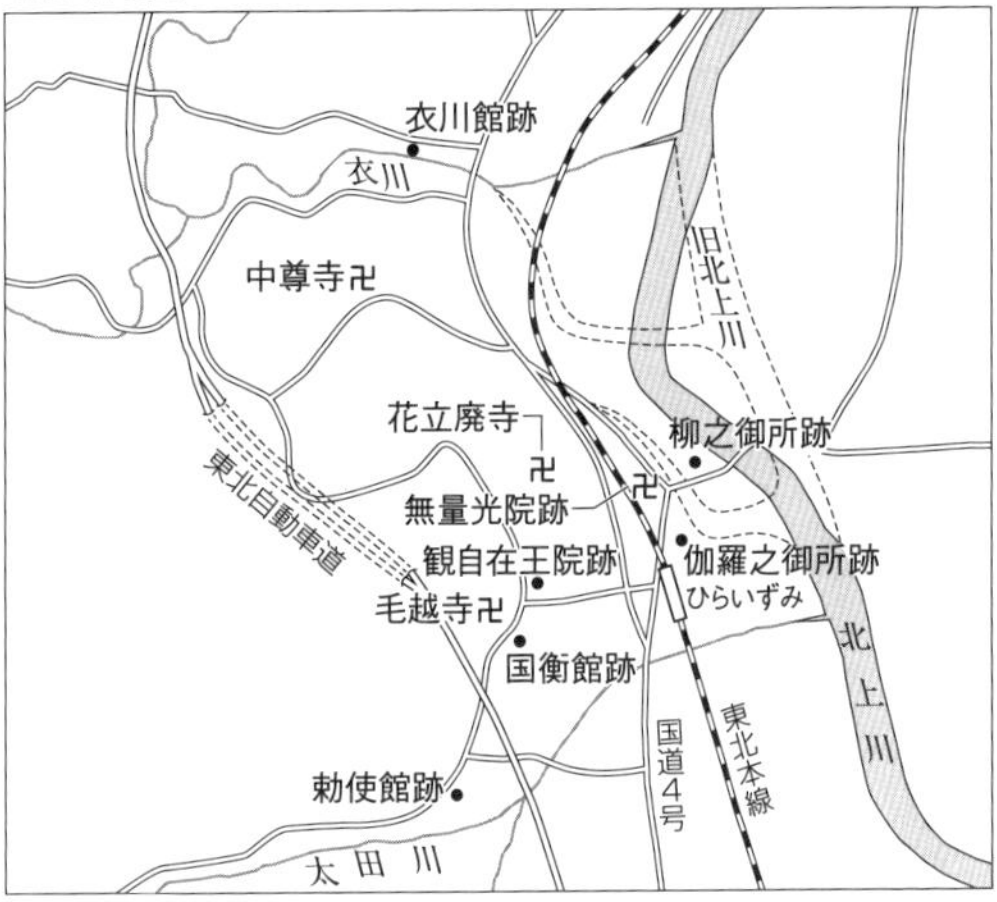

記される「平泉館」と考えられている。しかも、この遺跡から出土する遺物の多くは、ほぼ十二世紀第3四半期（一一五〇―七五）に位置づけられるという。それは、二代基衡の晩年から三代秀衡の時代にあたる。

さらにそれは、基成の後、その関係者が陸奥守に就任した時期とほぼ重なる。その後任者のなかには、任国中に死去した者もおり、あるいは陸奥国府（多賀城《たがじょう》市）ではなく、平泉で国務を担当していた可能性もある。その場合、国守が居住して政務を行うところ＝国庁《こくちょう》が「平泉館」であった可能性も大きく、多賀城の国府は留守所《るすどころ》ということになる。しかも、一一八一（養和《ようわ》元）年には秀衡が陸奥守に就任しており、その時点で「平泉館」の主は秀衡にかわり、基成は「衣河館《ころもがわのたち》」に移り住むことになったとも考えられる。

そのように考えると、泰衡の敗死後、源頼朝《よりとも》（一一四七―九九）が課税台帳ともいうべき「奥州・羽州両国の省帳《しょうちょう》・田文《たぶみ》以下の文書」を求めたところ、「平泉館」が炎上した際に焼失したという『吾妻鏡』の記述は、肯定的に理解できる。藤原氏は、秀衡が鎮守府将軍に、そして陸奥守に就任する以前から、陸奥守に就任した基成系一族との関係を最大限に活かし、陸奥国の政務に関与していたのである。

秀衡の経済基盤

藤原氏が、清衡時代から京都の権力者に金や馬を貢納してきたことは良く知られている。たとえば、一〇九一（寛治《かんじ》五）年十一月、清衡が後に関白にも就く内大臣藤原師通《もろみち》に「馬二疋《ひき》」を献上したことは、その日記『後二条師通記《ごにじょうもろみちき》』から確認される。さらに、基衡が毛越寺《もうつうじ》を建立した際、本尊仏を造立した京都の仏師雲慶《うんけい》に与えた功物《こうもつ》には、金や鷲羽ばかりか、安達の絹・信夫毛地摺《もちずり》・希婦《きふ》の細布・糠部《ぬかのぶ》の駿馬とともに水豹《あざらし》の皮が含まれていた。

それは、安達・信夫（福島県安達郡・信夫郡）や糠部（岩手県北部）の特産たる絹や駿馬ばかりか、水豹の皮や鷲羽を大量に入手できる交易機能を掌握していたことを意味する。金・馬・漆などは奥羽両国でも手に入るだろうが、良質な鷲羽は北海道産とされ、水豹の皮も含めて奥羽以北との交易なしには入手できないものまで含まれていた。

こうした北方世界との交易は、藤原氏が独自に開発したものではない。たとえば、一〇八三（永保《えいほ》三）年の秋、陸奥守として赴任した源義家を、清原真衡《さねひら》が「三日厨《みっかくりや》」というかたちで供応したとき、真衡は日ごと「上馬五十疋」のほか、数しれずの「金羽、あざらし、絹布のたぐひ」を贈ったと『奥州後三年記』は伝えている。清原氏もまた、大量の水豹の皮を入手していたのである。

それはさらに遡れば、十世紀前半に完成した『延喜民部式《えんぎみんぶしき》』の「交易雑物《こうえきぞうもつ》」条に

陸奥国　葦鹿《あしか》の皮・独犴皮、数は得るに随え。
　　　　砂金三百五十両。昆布六百斤。索昆布六百斤。細昆布一千斤。
出羽国　熊皮二十張。葦鹿皮・独犴皮、数は得るに随え。

とあるような、奥羽両国が交易によって「葦鹿の皮」や砂金、熊皮などを入手し、律令政府に貢納するシステムに由来するものであろう。「葦鹿の皮」もまた北方世界との交易によってしか容易に入手できなかったろう。

したがって、大量の水豹皮や鷲羽をめぐる北方世界との交易は、律令政府によって作り上げられた交易システムが少しずつ姿を変えながら、藤原氏に継承され、秀衡の経済基盤に組み込まれていったのである。

秀衡の奥羽支配

秀衡の奥羽支配は、安倍氏や清原氏から継承した「奥六郡」や「山北三郡」に対する権限、そして押領使・鎮守府将軍・陸奥守という国家公権を基盤として、各地の一族や郎従の存在がこれを補っていた。たとえば、秀衡の子高衡の名のる「本吉《もとよし》」は、砂金の産出する本吉郡に由来する。また、従兄弟俊《とし》衡《ひら》・季衡《すえひら》兄弟が名のる「比爪《ひづめ》」(岩手県紫波町日詰)にある「比爪館」遺跡からは、発掘の結果、十二世紀の多量の「かわらけ」や国産陶器、中国産磁器、多数の井戸跡や住居跡、建物跡が確認され、近くを流れる北上川を介した河川交通を掌握できたものと思われる。しかも、「大荘厳寺」という寺院があったともいわれ、政庁・寺院・居住施設などの機能を持った、北方世界に対峙する藤原氏の重要な出先機関と推測されている。

また、出羽国田川郡(山形県)を支配した田河行文《ゆきふみ》、秋田郡・由利郡(秋田県)を支配した秋田致文《むねふみ》・由利八郎らは、藤原氏累代《るいだい》の「郎従」であったし、泰衡を殺害した河田次郎も、比内郡贄柵《にえのさく》(秋田県大館市)を根拠地とする譜代の郎従であった。

ところが、陸奥南部に目を転じると、藤原氏との強い関係を示す「郎従」は確認されず、わずかに基衡の「乳子《めのとご》」でもあった大庄司季春《すえはる》や源義経《よしつね》(一一五九—八九)の家人佐藤継信《つぐのぶ》・忠信《ただのぶ》兄弟を輩出した信夫佐藤氏のほか、一一八九(文治五)年の奥羽合戦の際、対応が分かれ、その一部が頼朝によって滅ぼされた石川氏などが確認されるに過ぎない。

それに対して、奥羽合戦の緒戦・厚樫山《あつかしやま》(福島県国見町)の戦いに勝利したのは、ひとえにその「兵略」によるものと、頼朝から賞賛された三沢安藤四郎は、宮城県白石市三沢が本拠と考えられ、さらに陸奥最南端の岩城氏や岩崎氏など、多賀国府以南の諸豪族の多くは早々に頼朝方に味方している。

頼朝が平泉を攻撃した時、最後まで抵抗したのは、北奥羽の「数代の郎従」であったから、どうやら藤原氏の支配は、北奥羽に強く、南奥との関係は弱かったようである。頼朝と平泉勢との最初の戦いが、南奥の最北端・厚樫山であったことは、その表れであろう。

秀衡と京都

秀衡の婚姻が、きわめて政治的背景を意識して成立したことは、基衡あるいは秀衡が京都の情勢を熟知しており、また重視していたからにほかならない。そうした姿勢は、他の面からも窺われる。

たとえば、一一六七(仁安二)年十月、京都でおこなわれた競馬《くらべうま》に、勝馬となった「秀平鴾毛《つきげ》」・「御《み》

厩《うまや》 秀平栗毛駮《くりげまだら》」とは、秀衡の献上した馬のことであろう。祖父清衡の時から行われていた「貢馬」が、秀衡によっても継続されていることがわかる。

また、一一七三（承安《じょうあん》三）年、高野山に五大多宝塔が建立され、等身大の皆金色《かいこんじき》の釈迦像も造立された時、その開眼供養会《かいげんくようえ》が仏供・施僧料を調達できず、行うことができなかった。これを知った秀衡は、四年間の衣粮を布施したため、無事に供養会を行うことができたという。そこで高野山の検《けん》校《ぎょう》阿闍梨《あじゃり》定兼《じょうけん》は、秀衡を「勢徳希世の人たり」と誉め讃え、かれの万歳と妻子の増福・延寿を願う供養願文を書き残しているのである。

一方で、一一七〇（嘉応二）年五月、秀衡が鎮守府将軍に任命され、従五位下に叙せられた時、右大臣九条兼実は「奥州の夷狄《いてき》秀平、鎮守府将軍に任ず、乱世の基《もとい》なり」と日記『玉葉』に記し、これを嘆いている。

こうした秀衡の態度は、京都の公卿・貴族にとって、「夷狄」「戎狄《じゅうてき》」と見下げる対象であったがゆえに、我慢できぬものであったに違いない。しかし、そのような蔑視感も、現実のできごとに対処できぬ彼らにとって、秀衡からの「貢馬」、「貢金」無くして、京都の栄華の一端を保ち得ぬことも事実であり、その軍事力・経済力には期待せざるをえなかったのである。

また、鞍馬山《くらまやま》を抜けだした源義経が東国に向かったのは、一一七四（承安四）年三月のこと。その後、平泉に到着すると「秀衡館」に寄宿し、「五、六か年」を送ったというが、秀衡が鎮守府将軍に就いてから四年も経っていない（『尊卑分脈』）。義経が秀衡のもとに向かった背景に、義経の母常盤《ときわ》が再嫁した一条長成《ながなり》と秀衡の岳父基成との縁戚関係があることは、すでに角田文衛氏が指摘している。秀衡が、義経を受け入れた積極的な理由は見つからないが、源家の一族でもあり、何らかの「価値」を思ったのであれば、秀衡の先見性を指摘すべきであろうか。

秀衡と頼朝・義経

一一八〇（治承四）年八月の頼朝挙兵に続いて、翌月には信濃国で木曽義仲《きそよしなか》（一一五四―八四）が挙兵。以後、反平家の武装蜂起が各地で勃発したが、これを平定しようとする平家の対応も、充分な成果をあげることができなかった。同年十月、義経が頼朝のもとに馳せ参じた。秀衡は、これを認めなかったものの、義経の強い要請を受け入れると、譜代の家臣佐藤継信・忠信兄弟を付き従わせた。兄弟から、頼朝や関東の情勢がもたらされるのはいうまでもない。その意味で、秀衡は消極的にせよ頼朝の挙兵に対処したといえる。

一一八一（養和《ようわ》元）年三月、秀衡は、朝廷の発した頼朝追討の宣旨《せんじ》に応諾して請文を提出、さらに秀衡勢二万騎が白河関を越えたとの風聞がたった。しかし、頼朝の挙兵に秀衡がどのように対処したか、確実なことはわからない。当時の貴族の日記に見られる秀衡の動向は、所詮《しょせん》、彼らの希望的観測にすぎない。

そうしたなかで、同年八月、平家は秀衡を陸奥守に、越後の城助職《じょうすけもと》を越後守にそれぞれ任命した。秀衡の陸奥守就任に対しては、またもや九条兼実が『玉葉』に「このことは先日、議定《ぎじょう》があったものの、朝廷にとってこれ以上の恥辱があろうか」と記して嘆《なげ》いたが、かれや平家が秀衡にひそかな期待をもっていたことも事実である。

平泉にあって、その去就を明確にせず、京都の貴族や平家に一縷《いちる》の望みを抱かせての結果であったことを考えると、秀衡の情勢判断の的確さと政治力を垣間見《かいまみ》ることもできよう。

しかし、陸奥守に任命されたこと自体、平家に同調したと考えた頼朝にとって、秀衡の存在は不気味であったに違いない。そのため、義経が頼朝の平家討伐にどのように協力しても、その義経を育んだ秀衡に対する頼朝の警戒心が融《と》けることはなかったし、潜在的な危険勢力と考えたのである。

こうした秀衡の対応は、平家や義仲という頼朝の敵対勢力の存在を充分考えたものであったに違いない。一一八三(寿永《じゅえい》二)年にも、後白河院庁からの命令に応じ、秀衡が義仲とともに頼朝を挟撃《きょうげき》しようとしているとの風聞がたった。院庁下文《いんのちょうくだしぶみ》が下されたという風聞が、吉田経房《つねふさ》の日記『吉記《きっき》』に記載されているが、経房が当時、後白河院庁の別当でもあったとなると、単なる風聞とばかりはいえない。ただし、結果的に秀衡は動かなかった。

ところが、一一八四(元暦《げんりゃく》元)年正月に木曽義仲が、翌年三月には平家がそれぞれ滅ぼされて緩衝地帯が無くなると、頼朝と直接対峙《たいじ》するようになった秀衡の対応も変わってくる。一一八六(文治二)年、頼朝は秀衡に「御館《みたち》＝秀衡は奥六郡の主、予＝頼朝は東海道の惣官《そうかん》なり」との書を送り、貢馬・貢金は国土の貢ぎであるから、今年から頼朝を経由して送ることを強要し、秀衡に認めさせている。奥六郡が東海道の管内であるとの認識から、その支配・被支配の関係を認めさせようとしたのである。秀衡はこれを了承し、翌月には、馬三匹と「中持三棹《さお》」が鎌倉に届けられている。

ただ、こうした秀衡の姿勢は、弟義経との関係が悪化する頼朝にとって、ますます大きな不安となっていった。頼朝と義経の不和が拡大するなかで、頼朝から刺客《しかく》を放たれた直後、義経は頼朝追討の宣旨《せんじ》を後白河院に強要。しかし、挙兵に失敗した義経が、吉野山や多武峰、さらには京都周辺に潜伏したものの、追及が厳しくなると、ついに秀衡を頼って奥州に落ちのびたのである。一一八七(文治三)年春のころであった。

数年前、反対したにもかかわらず頼朝に合流しようとする義経に、佐藤継信・忠信という股肱《ここう》の臣を付き添えた秀衡にとって、まさに「窮鳥懐《きゅうちょうふところ》に入らば、猟師もこれを撃たず」の心境であったろう。もちろん、平泉に逃れた幼少期を保護・養育した秀衡にとって、平家との戦いのなかでそれなりの役割を果たすまでに成長した義経は、頼もしくもあったに違いない。

一方、義経追討を名目に、惣追捕使《そうついぶし》の設置(後の守護)を後白河院政に強要した頼朝が、義経追捕を求めてくることは必至であったし、さらに平泉に攻勢をかけることも、秀衡は認識していたであろう。そのため、国衡・泰衡兄弟には無い実戦経験を持っていた義経は、迫り来る頼朝の攻勢に対峙できる存在たり得たから、頼朝との関係が悪化することを充分承知したうえでの、秀衡の保護であった。

秀衡の遺言——平泉幕府構想

義経が陸奥に落ちのびて間もない一一八七（文治三）年十月、秀衡は突然病死した。平家滅亡後、頼朝に対抗できる勢力を隠然と持ちつづけた平泉藤原氏の当主が亡くなったのである。『吾妻鏡』同月二十九日条には、「伊予守義顕《よしあき》（義経のこと）を大将軍として国務せしむべきの由を泰衡に遺言した」とある。「国務せしむべき」とは、陸奥国府の行政を遂行せよという意と思われるが、泰衡ではなく義経が対象であることがその後の内紛を拡大させたというべきであろう。

秀衡の遺言については、『玉葉』文治四（一一八八）年正月九日条にも

ある人いわく、去年九、十月のころ、義顕は奥州に在り。秀衡これを隠し置く。すなわち十月二十九日、秀衡死去の刻、兄弟和融のため〈兄は他腹の嫡男なり、弟は当腹の太郎と云々〉、他腹の嫡男をもって当時の妻《め》を娶らしむと云々。おのおの異心有るべからず、祭文（誓約書）を書かしめおわんぬ。また、義顕同じく祭文を書かしむ。義顕をもって主君となし、両人給仕すべきの由、遺言有り。よって三人一味して、頼朝を襲うべきの籌策《ちゅうさく》を廻らすべしと云々。

とあり、他腹（前配偶者）の嫡男（国衡）と当腹（現在の妻）の太郎（泰衡）のなかを和融するため、秀衡の「当時の妻」を娶らしめると同時に、互いに異心をはさまぬように誓約書を書いたという。しかも、国衡・泰衡兄弟は、義顕＝義経を主君と仰いで給仕すべしと遺言されたともいうのである。

他腹の嫡男に自分（秀衡）の妻（基成の女子）を娶らしむるという行為に対して、前川佳代氏は国衡・泰衡とのあいだに「擬制的《ぎせいてき》な父子関係を創ることで両者の抗争を防いだ」と指摘する。また、入間田宣夫氏も「一味」して頼朝に対処するための「驚くべき提案」としつつも、治承～文治の内乱期、頼朝や義仲だけで無く、各地の「貴種」を擁立する地方の豪族「猛者」によって広域軍政府＝幕府が列島の各地に割拠する可能性のなかで、「地域的軍政府」の樹立を目指した秀衡の決断と指摘する。

もっとも、秀衡がこうした「幕府」構想をいつ頃から持っていたか明らかにできない。しかも、藤原氏の奥羽に対する支配とは、在地豪族との主従関係、婚姻・乳母関係が補完したとはいえ、基本的には王朝国家によって任命された押領使であり、鎮守府将軍であり、陸奥守を核とする国務の掌握にあった。その意味では、体制内での権力自立であり、貢馬・貢金、そして異境の地の権力者に対する王朝国家の漠然とした期待が、秀衡にその立場を維持させたのである。

しかし、頼朝という強力な広域軍政府が確立するなかで、これに対抗するには同じような軍政府が必要と、藤原氏代々の考えを大きく修正せざるを得なかったのである。したがって、一一八七（文治三）年の死は、その途中に突然訪れた、まさに憤死とでもいうべきものであった。しかも、半年も経たぬうちに、国衡・泰衡兄弟の相克《そうこく》が始まった。泰衡によって、翌年二月には末弟頼衡が殺害され、閏四月には義経が、さらに六月には義経に同意したとして忠衡が殺された。そして、平泉が炎上し、泰衡が郎従河田次郎に殺害されたのは、一年も経たぬ一一八九（文治五）年九月のことであった。秀衡の構想を理解できぬ泰衡の暴走が、秀衡の構想を霧消させたのであり、その配慮を水泡に帰せしめたのである。

⊙参考文献

高橋富雄『奥州藤原氏四代』（吉川弘文館、一九五八年）
角田文衞『王朝史の軌跡』（學燈社、一九八三年、初出一九七九年）
前川佳代「源平合戦後の義経」（上横手雅敬編『義経　流浪の勇者』文英堂、二〇〇四年）
岡田清一『鎌倉幕府と東国』（続群書類従完成会、二〇〇六年）
三好俊文「藤原秀衡――奥の御館と幕府構想」（野口実編『治承～文治の内乱と鎌倉幕府の成立』清文堂、二〇一四年）
入間田宣夫『藤原秀衡』（ミネルヴァ書房、二〇一六年）

吉野山峰の白雪
踏み分けて入りにし人の
あとぞ恋しき

静御前
…しずかごぜん…

元木泰雄

静と義経

平氏追討の立役者にして、兄 源 頼朝《みなもとのよりとも》(一一四七―九九)の抑圧で滅亡に追い込まれた悲劇の武将、それが源義経《よしつね》(一一五九―八九)である。そして、静《しずか》(生没年不詳)はその寵愛《ちょうあい》を受けた女性として知られる。彼女は当時の女性芸能人白拍子《しらびょうし》であった。その生涯のほとんどは謎に包まれているが、義経の没落後、捕らえられて鎌倉に連行され、頼朝の面前で歌舞《かぶ》を披露《ひろう》する。そこで、彼女は義経に対する愛を貫く「俠気」を示すことになるのである。

白拍子静

一一八六(文治《ぶんじ》二)年四月八日、鎌倉鶴岡八幡宮《かまくらつるがおかはちまんぐう》の廻廊《かいろう》に於いて、白拍子の歌舞が披露されようとしていた。演ずるのは源義経の愛妾《あいしょう》であり、そして白拍子として名高い静である。彼女は、鎌倉《かまくら》殿《どの》として君臨《くんりん》する頼朝とその妻政子《まさこ》(一一五七―一二二五)、御家人たちの前で歌舞を演じようとしていた。頼朝こそは、前年の十一月に愛しい義経を没落に追い込んだ仇敵《きゅうてき》である。その眼前で歌舞を演ずる静の心中が、穏やかであろうはずはない。

詳細は後述するが、義経は平氏討伐の大功を立てながら、頼朝から厳しく抑圧され、追い詰められた。ついに刺客《しかく》土佐房昌俊《とさのぼうしょうしゅん》を送られるに至り、義経は後白河《ごしらかわ》（在位一一五五―五八、院政一一五八―七九、一一八一―九二）に迫って頼朝追討院宣《いんぜん》を受けて挙兵するが失敗し、行方《ゆくえ》をくらませた。いまや義経はお尋《たず》ね者となり、頼朝から行方を厳しく追及されていたのである。

その頼朝の眼前で、静はあろうことか、義経との別離を悲しみ、彼を慕う歌舞を演じた。頼朝の憤怒《ふんぬ》はいうまでもない。場合によっては、生命さえ脅かされかねない行為といえる。命を懸けて愛する人への思いを貫き、歌い舞った彼女こそ、まさに「侠」という詞《ことば》に相応しい存在であった。

彼女の歌舞を取り上げる前に、まず白拍子の説明が必要であろう。白拍子とは、本来は歌舞の名称で、水干《すいかん》に立烏帽子《たてえぼし》、白鞘《しらさや》の刀を身につけるという男性の装束で演じられる芸能であった。やがて、転じて白拍子を演じる、主に女性芸能者を指すようになったのである。

白拍子の起源については諸説がある。『徒然草《つれづれぐさ》』（第二二五段）は、鳥羽《とば》（在位一一〇七―二三、院政一一二九―五六）・後白河院に近臣として仕えた学者政治家藤原通憲《ふじわらのみちのり》（信西《しんぜい》）が、静の母磯禅師《いそのぜんじ》（生没年不詳）に歌舞を習わせたとする。一方、『平家物語』（巻一「祇王《ぎおう》」）では、鳥羽院政期に、島の千歳《せんざい》、和歌《わか》の前の二人が舞ったのが最初とされる。いずれにも根拠は不明で、にわかに従うことはできないが、白拍子が鳥羽・後白河院政期（一一二九～七九年）に登場したとする点は共通している。

白拍子が舞いながら歌ったのは朗詠《ろうえい》、そして今様《いまよう》であった。今様は、後白河院が愛好したことで知られる、院政期に流行した俗謡《ぞくよう》であるから、白拍子は今様の流行を背景に登場したことになる。白拍子の多くは遊女であり、出自《しゅつじ》は不明で、身分は卑しかったと見られる。しかし、後白河が遊女を御所に招いて今様を学んだように、こうした俗謡とともに、遊女・白拍子も貴族社会の中枢に進出していったのである。

そして、朝廷や宮中に招かれたことから、白拍子には貴顕《きけん》の寵愛を受ける者も現れることになる。承久《じょうきゅう》の乱(一二二一年)のきっかけを作ったとされる、後鳥羽院《ごとばいん》(在位一一八三—九八、院政一一九八—一二二一)の愛妾亀菊《かめぎく》はその代表であろう。また物語の世界の登場人物だが、清盛の寵愛を受けた祇《ぎ》王《おう》・祇《ぎ》女《じょ》・仏御前《ほとけごぜん》、そしてこの静など、著名な人物も少なくない。とはいえ、静も母が磯禅師であることを除いて、その出自などはわからない。

また、静の京における活躍を伝える史料も残っておらず、彼女が義経といつ、どのようにして知り合ったのかも不明確であるが、源平争乱鎮圧の立役者として絶大な名声を博した武将と、京第一の白拍子とは、まさにこの時代を代表する男女の組み合わせであった。しかし、二人は引き裂かれ、義経は行方をくらまし、静は鎌倉に連行されたのである。彼女が鎌倉に連行された経緯を、鎌倉幕府の公式歴史書、『吾妻鏡《あずまかがみ》』で辿《たど》ってみよう。

囚われた静

先述のように、前年の一一八五(文治元)年十一月、義経は対立を深めていた頼朝から刺客土佐房昌俊を送られるに及んで、ついに後白河院に迫って頼朝追討の院宣を受けて京で挙兵した。しかし、前年の平氏追討には、義経のもとに多くの西国武士が参集したにも拘らず、今回の挙兵に応じる武士はなかった。西国の武士たちの多くは、平氏に遺恨《いこん》、因縁《いんねん》を有したのに対し、頼朝との軋轢《あつれき》はなく、何ら敵意のない相手との戦闘への参加を拒否したのである。

このため、義経は叔父源行家《ゆきいえ》等とともに都落ちし、豊後国《ぶんごのくに》の武士緒方惟栄《おがたこれよし》等を頼りに、九州に逃れようとした。愛妾静もこれに同行したのである。しかし、十一月六日、摂津国大物浦《せっつのくにおおものうら》を出航した直後、暴風雨にあって船は沈没し、一行は四散した。辛くも上陸した義経だったが、彼と行動をともにしたのは、源有綱《ありつな》(一一五五?—八六)、堀景光《ほりかげみつ》(生没年不詳)、武蔵坊弁慶《むさしぼうべんけい》(?—一一八九)、そして静の四人のみであったという。

ちなみに、このうちの有綱は、以仁王《もちひとおう》とともに挙兵した摂津源氏源頼政《よりまさ》の孫という名門に属し、義経の同盟軍ともいうべき存在で、彼は義経が平泉《ひらいずみ》で儲けた娘(妹ともされる)の婿となっていた。この有綱と義経の腹心景光は、義経と別行動をとり、前者は大和で鎌倉側に追い詰められて自殺し、後者は京で活動中に捕らえられている。これに対し弁慶は最後まで行動をともにしており、これ以降、腹心として存在感を増すことになる。

頼朝の厳しい追及を逃れるために義経は吉野山に逃れ、さらに女人禁制の大峰山《おおみねさん》に向かった。このため、静は義経と別れ京に戻ろうとしたが、与えられた金品を随行の雑色《ぞうしき》に奪われ、蔵王堂付近で吉野の執行《しぎょう》に捕らえられた。まさに厳寒の十一月十七日のことであった。執行は静を憐れみ、労《いた》わった後に鎌倉に送ろうとしたという。

しかし、彼女がまず送られたのは京で、京都守護として在京していた頼朝の岳父北条時政《がくふほうじょうときまさ》の尋問《じんもん》を受けている。その後、頼朝の指示で鎌倉に送られることになり、翌一一八六(文治二)年三月一日、静は母磯禅尼とともに鎌倉に到着し、頼朝の雑色安達新三郎清経《あだちしんざぶろうきよつね》の屋敷に入った。そして問注所の役人等に尋問を受けていたのである。

潜伏した義経は、一一八四(元暦元《げんりゃく》)年に上洛するや木曽義仲《きそよしなか》を倒し、さらに一ノ谷《いちのたに》、屋島《やしま》、そして壇ノ浦《だんのうら》合戦と立て続けに平氏を破って、たちまちに滅亡に追い込んだ軍事の天才であった。京における挙兵に失敗したとはいえ、平氏追討に際し多くの西国武士を組織したこともあるだけに、頼朝に反感を持つ平氏の残党などが多い西国で大規模な反乱を惹き起こす危険を孕《はら》んでいた。したがって、義経問題は切迫しており、彼女に対する尋問も厳しいものであったと考えられる。

しかし、吉野山以降の義経の足取りは、静に対する尋問では解明できないことが明らかになり、妊娠中の彼女は出産後に帰京を許されることになった。そうなると、頼朝は都における花形白拍子である静の舞を所望することになる。むろん静は、義経の妾《そばめ》として好奇の目にさらされるのを嫌い、病気などと称して舞を拒んだ。しかし、「天下の名仁《めいじん》」の芸を見たいという頼朝室政子の希望もあり、さらに八幡大菩薩に供えるための歌舞であると説得されて、ついに彼女は八幡宮の廻廊に立ったのである。

静の舞

静は、その場に於いても、近日義経と別離したばかりで、舞うことはできないと拒んだが、度重なる頼朝の命令によって、ついに覚悟を決めて歌い、舞い始めた。この時、伴奏の鼓《つづみ》は京で武者所《むしゃどころ》一臈《いちろう》であった工藤祐経《くどうすけつね》、銅拍子は畠山重忠《はたけやましげただ》が、それぞれつとめた。

彼女が最初に歌ったのは「吉野山、峰の白雪踏み分けて、入りにし人のあとぞ恋しき」という和歌であった。これは『古今集《こきんしゅう》』の壬生忠岑《みぶのただみね》の和歌を本歌とするが、吉野は義経との別離の地であり、これが吉野山に雪を踏み分けて入っていった義経を慕う和歌であることはいうまでもない。

ついで彼女は「しづやしづ、しづの苧環《おだまき》繰り返し、昔を今になすよしもがな」と歌った。これも『伊勢物語』にみえる和歌を本歌としているが、麻《あさ》でできた布「倭文」（しず）に静の名をかけ、それを巻き取る苧環のように物事が繰り返され、義経が華やかであった昔に返す方法があればよいのに、と歌ったのである。

静の舞（江戸時代の版本より）

『吾妻鏡』は、彼女の歌舞を「社壇《しゃだん》の壮観」であり、見事な歌唱に梁《はり》の塵《ちり》さえも感動して動くという中国の諺《ことわざ》にちなみ、「梁塵《りょうじん》をも全て動かす」ものであったと絶賛する。そして居並ぶ人々は、身分の上下に関らず感動したという。但し、頼朝は違った。「八幡大菩薩に奉納する芸なら、関東の『万歳』を祝うべきものを、自分が聞いているのも憚《はばか》らず、反逆者義経との別れを歌うとは奇怪《きっかい》である」と憤りをあらわにした。

これに対し、傍らの妻政子は、流人《るにん》の頼朝との仲を父時政に引き裂かれそうになった時に、暗夜に頼朝のもとに駆けつけた時のこと、石橋山《いしばしやま》合戦の敗北後、伊豆山で頼朝の安否を気遣った時のことを思い起こせば、義経を慕う静の思いは当然のものであり、彼女は貞女であるとして、頼朝を宥《なだ》めたとする。

先述のように、義経は頼朝に反逆し、頼朝打倒を図った「謀反人《むほんにん》」である。彼を思う気持ちを頼朝の前で堂々と披露するのは、ある意味で反逆でさえある。頼朝が憤激すれば生命さえも危ぶまれかねない。静の歌舞は、まさに命がけの行為であった。

頼朝が彼女の歌舞を所望したとすれば、それは単に芸を見るだけではないだろう。彼女の貞節をも奪う気持ちがあったのではないか。もしも頼朝になびけば、彼女はもとより、妊娠中の子供の命も守られる可能性があった。しかし、静はあえて拒み、敢然と頼朝に挑んだのである。

後述するように、義経は頼朝からの抑圧で挙兵に追い込まれ、没落を余儀なくされた。そのために、静は彼と別離させられたのである。頼朝に対する怒りと怨念《おんねん》は如何《いか》ばかりであったことか。権力を背景に彼女を従わせようとする仇敵に、彼女は舞いを通して怒りの一撃を与えたのである。まさに「侠」に相応しい行動であった。

余談ながら、今から五四年前の一九六六年のNHK大河ドラマ『源義経』で、静を演じたのは藤《ふじ》純子《じゅんこ》(現、富司純子)であった。鶴岡八幡宮の舞の場面で、芥川比呂志《あくたがわひろし》演ずる高慢な頼朝を、内なる怒りをこめて上目遣いににらみつけ、まさに命をかけて舞った迫力ある場面が思い起こされる。今にして思えば、その後、彼女が当たり役「緋牡丹《ひぼたん》お龍」で大成功を収めることを予感させるものであった。あの藤純子の名演技こそ、「侠」と静とを強烈に結び付けたのである。

『吾妻鏡』の静像

その後の静に関する『吾妻鏡』の記述を取り上げよう。鶴岡八幡宮の歌舞から一月余りを経た五月十四日、御家人たちが静の宿所に押しかける騒ぎがあった。酒を携えてやって来た御家人とは、鶴岡八幡で静の歌舞の伴奏を勤めた工藤祐経、義経を讒言《ざんげん》したとされる梶原景時《かじわらかげとき》の子息景茂《かげしげ》、千葉常胤《ちばつね》の孫常秀《たねつねひで》、八田知家《はったともいえ》の子朝《とも》(知)重《しげ》、頼朝の吏僚で、挙兵前までは「洛陽放遊の客」などと呼ばれた下級官人出身の藤原邦通《くにみち》であった。

彼らは酒宴を開き、歌舞におよび、静の母磯禅師が芸を披露したという。恐らく、静の歌舞を所望したのに対し、彼女が拒んだために、母が舞うことで一同をなだめたのであろう。その際、景茂は酔いに乗じて静に「艶言《えんげん》」を吐いた。静は「自分は鎌倉殿の弟義経の妾である。御家人程度の者が、どうして自分に対し普通の男女の関係を迫るのか。義経が没落さえしなければ、対面することさえありえなかったのに」と泣き崩れた。

義経の没落により屈辱的な境遇に置かれながらも、義経の妾として貞節と矜持《きょうじ》を保つ静の毅然とした、しかし哀れを感じさせる姿といえる。さらに、言い寄ったのが、義経を讒言し、没落に追い込んだ張本人梶原景時の息子ということも、読む者に静に対する同情をかき立てる記述である。

その二週間後、南御堂《みなみのみどう》と呼ばれた勝長寿院《しょうちょうじゅいん》に参籠《さんろう》していた頼朝の長女大姫《おおひめ》(一一七八―九七)の要請により、静は同院に芸を奉納している。仏前で歌舞を披露したのであろう。この時、静が大姫と対面し、言葉を交わしたのかどうかはわからない。しかし、一一八四(元暦元)年、幼くして許婚《いいなづけ》の源義高《よしたか》を父頼朝に殺され、その心の傷に苦しむ大姫と、静は気持が通じたものと思われる。義高は、木曽義仲の子で、人質として鎌倉にいたが、義仲が頼朝に討伐されたため、仇討ちを恐れた頼朝によって殺害されたのである。

その後、静を最大の不幸が襲う。閏《うるう》七月二九日、月満ちて静は義経との子供を出産する。女子であれば静に委ねられることになっていたが、謀反人の男子は将来の危険があるとして、殺害される運命にあった。頼朝自身の体験からも、当然の発想であったといえる。果たして、生まれたのは男子であった。

殺害するために赤子を奪おうとする安達新三郎に対し、静は我子を抱きしめて離そうとしなかった。彼女の悲痛な叫喚《きょうかん》は数刻に及んだという。しかし、新三郎の責めを恐れた母磯禅師の手で赤子は新三郎に渡され、由比ガ浜《ゆいがはま》で命を絶たれた。静の出産を聞いた政子は嘆き、頼朝に助命を乞うたが、頼朝は許さなかったという。

九月十六日、傷心の静と母磯禅師は帰京を許された。政子と大姫は多くの重宝を彼女たちに与えたという。『吾妻鏡』における静の記事はここで終わる。以後の静について語る、確実な史料は残されていない。

以上の『吾妻鏡』の記事が、どこまで真実を伝えるのかは不明確である。一読すれば明白なように、義経に対する貞節と愛を貫く静、義経を一切許さず、それゆえに静を責める頼朝やその配下、これと対照的に静の気持ちに寄り添い、労わる政子と大姫という人物像が描き分けられている。いうまでもなく、政子をはじめとする北条氏一門を賞賛し、頼朝の親族に対する冷酷非情を強調するのは『吾妻鏡』の基調であり、それにともなう曲筆があったことは疑いない。

この作為は、単に静に関するできごとで政子を賞賛することが目的であったのではない。『吾妻鏡』には、義経についても、彼を理不尽に抑圧した頼朝を批判する記述が見られる。この問題と、静に関する『吾妻鏡』の記述形態とは密接に関係するものと考えられる。次に、同書における義経に関する記述を検討してみよう。

『吾妻鏡』の義経

義経は、まさに国民的な人気者である。その原因は、源平争乱における鮮やかな勝利と裏腹に、無辜《むこ》の義経が命をかけて尽くした兄頼朝から理不尽な抑圧を受け、無残な滅亡に追い込まれたことにある。とくに、『吾妻鏡』の記述における頼朝の理不尽さ、義経の悲惨さは際立ったものがある。以下、頼朝と義経との関係を示す『吾妻鏡』の記事を、時代を追って検討してみよう。

一一八〇(治承《じしょう》四)年十月、富士川合戦の直後、義経は平泉の藤原秀衡《ひでひら》(?—一一八七)の制止を振り切って、頼朝と合流した。二人は、後三年合戦において先祖義家《よしいえ》が苦戦した際、弟義光《よしみつ》が官職をなげうって下向し、合戦を勝利に導いた故事を想起し、懐旧の涙に暮れた。頼朝が義経に好意を示したことが記されているのは、この記事のみである。

翌年六月、一転して頼朝は義経を冷遇する。鶴岡若宮宝殿の上棟《じょうとう》に際し、頼朝は義経に大工に対する褒美《ほうび》の馬を引くように命じた。これは御家人と同様の役目であり、義経は不満を示したが、頼朝は許さなかった。

一一八四(元暦元)年八月、義仲追討、一ノ谷合戦で活躍した義経に頼朝が恩賞を与えなかったのに対し、後白河院は検非違使《けびいし》・左衛門少尉《さえもんのしょうじょう》の官職を与えた。自身の推挙なく無断で任官したことを頼朝は怒り、日ごろから頼朝に反抗することも多かったとして義経の平氏追討を「猶予」した。

一一八五(元暦二)年四月、義経とともに平氏追討に参戦していた侍所所司《さむらいどころしょし》の梶原景時は、義経が頼朝の命に従わず、勝手に御家人を処罰したと讒言した。これを受けて頼朝は、五月、捕虜とともに鎌倉に下向した義経の鎌倉立ち入りを禁じた。義経は「腰越状《こしごえじょう》」を書いて頼朝に嘆願するものの頼朝は許さなかった。六月、義経は「鎌倉に不満のあるものは自分に従え」と放言して上洛し、両者の関係は完全に破綻《はたん》、怒った頼朝は義経に与えた平氏没官領《もっかんりょう》を奪った。

同八月、四月に行った推挙が取り消せないとして、頼朝は義経の伊予守任官を黙認する。しかし、九月に入ると、義経の行動を不審とした頼朝は梶原景季を派遣して動静を探らせ、十月には刺客土佐房昌俊を派遣、義経を襲撃させる。ここで追い詰められた義経は挙兵に至るのである。

以上の記述によると、頼朝は日ごろから義経を家人《けにん》なみに冷遇し、義仲追討・一ノ谷合戦の勝利に活躍しても恩賞を与えず、無断任官で処罰する。さらに、平氏討伐の大功にも拘らず、梶原景時の讒言を信じて義経の鎌倉入りを禁じ、ついに刺客を派遣したということになる。活躍を無視して冷遇し、当然の恩賞を与えず、寵臣の讒言を鵜呑《うの》みにして大功を否定する。何ら罪のない義経に理不尽な抑圧を加え、滅亡に追い込む。それが、『吾妻鏡』が描く頼朝の義経に対する行動である。

『吾妻鏡』の虚構と意図

しかし、これらの記述は到底事実とは認めがたい。詳細は拙著『源頼朝』(中公新書)をご参照いただきたいが、義経に対する冷遇の背景には藤原秀衡の態度の急変があったし、無断任官問題は明らかな虚構、平氏追討における梶原景時と義経の同道は疑問がある。さらに、延慶本《えんきょう》『平家物語』などの史料では、頼朝は捕虜と鎌倉に下向した義経と対面しているし、「腰越状」も文学作品の挿入と見られる。一一八五(元暦二)年六月段階では両者の関係は破綻にいたらず、対立が本格化するのは八月の伊予守補任後である。

伊予守補任を機に鎌倉召還を図る頼朝に対し、義経は後白河院と結んで検非違使に留まり、頼朝の要請を拒否している。また延慶本『平家物語』によると、平氏を討伐した義経は増長し、幕府の後継者を自認していたし、朝廷にも彼を支持する空気があったという。さらに流布本《るふぼん》も含めた『平家物語』諸本は、平時忠《ときただ》の娘に籠絡《ろうらく》されて文書を奪われた義経の失策を取り上げている。これに対し、『吾妻鏡』は、義経の側の問題を一切取り上げず、義経は無辜にも拘らず頼朝に抑圧されたかのごとく記しているのである。

要するに、『吾妻鏡』の義経に関する記述は、彼を擁護する虚構だらけといえる。このような記述が行われたのは、「腰越状」において義経が頼朝に「骨肉同胞《こつにくどうほう》の儀、既に空《むな》しきに似る」と嘆願しながら一蹴《いっしゅう》されたように、肉親に対する頼朝の冷酷さを強調するためにほかならない。

『吾妻鏡』の治承四(一一八〇)年十一月八日条によると、源氏一門の佐竹氏を討伐しようとした頼朝に対し、捕虜となった佐竹の郎従岩瀬与一太郎《いわせよいちたろう》が、一族を攻撃すれば、誰が子孫を保護するのかと詰問《きつもん》したという。頼朝が一族に対して冷酷に振舞った結果、孤立した源氏将軍家が断絶することを示唆する記述である。義経に対する理不尽な抑圧という虚構は、頼朝の一族に対する冷酷さを強調するための作為であり、さらには源氏将軍の断絶と北条執権《しっけん》政治の成立を正当化するものだったのである。

『吾妻鏡』に見える静の行動がどこまで真実を伝えるのかはわからない。ただ、その記述が、義経を擁護し、彼に対する頼朝の冷酷さを強調する同書の基本姿勢の産物であったことに相違はないのである。

悲劇の英雄を守り通した
伝説の怪僧

弁慶…べんけい…

下山忍

はじめに――弁慶伝説と『義経記』――

「俠」という字を辞書で引いてみると、①武勇で強気を押さえ、弱気を助ける人。②義理を重んじ、生死をかまわず他人のために行動すること、とある（『全訳漢辞海』）。そこからは、武勇を誇り勇敢《ゆうかん》で命をも惜しまず、信義を重んじて決して欺《あざむ》かない人物像が浮かんでくる。

そのような人物を歴史の中に探せば、弁慶《べんけい》（?―一一八九）もその一人である。悲劇の英雄 源《みなもとの》義《よし》経《つね》（一一五九―八九）に、あたかも影のように付き従い、生涯決して異心をさしはさむことがなかった弁慶は、その家来の中でも最も有名で、広く世に知られた存在であろう。また、一騎当千の剛者《つわもの》として古くから豪傑の代名詞とされ、「弁慶の七つ道具」、「弁慶の泣き所」、「内弁慶」、「弁慶の立ち往生」など、その名を冠した言葉も枚挙にいとまがない。

しかし、その生涯は多くの伝説に彩られており、後述するように、歴史的事実としてはその存在自体を否定する見解も強い。現在よく知られているところの「弁慶物語」のベースになっているのは、室町時代に成立した軍記物語（文学作品）の『義経記《ぎけいき》』であるが、本稿では、その『義経記』を中心に「俠」

を貫いた弁慶の生涯を通覧し、最後に弁慶の歴史的実像に迫ろうと思う。

さて、『義経記』とは、室町時代中期に成立したとされる作者未詳の軍記物語である。前半に牛若《うしわか》と呼ばれていた源義経の少年時代の鞍馬寺《くらまでら》での修行や弁慶との出会い、京都からの奥州下りを記し、後半には平家討滅後、兄頼朝《よりとも》(一一四七—九九)との対立からその圧迫を受け、逃亡して所々を流転《るてん》し、最後にたどり着いた奥州平泉《ひらいずみ》で自害するまでの義経を記している。本稿で扱うように、弁慶の活躍に多くの筆を費やしているところも大きな特徴とされている。

このように『義経記』は、義経の幼年期と没落していく晩年の悲劇的な運命を主として描き出しており、義経が平氏追討の大将軍として華やかに活躍した時期はほとんど省略されている。また、前半の超人的な義経と後半の意気消沈し優柔不断な義経との人物像の不統一から、個別に発生したいくつかの語り物を構成したという指摘もある。のちに、御伽草子《おとぎぞうし》、浄瑠璃《じょうるり》、歌舞伎《かぶき》、読本《よみほん》など文学の素材となったことから広く世に知られているが、先に触れたように、『義経記』は軍記物語という文学作品であり、その記述は基本的にはフィクションであることは先ず確認しておきたい。

義経との出会い

若い読者の方々はご存じないかもしれないが、牛若丸(義経)と弁慶の出会いをテーマとした童謡《どうよう》がある。作詞者・作曲者とも不明であるが、一九一一(明治四四)年に刊行された『尋常《じんじょう》小学唱歌』に掲載された「牛若丸」という文部省唱歌である。

一　京の五条の橋の上
大のおとこの弁慶は
長い薙刀《なぎなた》ふりあげて
牛若めがけて切りかかる

二　牛若丸は飛び退いて
持った扇を投げつけて
来い来い来いと欄干《らんかん》の
上へあがって手を叩く

三　前や後《うし》ろや右左
ここと思えば　又《また》あちら
燕《つばめ》のような早業に
鬼の弁慶あやまった

内容は改めて確認するまでもないと思うが、弁慶が京都の五条大橋で牛若丸と戦って敗れ、降参したという話である。牛若丸の素早い身のこなしに、巨漢の弁慶が翻弄《ほんろう》される様子がよく描かれている。現在、京都市の五条大橋付近にある愛らしい「牛若丸・弁慶像」も、この唱歌をモチーフにし

牛若と弁慶の出会い（江戸時代に発行された版本『義経記』より）

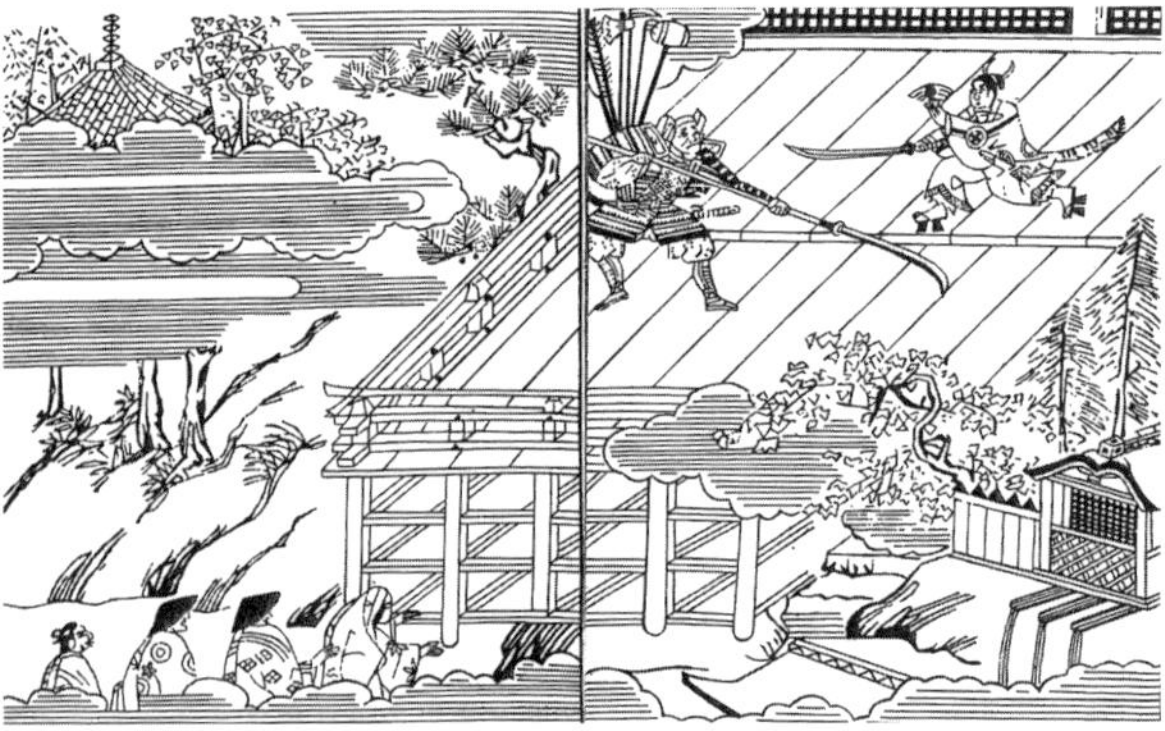

て制作されている。

しかし、この話は、明治時代の童話作家である巌谷小波《いわやさざなみ》によって作られた童話がもとになっており、おそらくは小波が謡曲《ようきょく》の「橋弁慶」から取材したものと思われる。『義経記』の記述は、これと若干異なる。そもそも五条橋が現在の位置になったのは、豊臣秀吉《とよとみひでよし》が、一五八六(天正《てんしょう》十四)年の方広寺大仏殿の造営にあたって移しかえた後のことであり、もとは現在の松原橋のある位置にかけられていたという。もし、その古い五条橋だったとすれば、平氏の本拠地である六波羅《ろくはら》に近いことから警戒も厳しかったはずであり、義経・弁慶の大立ち回りは考えにくい。さらにいえば、この唱歌に登場するような高欄《こうらん》が橋についたのは一六四五(正保《しょうほう》二)年のことであり、義経の活躍する時代にはなかったとのことである。

さて、『義経記』では、次のような話になっている。播磨国《はりまのくに》の書写山《しょしゃざん》を追い出された弁慶が、京都に出て千本の太刀《たち》を奪うという悲願を立てた。あと一本という時に五条天神で待ち受けていると義経がやって来たので、太刀を奪おうとするが、義経の変幻自在の動きの前に果たせなかった。諦《あきら》めきれない弁慶は、翌日、清水寺に行って義経を探し出し、ここでも互いに太刀を抜いて切り結び、最後は義経によって太刀の峰でしたたかに打ち据えられる。倒された弁慶は降参し、義経の家来となったのである。倒されて降参し、家来となる点は同じであるが、場所が五条大橋ではなく五条天神と清水寺、しかも二日間にわたっている点が現在よく知られている童話とは異なっている。この『義経記』の逸話《いつわ》を踏まえて、現在、清水寺の境内には、弁慶のものと伝えられる鉄杖《てつじょう》と鉄下駄《てつげた》が残されている。

弁慶の生い立ち

弁慶は、『義経記』によれば、熊野別当《くまののべっとう》「弁せう(照か)」が、二位大納言の姫君を強奪して生ませた子とされ、母の胎内に十八ヶ月いたことから、誕生時にはすでに二、三歳の子どものようであり、髪は肩をおおうほどに伸び、歯もはえそろっていたという。この様子を見た父は「さては鬼神に違いない。この子を生かしておいてはきっと仏法の敵になるだろう」と言って殺そうとしたが、母の哀願で助けられ、叔母によって京都で育てられることになった。弁慶の幼名を「鬼若《おにわか》」というが、五歳の時には十二、三歳くらいの子に見えたという。六歳の時に疱瘡《ほうそう》にかかって色が黒くなり、髪も肩から下へは伸びなかったので、その容貌から元服《げんぷく》させずに法師《ほうし》にしようということになった。

そして、比叡山《ひえいざん》西塔桜本の僧正「くわん慶」に預けられた。初めの頃は学問にも熱心に取り組んでいたが、十八歳を過ぎる頃からはたびたび乱暴狼藉《らんぼうろうぜき》を行い、ついに比叡山にいられなくなってしまった。髪も垂髪《すいはつ》のままだった弁慶は、比叡山を下る時に自ら剃髪《ていはつ》し、はじめて「武蔵坊《むさしぼう》弁慶」と名乗った。弁慶の「弁」は、父の「弁せう」から、「慶」は師僧の「くわん慶」から採ったという。「武蔵坊」とはかつて比叡山にいたという悪僧の名で、弁慶は強者を目指すためにそれにあやかって名乗ったという。弁慶が学んだという桜本は現在の比叡山にはないが、西塔には「弁慶のにない堂」と呼ばれる建物が残る。これは渡り廊下で結ばれた常行堂《じょうぎょうどう》と法華堂《ほけどう》のことであるが、怪力の弁慶が渡り廊下を天秤棒《てんびんぼう》にして二棟の建物を担いだという伝説に基づいている。

比叡山を下った弁慶は、その後、阿波国《あわのくに》の焼山寺《しょうざんじ》・鶴ヶ峰（剣山か）、讃岐国《さぬきのくに》の志度寺《しどじ》、伊予国《いよのくに》の菅《すご》生寺《うじ》（大宝寺）、土佐国《とさのくに》の秦泉寺《たいせんじ》など四国の霊山を巡拝し、播磨国の書写山円教寺《えんきょうじ》に身を寄せることになった。しかし、円教寺では同宿の法師の悪戯《いたずら》に立腹して大喧嘩となり、それが原因で堂塔伽藍《どうとうがらん》を焼失させるという事件を起こして追い出されることになった。書写山円教寺には、弁慶が使ったという「弁慶の机」、お手玉代わりに投げたという「弁慶のお手玉石」という岩、同宿の法師によって悪戯書きされた自分の顔を写したという「弁慶鏡井戸」などが今も残っている。

京都に戻った弁慶は、奥州の藤原秀衡《ふじわらのひでひら》（一一二二?—八七）の名馬千疋《びき》、筑紫《つくし》の菊池（隆直《たかなお》か）の鎧千《よろいせん》領《りょう》、松浦党《まつらとう》の胡簶千腰《やなぐいせんこし》・弓千張という重宝にあやかり、自分も千本の太刀を所有するという悲願を立て、これを人から奪う計略をめぐらした。義経と出会うのはその時であった。

義経の活躍と弁慶

この後、義経は藤原秀衡を頼り奥州に下向することになるのだが、『義経記』はそのことには触れず、一一八〇（治承《じしょう》四）年の頼朝挙兵に馳せ参じた義経が駿河国黄瀬川《するがのくにきせがわ》で頼朝と対面する場面へと移っていく。この後、義経は頼朝の命を受け軍を率いて上洛し、一一八四（寿永《じゅえい》三）年、宇治・瀬田で源義仲《よしなか》を破り、さらに一ノ谷、屋島と平氏を追撃して、一一八五（元暦《げんりゃく》二）年に壇《だん》ノ浦《うら》でついにこれを滅亡させている。しかし、『義経記』はこうした義経の華々しい活躍も抑制的に描き、すぐに「腰《こし》越状《ごえじょう》」、土佐房《とさのぼう》の堀川夜討《ほりかわやうち》という兄弟対立の話に進めている。これは、『義経記』が兄弟の感動的な出会いから、急転して冷ややかな対立の場面に移ることによって、義経の没落をより悲劇的に表現しようとしているためであろう。当然ながら、ここには弁慶は余り登場していない。

『義経記』以外の軍記物では、例えば、『平家物語』は、三草山《みくさやま》合戦、屋島合戦、壇ノ浦合戦に、義経の郎等の一人として弁慶の名を記している。但し、ここではその名を記すだけで、活躍の場面を描いているわけではない。弁慶の活躍を描くのは『源平盛衰記《げんぺいじょうすいき》』で、ここでは、一ノ谷合戦の前哨《ぜんしょう》戦《せん》であった三草山合戦において、義経軍が暗夜に山道を進むくだりで、義経が弁慶に命じて道端の民家に火をかけ(ひどい話ではあるが)、さらに山野をも焼いて、昼のように明るくなった山道を進撃する話が載せられている。この計略は『平家物語』では土肥実平《どひさねひら》が行ったことになっており、それより後に成立した『源平盛衰記』で弁慶に代えられているようである。『源平盛衰記』の弁慶は、このほか一ノ谷への案内者の鷲尾三郎《わしおさぶろう》を探し出すことや、屋島合戦でも数々の手柄をあげるなど大いに活躍をしている。これは、鎌倉時代に成立した『平家物語』の一異本として南北朝時代に成立したとされる『源平盛衰記』に、その頃までに流布していた「弁慶物語」が挿入されていったものと考えられている。

弁慶像の転換——土佐坊の堀川夜討ち

『義経記』における弁慶の活躍が生き生きと描かれるのは、義経が頼朝と対立し没落していく後である。一一八五（文治《ぶんじ》元）年十月、頼朝は土佐坊昌俊《とさのぼうしょうしゅん》（『義経記』では「正尊」とする）を京都に遣わして義経のいる堀川邸を襲撃させるが、油断していた義経側は危機に陥る。この時に機転を利かせ、献身的に義経を助ける愛妾静御前《あいしょうしずかごぜん》の働きが強調されているが、弁慶もまた、上洛した土佐坊のもとに単身乗り込んでこれを義経のもとに引き連れて来たり、土佐坊による襲撃後も真っ先に義経邸に駆けつけて、邸内で警護にあたっていた喜三太とともに、その軍勢を撃退する大活躍を見せるなど存在感がある。

『義経記』における弁慶は、この頃より、書写山や五条天神・清水寺の時のような悪行を重ねる乱暴者とは異なって、知力・胆力に優れ分別ある人物に描かれるようになっていく。これに対して、義経は襲撃前に土佐坊への用心を説く弁慶の諫言《かんげん》を聞き入れないなど、逆に判断力に欠ける存在となっていく。この後は、そうした頼りない義経とこれを支える頼もしい弁慶という関係性の中で主従関係が描かれていくことになる。

義経の逃避行と弁慶

さて、土佐坊の襲撃をからくも撃退した義経は、ついに頼朝との対決を決意するが、意に反して軍勢は集まらず、一一八五（文治元）年十一月には京都から西国に落ちていくことになる。大物浦《だいもつのうら》（尼崎港）より船出するが、突然暴風雨にあった。この暴風雨は、壇ノ浦の戦いで義経に滅ぼされた平家の怨霊《おんりょう》のなせるわざであったのだが、『義経記』では、怨霊によって生じた悪雲に、弁慶が矢を次々とつがえて激しく射かけ、これをかき消すように退散させている。剛勇の逸話が多い弁慶の僧侶としての法力による活躍を描いており、謡曲「船弁慶」はこの場面を主題としている。

しかし、こうした弁慶の活躍にもかかわらず、一行は離散、義経は数名の家来と吉野に潜伏《せんぷく》することになった。その後の義経一行の逃亡経路は、吉野から大津・堅田《かただ》と琵琶湖を北上し、平泉を目指して北陸道を進んだ。いわゆる北国落ちである。愛発関《あらちのせき》、平泉寺《へいせんじ》、如意《にょい》の渡し、直江津、亀割山《かめわりやま》と、落人《おちうど》として追われる旅は予想以上に厳しかったが、その危機を脱する弁慶の活躍が随所に示されている。愛発関では、関守《せきもり》からの難題を関手《せきて》(通行料)無料の山伏の特権を主張してかわし、警戒にあたっていた富樫介《とがしのすけ》の館に逆に単身乗り込んで東大寺勧進を信じ込ませて寄進の品々をせしめる。また、直江津でも守護代に疑われて笈《おい》の中身を点検されることになるが、ここでも弁慶の機転で無事に切り抜けるなど若き日に比叡山で学んだという弁慶の知力が遺憾なく発揮されている。

そして、如意の渡しでは、渡守《わたしもり》に義経一行と疑われると、その疑念を晴らすために義経を打ち据える。疑いが晴れて無事に通過した後に弁慶は涙ながらに主君を打擲《ちゅうちゃく》したことを義経に謝罪する。この『義経記』での「如意の渡し」の話は、やがて能の「安宅《あたか》」や歌舞伎十八番の「勧進帳《かんじんちょう》」では「安宅関」の有名な場面となり、人々によく知られるところとなった。

弁慶の最期

無事に平泉に到着した義経一行を藤原秀衡は温かく迎え、しばらくは平穏な日々が続いた。しかし、その日々は長くは続かなかった。頼みとする秀衡が一一八七(文治三)年十月二九日に死去したのである。秀衡は臨終の席で、義経と長子国衡《くにひら》、後継者の泰衡《やすひら》に起《き》請文《しょうもん》を書かせて異心なきを誓わせ、義経を大将軍として鎌倉勢を迎え討つよう遺言したというが、翌年二月と十月に義経追捕の院宣《いんぜん》が届くと泰衡は動揺した。そして、ついに義経にとって最期の時が訪れる。泰衡の軍勢に急襲され、衣川館《ころもがわのたち》で自害したのである。

この時が弁慶最後の活躍の場面となる。義経股肱《ここう》の郎等たちが必死に防戦するが、衆寡《しゅうか》敵せず、次々に討たれていく。弁慶も戦いの中で傷を負って血みどろとなったが、これが最期と思い義経に暇乞《いとまご》いをする。持仏堂《じぶつどう》にこもって法華経を読んでいた義経は「どうしたものか。お経をすっかり読み終えたいが…」と弁慶に問う。弁慶は「殿がお経を読み終えるまでは、たとえ死んでもお守り申し上げましょう」と言って戦いの場に戻っていく。そして、再び薙刀《なぎなた》をふるい縦横無尽になぎ倒したので、寄せ手の泰衡勢も怖じ気づき弁慶に立ち向かう者がいなくなるほどだったという。しかし、獅子奮迅の働きをした弁慶も全身に矢を受け、ついには寄せ手の軍兵をにらみすえたまま絶命した。これが「弁慶の

弁慶の壮絶な最期　泰時の軍勢と対峙する弁慶(江戸時代の版本より)

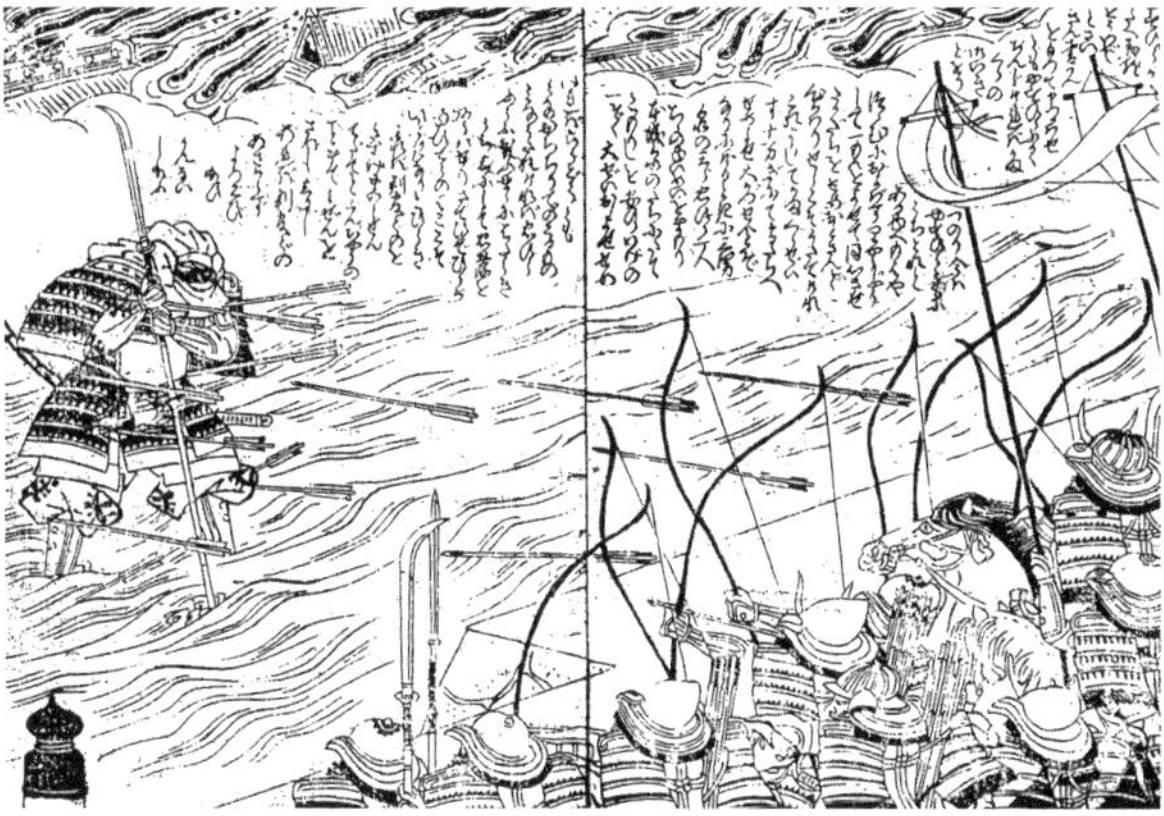

立ち往生」である。「死してなお主君義経を守る」という自らの言葉を体現した最期であった。義経との最後の会話の場面では「殿が先に亡くなられましたら死出《しで》の山でお待ちください。私が先に死にましたら三途の川でお待ちいたしましょう」と弁慶が語りかけており、君臣の深い心の絆が悲劇の英雄の最期を彩る構成となっている。

「弁慶」のモデル

さて、『義経記』を中心に弁慶の生涯を通覧してきたが、前述したように、歴史的事実としては弁慶の存在自体を否定する見解も強い。それは、史料として信頼できる『玉葉《ぎょくよう》』(九条兼実《くじょうかねざね》筆)、『吉記《きっき》』(吉田経房《よしだつねふさ》筆)、『山槐記《さんかいき》』(中山忠親《なかやまただちか》筆)などの貴族の日記や、古文書類に弁慶の名が見えないことによる。弁慶の活躍を描く『義経記』や『源平盛衰記』、『平家物語』は全て文学作品であることから、史料としての信憑性《しんぴょうせい》は低いのである。

文学作品以外では、鎌倉幕府の編纂になる『吾妻鏡《あずまかがみ》』には弁慶の名がわずか二箇所に見える。一一八五(文治元)年十一月三日に義経が西国落ちするときに従った二〇〇騎と、同年十一月六日に大物浦で難破した後に同行した四人の従者の中に弁慶の名が記されているのである。このことから、伝説的な活躍はともかく弁慶という名の人物がいたことだけは認めて良いのではないかという見方もあるが、『吾妻鏡』は鎌倉時代後期につくられた編纂物であり、その頃までに成立していた「弁慶物語」がここに流入したと見る見解の方が強く、弁慶は実在しなかったと考えられている。

それでは、弁慶のモデルはいたのだろうか。『吾妻鏡』文治四(一一八八)年十月十七日条に、比叡山の悪僧俊章《しゅんしょう》の事件が発覚したとある。俊章は年来、義経と親密に交流しており、比叡山に数日匿《かくま》い、奥州下向の折は徒党《ととう》を率いてこれを送ったという。さらに帰洛後も鎌倉に対して謀反を企てているという風聞があるので、これを捕縛するように命じたとある。しかし、比叡山側がこれに応じないので、十二月十六日に直接俊章を召し進めるように厳命が伝えられている。

もう一人、比叡山の千光坊七郎《せんこうぼうしちろう》という悪僧が、悪徒・浪人などを集め夜討ちを企てているという風聞があり、一一八九(文治五)年正月十三日に幕府によって捕らえられるが、この時に千光坊が平泉から再び京都に戻りたいという義経の手紙を隠し持っていたことが発覚した。奥州下向後もなお密接な連絡を取っていたのである。彼ら「悪僧」とはいわゆる僧兵のことで、武器を携えて戦場を疾《しっ》駆《く》した僧侶のことである。当時の比叡山に僧兵は多く、弁慶はそうした複数の僧兵が伝説の中で一人につくりあげられた人格であったと言えよう。

義経が鎌倉幕府の厳しい捜索網を逃れて畿内近国に潜伏、さらには奥州に下向するには、こうした悪僧たちの庇護《ひご》がなければ不可能であった。実際に、俊章や千光坊七郎以外にも、義経の逃亡に関連して、鞍馬寺僧土佐君、多武峰僧竜諦《とうのみねそうりゅうてい》、興福寺僧聖弘《せいこう》が捕らえられているが、このことは義経と畿内の寺院勢力の結びつきの強さを物語っている。こうした歴史的事実が、伝説の中に義経の股肱《ここう》の臣として弁慶という悪僧を登場させる背景となっているのではないだろうか。とりわけ、このうちの興福寺僧聖弘は、義経をかくまい祈禱《きとう》を行ったという罪で、鎌倉で頼朝直々の尋問を受けるが、何ら臆《おく》することなくこれに答えて頼朝を感心させている。『義経記』などに見える弁慶の胆力や学識高き側面は、こうした学僧の所行を反映しているのかもしれない。

おわりに――判官贔屓と「侠」の弁慶

「判官贔屓《ほうがんびいき》」という言葉がある。不遇な人や弱い立場の人に同情する気持ちのことで、古来より ある日本人の心情を表した言葉である。義経は、父源義朝《よしとも》の九郎(九番目の男子)であり、のちに検非違使《けびいし》の尉《じょう》(判官)となったことから「九郎判官」と呼ばれたが、その義経に心を寄せることに由来する。言うまでもなく、平氏を滅ぼす勲功を挙げながらも兄頼朝に疎《うと》まれ滅んでいく薄幸の英雄に同情を寄せる思いである。

このシチュエーションの中では、強者が頼朝で、その圧倒的な力の前に無力な義経は弱者であった。弱者にはそれを助ける存在が欠かせない。それが武勇を誇り勇敢で命をも惜しまず、信義を重んじて決して欺かない人物ならばさらに魅力的である。「弁慶」はそうした人々の思いがつくりあげた人格であったとも言えよう。

⊙参考文献

角川源義・高田実『源義経』(角川書店、一九六六年、のち「講談社学術文庫」から刊行)

高橋富雄『義経伝説』(「中公新書」、一九六六年)

梶原正昭校注・訳『義経記』（「日本古典文学全集」、小学館、一九七一年）
安田元久「武蔵坊弁慶——その実像と虚像——」（同『武士世界の序幕』、吉川弘文館、一九七三年）
大隅和雄他編『日本架空伝承人名事典』（平凡社、一九八六年）
河北新報出版センター・京都新聞出版センター編『京から奥州へ　義経伝説をゆく』（河北新報出版センター、二〇〇四年）
上田信道『名作童謡ふしぎ物語』（創元社、二〇〇五年）

源頼朝・頼家に尽くした
男の悲劇

梶原景時

…かじわらかげとき…

永井 晋

梶原景時の人物像

◉梶原景時という人

梶原景時《かじわらかげとき》（?―一二〇〇）は、源頼朝《みなもとのよりとも》（在職一一九二―九九）の片腕として辣腕《らつわん》を振るった鎌倉幕府《かまくらばくふ》草創期の政治家である。相模国《さがみのくに》の鎌倉党の一族で、梶原の名字は相模国鎌倉郡梶原郷《かじわらごう》に由来すると思われる。ただ、梶原郷と相模国山内庄《やまうちのしょう》との境界線は明確でない。梶原景時が滅亡する前に退いた相模国一宮（神社の神領が所領）も頼朝挙兵以前からの所領か、恩賞《おんしょう》として給わった所領かは明らかでない。恩賞の場合、石橋山合戦《いしばしやまがっせん》（一一八〇年）で源頼朝に敵対した相模国の有力豪族から没収した所領である可能性が高い。一宮の神領なので、広大な所領であったと思われる。梶原郷は幕府の高官として鎌倉に常駐するために必要な人夫や物資を賄《まかな》うための所領と考えてよいのであろう。

梶原景時については、朝廷・鎌倉幕府・権門《けんもん》寺院などの政権側の立場にいる人々は有能さを認めるが、坂東《ばんどう》の有力御家人からははっきりと嫌われている。源頼朝は重要な仕事を任せられる有能な腹心として重く用いるが、坂東の御家人たちは同輩とみるので、頭角を現している景時が気に入らないのであろう。梶原景時は源頼朝の考えていることが理解できる政治的に鋭い感性を持っているが、それが御家人たちの理解を超えたものであったことが、その原因とみてよいだろう。

同時代の坂東の有力御家人が景時を嫌ったのは、源頼朝の意思に反する人々を潰していったり、鎌倉幕府を全国政権として発展させていくために西国の御家人を擁護《ようご》して坂東の御家人の頭を抑えたり、二代将軍源頼家《よりいえ》(在職一二〇二—〇三)を守るために北条氏《ほうじょうし》を厳しく監視したところからきているとみてよい。源頼朝を囲む中枢《ちゅうすう》の人々の中で、嫌われる仕事を引き受けたためである。

後代の人々が梶原景時を悪くいうのは、『義経記《ぎけいき》』以後の文芸作品がもとになって形成された「判《ほう》官《がん》贔屓《びいき》」の影響が大きい。悲劇の英雄源義経《よしつね》(一一五九—八九)の人気が高まれば高まるほど、個性の強い強力な悪役が求められる。その役も、梶原景時が引き受けたのである。実際の源義経はというと、『平家《へいけ》物語』が猪武者《いのししむしゃ》と記述し、『吾妻鏡《あずまかがみ》』の中で梶原景時が源頼朝に送った報告で源義経を「将器に非《あら》ず」と記すように、合戦では優れた才能を発揮するが、大将軍としての資質には問題のある人であろう。「判官贔屓」はこれらの問題点に目をつぶって義経を悲劇の英雄とするので、義経を潰す梶原景時が一方的な悪役になるのである。実際の梶原景時がどのような人物像であったのか、本項ではその一端に触れてみよう。

◉源義経の軍奉行になるまでの状況

一一八四(元暦《げんりゃく》元)年正月、梶原景時は源頼朝が木曽《きそ》(源)義仲《よしなか》(一一五四—八四)を討つために上洛させた追討使《ついとうし》の武将として京都に入った。上洛軍は木曽義仲追討には成功したものの、木曽義仲が源頼朝を討つために和議を結んだ平氏が入京のために福原京跡《ふくはらきょうあと》に集結させた軍勢に対抗する力はなかった。平氏は一ノ谷《いちのたに》に城郭《じょうかく》を構え、福原京を囲むように陣地を構築して、後白河院《ごしらかわいん》（上皇、一一二七—九二、天皇在位一一五五—五八）と源氏の軍勢の出方を見守っていた。追討使源範頼《のりより》（生没年不詳）・源義経の軍勢は、合流した甲斐源氏《かいげんじ》や参加を求め集めた畿内《きない》の武士を加えても数千騎に過ぎなかった。源頼朝は奥州《おうしゅう》藤原氏と政治的に対立しているので鎌倉に多くの軍勢を留めなければならないうえに、関東は飢饉《ききん》に襲われていた。孤立した木曽義仲は討てても、西日本で勢力を回復した平氏に対抗する軍勢を京都に送れなかった。

後白河院や公家達はこの状況に驚き、院の命令で集められる軍勢を調《ととの》え、多田行綱《ただゆきつな》（生没年不詳）を総大将とした朝廷の軍勢を編成した。後白河院も公家も大手の総大将源範頼も、一ノ谷合戦《いちのたにがっせん》で勝てるとは思えなかった。一ノ谷合戦では、梶原景時は大手の源範頼の配下に入り、平重衡《たいらのしげひら》の軍勢と『平家物語』が「梶原の二度駆け」として伝える華々しい合戦を行っている。また、摂津国渡辺津《せっつのくにわたなべのつ》の遠藤《えんどう》家国《いえくに》とともに平重衡を生け捕りにした。この合戦は、一ノ谷の城郭を攻め落とした源義経の奇襲と、地の利を得た多田行綱の鵯越《ひよどりごえ》突破により、事前の予想を覆して追討使の勝利となった。

一ノ谷合戦に勝利した後、源頼朝は平氏の勢力圏であった播磨《はりま》・美作《みまさか》・備前《びぜん》・備中《びっちゅう》・備後《びんご》の五ヶ国を朝廷の支配下に回復すべく、梶原景時と土肥実平《どひさねひら》（生没年不詳）を惣追捕使《そうついぶし》（後の守護）として派遣した。土肥実平は備後国まで進んだところで平氏の反撃にあって退いたので、梶原景時が播磨・美作、土肥実平が備前・備中の四ヶ国を朝廷の勢力が及ぶ範囲として回復したことになる。ただ、屋島《やしま》に集結する平氏の水軍が瀬戸内海の制海権を抑えているので、播磨国の室津《むろのつ》焼打ちなど自由に攻撃地点を選ぶことができ、梶原景時を播磨国に釘付けにした。

大規模な進攻が必要であると考えた源頼朝は、七月八日に源範頼を山陽道に遠征する追討使として上洛させた。後白河院は、安徳《あんとく》天皇（在位一一八〇―八五）を上皇として帰京させ、三種の神器《じんぎ》を後《ご》鳥羽《とば》天皇（在位一一八三―九八）に譲る剣璽渡御《けんじとぎょ》を行わせることを追討の最終目標と考えていた。二人の天皇が並立する異常事態を解消し、後鳥羽天皇の正統性を確かなものとするのが眼目である。後白河院も源頼朝も、平氏は降参に追い込めばよいと考えていた。この前提のもとに、頼朝は平氏から奪えるだけ奪い、平氏の所領を恩賞として御家人に与えたいと考えていた。そのため、山陽道に向かう源範頼に対して急いで攻める必要がないこと、御家人達に勲功《くんこう》をたてさせるよう配慮することを指示していた。範頼が先陣に立つことは一軍の将としてあるまじきことであると、厳しく注意していたのである。範頼はこの指示に従って山陽道を進み、平知盛《とももり》を長門国《ながとのくに》へと追い込んでいった。しかし、長門国は平知盛が知行国《ちぎょうこく》として治めてきただけに、長門国の武者は知盛を見捨てなかった。範頼の西国遠征は、長門進攻で行き詰まった。

源義経の独断と軍奉行梶原景時の弾劾

周防国《すおうのくに》から前に進めなくなった源範頼の追討使は、方向を転じて北九州の平氏与党を潰すべく、大宰府《だざいふ》進攻を目指した。これは、源頼朝の構想から逸脱した戦いとなった。一番大きな問題は、屋島にいる平氏を牽制《けんせい》できないところまで、源範頼の軍勢が遠ざかってしまったことである。軍勢を自由に動かせるようになった平氏は、伊予国《いよのくに》にいる敵河野通信《こうのみちのぶ》を討つべく粟田教能《あわたのりよし》を派遣した。鎌倉と周防国は遠すぎるので、源頼朝と範頼が盛んに使者を往来させて意思疎通を図っていても、頼朝の指示が範頼のところに届いた時には戦局が動いてしまっていることは起こりうる。

ここで、源頼朝は京都に駐留する源義経を総大将、播磨・美作両国の治安回復にあたっていた梶原景時を軍奉行《いくさぶぎょう》とした第二の遠征軍を編成した。この遠征軍は、平氏を滅亡させることになるが、その過程でさまざまな問題を起こすことになった。

源義経には、平氏は父義朝《よしとも》の仇であり、合戦に勝利して平氏を滅ぼすことは正しいと無邪気《むじゃき》に信じていたところがある。悪気はないのであるが、義経が考えていることと、源頼朝の構想は大きくズレていたのである。源頼朝の意向を理解する梶原景時は、現場で事態の収拾を図ろうとするが、義経は梶原景時の進言を入れず、思うままに軍勢を動かしていった。景時は、手に負えないと判断して弾劾《だんがい》に近い報告を上奏することになるのである。

一一八五年(文治《ぶんじ》元)二月十八日、源義経は讃岐国《さぬきのくに》遠征の先陣として、摂津国渡辺津から軍船で四国を目指した。この日は嵐で出航できない船が多く、わずか五艘《そう》、一五〇騎ばかりの軍勢を従えての出陣となった。後白河院が渡辺津に派遣した大蔵卿《おおくらきょう》高階泰経《たかしなやすつね》は、この役割は次将(梶原景時)でいいのではないかと義経を諫めている。この場合、泰経の判断が正しい。源義経の立場は、朝廷が派遣する追討使の総大将であり、軍勢は兄源頼朝の命令で配下に入った御家人である。梶原景時を先行させて足場を築き、義経は天候の回復を待って本隊を引き連れて渡海するというのが大将軍のやる本来の仕事である。後日、軍奉行梶原景時が率いて屋島に到着した追討使の軍船は一四〇艘なので、義経は源頼朝から預かった軍勢のわずか三・五パーセントしか伴わずに遠征を始めたことになる。源頼朝は、源範頼に対して平氏から所領を奪うことを重視し、急いで攻めないようにと指示を出している。源義経はこの指示に背き、預かった軍勢のほとんどを摂津国渡辺津に残した。頼朝の命令で摂津国まで来た御家人から、勲功をたてる機会を奪ったことになる。これは、追討使が消滅しかねない危機である。渡辺津に置き去りにされた御家人達を宥《なだ》め、軍勢としての秩序を保った状態でなんとか屋島まで連れて行ったのは、軍奉行梶原景時である。追討使の主力が屋島に到着した時には、合戦は終わっていた。源義経の配下に入った御家人たちの憤懣《ふんまん》は、すさまじいものがあったであろう。

屋島合戦の展開をみると、阿波勝浦《あわかつうら》に到着した源義経の軍勢は一五〇騎、屋島に向けて強行軍をしたので多くの御家人が脱落し、勝浦から屋島まで義経に付いてこれた御家人はそれ程多くない。一方、阿波国で合流した近藤親家《こんどうちかいえ》は、一〇〇騎を率いていた。親家は、明らかに義経が屋島に攻め込んで来るという情報を得て準備している。近藤氏は、藤原信西《しんぜい》の側近で、信西没後は後白河院の近習になった西光法師《さいこうほうし》の一族と伝えられている、後白河院配下の武士である。義経は、二月十九日に近藤氏や四国で合流した武士を加えた三五〇騎で屋島内裏《だいり》を強襲している。翌二〇日には、義経が屋島を攻めたことを知って駆けつけた四国の武士が合流し、屋島にいた平氏を長門国に退かせた。

ここに、大きな問題がある。合戦に勝つことのみを考えている源義経は気付いていないが、この合戦は坂東から上洛してきた御家人が主力となり、勲功をたてなければいけないのである。勲功をたてる機会を奪われた御家人たちの憤懣を宥めて軍勢としての秩序を維持していたのが、最後に源義経弾劾の報告を送ることになる梶原景時である。源義経と梶原景時の軋轢《あつれき》は、『平家物語』に書かれた「逆櫓《さかろ》」のような戦術上の問題ではなく、総大将の源義経が追討使の軍勢をいかに運営していくかを、全く考えていないところにあった。御家人の宥め役を一身に努めた梶原景時との対立は、既に深刻なものがある。

続く三月二四日の壇ノ浦《だんのうら》合戦で、追討使は平氏を滅ぼすことができた。しかし、この追討は後鳥羽天皇の皇位を正統なものとすることを第一目的としたので、安徳天皇の身柄《みがら》確保と三種の神器の奪還が最大の課題であった。結果は、安徳天皇入水《じゅすい》、天叢雲剣《あまのむらくものつるぎ》の海没であり、九ヶ月に及ぶ追討は失敗ではないが、目的を達成したとはいえない結末となった。壇ノ浦合戦の結果を知った山陽道追討使の総大将源範頼は、恐懼《きょうく》して源頼朝の面前で言葉を発することができなかった。頼朝への上奏は、大江広元《おおえひろもと》に代弁を依頼した。梶原景時は、源義経には独断専行が多く、御家人を私兵のように扱ったので、御家人たちには憤懣が溜まっていると報告した。それは、事実であろう。源頼朝の命令で長門国まで軍勢を進めたにもかかわらず、勲功をたてることができたのは、義経の側にいて、彼が急に動き出す時に付いていくことのできた少数の人々と現地で合流した西国の武者である。水軍が主力となる戦いとなったためという弁明は成り立つが、義経が行った合戦は西国の武者が大きな役割をはたし、鎌倉から上洛した人々は脇役にまわされることが多かった。範頼の配下で前線に出て勲功をたてた山陽道追討使の戦いとは、大きな違いがある。この事態を源頼朝に正確に報告しなければならないのが、軍奉行梶原景時の立場である。梶原景時が源義経を「将器に非ず」と弾劾した報告書の一部が、『吾妻鏡』文治元（一一八五）年四月二一日条に載せられている。この文章は源頼朝に対して正確な報告を行っている有能な軍奉行であることを示しているが、梶原景時が源義経を陥れたとレッテルを貼る材料になった。

源義経が率いる追討使の次席となったことが不運としか言いようがないのであるが、梶原景時はよく我慢して配下の御家人達をなだめつづけて追討使の秩序を維持した。その職務を全うしたことに対する代償は、源義経を悲劇の英雄として祭りあげた「判官贔屓」による悪役のレッテルだったのである。

源頼家第一の郎党がたどった悲劇

◉源頼朝の誤算

一一九九（正治《しょうじ》元）年正月十三日、鎌倉幕府を開いた源頼朝が薨去《こうきょ》した。この日は、源頼朝の後継をめぐる源家の内紛の幕開けの日でもあった。

一方には、源頼朝が後継者に定めた二代将軍源頼家を正統として支持する比企能員《ひきよしかず》・梶原景時といった源頼朝が信頼を置いた人々や、時の政権主導者に忠実に仕える大江広元・三善康信《みよしやすのぶ》・中原親能《なかはらちかよし》以下の文官達がいる。彼らは、源頼朝から頼家への世代交代が円滑に行われることで、鎌倉幕府が安定することを望んでいた。もう一方には、源頼朝が源頼家・比企氏を中心に次の時代を作っていこうとすることに反発する北条時政《ときまさ》・北条政子《まさこ》を中心とする人々がいた。前者と後者との間には、北条政子をどう考えるかという点で違いがある。前者が忠誠を尽くすのは将軍源頼朝であり、その後継者は源頼家で、将軍家の姻戚《いんせき》は一代ごとに代わってもいいと考えている。つまり、北条氏から比企氏に代わることを容認している。後者は、源頼朝・北条政子と家族ぐるみの付き合いをし、北条政子を頼朝後家として重んじる人々である。ここに、源頼朝の誤算の原因があった。頼朝挙兵以前の北条氏は伊豆国在庁官人《いずのくにざいちょうかんにん》を勤める地方豪族なので、源頼朝は自分の死によって北条政子が正夫人(源頼朝の後家で、嫡子《ちゃくし》頼家の母)となり、北条時政・義時《よしとき》父子を鎌倉幕府の重臣として処遇することで、北条氏に対して十分報いたと考えていた。嫡子頼家には、伊豆国流人時代から頼朝によくつくした比企尼(頼朝乳母、比企遠宗《とおむね》の妻)の縁者と信頼を置く重臣達がつくことで政権運営は安定すると考えていた。しかし、北条氏はこの処遇に満足しなかった。北条家の娘婿《むすめむこ》阿野全成《あのぜんじょう》(頼朝の弟)が後見する千幡《せんまん》(後の実朝《さねとも》)を擁立《ようりつ》することで、源頼家政権を潰すことを考えた。日記『玉葉《ぎょくよう》』を今日に伝える前関白九条兼実《くじょうかねざね》や、歴史書『愚管抄《ぐかんしょう》』を著した天台座主《てんだいざす》慈円《じえん》は、政治の読みに長けた梶原景時が北条氏の狙いを見透かしていたと考えている。それ故に、北条氏は真っ先に梶原景時を潰さなければならないと考えたのである。

◉弾劾・追放・死

梶原景時は、侍所別当《さむらいどころべっとう》を勤める重臣であるとともに、源頼家の後見として政権運営にあたった。源頼朝は、平治《へいじ》の乱(一一五九年)に敗れて東国下向を目指す源義朝一行の隊列から落伍した時(『平治物語』)に引き返して救ってくれた信濃《しなの》源氏の平賀義信《ひらがよしのぶ》を腹心として重んじ、頼家の後見を託していた。源頼家が将軍職を継いだ時、平賀氏は義信から子の朝雅《ともまさ》に世代交代しているので、梶原景時が後見を引き継いだ可能性が高い。北条氏が最初の標的に梶原景時を狙ってくるのは、源頼家政権の中枢にいる人物だからである。

事件は、一一九九(正治《しょうじ》元)年十月二七日に起きた。北条政子の妹阿波局《あわのつぼね》(?―一二二七)が、結城朝光《ゆうきともみつ》(一一六八―一二五四)に対し、「『忠臣は二君に事《つか》えず、頼朝の遺言により出家を思いとどまったが、今としては後悔している』と将軍御所の中で述べたことを梶原景時が源頼家に讒言《ざんげん》したので、殺されることになるだろう」と告げた。この言葉を信じた結城朝光が三浦義村《みうらよしむら》に相談したところ、三浦義村は安達盛長《あだちもりなが》・和田義盛《わだよしもり》・中原仲業《なかはらなかなり》(政所《まんどころ》の文官)を仲間に加え、中原仲業に梶原景時弾劾文の起草を依頼し、弾劾の訴状に連判してくれる御家人を集め始めた。

この一件、本当なのであろうか。結城朝光は御所の侍で源頼朝の事を偲《しの》んでこの言葉を発したのは、同席していた人が聞いていたであろうから、事実と認めてよいだろう。梶原景時がこの話を聞いて、源頼家に報告するのは当然の仕事である。将軍に就いてまだ一年たたない頼家が、鎌倉幕府の重臣の中で誰が好意的で、誰が好意的ではないかは知っておくべき情報である。北条氏から第一の危険人物とみられる切れ者なのであるから、このあたりの情報収集は抜かりがないだろう。ここまでは、問題のない行動である。阿波局の発言で問題なのは、「誅戮《ちゅうりく》を蒙《こうむ》らんと擬《ぎ》す（殺害されることになるだろう）」の一言である。源頼家が結城朝光の発言を聞いて、自分に対して好意を持っていないと考えるのは自然な反応であろう。ただし、結城朝光は、源頼朝の時代のように将軍家と親しく接することがなくなったのを面白くないと言っているだけである。結城朝光は、政権批判をしていない。侍所別当を勤める重臣梶原景時が、この発言が罪科に問うべき内容でないことを理解できないはずがない。そう考えると、「誅戮」という言葉を使ったのは阿波局で、梶原景時ではない。阿波局は源頼朝の乳母《めのと》の一族として親しく仕えた小山一族を源頼家から引き離す離間策《りかんさく》として、梶原景時の言葉にあらぬ話を加えて耳打ちした可能性が高い。

翌二八日、三浦義村が仕掛けた梶原景時弾劾の訴状は、御家人六六人の署名を集めることができた。その日のうちに、三浦義村と和田義盛の二人で政所別当大江広元《おおえのひろもと》（一一四八—一二二五）に訴状を手渡し、源頼家への奏上を依頼した。この時、結城朝光の兄小山宗政《こやまむねまさ》は署判をしなかった。『吾妻鏡』は非難しているが、小山宗政はこの弾劾をおかしいと疑問を持つ冷静さを持っていたのであろう。訴状を受け取った大江広元は、十一月十日に和田義盛に詰め寄られるまで、この訴状を手元に留めていた。頼朝・頼家の二代に仕え、梶原景時とは重臣としていろいろな事を話し合ってきた大江広元は、この弾劾に謀略《ぼうりゃく》の疑いがあるとわかっていたのであろう。政治に馴れず、梶原景時の冷徹な読みを理解できない御家人が激昂《げっこう》しているので、冷却期間をおけば抑えることができると判断したのかもしれない。

大江広元は和田義盛に詰め寄られて十一月十二日に梶原景時弾劾の訴状を提出したので、源頼家は翌十三日に梶原景時を招いて陳述をもとめた。状況を理解した梶原景時は一言も陳弁《ちんべん》せず、一族の人々を率いて鎌倉を退去し、相模国一宮の所領に移った。鎌倉を退去した梶原景時は、ここでしばらく暮らすことになった。この一件を、九条兼実や天台座主慈円は、梶原景時を守り切れなかった源頼家の失政と評価している。源頼家の周囲には人望や武力で頼りになる重臣はいるが、北条氏と互角に政治的な駆け引きのできる有能な謀臣は梶原景時一人である。梶原景時の失脚は、源頼家の政治的敗北であった。

鎌倉幕府が、梶原景時弾劾の訴訟を受けて罪科を決定したのは、十二月十八日のことである。その内容は、梶原景時を鎌倉追放とすること、相模国一宮の館を破却し、用材を永福寺僧坊に寄進するという内容であった。梶原景時が持っていた役職は解任され、侍所別当には和田義盛が還任、播磨国守護職《しゅごしき》には小山朝政が補任された。相模国一宮の所領は、生きていくのに困らない規模の所領だけは残す本宅安堵《あんど》として残ったと思われる。

翌一二〇〇年(正治二)年正月二〇日、梶原景時が一宮に城郭を構え、上洛のために人を集めているとの報告が鎌倉に届いた。梶原景時の一党は清見が関で駿河国《するがのくに》の御家人と合戦となり、狐崎《きつねざき》で討ち死にしたと、『吾妻鏡』は記している。

梶原景時は、源頼朝・頼家と二代の将軍家に忠実に仕えた重臣である。その晩年は、源頼朝の誤算に決着をつける形となる北条氏との対立であった。景時の不幸は、源頼朝が考えていることを実現するために進めていった仕事によって、鎌倉幕府が基盤とする坂東の御家人から嫌われたことである。源頼家将軍就任時の政治的な対立は、将軍源頼家を支持する人々と、頼家を廃して実朝を将軍に擁立しようとする人々との対立として進んでいく。はじめに起きた事件が源頼家の腹心として頭の切れる梶原景時と、梶原景時を讒言する者と決めつけた北条氏との対立であり、源頼家を支持する立場にある鎌倉幕府の有力御家人まで梶原景時排除の側に回ってしまった。小山一族の中でも状況の読める小山宗政や鎌倉幕府の文官大江広元は何が起こっているのか理解しても、景時排除に熱狂する人々を止めることはできなかった。梶原景時の死によって、将軍源頼家を支持する勢力は北条氏に対抗できる知謀を持つ人材を失い、北条氏の揺さぶりで政争を繰り返し、最後は比企能員《ひきよしかず》が暗殺された比企氏の乱(一二〇三年)で滅亡することになる。

⊙参考文献

伊藤一美「鎌倉御家人梶原景時の立場」(『金沢文庫研究』二八八号、一九八八年)

永井　晋『鎌倉幕府の転換点——『吾妻鏡』を読み直す』(日本放送出版協会　二〇〇〇年、二〇一九年、吉川弘文館より復刊)

永井　晋『鎌倉源氏三代記——一門・重臣と源家将軍——』(吉川弘文館　二〇一〇年)

永井　晋『平氏が語る源平争乱』(吉川弘文館　二〇一九年)

能・歌舞伎の演目にもなった伝説の猛者

朝夷名義秀

…あさひなよしひで…

岡田清一

朝夷名義秀《あさひなよしひで》(一一七六―?)は、武略・武勇に勝れた鎌倉幕府《かまくらばくふ》の御家人であった。ところが、その人物像は『吾《あ》妻鏡《ずまかがみ》』を中心にわずかに知られるのみで、その全体像を知ることは難しい。生年は一一七六(安元《あんげん》二)年、その生い立ちなど知りがたいが、その苗字の地安房国朝夷郡《あわのくにあさいぐん》との関係が推測される。武勇・水練《すいれん》に勝れるだけでなく、父子の情愛を大切にする御家人でもあった。一二一三(建保《けんぽう》元)年、いわゆる和田合戦《わだがっせん》に父和田義盛《わだよしもり》(一一四七―一二一三)が敗死すると、船で安房国に逃れたが、その後は消息不明。その武勇は、後世、能・狂言《のうきょうげん》や歌舞伎《かぶき》の演目ばかりか、各地に伝承となって語り継がれた。

朝夷名義秀の勇猛ぶりと心情

義秀は、三浦一族・和田義盛の三男として誕生したが、その母は分からない。父義盛は、武蔵国《むさしのくに》横山庄《よこやまのしょう》(東京都八王子市)を本貫《ほんがん》とする有力御家人横山時重《ときしげ》の女子《むすめ》との婚姻関係が確認されるが、義秀の母かどうかはわからない。また、『源平盛衰記《げんぺいじょうすいき》』(「巴関東下向」)には、義盛が木曽義仲《きそよしなか》(一一五四―八四)の妾巴《しょうともえ》御前(生没年不詳)を妻に迎え、誕生した男子が「朝比奈三郎義秀とは是なり」とするが、巴の件は義仲が敗死した一一八四(元暦《げんりゃく》元)年正月以降のことであろうから、一一七六(安元二)年出生とは辻褄《つじつま》が合わない。武勇に勝れた義秀と巴を結びつけた、後世の付会である。

ところで、義秀が歴史の表舞台に登場するのは、『吾妻鏡』正治二(一二〇〇)年九月二日条であろう。すなわち、二代将軍　源　頼家《みなもとのよりいえ》(在職一二〇二—〇三)が小坪《こつぼ》(神奈川県逗子市《ずしし》)の海浜を遊覧したことがあった。笠懸《かさがけ》が終わって海に浮かべた船上で、義秀が水練の上手であることを聞いた頼家は、その芸を所望《しょもう》。義秀は辞退したものの、やむなく「数丁」を遠泳した後、海中に潜り、しばらくして頼家の乗る船の前に浮かび上がったが、鮫《さめ》三匹を捕らえていた。人びとは賞賛し、頼家はその日乗ってきた名馬を与えようとしたのである。

これに反発した兄常盛《つねもり》(一一七二—一二一三)は、水練ではいざ知らず、相撲《すもう》ならば長兄としての技量を発揮できるから、相撲の結果を見て欲しいと望んだのである。頼家も興に入り、岸辺で相撲が行われたが、容易に勝負は決しなかった。この間、相撲が行われた土地はすこぶる震動し、人びとは勝負に見応えを感じていた。北条義時《ほうじょうよしとき》が感興《かんきょう》のあまり二人のあいだに立ち入ったところ、常盛は裸のまま、頼家の名馬に乗って立ち去ってしまったため、義秀は多いに悔しがったというのである。

この馬は奥州一の名馬で、日ごろから常盛がしきりに所望していたものであったというが、義秀が水練のみならず、相撲にも長《た》け、強力の持ち主であった逸話であろう。同時に、義秀は長兄に忖《そん》度《たく》したのであろうか。

また、『吾妻鏡』には、和田合戦から三〇年近く経った一二四一(仁治《にんじ》二)年十二月のできごとを伝えている。それは、武田入道光蓮《こうれん》(信光《のぶみつ》)が次男信忠《のぶただ》を義絶《ぎぜつ》(勘当《かんどう》)したときのこと。これを宥《なだ》めようとした執権《しっけん》北条泰時《やすとき》(一一六三—一二二四)の面前で、信忠は義絶の理由を問いただし、父に尽くした孝の一つとして、戦いのさなかの一場面を次のように述べている。

戦いのなかで、人びとは朝夷名義秀の武威《ぶい》を怖れ、義秀が向かう方向を避け、あるいは出会えば傍らに逃れ、義秀に逢うことを自らの凶事《きょうじ》と思い定めていた。そうした時、由比ヶ浜《ゆひがはま》に向かった光蓮は、御所を目指す義秀と互いに妻手《めて》(右手側)で出あった。鐙《あぶみ》を合わせて進みよる義秀に、気づかずに進んだ光蓮が、矢の届く距離まで近づいたため、あわてて轡《くつわ》を西に向け、弓を取り直した。その時、信忠が父の身代わりにと両者のあいだに分け入ったところ、これをみた義秀は、信忠の捨て身を感じ取り、感嘆の言葉をかけて、その場をやり過ごしたのである。

既述のように、兄常盛の強引な望みを叶え、あるいは、信忠の身を捨てて父光蓮の命を救おうとした行為に感じ入り、戦いを避けた義秀の対応は、武勇だけでなく、それぞれの状況に応じた機微にも触れる心情を持ち得た武者として描かれている。

義秀の猛勇と状況に応じた繊細さが、どのようにして育まれたのか、史料から描ききることはかなり難しい。しかし、その義秀の原形質の背景を探ることは可能であろう。以下、その苗字の地である安房国朝夷郡や三浦半島・和田郷の状況を垣間見《かいまみ》ていこう。

三浦・和田氏と房総

延慶本《えんけいぼん》『平家物語《へいけものがたり》』によれば、義秀の祖父義宗《よしむね》は杉本太郎と称し、一一六三（長寛《ちょうかん》元）年の秋、「安房国長狭城《ながさじょう》」を攻撃した際に負傷、三九歳で没したという。「長狭」郡は、現在の千葉県鴨川《かもがわ》市の北端、旧天津小湊《あまつこみなと》町域に比定されるが、「長狭城」はわからない。この地域を支配したのは長狭氏であり、一一八〇（治承《じしょう》四）年九月、安房国に逃れた源頼朝《よりとも》（一一四七―九九）を急襲しようとして排除された長《なが》狭常伴《さつねとも》も一族ないし後継者であろう。

しかし、三浦半島を拠点とする三浦一族の義宗が、「長狭城」を攻撃したのはなぜだろうか。その背景を知る史料は確認できないが、頼朝が長狭氏を破ることができたのは、「国郡の案内者」でもある三浦義澄《よしずみ》の情報収集力があったことを『吾妻鏡』は記している。義澄は、長狭氏の動向をいち早く知り、それにすばやく対応できるだけの、安房国の情報に通じていたのである。

また、義秀の苗字「朝夷名」は、安房国朝夷郡に由来するというが、長狭郡の南（鴨川市の南域）に位置していた。したがって、義宗が無関係な朝夷郡を越えて「長狭城」を攻撃したとは考えられず、朝夷郡の支配を前提に考えるべきだろう。

ところで、「平群系図《へぐりけいず》」（『続群書類従《ぞくぐんしょるいじゅう》』第六輯《しゅう》上）には、相模国《さがみのくに》の三浦・杉本・朝夷・大多和《おおたわ》・長江《ながえ》・葦名《あしな》諸氏や、安房国の安西・安東・金余《かなまり》諸氏は、ともに平良文《よしふみ》（生没年不詳）の子忠道《ただみち》＝忠通（生没年不詳）を先祖としたとある。ここでは、杉本・朝夷を相模国内とし、一般に義宗の名のる杉本は鎌倉の杉本城・杉本寺に由来するとする。しかし、湯山学氏は横須賀市大矢部の小字「杉《すぎ》ノ下《した》」＝杉下《すぎもと》の可能性を指摘しており、同じように朝夷も安房国朝夷郡のことである。しかも、忠道は村岡二郎大夫と号し、相模国の大掾《だいじょう》(国司の三等官《こくし》)ともなったというから、相模国三浦半島を本拠に、さらに房総半島に進出したと考えられよう。

考えてみれば、三浦半島と房総半島は彼我の距離にあって最短六〜七キロ、まさに大きな河であり、北海道と青森県を境する津軽海峡を「しょっぱい河」というに等しい。古代の東海道が、相模国から房総半島の安房国に向かっていたのは周知の事実であり、当時の人びとにとって、対岸の房総半島は大河によって隔てられた隣接地だったのである。

三浦一族と房総半島の強固な関係が、頼朝の挙兵以前に確立していたと見ると、石橋山《いしばしやま》の戦いに敗れた頼朝が安房国に渡海したのも、窮余《きゅうよ》の一策《いっさく》ではなく、敗れた場合の既定方針に基づいたものとも考えられるのである。

こうした三浦・和田氏と房総半島の関わりは、義盛の時代になっても継続、あるいは強化された。たとえば、『吾妻鏡』文治二(一一八六)年六月十一日条によれば、上総国《かずさのくに》畔蒜庄《あびるのしょう》(千葉県君津市・木更津《きさらづ》市)は地頭職《じとうしき》を持つ熊野別当《くまのべっとう》が支配していたが、「地下《じげ》」=現地の管理は、相馬介《そうまのすけ》および和田義盛が行っていた。ところが、二人が年貢を納めなかったために訴えられたのである。野口実氏によれば、相馬介は上総権介広常《ごんのすけひろつね》の一族相馬定常《さだつね》に比定でき、一一八三(寿永《じゅえい》二)年十二月に広常が誅殺されると、上総氏の宗主権は定常に移って「介」を名のっていたという。すると、畔蒜庄は広常の旧領であったが、その滅亡後に二分され、定常および義盛が支配することになったのであろう。また、同書建保元(一二一三)年三月八日条によれば、義盛は日ごろ「上総国伊北庄」(千葉県いすみ市西部)に住んでいたという。この地域は、上総権介広常の兄弟である伊南新介常景《いなんしんすけつねかげ》の子伊北庄司常仲《いほくのしょうのつかさつねなか》が支配していたが、常仲は頼朝によって滅ぼされた。その後、遅くとも広常が滅ぼされた一一八三(寿永二)年以降、義盛に与えられたものであろう。

水運の拠点「和田」郷

和田氏は、桓武《かんむ》平氏・良文の子忠通を祖とする三浦氏の一族である。湯山学氏によれば、「三浦系図」(『続群書類従』第六輯上)には、忠通の子為通《ためみち》に「始めて三浦と号す」とあること、横須賀市矢部の満昌寺《まんしょうじ》に残る縁起などから、源頼義《よりよし》(九九八―一〇七五)にしたがって前九年合戦に軍功を立て、相模国三浦の地を給わった可能性を指摘する。また、『奥州後三年記』に「将軍(義家《よしいえ》)の兵《つわもの》」として「同国の兵三浦の平太郎為次《ためつぐ》」とあることなどから、為通ないしその子為次のころ、頼義・義家(?―一一〇六)の郎等となり、三浦氏が誕生したという。

一一四四(天養《てんよう》元)年、三浦庄司平吉次《よしつぐ》(義継)・吉明《よしあき》(義明)父子、さらに中村庄司宗平《むねひら》・和田太郎助弘《すけひろ》ら千余騎が、「鎌倉の楯《たて》」に居住していた源義朝(一一二三―六〇)の名代清原安行《きよはらやすゆき》とともに、相模国大庭御厨《おおばのみくりや》に侵入し、国衙《こくが》の役人と衝突した。ここに記載された和田助弘が、義盛以前に和田郷を支配したとの指摘もある。すなわち、和田館《わだやかた》跡の北方にあった安楽寺《あんらくじ》は、館の鬼門《きもん》を鎮護するために建立されたと伝えられ、その本尊薬師三尊像《やくしさんぞんぞう》は近くの大養院に移されたが、藤原様式を受け継いだ地方仏師によって造立されたもので義盛時代を遡《さかのぼ》る作品という。和田助弘との関係を指摘できる根拠もないが、この地域が、かなり早い時代から開発された可能性を傍証できる物的根拠でもあろう。

では、「和田」とはどのような地域であったのか、湯山氏の指摘に基づいて概観しておこう。三浦半島の南域、三浦市初声町《はっせいちょう》和田に比定される「和田郷」は、標高二〇メートル前後の丘陵を相模湾に西流する障子川《しょうじがわ》が開削した谷戸《やと》を中心とした地域であった。この谷戸は、江戸時代初めに干拓されたが、それ以前は海が入江奥の和田館跡近くまで入り込んでいたという。和田氏もまた、海に手慣れた武士だったのである。義秀の水練の巧みさは、こうした生活環境も影響していたはずである。

また、戦国期の史料ではあるが、『小田原衆所領役帳』(『戦国遺文《いぶん》後北条氏編』別巻)には、「三浦和田の内」五〇貫文を支配した高尾某は、「浦賀定海賊」＝浦賀に常駐する北条氏の水軍役を務めていたため、知行地に対する軍役《ぐんやく》は免除されていた。おそらく、高尾某は和田から軍船で浦賀に向かったものと思われ、この地が海上交通の要地であった可能性が高い。中世を通じて、「和田」は海との関係を維持し続けたのである。

和田合戦と義秀

和田合戦は、北条義時の挑発にのった義盛が蜂起《ほうき》、鎌倉市中で繰り広げられた初めての本格的な戦いである。ときどき「建保合戦」と記述されることもあるが、戦が行われたのは、一二一三(建暦《けんりゃく》三)年五月二〜三日のことで、改元は同年十二月六日のことであるから、厳密には建保元年ではない。そこで、本稿では和田合戦と記すことにしたい。

一二一三(建暦三)年五月二日午後四時ころ、義盛は嫡男常盛《ちゃくなんつねもり》以下一五〇騎を率いて御所を襲った。容易に攻め破ることもできず、御所の南西に位置する政所《まんどころ》の前で波多野忠綱《はたのただつな》や三浦義村《よしむら》と戦うなか、午後六時ごろには和田勢が御所を包囲した。北条泰時や朝時《ともとき》、足利義氏《あしかがよしうじ》らが防戦したが、朝夷名義秀は惣門《そうもん》を破って南庭に乱入し、御所に火を放った。しかし、戦いが長引くにつれ、食料も乏しく、兵馬も疲弊の極に達した義盛勢は疲れを見せはじめた。

翌三日午前四時ころ、横山時兼《ときかね》率いる軍勢が合流して三〇〇〇余騎ほどにもなった義盛勢は、ふたたび攻撃を開始した。しかし、若宮大路《わかみやおおじ》は泰時・時房《ときふさ》が、町大路は足利義氏が、名越《なごえ》方面は源頼《より》茂《もち》が、大倉方面は佐々木義清《ささきよしきよ》・結城朝光《ゆうきともみつ》がすでに防衛戦を張っていた。そのため、由比ヶ浜と若宮大路で合戦が再開された。

この合戦で、朝夷名義秀は土屋義清《つちやよしきよ》・古郡保忠《ふるごおりやすただ》らと周囲の幕府勢を攻撃、幕府勢は退散することたびたびであった。しかし、午後六時ごろ、和田義直《よしなお》が討ち取られると、父義盛の嘆きは大きく、落胆した義盛も江戸能範《えどよしのり》に討たれ、続いて義重《よししげ》・義信《よしのぶ》・秀盛《ひでもり》らも討ち取られた。兄弟が敗死するなかで、『吾妻鏡』は、義秀を含む軍勢五〇〇騎が、船六艘に分乗して安房国に逃れたと記している。

『鎌倉年代記裏書』五月二日条には、「義盛ならびに土屋兵衛尉《ひょうえのじょう》(義清)、中山四郎、横山党、相模・武蔵・安房・上総等の軍兵二百人与力」とあるから、義秀が「安房・房総の軍兵」とともに房総に逃れた

❖和田氏関係系図

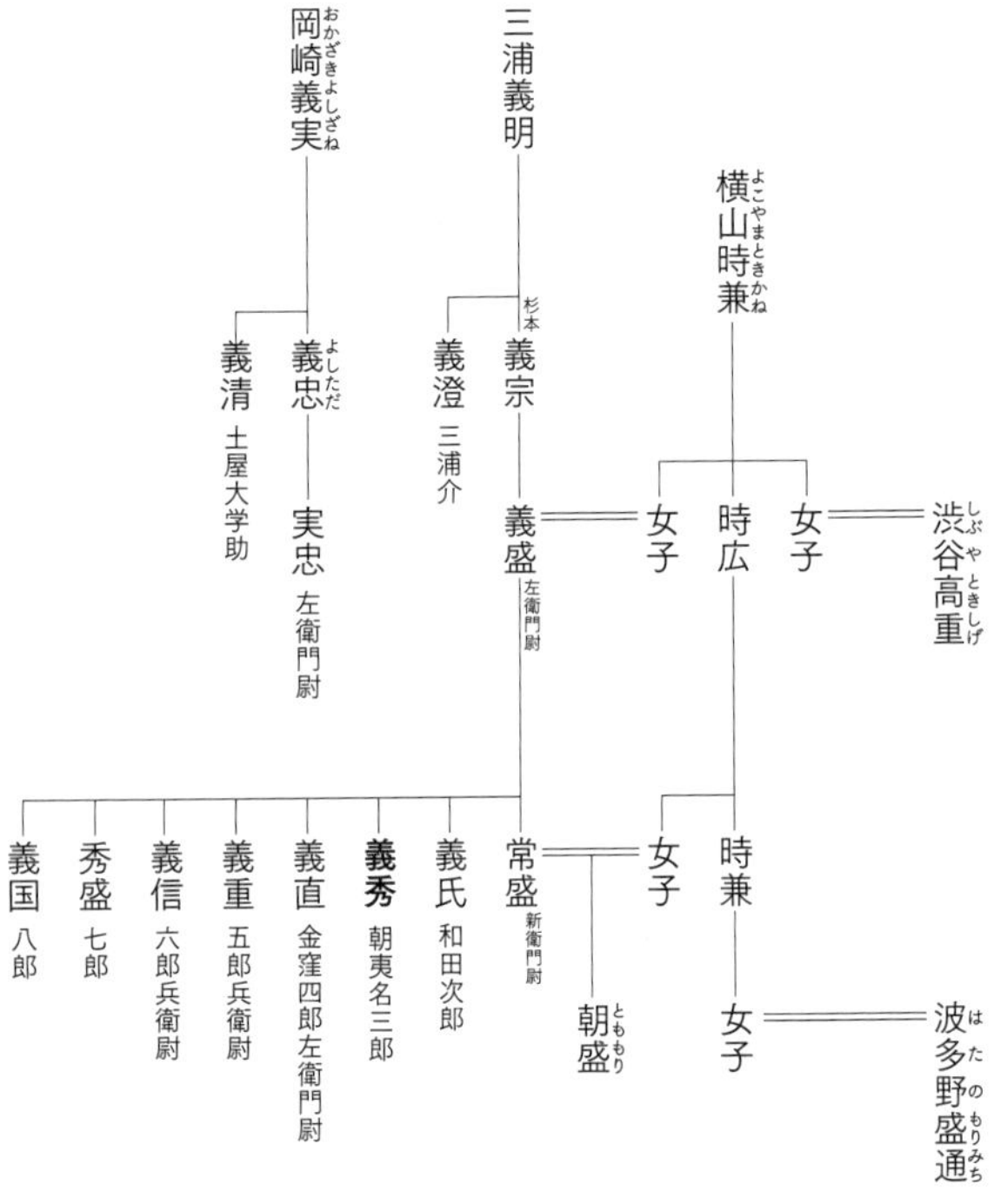

のであろう。

ところが、合戦後に作成された討たれた人々の一覧には「あさいなの三郎」とあって、戦死したかのような書き方である。さらに、藤原定家《ふじわらのさだいえ》（一一六二―一二四一）の日記『明月記《めいげつき》』には、千葉成胤《ちばしげたね》勢と三浦義村勢に挟撃《きょうげき》された和田勢が逃れきることもできず、残党五〇〇騎許りが船六艘に分乗して安房国に向かった、とあるだけで義秀を特定していない。あるいは、武勇に勝れた義秀に対する伝承が、『吾妻鏡』編纂時にはすでに成立しており、あえて義秀の死を曖昧《あいまい》なものにしたのであろうか。

その後の義秀

勇猛な、そして状況に応じた繊細さという評価は、『吾妻鏡』編纂の段階ですでに定着していた。そして、こうした評価はその後も拡大、拡散されていく。

たとえば、十三世紀末には成立していたとされる原『曽我《そが》物語』を、十四世紀後半ごろ改定増補した流布本《るふぼん》『曽我物語』には、和田義盛と曽我祐成《すけなり》との確執に続いて「朝比奈義秀」と曽我時致《ときむね》との力比べ譚《はなし》などが描かれるなど、義秀の剛勇ぶりが語られ、それらは後に幸若舞《こうわかまい》『和田酒盛《わださかもり》』に再編されていく。この間、京都五山の僧・桃源瑞仙《とうげんずいせん》（一四三〇―八九）が一四七七（文明《ぶんめい》九）年に著した『史記』の注釈書『史記桃源抄』にも、日本を代表する勇士として弁慶《べんけい》や和田合戦の発端ともなった「和泉」親衡とともに義秀が記述されている。

しかし、義秀の伝承がとくに庶民のあいだに広まったのは、江戸時代になってからであろう。たとえば、義秀と時致との力比べは、時致が鎧《よろい》を抱えて親の敵工藤祐経《すけつね》を討とうとするのを、小林朝比奈が草摺《くさずり》を捕らえて忠告するという「草摺引《くさずりびき》」に発展し、以後、能（和田酒盛）や狂言（朝比奈）、さらに古浄瑠璃、人形浄瑠璃(一七六二〔宝暦《ほうれき》十二〕年初演の「岸姫松轡鑑《きしのひめまつくつわかがみ》」)、歌舞伎などに脚色され、滝沢馬琴《たきざわばきん》(一七六七—一八四八)の読本《よみほん》『朝夷《あさひな》巡島《しまめぐりの》記《き》』(一八一五〔文化十二〕年)を含めて、多くの同類作品が誕生する。

幕府が開かれた江戸が、政治的拠点としてだけでなく経済的にも発展するなかで、義秀伝承を含む和田酒盛譚は、物語と語り物芸能、さらに物語に挿絵《さしえ》を付けた絵入本《えいりぼん》によって、視覚的にも庶民に受け入れられ、拡散していったのである。

⦿参考文献

湯山　学『相模武士二・三浦党』(戎光祥出版、二〇一一年)
野口　実『坂東武士団の成立と発展』(弘生書林、一九八二年。後に戎光祥出版から再版、二〇一三年)
野口　実『鎌倉の豪族Ⅰ』(鎌倉春秋社、一九八三年。後に『坂東武士団と鎌倉』と改題して戎光祥出版から刊行、二〇一三年)
岡田清一『鎌倉の豪族Ⅱ』(鎌倉春秋社、一九八三年。後に『北条得宗家の興亡』と改題して新人物往来社から刊行、二〇〇一年)
岡田清一『北条義時』(ミネルヴァ書房、二〇一九年)
宮腰直人「和田酒盛考——『曾我物語』・舞の本・古浄瑠璃正本の挿絵をめぐって——」(『国文学研究資料館紀要』第三九号、二〇一三年)
須田悦生『幸若舞の展開——芸能伝承の諸相——』(三弥井書店、二〇一八年)
佐伯真一・目黒将史等『日本と〈異国〉の合戦と文学』(笠間書院、二〇二二年)

源家の遺児を守り切れなかった男の最後の意地

三浦胤義

…みうらたねよし…

永井 晋

源頼家遺児禅暁の後見

◉三浦一族の中での立場

三浦胤義《みうらたねよし》（一一八五？—一二二一）は、三浦介義澄《よしずみ》の子、三浦義村《よしむら》（一一六〇？—一二三九）・大河戸重澄《おおかわとしげずみ》の弟である。九郎、九郎右衛門尉《うえもんのじょう》を通称として長く使っていた。一族の惣領《そうりょう》義村からみると、胤義は末子に近い弟である。義村のすぐ下の弟重澄は、秀郷《ひでさと》流藤原氏の大河戸氏の名跡を継いで分家をたてている。三浦の通称を名乗り、義村の側に居続けたのは、嫡流《ちゃくりゅう》に何かあった時に三浦介を継承できる予備の人材として手元に置かれたためであろう。若い頃の胤義は、義村と行動をともにしている。その胤義が、承久《じょうきゅう》の乱（一二二一年）で三浦一族を離れ、京方として鎌倉幕府と向かい合うことになるとは、誰も想像しなかったであろう。

◉源頼家遺児禅暁の問題

『吾妻鏡《あずまかがみ》』建保《けんぽう》元（一二一三）年十一月五日条は、「御所のあたりで騒動あり、ただし、時刻を経ず静《せい》謐《ひつ》、これ、三浦九郎右衛門尉胤義、女の事により闘乱を起こすの間、彼の一族等、たちまちに馳せ参り候故《そうろうゆえ》なり」と、書き残している。御所に関わる女性の話と思われるが、その後の記事がないことから厳罰に処されなかったのであろう。『吾妻鏡』からは将軍御所に関わる女性と三浦胤義との問題という推測しかできないが、この女性が二代将軍 源 頼家《みなもとのよりいえ》（在職一二〇二—〇三）の夫人一品房昌《いっぽんぼうしょう》寛《かん》（生没年不詳、源頼朝《よりとも》〔在職一一九二—九九〕の右筆《ゆうひつ》）の娘であることが『承久記《じょうきゅうき》』から明らかになる。

源頼家は正室を迎えていないが、嫡子一幡《ちゃくしいちまん》（一一九八—一二〇三）の母として比企能員《ひきよしかず》の娘若狭局《わかさのつぼね》がその待遇を受けていた。若狭局は乳母《めのと》の一族なので、頼家の妻としては家格が釣り合わない。若死にした頼家が、身分相応の家から正室を迎える可能性は十分にあった。公家《くげ》も武家も正室を迎える結婚は家と家の結びつきであり、公家社会は「をのこはめがら（男子は正室の家柄で評価される）」（『栄華《えいが》物語』）の意識が続いている。河内源氏《かわちげんじ》の惣領として武家の意識を強く持つ頼家であっても、正室は公家から迎えることがないとはいえない。木曽義仲《きそよしなか》が、京都で提携した前関白松殿基房《まつどのもとふさ》の娘を正室に迎えたことを忘れてはいけないだろう。一品房昌寛は源頼朝の右筆であり、昌寛の娘は源頼家の「妾《しょう》」である。頼家が既に死去していることから、胤義がこの女性を妻に迎えることに何も問題はない。問題なのは、頼家と昌寛の娘との間に男子が誕生していたことである。この男子が、仁和寺《にんなじ》に入った禅暁《ぜんぎょう》（?—一二二〇）である。胤義からみると、禅暁は妻

❖三浦氏略系図

- 三浦義継
  - 義明（三浦介）
    - 義宗（杉本）
      - 義盛（和田）
    - 義澄（三浦介）
      - 義村（三浦介）
        - 泰村（三浦介）
      - 重澄（大河戸）
      - 友澄（三戸）
      - 胤義 ＝ 一品房昌寛女
        - 禅暁（承久二年誅殺）
    - 義連（佐原）
  - 義行（津久井）

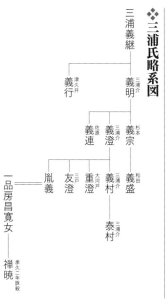

の連れ子である。禅暁はまぎれもない源頼家の子、胤義は養君《やしないぎみ》として後見しなければならない立場にたつことになる。

禅暁は、一二一九（承久元）年正月の鶴岡社務《つるがおかしゃむ》公暁《くぎょう》の三代将軍源実朝《さねとも》（在職一二〇三―一九）暗殺の余波を受けて、一二二〇（承久二）年四月十四日、鎌倉幕府の使者によって仁和寺から連れ出され、東山《ひがしやま》で殺された（『仁和寺日次記』）。三浦胤義は、妻から北条義時《ほうじょうよしとき》（一一六三―一二二四）が禅暁を殺したことの恨み言を聞かされ続けたという（『慈光寺本《じこうじぼん》　承久記』）。後に、後鳥羽院《ごとばいん》（在位一一八三―九八）の側近《そっきん》藤《ふじ》原秀康《わらのひでやす》（?―一二二一）から、この点を強く指摘した説得を受け、胤義は後鳥羽院に加担する決心をする。

上洛と後鳥羽院との接近

◉三浦胤義上洛

一二一九年（承久元）正月に源実朝が暗殺された後、北条氏が行った最初のことは将軍職を継承しうる立場にある源家一門の粛清《しゅくせい》であった。当初の予想は親王将軍の東下《とうげ》であったが、北条政子《まさこ》（一一五七―一二二五）・義時の態度が強硬すぎて、第一候補であった頼仁親王《よりひとしんのう》（一二〇一―六四）を養育していた後鳥羽院の腹心高倉家の人々を怒らせてしまった。高倉家から強い反対論を聞かされた後鳥羽院は、鎌倉に親王を派遣することは天を二日《にじつ》に分けることになると考え、親王将軍東下を白紙に戻した。交渉に行き詰まった北条義時は、三浦義村の意見を入れて九条道家《くじょうみちいえ》（一一九三―一二五二）を新たな交渉の相手とし(『愚管抄《ぐかんしょう》』)、後鳥羽院の了解を得て、道家の子三寅《みとら》を将軍家(四代将軍九条頼経《よりつね》(在職一二二六―四四))として鎌倉に迎えることにした。三寅は源頼朝の妹の曾孫《そうそん》にあたるので遠縁にあたる人物と説明できるが、源頼朝の親族を外して鎌倉殿《かまくらどの》(源家将軍の家名)を継がせる正統性まではなかった。嫡子の誕生しない源実朝の意向は親王将軍であり、摂関家から迎えるという話は了解事項ではないのである。一二一九(承久元)年二月に源頼朝の甥阿野時元《あのときもと》を謀反《むほん》の咎《とが》で一方的に討つことで源頼朝の縁者は将軍家に迎えない意向を周囲に示したが、第二弾の粛清が必要となったということであろう。一二二〇(承久二)年四月の禅暁誅殺《ちゅうさつ》は、九条頼経以外に鎌倉殿を継ぐ人はいないという三寅の後見北条政子の意向を示すために行われた。

一方で、北条義時は意見を同じくする三浦義村とのつながりを強めるため、三浦義村を国司《こくし》に推挙した。一二一九(承久元)年十一月十三日、三浦義村は従五位下に昇進し、駿河守《するがのかみ》に補任された(『関東評定衆伝』)。源家将軍断絶によって鎌倉幕府の求心力が低下し、後鳥羽院との政治的なやりとりが暗礁《あんしょう》に乗り上げている時期なので、北条氏は三浦氏を信頼の置ける友として、どうしてもつなぎ止めておかなければならなかった。駿河守推挙は、まさにそれであろう。この時期の胤義は、まだ三浦氏が北条氏と連携することに疑問は持っていないであろう。

胤義が三浦氏を割ることになるのは、一二二〇(承久二)年四月の禅暁誅殺が発端と考えてよい。一品房昌寛の娘は、夫の三浦胤義に対して北条義時が禅暁を殺したことの恨み言を言い続けたと『慈光寺本　承久記』は伝える。三浦胤義の立場で考えてみよう。三浦介義明が源頼朝の挙兵を聞いて「貴種再興の秋」（『吾妻鏡』）と語ったと伝えるように、三浦氏が源家将軍を主君として忠実に仕えたことは間違いがないであろう。胤義が二代将軍源頼家の遺児禅暁を預かるようになったのは、禅暁の母を好きになってしまった結果としか言いようがないであろう。三浦一族の主立った人々と揉めてもまだ、一品房昌寛の娘にこだわり続けたのも、胤義の思いはそこまで強かったとしか言いようがない。政治家として優れたセンスを持つ兄三浦義村なら、私情を殺してこの危険な女性に近づかないだろう。しかし、胤義は自分の心を優先し、一族を危険に陥れた。鎌倉幕府の首脳部に名を連ねる兄と、坂東武者の心を持ち続ける弟の差であろう。

禅暁は、仁和寺に入って学侶となることで命の安全が保証されていたと思われる。「暁」の名前が示すように、仁和寺の隆暁《りゅうぎょう》法印に入室した源頼朝の子貞暁《じょうぎょう》法印（一一八六―一二三一）の跡を継ぐ者とみられていたのであろう。貞暁は北条政子を嫌い、鎌倉との関係を深めたくないと高野山にいることが多かった。禅暁も、保護者として接する三浦胤義の家族以外に、どれだけの人と接したかはわからない。三浦胤義がこの一件を深く遺恨と思うのは、禅暁は殺される必要がないと考えていたからに他ならない。

高橋秀樹氏は、三浦胤義の上洛を承久の乱の半年前ぐらいと考えている。禅暁誅殺から半年、三浦胤義はいろいろと悩んだ末に、鎌倉幕府から離れる決断をしたのであろう。

三浦胤義一党の死闘

◉三浦胤義と三浦義村

『慈光寺本《じこうじ》　承久記』は、上洛してほどない三浦胤義のところに、後鳥羽院の側近藤原秀康が使者として赴き、禅暁の一件を切り札に後鳥羽院の側につくように口説き落としたと伝える。三浦胤義が鎌倉幕府の人々に疑われずに上洛する理由としては、検非違使に補任されたことで、朝廷の仕事を勤めるためにしばらく在京すると説明するのが一番わかりやすい。家族や郎党を連れているので、鎌倉幕府の許可なしには上洛が難しいためである。

一二二一(承久三)年五月十五日、北条義時追討の官宣旨《かんせんじ》が出された(小松拓真氏所蔵文書)。この官宣旨と三浦胤義が三浦義村に宛てた書状を持った使者が、五月十九日に鎌倉に到着した。三浦胤義の書状は、義村に対して勅定《ちょくじょう》に従い、北条義時を誅殺せよと伝えている。書状を受け取った三浦義村は、これを北条義時に渡して読ませている。

三浦義村は、政治的な読みに長けた策略家で、一一九九(正治《しょうじ》元)年に三浦氏に対抗する力を持つ鎌倉党の梶原景時《かじわらかげとき》を謀略で失脚に追い込み、畠山重忠《はたけやましげただ》事件(一二〇五年)で祖父三浦介義明の仇を討ち、和田《わだ》合戦(一二一三年)で、三浦氏惣領家を越える勢力を築いていた分家の和田義盛《よしもり》を滅ぼした。彼の政治的な手腕により、相模国で三浦氏に対抗できる勢力はいなくなった。それは同時に、鎌倉幕府を主導する北条氏が政権を維持するためには、相模国最大の実力者三浦義村との提携を必須の条件とする政治構造をつくりあげていた。三浦氏の繁栄は北条氏との協調によってもたらされるのであり、三浦義村が北条義時と袂《たもと》を分かつはずがなかった。三浦胤義には、そのことが理解できなかったのであろう。後鳥羽院の命令というお墨付きがあれば、三浦義村は北条義時を政変で倒して鎌倉幕府の実権を掌握すると考えたのかもしれない。承久の乱の勝敗は、鎌倉が結束できるか、後鳥羽院の命令を受けて北条義時を討つ人々が現れて内部崩壊するかにかかっていた。しかし、最有力とみられた三浦義村は、北条義時支持の立場を明らかにした。京方に移ったのは、北条氏に対して遺恨を持つ人々や、北条氏主導の政権では源家の有力者は必要とされないと考えた大内氏のような人々であった。

「勝者につくのは、武家の習い」（『慈光寺本　承久記』）とうそぶく甲斐源氏が鎌倉が勝つと判断したように、北条義時追討の官宣旨だけでは東国の武者を味方につけることはできなかった。三浦胤義の調略は、失敗した。後は、戦うのみであった。

◉満足のいかない合戦の末の最期

一二二一（承久三）年五月二二日、鎌倉幕府は東海道大将軍として北条泰時《やすとき》（一一八三―一二四二）の軍勢を進発させた。進撃の速度が勝負といわんばかりに、従う軍勢わずか十八騎の出陣であった。翌二三日には、東山道の大将軍に武田信光《たけだのぶみつ》・小笠原長清《おがさわらながきよ》・小山朝長《こやまともなが》・結城朝光《ゆうきともみつ》が任命され、進発した。北陸道の大将軍は、北条朝時《ともとき》・結城朝広《ともひろ》・佐々木信実《ささきのぶざね》である。東海道の軍勢は、北条泰時を追いかけるかのように進発していった（二九七頁の地図参照）。三浦一族の中でも、津久井四郎高重《つくいしろうたかしげ》は京方に合流しようとして上洛を試みたが、三河国《みかわのくに》で討たれている（『承久記』）。また、鎌倉幕府成立時に安田《やすだ》義定《よしさだ》の郎党になった遠江在庁井伊介《いいのすけ》は尾張《おわり》国府を占領して官軍の到着を待ったが、孤立したまま、上洛する北条泰時の軍勢に呑み込まれた(『慈光寺本　承久記』)。

後鳥羽院のもとに集まった人々は、しかるべき総大将を定めぬままに美濃国《みののくに》まで出陣しなければならなくなったので、合議によって定められた所に陣を敷いたが、それぞれが手勢を率いて戦い、各個撃破される最悪の展開になった。三浦胤義は、藤原秀康を総大将として大豆渡に布陣した一万騎の中にいた。ここには、北条時房《ときふさ》・足利義氏《あしかがよしうじ》を総大将とする軍勢が攻め寄せ、数刻の戦いで退却へと追い込まれた。敗走する軍勢は、多くの者が討たれたと伝える。

態勢を立て直した京方は、六月十二日に宇治・勢多《せた》の線を守るべく要所・要所に布陣した。大江親広《おおえのちかひろ》・藤原秀康・小野盛綱《おののもりつな》・三浦胤義は、宇治の東側鵜飼瀬《うかいせ》に布陣して幕府軍を待った。しかし、六月十四日に北条泰時が率いる幕府軍主力に宇治川を突破されると退かざるをえなくなった。三浦胤義は後鳥羽院のいる四辻殿に向かったが、後鳥羽院は門を固く閉ざして中に入れなかった。観念した三浦胤義は最後の合戦の場に東寺《とうじ》を選び、ここに籠《こ》もった。北条泰時は、三浦胤義の始末を三浦義村に任せた。翌十五日、三浦義村の軍勢の中から、佐原盛連《さはらもりつら》や天野政景《あまのまさかげ》が東寺を攻め、木戸を破って寺内に突入したので、三浦胤義は東寺を逃れた。この時、家族や郎党はちりぢりとなり、最後は嫡子太郎朝村と二人になり、東山(『吾妻鏡』は西山木嶋)で自害した。その首は、胤義の郎党が太秦《うずまさ》にいた三浦義村のもとに届けた。

三浦胤義が、承久の乱で後鳥羽院に味方した大きな理由は、源頼家の遺児禅暁を殺されたことで武家としての名誉を失ったためである。胤義は、一品房昌寛の娘を妻に迎えることで、一族との間に大きな溝が生じている。しかし、惣領三浦義村から離れる程の溝ではなく、以前のように一身同体の行動を取らなくなった程度であろう。そのつながりを切ったのは、北条義時による禅暁誅殺である。この事件によって、三浦胤義は鎌倉幕府を離れ、後鳥羽院のもとに移った。三浦一族の中にも、津久井・三戸など胤義の行動に同調する人々はいたが、少数である。後鳥羽院が三浦胤義に期待したものは、三浦一族を後鳥羽院側に引き込み、鎌倉幕府に大きな亀裂を入れることであった。この目論見《もくろみ》は、失敗したといえる。

三浦胤義は、承久の乱で満足のいく合戦をする機会を与えられなかった。検非違使として上洛したため、手勢があまり多くなかったのであろう。胤義が属した総大将藤原秀康は合戦に長けた人物とはいえず、承久の乱でなし崩し的な敗北を続けた。胤義は武者としての武勇を示す機会もなく、死に場所と定めて籠もった東寺も、北条泰時が攻撃を割り当てたのは一族の人々であった。攻める三浦義村の軍勢の方からは、落ち武者狩りで大将首を拾う好機に同族相食《あいは》む合戦をしなければならないことへの不満が出ていた。坂東武者として名誉ある合戦の機会を与えられず、嫡子朝村と二人となり、自害をせねばならなくなった最期は無念であったと思われる。

承久の乱において三浦胤義の名は注目されるが、後鳥羽院が胤義に期待したものは一軍の将ではなく、鎌倉幕府の実力者三浦一族を切り崩すことであった。その失敗故に、後鳥羽院は数ある武将の一人としか扱わなかった。それでもなお戦い抜いた胤義、彼が最後まで守りとおそうとしたのは、亡くなった禅暁に象徴される源家に対する忠誠なのであろう。

⦿参考文献

永井　晋『鎌倉幕府の転換点――『吾妻鏡』を読み直す』（日本放送出版協会　二〇〇〇年。二〇一九年、吉川弘文館より復刊）

高橋秀樹『三浦一族の研究』（吉川弘文館　二〇一六年）

坂井孝一『承久の乱――真の「武者の世」を告げる大乱――』（「中公新書」　二〇一八年）

野口実編『承久の乱の構造と展開――転換する朝廷と幕府権力――』（戎光祥出版　二〇一九年）

鎌倉幕府の危機を乗り越えた男

北条時房

…ほうじょうときふさ…

久保田和彦

北条《ほうじょう》時房《ときふさ》（一一七五―一二四〇）は、鎌倉時代前期に活躍した初代の六波羅探題《ろくはらたんだい》・連署《れんしょ》である。御成敗式目《ごせいばいしきもく》を制定し、後世武家政治の理想とされた三代執権《しっけん》北条泰時《やすとき》（一一八三―一二四二）の叔父にあたる。北条時房と泰時は、承久《じょうきゅう》の乱の東海道軍総大将、乱後の六波羅探題、二代執権北条義時の急死による「軍営御後見《ぐんえいごこうけん》」（後の執権・連署）への任命など、二人の協力によって鎌倉幕府の危機を何度も乗り越えてきた、鎌倉幕府のツートップである。

北条時房の略歴

北条時房は、一一七五（安元《あんげん》元）年に北条時政《ときまさ》（一一三八―一二一五）の三男として生まれた。母は『北条氏系譜人名辞典』（新人物往来社）で足立遠元《あだちとおもと》の娘と記されるが、この女性は『系図纂要《けいずさんよう》』に時房の二男時村《ときむら》の母と注記されているので時房の妻である。時房は北条政子《まさこ》（一一五七―一二二五）・義時《よしとき》（一一六三―一二二四）の弟であり、同母なら伊東祐親《いとうすけちか》の娘が母となる。通称は北条五郎、武州、相州、匠作《しょうさく》と変遷した。

『吾妻鏡《あずまかがみ》』の初出は、文治《ぶんじ》五(一一八九)年四月十八日条の元服記事で、時房はこの日、三浦義連《みうらよしつら》を加冠役《かかんやく》として五郎時連《ときつら》を称した。時連の名字は、烏帽子親《えぼしおや》の三浦義連の「連」の一字を拝領したためである。この記事に時連十五歳と記されていることから一一七五(安元元)年の生年は逆算した。

五郎とあるが、時政の子は『吾妻鏡』によると、長男は三郎宗時、次男は四郎義時と記されており、時房は五郎であるが三男である。他の兄弟としては異母弟である政範《まさのり》、姉妹には政子、足利義兼《あしかがよしかね》の妻、阿野全成《あのぜんじょう》の妻など十二名が知られる。時房の子どもは、諸系図から時盛《ときもり》(佐介流の祖)・時村・資時《すけとき》・朝《とも》直《なお》(大仏流の祖)・時直・時定・房快・忠源と九人の女子が知られる。

北条時房は、鎌倉幕府のさまざまな岐路において、「俠」の精神を持ち、危機を何度も乗り越えてきた。その生きざまを紹介したい。

第一の危機――源頼朝の死去

北条時房は、一一八九(文治《ぶんじ》五)年七月、源頼朝《みなもとのよりとも》(在職一一九二―九九)の奥州出兵に従軍する。時房はまだ元服したばかりの十五歳で、合戦での活躍や功績は期待できない。頼朝在世中の時房は位階や官職もなく、ただの「北条五郎」であり、源頼朝や御台所《みだいどころ》である姉政子の寺社参詣や幕府諸行事への出向に際し随兵として供奉すること、放生会《ほうじょうえ》での流鏑馬《やぶさめ》の射手をつとめることが主要な職務であった。

一一九九(正治《しょうじ》元)年正月に源頼朝が死去すると、時房は十八歳で二代鎌倉殿となった頼家《よりいえ》(在職一二〇二―三）の側近となり、蹴鞠《けまり》・狩猟の御供として近侍し、一二〇二（建仁《けんにん》二）年六月に時房と改名した。蹴鞠後の酒宴で、頼家から連の字の改名を命じられたためである。頼家時代の時房は二〇代後半であるが、依然として無位無官である。頼家は蹴鞠や狩猟を好み、これを度々開催していたが、時房は常連として蹴鞠の会に参加している。

頼家主催の御鞠・狩猟等の参加者は、『吾妻鏡』によると、北条時房（二三回）、比企弥四郎《ひきやしろう》（十八回）、大輔房源性《だいゆうぼうげんしょう》（十七回）、富部五郎・加賀房義印（十五回）、肥多八郎宗直（十四回）、紀内行景（十三回）、少将法眼観清（伯耆少将）（七回）、細野四郎（五回）、六位進盛景（三回）、若宮三位房・稲木五郎（二回）となり、時房の参加回数が圧倒的に多い。時房は頼家の側近中の側近であった。

頼朝の後家（尼御台所）として発言力を有した北条政子は、父時政や弟義時とはかり、若い将軍を補佐するという名目で有力御家人による「十三人の合議制」を成立させ、頼家の独裁的権力を制限した。頼家は北条氏に対抗するため近臣を重用し、一一九九（正治元）年四月に近臣の小笠原弥太郎長経《ながつね》・比企三郎宗員《むねかず》・比企弥四郎時員《ときかず》・中野五郎能成《よしなり》は、鎌倉中で狼藉《ろうぜき》を働いても甲乙人《こうおつにん》は抵抗してはいけない、また彼ら以外に将軍に取り次ぐことはできないと決定している。

若き将軍と北条氏との対立が深まるなか、一二〇三（建仁《けんにん》三）年七月、頼家は急病となり八月末には危篤《きとく》状態となる。北条時政は、この機会を利用して、頼家の弟実朝《さねとも》（在職一二〇三―一九）を三代鎌倉殿に擁立し、頼家の妻若狭局《わかさのつぼね》の父で政所別当であった比企能員《ひきよしかず》を謀殺《ぼうさつ》し、頼家の妻や長子一幡《いちまん》をふくむ比企一族を滅亡させた（比企の乱）。頼家は伊豆国修禅寺《いずのくにしゅぜんじ》に幽閉され、翌年に暗殺される。

頼家の側近中の側近であった時房は、父時政の指示によって（北条氏のスパイとして）頼家近臣となっていたのであろうか。

北条時房の躍進

三代将軍源実朝の時代になると、時房は一二〇五（元久《げんきゅう》二）年八月に従五位下・遠江守《とおとうみのかみ》、同年九月に駿河守《するがのかみ》、一二一〇（承元《じょうげん》四）年正月に武蔵守《むさしのかみ》に任官する。頼朝の時代、国司《こくし》に任官できたのは源氏一門と京下官人《きょうげかんじん》に限られており、源氏一門以外の武士で国司（遠江守）に任官したのは一二〇〇（正治二）年四月の北条時政が最初である。時政の国司任官は北条氏が一般御家人の上に立ち、源氏一門に準ずる地位に昇ったことを意味した。一二〇四（元久元）年三月の義時の相模守《さがみのかみ》に続く時房の国司任官は、鎌倉幕府における北条氏の地位の確立を意味した。また、武蔵国は相模国とともに将軍家の永代知行国であり、鎌倉幕府の最重要国であるが、その武蔵守に北条氏ではじめて時房が任じられたことは、北条一門における時房の重要な位置が理解される。

源実朝は、一二〇九（承元三）年四月一〇日に従三位に叙され政所《まんどころ》を開設し、以後政所下文《くだしぶみ》を発給する。鎌倉幕府の政所は四等官制を採り、別当・令《れい》・知家事《ちけじ》・案主《あんじゅ》の職員で構成される。北条時房は、源実朝家政所下文の初見である一二〇九（承元三）年七月二八日から終見の一二一七（建保《けんぽう》五）年八月二二日にいたるまで合計二二通の中、一通を除く二一通に署判し、三通を除く十八通の政所下文に花押《かおう》（在判）を据えている。時房は、源実朝家政所の中心的存在でもあった。

一二一八(建保六)年二月、姉政子の熊野参詣《くまのさんけい》に時房も随行し、政子は帰途京都で後鳥羽上皇《ごとばじょうこう》(在位一一八三―九八、院政一一九八―一二二一)の乳母《めのと》藤原兼子《けんし》と会見、二七歳になっても子供に恵まれない実朝の後継将軍として上皇の皇子を鎌倉に迎える内約を結ぶ。時房は上皇に召され院御所《いんのごしょ》の蹴鞠に参加した。十月には従五位上に昇叙される。この時期、北条時房は幕府内における地位を確立させ重鎮《じゅうちん》となった。

幕府最大の危機――承久の乱

一二一九(承久元)年正月、源実朝は右大臣就任拝賀のため鶴岡八幡宮《つるがおかはちまんぐう》参拝の帰途、甥《おい》の公暁《くぎょう》の襲撃により落命する。政子は実朝の後継として後鳥羽上皇の皇子の東下を奏上するが、上皇は摂津国《せっつのくに》長江《ながえ》・倉橋両荘地頭職《じとうしき》の改補を要求。同年三月、時房は千余騎の軍勢を従えて上洛、地頭職改補の拒否と新将軍の下向を再度奏請した。この結果、同年七月に左大臣九条道家の息三寅《みとら》の関東下向が決定し、時房はこれを引率して鎌倉に帰着した。

一二二一(承久三)年五月十五日、京都守護伊賀光季《いがみつすえ》が後鳥羽上皇の官軍の攻撃により誅殺《ちゅうさつ》され、全国に北条義時追討の宣旨《せんじ》が発せられた。承久の乱の勃発である。義時は尼将軍政子邸に時房・泰時・大江広元《おおえのひろもと》・足利義氏《よしうじ》以下を招集して対策を講じ、政子は安達景盛《あだちかげもり》を通じて参集した御家人らに、有名な御家人結束の演説を行った。評議の結果、政子の決断で速やかな軍勢の上洛を決し、信濃《しなの》・遠江以東の御家人に軍事動員の命令を発した。

二二日、北条泰時はわずか十八騎を率いて京都に向けて進発、続いて北条時房・足利義氏・三浦義村・泰村以下が出陣、北条朝時《ともとき》は北陸の大将軍として出陣した。二五日、幕府は上洛軍の規模・編制を確定し、東海道大将軍として十万余騎の幕府軍を率いたのは、北条時房、同泰時、同時氏、足利義氏、三浦義村、千葉《ちば》胤綱《たねつな》の六名であった。『吾妻鏡』の承久の乱関連記事でこの六名の序列は以後も変わらない。一般的な通史の叙述では、後の三代執権泰時を時房の上位に記すことが普通であるが、史料では確認できない。

三〇日、時房は遠江国橋本宿に到着。翌日、橋本宿を出発した時房は、三河国矢作《やはぎ》・八橋・垂見《たるみ》・江崎を経て、六月五日、尾張国《おわりのくに》一宮に到着。ここから軍を分け、鵜沼渡《うぬまのわたし》に毛利季光《もうりすえみつ》、池瀬に足利義氏、板橋に狩野宗茂《かのうむねしげ》、摩免戸《まぬど》に泰時・三浦義村、洲俣《すのまた》に時房・安達景盛、豊島・足立・江戸・河越の者が向かった。七日、時房・泰時は東山道の武田・小笠原・小山氏等の軍勢を加え美濃国野上・垂井宿に着陣。三浦義村の計略により、北陸軍を待たず近江に軍を進めるこ

承久の乱における幕府軍の進撃路
（山本幸司『頼朝の天下草創』〔「日本の歴史」09、講談社、2001年〕より）

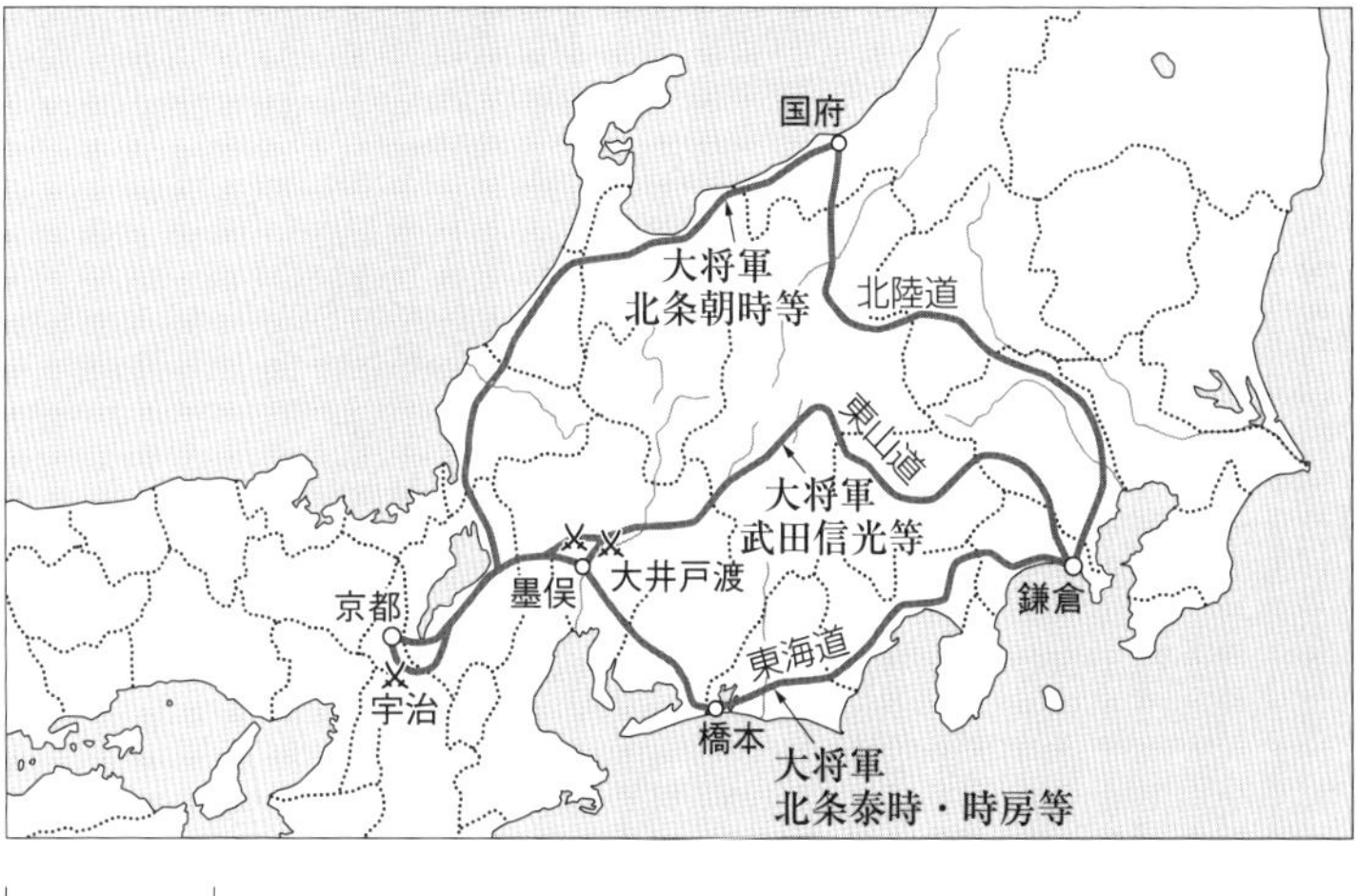

とを決定。勢多《せた》に時房、手上に安達景盛・武田信光《たけだのぶみつ》、宇治に泰時、芋洗《いもあらい》に毛利季光、淀渡に結城朝光《ゆうきともみつ》・三浦義村が向かった。十三日、時房は勢多に向かい、勢多橋を落とし抵抗する官軍と激戦。一方、泰時は激しい雨のなか宇治へ向かい、翌十四日、増水した宇治川の渡河に成功、多くの犠牲を払いながら官軍を撃退した。宇治・勢多の両合戦に勝利した時房・泰時は、十五日、京都を占領して六波羅館《ろくはらやかた》に入り、後鳥羽・土御門《つちみかど》・順徳《じゅんとく》三上皇の配流《はいる》、仲恭《ちゅうきょう》天皇の廃位などの戦後処理にあたる。乱の勃発からわずか一ヶ月で幕府軍は上皇方の官軍に勝利し、日本の歴史は大きく転換する。

六波羅探題南方に就任

北条時房は乱後も京都に残り、泰時とともに六波羅探題《たんだい》に就任し、洛中警固・西国成敗に従事する。六波羅探題の成立である。六波羅探題は北方と南方に分かれ、泰時は六波羅探題北方、時房は六波羅探題南方に就任する。北方・南方とは、六波羅地域の北側と南側に両探題の館がそれぞれ存在していたからで、北方は旧五条・旧六条坊門の間、南方は旧六条坊門・旧六条の間に所在したといわれている。

南北両探題の関係は、一名が執権探題なる地位にあり、朝廷(関東申次《もうしつぎ》)から六波羅に文書が発給される場合は、執権探題一名を宛所としており、執権探題は両探題のうちのリーダー的存在、公武交渉の直接の当事者と理解されている。時房・泰時期の関東から六波羅に宛てた発給文書を調べてみると、すべて時房・泰時単独に宛てられ、しかも一二二三(貞応《じょうおう》二)年七月までは一通を除き時房宛である。
六波羅探題成立以来、幕府の指示・命令が両探題宛でなく主に時房単独に宛てられた事実は、少なくとも一二二三(貞応二)年七月までは、南方の北条時房が「執権探題」であった事を示している。興福寺・東大寺別当など権門宛の書状が時房単署で発給されたことも公武交渉の直接の担当者としての時房の役割を示している。

「軍営御後見」(後の執権・連署)に就任

北条時房は、鎌倉幕府の初代連署である。『吾妻鏡』貞応三(一二二四)年六月二八日条には、北条義時急死のため六波羅から鎌倉にもどった北条時房・泰時が、北条政子の命令によって「軍営御後見」に任命されたと記され、この記事が「連署」の初設を示す史料である。

しかし、連署に関する定説では、『吾妻鏡』「連署」初設の記事、および以後約半年間におよぶ時房の鎌倉での活動の記事はすべて『吾妻鏡』編者の偽作とされ、時房は一二二四(貞応三)年七月から約一年間再び在京し六波羅探題として京都で活動しているため、同年六月二八日に時房が連署に就任することは不可能である。よって時房の連署就任は、翌一二二五(嘉禄《かろく》元)年六月に大江広元が、七月に政子が相次いで世を去るに及び、泰時が一族和合の立場から、自己の顧問役《こもんやく》として、承久の乱以来苦楽を共にした叔父の時房を起用し、複数執権制を発足せしめた、と説明されてきた。

「執権・連署では、執権のほうが上位である。執権の連署に対する優位は、それぞれの職掌《しょくしょう》の性格の差ではなく、家督家《かとくけ》と庶家《しょけ》という北条一門の族的結合に由来している」という、執権・連署に上下関係をみる最大の根拠は、連署北条時房は、一二二五（嘉禄元）年七月の政子の没後、執権泰時によって任じられたとする理解である。任じる側の人物は、任じられる側の人物より上位とみることは至極当然であるからである。

「連署」制の成立に関する定説を再検討した結果、約一年間の北条時房の在京の根拠となった文書の年次比定は見直すことが可能であり、一二二四（貞応三）年六月二八日～一二二五（元仁二）年元日までの約半年間は、時房は鎌倉で活動しており、一二二五（元仁二）年元日以降、四月までの時期に、「元仁」年号に対する幕府不快の意向を伝えるため時房は再上洛した、という結論を得た。『吾妻鏡』「連署」初設の記事、および以後約半年間におよぶ時房の鎌倉での活動の記事も、すべて作為《さくい》とする必要はないのである

鎌倉幕府「連署」制は、『吾妻鏡』「連署」初設の記事の通り、一二二四（貞応三）年六月二八日に北条政子の決定によって、時房・泰時を「軍営御後見（鎌倉殿の政務の代官）」に任命することで成立した。しかし、この時点で「連署」の職名はまだ成立しておらず、幕府文書に時房が連署することも絶対条件ではない。鎌倉幕府の執権・連署は複数執権制であり、時房・泰時の関係は対等であったと理解している。

北条泰時・時房政権の展開

北条泰時と時房の幕府内における地位を比較すると、時房は一二〇九（承元三）年以来、政所別当として常に政所下文に署判しており、泰時は実朝期の政所下文には一度も署判していない。鎌倉時代の基本史料である『吾妻鏡』の編纂された時期が、泰時の子孫である得宗家《とくそうけ》の専制がすでに確立した鎌倉後期であることは周知の事である。その泰時を美化した伝承を多く伝える『吾妻鏡』でさえ、泰時・時房両名を連記する場合には必ず時房が上位に置かれているのである。

『吾妻鏡』には、「執権の連署に対する優位は、家督家と庶家という北条一門の族的結合に由来している」とする定説の史料的根拠として、時房と泰時の関係を示す二つのエピソードが掲載されている。一つは、相州（時房）は当時何事にも武州（泰時）の命令に従ったというエピソード（貞応三〔一二二四〕年六月二九日条）、もう一つは、泰時の病が篤いと聞いて、時房は泰時の仁恵に対する絶対の忠誠を誓ったというエピソードである（延応元〔一二三九〕年四月二五日条）。

この二つのエピソードによって、「執権・連署では、執権のほうが上位」を示す根拠にはならないと思うが、北条時房が、御成敗式目を制定し後世武家政治の理想とされた甥の三代執権北条泰時を表面に立てて、「俠」の精神によって鎌倉幕府の政治を支えていたことがよくわかると思う。

その後の北条時房

その後の時房は、一二三一（寛喜《かんぎ》三）年十二月に正五位下、一二三四（文暦《ぶんりゃく》元）年正月に従四位下に昇叙し、一二三六(嘉禎《かてい》二)年二月に修理権大夫《しゅりごんのたいふ》を兼任、翌三年正月に従四位上となり、十一月に相模守を辞任する。一二三八(暦仁《りゃくにん》元)年閏《うるう》二月に四代将軍藤原頼経《よりつね》(在職一二二六—四四)の上洛に従軍、在京中に正四位下に叙された。一二四〇(仁治《にんじ》元)年正月二四日、六六歳で死去した。法名は行念または称念《しょうねん》である。

北条時房の鎌倉幕府内における立場・役割は、執権の補佐や公文書への連署という職務にとどまらない大きな存在であった。ある時は御鞠・狩猟の達人、ある時は鎌倉幕府の重鎮、ある時は十万の大軍を指揮する大将軍、ある時は公武交渉の代表、ある時は冷静沈着の政治家、北条時房の人物・性格は個性的・多面的で、運動・教養・胆力、どれをとっても一級品であったといえる。

⦿参考文献

久保田和彦「六波羅探題発給文書の研究——北条泰時・時房探題期について——」(『日本史研究』四〇一、一九九六年)

久保田和彦「北条時房と重時——六波羅探題から連署へ——」(平雅行編『公武権力の変容と仏教界』、清文堂出版、二〇一四年)

久保田和彦「鎌倉幕府『連署』制の成立に関する一考察」(『鎌倉遺文研究』四一、二〇一八年)

反尊氏路線を貫いた
公武一統の急進派

護良親王

…もりよししんのう…

関 幸彦

鎌倉幕府《かまくらばくふ》討滅の功労者が後醍醐天皇《ごだいごてんのう》（在位一三一八―三二、一三三三―三九）の皇子護良親王《もりよししんのう》（一三〇八―三五）だ。建武《けんむ》政権樹立後、反足利尊氏《あしかがたかうじ》（在職一三三八―五八）の姿勢を貫き、鎌倉へ配流され、幽閉《ゆうへい》のなかで最期をむかえた。護良は、まさに闘う権化《ごんげ》と形容できそうだ。父後醍醐の理想を実現するために公武一統の路線を堅持するため、足利氏と雌雄を決すべく尽力した。自己の政治目的のために強い意思で内乱を漕ぎ抜いた、護良の活動にも「俠」の精神が宿されていた。

護良と征夷大将軍

護良親王は一三〇八（延慶《えんきょう》元）年に生誕したとされ、後醍醐天皇の皇子たちでも最年長に属したという。母は北畠師親《きたばたけもろちか》（一二四一―?）の娘親子《しんし》（生没年不詳）で、北畠親房《ちかふさ》（一二九三―一三五四）とは姻戚《いんせき》関係にある。三千院《さんぜんいん》（梶井門跡《かじいもんぜき》）に入室、尊雲法親王《そんうんほっしんのう》と称し、のちには天台座主《てんざいざす》に就任した。後醍醐天皇の二度にわたる討幕計画（正中《しょうちゅう》の変〔一三二四年〕・元弘《げんこう》の変〔一三三一年〕）にさいし、護良は幕府の手を逃れ、熊野《くまの》・吉野《よしの》方面でゲリラ戦を展開した。

この間河内の楠木正成《くすのきまさしげ》（?—一三三六）あるいは播磨《はりま》の赤松則村《あかまつのりむら》（一二七七—一三五〇）らと共同歩調で幕府軍に敵対、後醍醐天皇の隠岐《おき》脱出後の帰京に至るまで畿内《きない》の反幕勢力の中心的役割を演じた。

護良親王は西国諸国に幕府打倒の令旨《りょうじ》を発し、一三三三（元弘三）年五月の六波羅《ろくはら》攻略にさいしては、足利尊氏・直義《ただよし》（一三〇六—五〇）軍とともにその一翼を担った。だが、入京した足利勢の京都支配に危惧《きぐ》をいだいた護良は、自己の軍勢を率い奈良北西の信貴山《しぎさん》に籠《こも》って京都の動勢を注視した。

天皇は帰京するや尊氏に内昇殿《ないしょうでん》を許し鎮守《ちんじゅ》府《ふ》将軍に、弟の直義を左《さ》馬頭《まのかみ》に任じ勲功《くんこう》を賞した。他方で足利氏の動きを警戒した護良には信貴山に勅使《ちょくし》を送り帰京をうながした。しかし護良は尊氏に幕府再興の野望あり

❖護良親王関係略系図

●数字は『皇統譜』による天皇の即位順

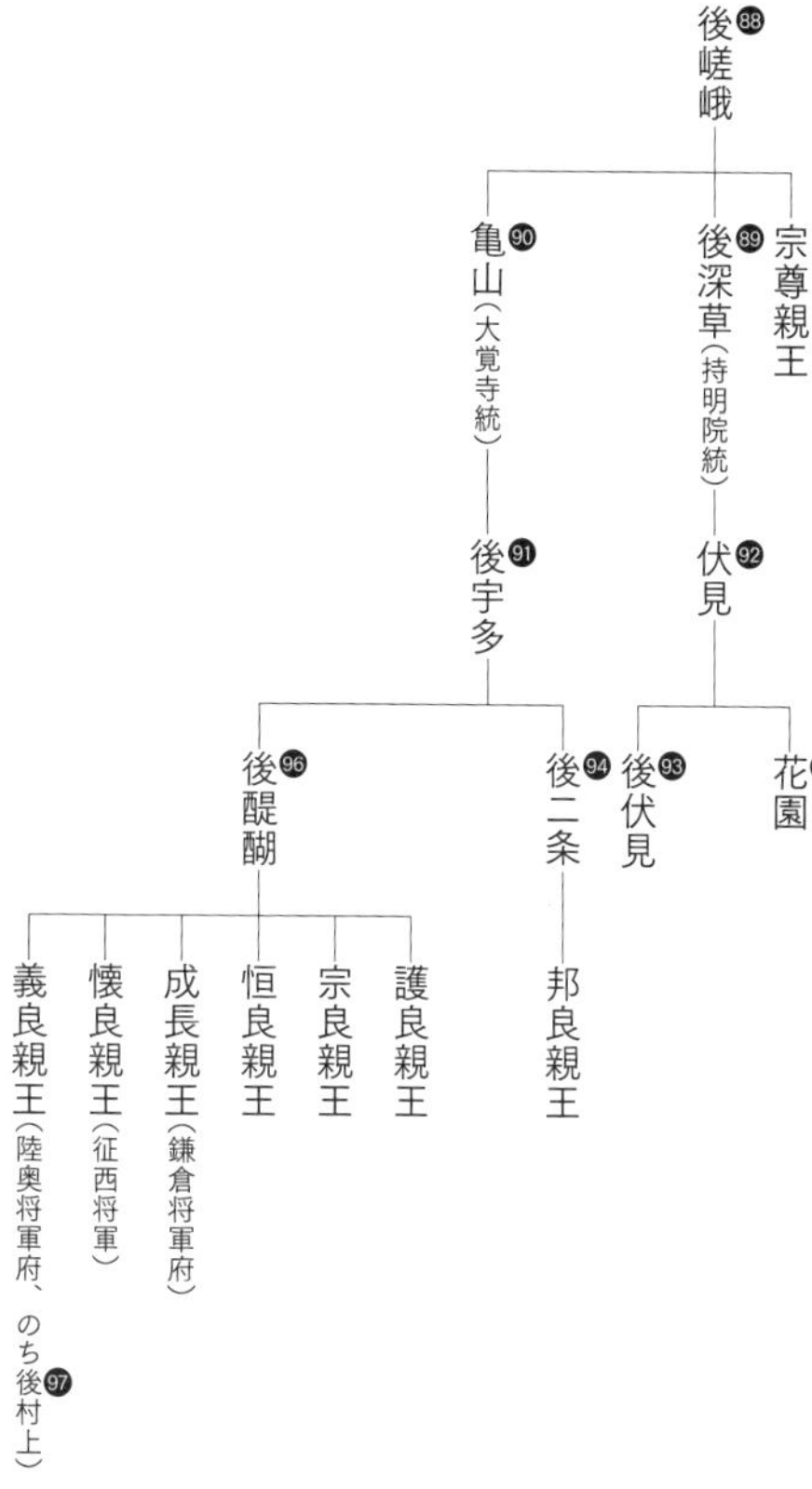

として、討伐の兵をおこそうとした。この護良の強い意思の表明で天皇は護良を征夷《せいい》大将軍に任じ、事態の終息をはかった。かくして入京した護良だったが、尊氏への警戒心は氷解しなかった。

誕生まもない建武政権はそのスタート時点から、尊氏派と護良派という対抗関係をふくむこととなった。天皇は両者を鎮守府将軍あるいは征夷大将軍の補任によって懐柔しようとしたが、二人の対抗・対立関係がやがて新政の危機を招くことになった。

護良親王の思惑

政権における所領の政策をめぐっても、護良勢力と尊氏勢力は対立した。旧領回復令と朝敵《ちょうてき》所領没収令をめぐる両者のスタンスの相違である。恩賞《おんしょう》・武功が所領と密接なつながりを有した当時、「旧領」や「朝敵所領」それ自体の帰属は混乱していた。そのことが両勢力の利害と関係した。護良側に言わせれば、足利勢は当初から天皇側であったわけではなく、「朝敵」の幕府軍に属し、その後の情勢で天皇側に参陣した。この点へのわだかまりが護良には強く残っており、それが警戒心を強くさせていた。

こうした情況下にあって、新政の目玉ともいうべき記録所・恩賞方の二つの機関に、功労者尊氏の名が見えなかった。「高氏(尊氏)ナシ」との声が巷間《こうかん》ささやかれた。尊氏の場合、当該機関に名を連ねた楠木正成なり名和長年《なわながとし》(?—一三三六)とは、その存在の大きさが異なっていた。その枠外の存在だった。その限りでは尊氏の力の大きさを天皇も了解しての人事であり、こうした新政権内の尊氏への配慮も護良との溝を深めた。

新政権の地方支配の特色として国司《こくし》と守護《しゅご》の併存がある。これに加えて東国・東北方面への将軍府の構想があった。一三三八年八月、北畠顕家《あきいえ》（一三一八―三八）は陸奥守《むつのかみ》に任命され、十月には父親房とともに、後醍醐の皇子の義良《のりよし》親王（後の後村上《ごむらかみ》天皇〔在位一三三九―六八〕）を奉じて多賀城《たがじょう》に下向した。陸奥将軍府の樹立である。義良を将軍に陸奥守顕家を執権に擁《よう》するこの構想は、小幕府を東北に設立しようとしたものだった（佐藤進一『南北朝の動乱』）。当該地域には旧北条氏所領も多く、その与党勢力への対応が急務だったからだ。加えて関東の鎌倉方面への警戒もあった。関東の勢力を京都・畿内と奥羽の両者で監視する。そんな思惑もはたらいた。そのプロデュースを構想したのが、護良だったとの解釈もある。

兵部卿《へいぶきょう》護良親王……トカク思計給ケル程ニ、東国ノ武士多ハ出羽・陸奥ヲ領シテ其力モアリ、是ヲ（足利）取放サント議シテ、当今《とうきん》（後醍醐）ノ宮一所下シタテマツルベシトテ……

これは南北朝期の成立とされる史論書『保暦間記《ほうりゃくかんき》』（『群書類従』所収）からの引用である。ここには関東武士の奥羽方面での所領と、足利勢力の結合を切断するとの構想があった。護良と北畠親房父子は、婚姻関係もあって両者は近い関係にあり、この護良の構想は共有するところだった。

この点は、後に顕家が吉野に退いた天皇に建武政権再建の建白書ともいうべき「諫草《かんそう》」をしたためた際、そのなかにも中央への一極集中の弊害が説かれていた。地方への権限委譲をふくめての地域権力のブロック化が強調されていた。護良の発想は対足利への対応・抵抗が主眼だったとしても、北畠父子の陸奥将軍府構想と落差はさほど大きくなかった。ただし、後醍醐天皇の公家一統主義・天皇中心主義とは温度差はあった。特に護良が征夷大将軍として諸国武士の統率権を手中にすることで、護良へ政権が集中するとの危惧である。

一方、足利側も、護良・北畠父子の陸奥将軍府に対抗する方策を打ち出した。同年十二月相模守《さがみのかみ》直義による鎌倉将軍府の設置だ。陸奥将軍府に遅れること二ヶ月後のことで、直義もまた後醍醐の皇子成良《なりよし》(一三二六―三八)を奉じて鎌倉へと下向する。関東十ヶ国を管轄化にするこの機関は、当然ながら護良の構想にかかる陸奥将軍府を関東(鎌倉)に創出した点で、両者の対抗が表面化したものだった。

護良の鎌倉配流

明けて一三三四(建武元)年、刑部卿護良親王と尊氏との権勢は隔たりが一層拡大する。護良の構想も足利側に逆手に取られ、関東に小幕府の出現を可能にさせていた。鎌倉に前年暮に下向した直義は、成良親王を奉じつつ、尊氏の嫡子《ちゃくし》千寿王《せんじゅおう》(後の義詮《よしあきら》〔在職一三五八―六七〕)ともども、東国武士の求心力として存在感を示していた。京都にあった護良は自己の劣勢を回復すべく尊氏打倒のテロ計画を実行しようとした。『梅松論《ばいしょうろん》』には「兵部卿親王護良・新田庄《にったのしょう》金吾《きんご》義貞《さだよし》・正成・長年(名和)等、ヒソカニ叡慮《えいりょ》ヲウケ、打立事度々ニ及ブ」とあり、この記事を読む限り、背後にいたのは天皇自身であったことが看取される。「ヒソカニ叡慮ヲウケ」云々はそれを示している。

後醍醐にとって、護良か尊氏かの選択ということになれば、尊氏排斥が順当だった。護良以外の新田義貞(一三〇一―三八)・楠木・名和の各武人たちは、いずれも天皇派であり護良という強硬派を煽《あお》ることで、尊氏打倒が実現できれば、政権内部の宿痾《しゅくあ》の切削につながる。荒治療ではあるが、尊氏という宿痾の強大化防止の選択ということになろうか。

他方、天皇の思惑を受けているとしても、「ヒソカニ」である以上、かりに中心の護良の行動が失敗に帰したとしても、天皇自身の関与は分明ならず、こんな判断もあったのかもしれない。計画は同年五月頃より進められたとされるが、そのテロ計画は失敗、皇位転覆《てんぷく》計画という尾鰭《おひれ》まで付いて護良の身柄は拘束されてしまう。

十月二二日、護良は清涼殿《せいりょうでん》での詩会に出席すべく参内《さんだい》したところを武者所の結城親光《ゆうきちかみつ》(?―一三三六)たちに捕らえられた。『太平記』には帝位簒奪《さんだつ》のため、諸国兵力の招集云々が原因とされる。護良の陳弁《ちんべん》が『太平記』に詳述されており、挙兵から父天皇への忠節の意思が汲み取れる内容だったが、天皇自身の採るところとはならず、最終的に尊氏の手を介して鎌倉の直義のもとに護送されることとなった。敵人たる尊氏・直義の監視下に護良の身柄が預けられたことで、その敗北は決定的なものとなった。

強固な意思で尊氏と対決し続けた護良は、敗北したとはいえ、逆流のなかで自己の信念を貫いた人物だったことは疑いない。それではこの護良が鎌倉護送以後はどうであったのか。最後にこれにふれておこう。

護良の幽閉と暗殺

捕縛された護良は鎌倉へと護送され直義の管轄下におかれる。護良が幽閉されたのは、江戸期には「大塔宮《おおとうのみや》土籠《どろう》」と呼称され「覚園寺ノ東南、二階堂村山ノ麓ニ有」(『新編鎌倉志』)とある。その所在地は、当時の略絵図では理智光寺《りちこうじ》に隣接する東光寺(いずれも廃寺)にあったようだ。

護良の陵墓《りょうぼ》は急峻《きゅうしゅん》な山場におかれているが、おそらくはその一画に「土ノ御所」があったはずだ。現在の鎌倉宮はかつての東光寺の跡に建立されたもので、本殿の背後に山肌を穿《うが》った石窟《せっくつ》が見られ、それを護良の居所跡とする。略絵図からも推察すれば護良の供養塔跡の可能性が高

鎌倉宮とその本殿後ろにある土牢

護良親王が幽閉された土籠とされる。

く、ここがいつしか人々の記憶のなかで土籠跡と解されたのだろう。

中先代《なかせんだい》(北条時行《ときゆき》)蜂起による直義の鎌倉退去に際し、護良は薬師堂谷《やくしどうがやつ》の幽閉地で害《がい》された。『太平記』は、後醍醐が「是非ナク敵人ノ手ニ渡サレバ」との行為に関して、武家の要請に屈したとして、朝権衰徴の兆しと評してもいる。

害された護良を、明治の政府はその地に鎌倉宮を建てて祀った。護良は『大日本史』をへて復活、明治時代に至りその雪冤《せつえん》がなされ、文部省唱歌「鎌倉」にも登場する。「鎌倉宮にもうでては、尽きせぬ親王《みこ》のみうらみに悲憤《ひふん》の涙《なみだ》わきぬべし」と、『太平記』の語る護良の心情が仮託されている。

中先代の乱の立役者、鎌倉北条氏の筋の通し方

北条時行

…ほうじょうときゆき…

関　幸彦

鎌倉幕府《かまくらばくふ》の最後の執権《しっけん》・北条高時《ほうじょうたかとき》（一三〇三—三三）の遺子・時行《ときゆき》（一三二一—五三）は、一三三五（建武《けんむ》二）年、鎌倉幕府の復活をはかって挙兵し、一時鎌倉を陥れた。政権を担当した北条氏を先代、足利《あしかが》氏を後代と称したことから、この乱は中先代《なかせんだい》（時行）の乱といわれる。乱の主役・北条時行は時代に抗し、北条得宗家《とくそうけ》の意地を示したといえよう。そして、この乱を京都から下向して鎮圧《ちんあつ》した足利尊氏《たかうじ》（在職一三三八—五八）は、後醍醐天皇《ごだいごてんのう》（在位一三一八—三二、一三三三—三九）の帰洛命令を拒んで、叛旗《はんき》を翻《ひるがえ》し、武家政権の再興をめざすことになる。

鎌倉占領

東国武士たちの求心性の象徴が鎌倉だった。一三三五（建武二）年七月、その鎌倉奪還を目ざして、得宗北条高時の遺子勝寿丸《しょうじゅまる》（時行）が信濃《しなの》で兵を挙げた。北条氏の復権を求めての闘いだ。旧得宗被《ひ》官《かん》諏訪頼重《すわよりしげ》（？—一三三五）に擁《よう》せられた幼主時行の鎌倉占領の流れは、『梅松論《ばいしょうろん》』『太平記』に詳しい。

七月十四日、時行の諏訪勢力は信濃守小田原貞宗《おだわらさだむね》を埴科郡《はにしなぐん》青沼で破り、同二二日には武蔵国入間《むさしのくにいるま》郡《ぐん》の女影原《おなかげがはら》（埼玉県日高市）に進攻、府中《ふちゅう》で小山秀朝《おやまひでとも》軍を敗走させた。

当時鎌倉にいた足利直義《ただよし》(一三〇六―五二)はこの報に接し、成良親王《なりよししんのう》(一三二六―三八)と尊氏の子・千《せん》寿王《じゅおう》(後の第二代将軍義詮《よしあきら》〔在職一三五八―六七〕)をともない出撃した。武蔵多摩郡《たまぐん》の井出沢《いでのさわ》方面(東京都町田市)で迎撃をはかるが敗走を余儀なくされた。『太平記』によれば、伊豆《いず》・駿河《するが》・武蔵・相模《さがみ》等の諸勢力が時行軍に従い、五万余騎の大軍になっていたという。

直義は鎌倉出立のおり、薬師堂谷《やくしどうがやつ》に幽閉《ゆうへい》されていた護良《もりよし》親王(一三〇八―三五)の暗殺を淵辺義博《ふちのべよしひろ》に指示した。時行に鎌倉を奪回されたおり、護良の身柄が反抗勢力に利用されることを危ぶんだためだ。時行軍は同二五日に念願の鎌倉入りを果たした。

この時行の動きとは別に北条の再興を目ざす勢力は京都にもあった。時行の叔父で高時の弟泰家《やすいえ》(?―一三三五?)である。泰家は鎌倉没落後、奥州に逃げ時興《ときおき》と改名、やがて親幕派の公卿西園寺公宗《くぎょうさいおんじきんむね》(一三一〇―三五)の保護下で京都に潜伏していた。時行の鎌倉攻略は泰家や西園寺公宗等の京都勢力との連携を目ざしたものだった。これに越後方面の名越《なごし》(北条)時兼《ときかね》(朝時流)も挙兵する大規模なものだった。だが、この挙兵計画は東西の呼吸が合わず、成功をみなかった。

鎌倉占領を果たした時行の蜂起《ほうき》が短期間で終わったことから、『梅松論』は「二十日先代」との呼称でその蜂起を語った。「彼《か》ノ相模次郎再ビ父祖ノ旧里(鎌倉)ニ帰ルトイエドモ、イクホドモナクシテ没落シケルゾ哀レナル」と伝える。時行本人が「幼主」であり、これを補佐すべき「古老ノ仁ナシ」だったとある。大仏《おさらぎ》・極楽寺《ごくらくじ》・名越等々の北条氏諸流の人々も元弘の乱(一三三一年)で敗者として出家しており、時行に参じた人々の多くが「烏合梟悪《うごうきょうあく》ノ類」であった。

ちなみに時行と諏訪頼重らが鎌倉入りしたおり、その拠点としたのは勝長寿院《しょうちょうじゅいん》であった。ここは源家の菩提寺として頼朝時代に建立された所であり、北条氏の執権館《やかた》と尾根を隔てて近接する所縁《ゆかり》の場であった。先祖の血脈云々といえば源氏、北条氏ともどもと深くかかわるこの地域の占領は鎌倉奪回の場にふさわしい。だが占拠後の方針が明瞭ではなかった。

東国には中先代の乱直後の時点で、天皇政治か再度武家政治かの両者の方向があった。武家に関しては旧主北条を再結集の核とするか、新たに足利に依るかとの選択だ。別の言い方をすれば旧主北条との〝義〟か、新主足利との〝利〟かという選び方でもある。いずれを選ぶにせよ打算はある。鎌倉＝東国の主をめぐる新旧の対立のなかで、重視されるのは恩賞という現実だ。時行への参陣には恩賞の不安がともなった。建武体制への時行の反乱軍としての流動性だ。かくして、追討軍たる足利側へと流れが傾く。恩賞への期待値は小さくなかった。

時行の構想

北条氏再興を目的とした時行とその一派は、京都との連携で同時挙兵を企図した。そこには持明院統《じみょういんとう》の皇統を擁立する方向もあった。だが、東西同時挙兵の公武合体が難しくなった段階で、時行側に残された方策には、鎌倉という武家の政治的特別区を自立させる方向が浮上したはずだ。当時、幽閉されていた護良親王との連携である。時行にとって、挙兵の名分という点でも護良の擁立は必要だった。

護良の個性を別にすれば親王将軍という存在自体は、旧鎌倉幕府以来のものだった。護良自身が当初、討幕に急先鋒であったにせよ幽閉後は事情を異にした。反尊氏という点では時行とも共通していたのである。護良は足利を容認し、自身を切断した建武政権への抗心もあったはずだ。この点でも時行側にとって護良の存在は、鎌倉を再生させる核として作用しえた。劇薬の可能性があったものの、足利直義の処断でこの途は塞がれてしまった。

時行にとって、当初の京都との東西同時挙兵構想の失敗、さらには鎌倉占拠後の護良との連携構想ともどもが、頓挫《とんざ》することで次なる方策を探ることになる。ただし護良との連携云々は直接には語る史料はない。状況からの推測でしかない。護良の暗殺を混乱に乗じての処断以上のものではなかったとの理解もあろう。そこに直義の深意(旧北条氏側との護良の政治的利用を排するとの考え)は考え難いとの解釈もあろう。

いずれにせよ、護良という〝玉〟の喪失で時行の鎌倉占領後の道筋には方向性が見い出されなくなっていた。後に護良をかつぐとなれば、鎌倉は対京都との関係で〝君ト君トノ争〟に転換できるからだ。ちなみに時間的には、この中先代の乱の数か月後に尊氏は建武政権に叛旗を翻すが、そのおりに持明院統をかつぎ〝君ト君トノ争〟という構図を創りあげる。

その限りでいえば、高時が護良を反後醍醐・反尊氏の象徴として戴くことには、あり得ないことではなかった。しかし、この青写真が潰え去ったとなれば、時行側は鎌倉死守を継続させることしか打開策はなかった。だが、京都側は鎌倉奪回に向けて、尊氏を中心とする追討軍を派遣する。かくして時行側は敗走を余儀なくされた。

そのあたりの事情は語る必要はあるまい。問題は「二十日先代の乱」の異名が語られた時行のその後である。

敵ノ敵ハ味方、吉野への帰順

尊氏・直義が三河《みかわ》から反転攻勢に転じ、鎌倉奪回に成功したものの時行の行方は不明だった。その時行が再び登場するのは、北畠顕家《きたばたけあきいえ》(一三一八―三八)の奥州軍への参陣だった。『太平記』(巻十九)によれば、後醍醐天皇の勅免《ちょくめん》を得た高時は、顕家と共同作戦を策し伊豆方面からの参陣、再度の鎌倉攻略を目ざそうとした。

時行は鎌倉退去後に伊豆方面に潜伏し、機会をうかがっていた。この間、京都側の事情が激変した。鎌倉入りし、帰京しない尊氏に追討がなされた。新田義貞《にったよしさだ》(一三〇一―三八)の追討軍を迎撃した尊氏は、それを撃破し上洛する。その後、劣勢の京都を離れ、鎮西方面で態勢挽回を果たした。尊氏は後醍醐天皇側と和議をなすが、それが破れて天皇側は吉野におもむき、京都と対抗した。一三三五(建武二)年の秋から冬にかけてのことだ。

右のことは、中先代の乱での時行の撤退後のおよそ一年の流れである。最大の状況変化は、尊氏の挙兵とそれにともなう後醍醐の吉野入りだった。この南北両朝のできごとは時行の動向も規定した。反尊氏・反後醍醐、いずれも時行の内奥に存在したが、その量において前者への憎悪が強かった。

尊氏は北条高時の「高」を偏諱《へんき》として、古くは主従の関係だった。その限りでは、時行の足利への怨みは〝倶《とも》ニ天ヲ戴《いただ》カズ〟の心情に近いものがあったに相違あるまい。当然ながら〝敵ノ敵ハ味方〟の思惑が作用した。高時の吉野への帰順という流れである。一三三七（建武四・延元《えんげん》二）年十二月の北畠顕家の二度目の上洛にさいし、高時が奥州勢に参陣した背景には右のような事情があった。

『太平記』（巻十九「相模次郎時行勅免事」）には「亡親高時法師、臣タル道ヲ弁《わきまえ》ズシテ、遂ニ勅勘ノ下ニ得タリキ、然《しかり》トイヘドモ、天誅《てんちゅう》ノ理ニ当ル故ヲ存ズルニ依テ、時行一塵《いちじん》モ君ヲ恨ムトコロヲ存ジ候ハズ」との高時の意思は使者を介して吉野側に伝えられた。あわせて時行は尊氏の、「其人タル事、偏《ひとえ》ニ当家優如ノ厚恩」（尊氏の今の地位も北条家の熱い恩情による）にもかかわらず「反逆」の行方は許し難いと指弾する。

吉野は、その要請に対応し、「厚免ノ綸旨」を時行に与えた。『太平記』の発言を信ずれば、君臣の道を弁別し得なかった亡父への「天誅」は止むなしとの立場から時行は吉野へと接近したとある。そこには尊氏は吉野にとっても「朝敵」であり、自身にとっても北条を裏切った「大逆無道」の存在と位置づけられている。要は「公」の立場においても、「私」の側からも許し難いとの尊氏への論難だった。当然ながら時行にとって吉野は自己の目的（尊氏打倒）のための方便でもあった。

時行は北畠顕家の奥州軍とともに十二月二三日鎌倉に攻め入り、陥落させた。その後も奥州軍に従軍、翌年には美濃《みの》の墨俣《すのまた》・青野原《あおのがはら》合戦で戦い活躍している。顕家の堺での敗死後も、時行は、一三五一（文和《ぶんわ》元・正平《しょうへい》七）年閏二月、関東の新田義興《よしおき》・義宗《よしむね》兄弟（義貞の子）とともに鎌倉へ進攻している。執念ともいい得る時行の行動は、ひとえに反尊氏の一点にあった。しかしその時行にも終焉《しゅうえん》の幕が下ろされる。尊氏による鎌倉再奪還の戦いのなかで、敗退の翌年に捕らえられ、五月二〇日鎌倉龍ノ口《たつのくち》で斬《ざん》された。

北条氏再興をはかるべく足利に抗しつづけた時行は、敗者だった。が、その強靭《きょうじん》な意志は、尊氏・直義への対抗としてあらわれた。最終的には吉野に帰順することを自己の存立証明とした。時行に選択されたその吉野は、「南朝」という立場で以後の歴史のなかで光芒《こうぼう》を放つことになる。

南北朝の動乱と呼称された内乱の契機の一つは、この中先代の乱でもあった。尊氏の関東下向と建武体制からの離脱の原因は間接には時行の蜂起にあったからだ。

北条回帰をはかる時行の蜂起が公家一統主義から武家の覚醒《かくせい》を導き、それが足利体制の樹立へと繋がった。その意味では時行の行動は皮肉ながら北条とは異なる武家を選択させることとなった。と、同時に間接的ながら「吉野」の登場を歴史にうながした。時行はその吉野と同心することで、自身の行動の規矩《きく》とした。〝負けない敗れ方〟を歴史に演出するという試みでもある。「朝敵」たる尊氏の打倒という「義」への参画だ。

吉野はそれを語るための資格を持っていた。南朝という立場で京都(北朝)と異なる王統を継続させる資格である。少なくとも、足利氏に支えられた京都の王統とは異なるという一点において、時行は南朝との連携に活路を見い出そうとした。

それが歴史の壮大な皮肉だとしても、時行にとって吉野は価値ある存在だった。その存在としての大きさは、その後も吉野を規定した。いはば敗者のなかに常に寄り添う形で記憶化され続けた。時行はその吉野に最初に参陣した武人ということになる。

七生滅敵に殉じた河内の土豪

楠木正成

…くすのきまさしげ…

角田朋彦

河内国《かわちのくに》の土豪《どごう》楠木正成《くすのきまさしげ》（?—一三三六）は、後醍醐天皇《ごだいごてんのう》（在位一三一八—三一、一三三三—三九）や護良親王《もりよししんのう》（一三〇八—三五）の鎌倉幕府《かまくらばくふ》倒滅運動に呼応して挙兵し、千早《ちはや》・赤坂城《あかさかじょう》などでゲリラ戦を展開して倒幕に尽力した。朝廷が南と北に分裂してからは、一貫して南朝の後醍醐天皇のもとで活動し、最後は摂津国《せっつのくに》の湊川《みなとがわ》の戦いで北朝足利《あしかが》方に攻められ、自刃して果てた。

楠木正成の出自

楠木正成は、その出自《しゅつじ》は不明であるが、交通体系や商工業などの流通にたずさわった河内国の土豪として、主に悪党的な活動をしていた武士である、というのが一般的に理解されている姿であろう。しかし、最近ではその出自についての新しい見解が出されている。まずは、この点について確認しておこう。

楠木正成が拠点として活躍するのは河内国であるが、楠木の地名は河内国内には確認できない。これがその土地に根ざさない武士であるとされてきた所以《ゆえん》である。しかし、全国に目を向けてみると、一二九三（正応《しょうおう》六）年七月に幕府によって鎌倉の鶴岡八幡宮《つるがおかはちまんぐう》へ寄進《きしん》された地として駿河国入江《するがのくにいりえの》荘《しょう》楠木村（静岡市清水区）が確認できる。これが楠木氏の名字の地ではないかと考えられている。この鶴岡八幡宮への寄進は平禅門《へいぜんもん》の乱の三ヶ月後のことであることから、もとはこの乱で滅んだ北《ほう》条《じょう》得宗家《とくそうけ》の内管領《うちのかんれい》平頼綱《たいらのよりつな》（？—一二九三）の所領であり、乱後に没収地として北条得宗家の支配下に組み込まれ、それが鶴岡八幡宮へ寄進されたものと考えられている。そうすると入江荘楠木村に居住する楠木一族は、得宗被官《ひかん》のトップであった平頼綱や北条得宗家と極めて深い関わりをもつ一族で、北条得宗家の被官的立場であったとみることができる。さらに、楠木正成が河内国で拠点の一つとしていた場所に観心寺《かんしんじ》がある。観心寺は、もとは鎌倉幕府の有力御家人である安達《あだち》氏の支配下にあったが、一二八五（弘安《こうあん》八）年十一月の霜月騒動《しもつきそうどう》で安達泰盛《やすもり》が滅亡すると、観心寺は北条得宗家の支配下になったとみられている。つまり、楠木一族の名字の地と河内国で拠点としていた場所は、ともに北条得宗家の所領であったということになる。なお、鎌倉時代の歴史書『吾妻鏡《あずまかがみ》』には、楠木を名字とする御家人は一ヶ所だけ登場する。それは建久《けんきゅう》元（一一九〇）年十一月七日条のことで、「楠木四郎」なる人物が源頼朝《みなもとのよりとも》（在職一一九二—九九）の入洛の際に後陣の四二番目に名を連ねている。これが入江荘楠木村の楠木氏であるか否かは不明であるが、もしそうであるならば、楠木氏はもともと鎌倉御家人《ごけにん》の一員であったということができる。

以上のことを考えあわせると、楠木氏一族は駿河国入江荘楠木村を名字の地とする鎌倉御家人の一員であり、その後なんらかの事情で北条得宗家の被官となった。さらに河内国の観心寺が北条得宗家の支配下におかれると、その代官として楠木氏が河内国に派遣されたものと考えることができる。

このことは、次の史料からもうかがうことができる。

＝　くすの木の　ねハかまくらに成るものを　枝をきりにと　何の出るらん

これは、楠木正成らが河内国に挙兵したとの報せを受けて、これを追討するために鎌倉から幕府軍が大挙して押し寄せてきたことについて、朝廷に仕えていた二条道平《にじょうみちひら》がある人から聞いたとして、自身の日記である『後光明照院関白記《ごこうみょうしょういんかんぱくき》』に記した落首《らくしゅ》である（正慶《しょうけい》二・元弘《げんこう》三〈一三三三〉年閏《うるう》二月一日条）。内容は、楠木の根っこ＝出自は鎌倉にあるのに、その枝＝正成を切りに、なんで出かけてくるのだろうか、といったものである。同時代で、楠木正成の出自は鎌倉に連なる一族であったと認識されていたのである。

楠木正成の登場

楠木正成が歴史上に登場するのは、一三二二（元亨《げんこう》二）年八月のことである。紀伊《きい》国保田庄《やすだのしょう》司《じ》の湯《ゆ》浅《あさ》氏《し》が鎌倉の北条高時《たかとき》（一三〇三―三三）に背いたとして、楠木正成が幕府の命令を受けて湯浅氏を追討している（『高野春秋編年輯録《こうやしゅんじゅうへんねんしゅうろく》』）。ところが、一三二四（正中《しょうちゅう》元）年九月・一三三一（元弘《げんこう》元）年五月と二度にわたって後醍醐天皇による鎌倉倒幕計画が発覚する。特に二度目の計画では、八月になって後醍醐天皇が三種神器《さんしゅのじんぎ》を奉じて笠置寺《かさぎでら》に逃れることになった。この時、楠木正成は後醍醐天皇方として河内国赤坂城に挙兵し、幕府に叛旗《はんき》を飜《ひるがえ》したのである。この十年の間に、時期や理由は不明であるが、楠木正成は幕府を裏切り後醍醐天皇方の反乱勢力の中核となっていたのである。

この楠木正成の登場について、軍記物語である『太平記《たいへいき》』は劇的に描いている。後醍醐天皇が、常磐木《ときわぎ》の木陰に南に向かう玉座《ぎょくざ》が設《しつら》えられている夢告《むこく》を得て楠木正成を召し出す。笠置に参候《さんこう》した楠木正成は、「如何《いか》なる謀《はかりごと》を廻《めぐ》らしてか、勝つ事を一時に決して、大平を四海に致さるべき所存を残さず申すべし」という後醍醐天皇の下問に対して、自身の存念を述べ、「正成一人いまだ生きて有りと聞こし召され候はば、聖運遂《せいうんつい》に開かるべしと思《おぼ》し食《め》され候へ」と答えている(巻第三「主上御夢事付楠事」)。もちろんこの話は軍記物語としての創作とみるべきである。おそらくこれ以前から、真言密教《しんごんみっきょう》の寺院である観心寺などを通じて、楠木正成と後醍醐天皇とは繋がりができていたのであろう。しかし、京都を脱出して笠置寺へ逃げ込んできた後醍醐天皇にとって、もっとも頼るべき人物として楠木正成が位置づけられていたことは確かであろう。

翌一三三二(元弘二)年三月になって、捕縛《ほばく》されていた後醍醐天皇が隠岐《おき》に流罪《るざい》となると、楠木正成は後醍醐天皇の皇子護良親王《もりよししんのう》(一三〇八—三五)の指揮下で赤坂城や千早城においてゲリラ活動を展開した。これらの活動が功を奏し、足利高氏《たかうじ》(尊氏、後に第一代室町将軍、在職一三三八—五八)による六波《ろくは》羅探題《らたんだい》討滅へと繋がっていったのである。

建武政権における楠木正成

一三三三（元弘三）年五月、鎌倉幕府が滅亡し、後醍醐天皇による建武《けんむ》の新政が始まった。楠木正成も討幕運動の恩賞として、従五位下・検非違使《けびいし》・河内守の位階《いかい》・官職を賜り、出羽《でわ》国《のくに》屋代荘《やしろのしょう》・常陸《ひたち》国《のくに》瓜連《うりづら》・河内国新開《しんかい》荘・土佐《とさ》国《のくに》安芸《あき》荘などの所領を与えられている。また、政府機関では記録所の寄人《よりうど》、恩賞方の三番、雑訴決断所の一番に名を連ねている。

後醍醐天皇のとった人事政策は、当時のあり方からすれば極めて異例なものであった。当時は、家格がほぼ決められており、その家格に応じた位階や官職が与えられたが、後醍醐天皇のとった政策は、身分的に高い上級公家に対して低い地位にあたる実務職を与えたり、逆に身分的に低い者に対して破格の階や官職を与えたりしている。後醍醐天皇の政策は、それまで伝統的な秩序のなかで粛々と行われてきた朝廷政治を破壊するものであった。

これは楠木正成に限ったことではない。後醍醐政権の「三木一草《さんぼくいっそう》」としてまとめ評された名和《なわ》長年《ながとし》（？—一三三六）・結城宗広《ゆうきむねひろ》（？—一三三八）・千種忠顕《ちぐさただあき》（？—一三三六）らも、分不相応とみられる位階・官職が与えられていた。もちろん他の武士たちも同様であった。「コノゴロ都ニハヤル物」の書き出しで有名な二条河原落書で、「器用ノ堪否沙汰《たんぴさた》モナク、モルル人ナキ決断所」「キツケヌ冠《かんむり》、上《じょう》ノキヌ。持《もち》モナラハヌ笏《しゃく》持テ、内裏《だいり》マジハリ珍シヤ」「サセル忠功ナケレドモ、過分ノ昇進スルモアリ」などと揶揄《やゆ》される状態であった。分不相応な栄達によって政権内部に入り込む人たちは、当然、伝統的な秩序を重んじようとする公家たちから反発を受けることになるのも必然なことである。楠木正成自身が望むと望まざると、与えられた位階・官職は公家たちとの間に軋轢《あつれき》を生むことになっていく。
なお、建武政権内部では、楠木正成の政治的活動はほぼ確認できない。

政権内部の軋轢

一三三六(建武三)年二月、建武政権に叛旗《はんき》を翻《ひるがえ》した足利尊氏が鎌倉から上洛、これを楠木正成・新田義貞《にったよしさだ》(一三〇一—三八)の軍勢で打ち破り、足利尊氏を九州へと追い落としている。この時、朝廷内部では「程なく静謐《せいひつ》に属して一天下又泰平に帰せしかば、この君の聖徳《せいとく》天地に叶へり。如何《いか》なる世の末までも、誰かは傾《かたぶ》け申すべき」(『太平記』巻第十五「主上自山門還幸《かんこう》事」)と、大喜びの状態であった。この時、楠木正成は「義貞を誅伐《ちゅうばつ》せられて、尊氏卿をめしかへされて、君臣和睦《わぼく》候へかし。御使におひては正成仕らん」と奏上している(『梅松論《ばいしょうろん》』)。その理由として、鎌倉倒幕は足利尊氏の忠功によるもので、多くの諸将が勝利した後醍醐天皇の軍ではなく、敗れた足利尊氏の軍に従っていること、新田義貞には人徳がないこと、再び足利尊氏が上洛してきたときには防ぎ闘う術がないこと、などを挙げている。しかし、後醍醐天皇の周りに従う廷臣《ていしん》たちは「不思議な事を申たり」と嘲り笑うだけで取り合うことをしなかった。

また、直後の五月、九州に落ちていた足利尊氏が体勢を立て直して上洛してきたさい、楠木正成は「後醍醐天皇は比叡山《ひえいざん》に臨幸《りんこう》していただき、足利方を京都へ誘い入れ、新田軍と楠木軍で挟撃《きょうげき》することと」を奏上している(『太平記』巻第十六「正成下向兵庫事」)。これに対して後醍醐天皇の側近である坊《ぼう》門清忠《もんきよただ》（一二八三―一三三八）は、「帝都を捨て、一年の内に二度まで山門に臨幸ならん事、且《かつ》は帝位を軽んずるに似たり。又は官軍の道を失う処」であるとし、「凡《およ》そ戦《たたかい》の始より敵軍敗北の時に至る迄《まで》、御方《みかた》小勢也といへども毎度大敵を責め靡《なび》けずと云う事なし。これ全く武略の勝れたる所には非ず。ただ聖運の天に叶へる故也。然ればただ戦を帝都の外に決して、敵を斧鉞《ふえつ》の下に滅ぼさん事、何の子細か有るべきなれば、ただ時を替へず楠罷《まか》り下るべし」と言い放ち、取り付く島もなかった。

二度も軍略に長けた楠木正成の奏上を聞き入れないだけでなく、これまでの勝利は楠木正成の武略によるものではなく、後醍醐天皇の運命が天意に叶っているからだ、とまで言い放っている。これは、坊門清忠ら公家たちが現実をみる事ができないという面が強いが、先に見たように伝統的秩序を重んじる公家たちと、卑しい身分ながら分不相応の登用をされた楠木正成らとの間に、軋轢《あつれき》というべき溝が生じていたという側面も否定できない。後醍醐天皇のとった人事政策が、最終的に内部に矛盾と崩壊をきたしてしまっていたのである。

覚悟を決めた湊川合戦

奏上を聞き入れてもらえなかった楠木正成は、「大敵を欺《あざむ》き虐《しいた》げ、勝軍《かちいくさ》を全くせんとの智謀、叡《えい》慮《りょ》にてはなく、ただ無弐《むに》の戦士を大軍に充《あ》てられんとばかりの仰せなれば、討死せよとの勅定《ちょくじょう》ごさんなれ。義を重んじ死を顧みぬは、忠臣勇士の存ずる処なり」（『西源院本太平記』巻第十六「正成兵庫《ひょうご》下向子息遺訓事」）との思いで、命令に従い摂津国兵庫へと下っていった。坊門清忠の言葉を聞き、「討ち死にせよとの天皇の命令であるに違いない」と覚悟を決めての出発であった。

一三三六（建武三）年五月二五日、楠木正成・新田義貞の後醍醐天皇軍と足利軍が摂津国兵庫で激突した。戦いそのものは、上陸しようとする足利海上軍とこれを阻止しようとする新田軍が次第に東へと移り、大手に陣取っていた楠木軍と新田軍は分断される形となった。結局、足利側の大軍に取り囲まれた楠木軍は奮戦したもののかなわず、正成らは、最後は民家に入って火をかけ自害して果てている。

この自害の様子を『太平記』巻第十六「正成兄弟討死事」は生々しく描いている。民家に籠《こ》もった楠木一族十三人・手の者六〇余人が二行に並び、念仏十遍を唱えたあと一度に腹を切っている。その時、楠木正成は弟正季《まさすえ》（一三〇五―三六）に向かって「抑《そもそも》最期の一念に依て善悪の生を引くといへり。九界の間に何か御辺《ごへん》の願いなる」と尋ねると、正季は笑いながら「七生までただ同じ人間に生まれて、朝敵を滅ぼさばやとこそ存じ候へ」答えている。これに対し正成は「罪業《ざいごう》深き悪念なれども我も加様《かよう》に思ふなり。いざさらば同じく生を替へてこの本懐《ほんかい》を達せん」と言い、お互いが差し違えて最期を遂げている。つまりお互い「七生《しちしょう》滅敵」を誓いながらの自害であった。ちなみに、当初は「七生滅敵」であったものが、江戸時代になって「七生滅賊」へと語が替えられ、さらに太平洋戦時下では「七生報国」として喧伝された。

楠木兄弟の自害について『太平記』の作者は、「仁を知らぬ者は朝恩を捨て敵に属し、勇なき者はいやしくも死を免れんとて刑戮《けいりく》にあひ、智なき者は時の変ぜずして道に違《たが》ふ事のみ有りしに、智仁勇の三徳を兼ねて、死を善道に守るは、古《いにしえ》より今に至る迄、正成程の者は未だ無かりつる」と、智仁勇を兼ね備えた上で、朝廷に武勲を立てる人物は楠木正成ほどの者はいないと評している。

それではなぜ、楠木正成は最後まで後醍醐天皇のもとを離れず、命じられるままに死地に赴いたのか、が問題となるだろう。当時は「返り忠」(主人に背いて敵方に通じること)が当たり前の世の中であった。楠木正成自身も、もともと得宗被官であったが後醍醐天皇側に寝返っているのであるから。

楠木正成は北条得宗家の被官という身分の低い立場でありながら、後醍醐天皇に河内国方面の軍事力として期待された。討幕運動の様子が『太平記』に生き生きと描かれているのは周知の通りである。その功績として過分な位階・官職・恩賞を得ることとなった。さらには、後醍醐天皇の軍事力の中核として収まることになった。このあたりの事情が、楠木正成を縛り付けたのかもしれない。正成の立場は、後醍醐天皇のもとで足利尊氏や新田義貞らと同等であり、決して主従関係でもって尊氏の配下に入るようなものではなかったのではないか。また、直接的に後醍醐天皇のもとを離反するようなきっか

国定教科書に掲載された楠木正成 桜井での父子の別れ。
(文部省著作『尋常小学国史上巻』1934[昭和9]年より)

けもなかった。一方で、天皇中心の政治を標榜《ひょうぼう》する建武政権内においては、破格の出世を遂げた楠木正成は、二度の奏上を聞き入れられなかったように、伝統的な秩序を重んじる公家たちからは相手にされるほどのものではないという対象であったのかもしれない。それが後醍醐天皇自身による政策の結果だとしても。

こうした立場に置かれた楠木正成は逃げ場を失い、結局どうすることもできずに天皇の軍事力として命じられるままに出陣するしかなかったのであろう。そして、天皇の命令に殉《じゅん》じていく姿が、後世、「南朝の忠臣」として政治的に利用されるようになったのである。

⊙参考文献

佐藤和彦編『楠木正成のすべて』(新人物往来社、一九八九年)

筧　雅博「得宗政権下の遠駿豆」(『静岡県史』通史編二、一九九七年)

新井孝重『楠木正成』(吉川弘文館、二〇一一年)

鎌倉倒幕で名を挙げた
南朝の忠臣

新田義貞

…にったよしさだ…

角田朋彦

新田義貞《にったよしさだ》（一三〇一頃―一三三八）は、上野国新田荘《こうずけのくににったのしょう》を本拠とする鎌倉幕府《かまくらばくふ》の御家人《ごけにん》で、鎌倉倒幕時には鎌倉攻めの総大将となり、功績を挙げた。倒幕後の南北朝内乱期には、一貫して南朝・後醍醐天皇《ごだいごてんのう》（在位一三一八―一三三九）の側について活動した。最後は北陸方面の経略を担当していたが、越前国藤島《えちぜんのくにふじしま》で討死した。後世には南朝の忠臣の一人として評価された。

新田義貞と足利尊氏の格差

一三三三（元弘《げんこう》三）年五月、新田義貞は上野国新田荘で挙兵して北条氏のいる鎌倉を攻めた。鎌倉街道上道《かみつみち》を一路南下する新田義貞には、途中で続々と関東武士が合流し、挙兵からわずか十五日程度で鎌倉を攻略し、鎌倉幕府を滅亡へと追い込んだ。新田義貞が鎌倉攻略軍の総大将として歴史の表舞台に躍り出た瞬間である。

この新田義貞のライバルとして挙げられるのが、京都六波羅探題《ろくはらたんだい》を攻略した足利高氏《あしかがたかうじ》（尊氏）である。この足利氏と新田氏、どちらも清和源氏《せいわげんじ》源義国《みなもとのよしくに》（一〇八二？―一一五五）の子義重《よししげ》（一一一四―

一二〇二、新田氏)と義康《よしやす》(一一二七—五七、足利氏)から始まり、本拠地も渡良瀬川《わたらせがわ》を挟んで隣接する位置にあり、なにかと比較される存在であったことは違いない。しかし、鎌倉倒幕の時点で、足利高氏は従五位上・前治部大輔《じぶたいふ》、一方の新田義貞は無位無官。それだけでなく、鎌倉時代を通して北条氏に次ぐ地位にいた足利氏に対し、歴代当主がミスを重ねた新田氏は、足利氏の庇護下《ひごか》での活動を余儀なくされた存在であった。北畠親房《きたばたけちかふさ》(一二九三—一三五四)が『神皇正統記《じんのうしょうとうき》』の中で新田義貞について「東ニモ上野国ニ源義貞ト云者アリ。(足利)高氏ガ一族也」と記しているように、実は新田義貞は足利高氏と並び立つような存在ではなかったのである。

鎌倉攻めでの総大将はたしかに新田義貞であったが、義貞に遅れること四日後に足利高氏の嫡《ちゃく》男《なん》千寿王《せんじゅおう》(後の第二代室町将軍・義詮《よしあきら》〔在職一三五八—六七〕)が上野国世良田《せらだ》で挙兵し、義貞軍に合流していた。関東の武士の多くは新田義貞のもとに集ったというよりも、足利高氏の名代である千寿王の下に集結したといった方がいいかもしれない。鎌倉攻略後の戦後処理も、足利氏を中心に行われていた。挙兵から戦後処理まで、おそらく新田義貞は足利高氏との連携のもとに行動していたとみられている。

しかし、鎌倉倒幕の総大将であったことは間違いない。その自負もあったであろう。この立ち位置が、後醍醐天皇のもとで足利尊氏(高氏)と戦っていくと

新田義貞像

義貞が鎌倉攻めの旗揚げをしたと伝えられる地(群馬県太田市の生品神社)に建つ銅像。

いう、その後の新田義貞のあり方を規定したものと考えられる。ともかくも、新田義貞は鎌倉倒幕の功績によって、従四位上に叙されて、上野・越後《えちご》・播磨《はりま》の国司《こくし》に任じられ、政権内部の役職としては京中や皇居の警備を担当する武者所《むしゃどころ》を統轄する地位に就いている。

足利尊氏の標的にされて

一三三五(建武《けんむ》五)年十月、北条時行《ほうじょうときゆき》(?―一三五三)の乱(中先代《なかせんだい》の乱)を鎮定するために鎌倉に下っていた足利尊氏が、後醍醐天皇の帰洛《きらく》命令に応じることなく、建武政権からの離反を表明した。その際に、足利尊氏が標的としたのが新田義貞であった。のちに足利尊氏は光厳院《こうごんいん》(光厳天皇〔在位一三三一―一三三三〕)から院宣《いんぜん》を賜って大義名分ができるが、この段階では後醍醐天皇に弓を引くにあたってなんの大義名分も後ろ盾《だて》も持っていなかった。そのため、後醍醐天皇のもとにいる奸臣《かんしん》新田義貞を追討する、ということを名目にしたのである。

『太平記』は、足利尊氏の離反に当たって、鎌倉で新田氏と足利氏の対立があったことを前提として描いている。そこでは

義貞鎌倉を責亡《せめほろぼ》して、功《こう》諸人に勝《すぐ》れたりしかば、東国の武士共は皆我下《わがした》より立つべしと思はれける処に、尊氏卿《きょう》の二男千寿王殿三歳に成り給ひしが、軍《いくさ》散じて六月三日下野国《しもつけのくに》より立帰て、大蔵《おおくら》の谷に御坐《おわ》しける。また尊氏卿都にて抽賞他《た》に異なりと聞へて、是《これ》を輒《たやす》く上聞にも達し、恩

賞にも預らんと思ひければ、東八箇国の兵共、心替りして、太半《たいはん》は千寿王殿の手にぞ付たりける。
（巻第十四「新田足利確執奏状《そうじょう》事」）

とし、その後の恩賞のあり方にともなう武士の離合集散が、そもそもの新田氏と足利氏の対立の根源だとしている。

『太平記』のより原型に近いものとされる古態本ではこの話で止まっているが、これだけでは足りないと考えられたのか、江戸時代に広く読まれた流布《るふ》本の形になるまでに新たな話が付け加えられている。それは、鶴岡八幡宮《つるがおかはちまんぐう》の宝物殿に源義家所縁《よしいえゆかり》の旗が納められていたが、旗に染め抜かれている文様が足利氏の家紋であったため、新田義貞は不用のものと考えた。ならばと足利方の者が旗の譲渡を願ったが、義貞は足利氏に旗を渡さなかった、というものである。しかし、この旗の話は、その後の新田氏と足利氏の争いをより強調するために書き加えられた、まったくの創作話と言ってよい。

足利・新田の対立の根源として語られた恩賞云々の話は、当時の両者の身分・立場の差を考えれば、至極当然の話であろう。先に述べたように、鎌倉での戦後処理は足利主導で行われていたのであり、これに対して新田義貞が不満を持っていた様子はみられない。そういった意味でも、足利尊氏による突然の新田義貞攻撃は、義貞にとって青天の霹靂《へきれき》ともいうべき状況であった。

『太平記』は続けて足利尊氏による新田義貞追討の奏上文を載せ、さらに義貞による尊氏追討の奏上文を載せている。これらの奏上文が実際に出されたかどうかはわからない。しかし、十一月二日付けで足利直義《ただよし》(一三〇六―五二)が諸国の武士に対して新田義貞追討の軍勢催促《さいそく》を出しているし、それを受けて同月二二日付けで足利尊氏・直義追討の後醍醐天皇の綸旨《りんじ》が出されている。もっとも、足利尊氏は新田義貞追討の軍勢催促に先立って、九月中には東国の新田一族の所領を没収して味方の諸将に恩賞として与えているので、早くから新田義貞追討を考えていたのであろう。

こうして、足利尊氏によって追討の標的とされてしまったことで、新田義貞の進むべき道はおのずと決まってしまったと言わざるを得ない。

幻の北陸王朝

足利尊氏が後醍醐天皇から離反した。この時、大義名分を持っていなかった足利氏は、後醍醐天皇のもとにいた奸臣新田義貞を除くことを目的とした。これにより、後醍醐天皇の軍事力として、新田義貞は否応なく足利尊氏と対決していくことになるのである。

一三三六(建武三)年六月、足利尊氏が光厳院と豊仁《とよひと》親王(後の光明《こうみょう》天皇(在位一三三六―四八))を奉じて京都に入った。この間、新田義貞は後醍醐天皇を護衛して比叡山延暦寺《ひえいざんえんりゃくじ》へと逃れている。この時の一連の合戦のなかで、楠木正成《くすのきまさしげ》(?―一三三六)や名和長年《なわながとし》(?―一三三六)・千種忠顕《ちぐさただあき》(?―一三三六)といった後醍醐天皇方の主だった武士を失った。そのため、後醍醐天皇の軍事力の中心として、新田義貞の存在はますます大きなものとなっていった。

義貞らが比叡山に籠《こ》もっているとき、大きな動きがみられた。京都の足利尊氏から密かに和睦《わぼく》がもちかけられた。後醍醐天皇の周辺では、厭戦《えんせん》気分がみなぎっていたようで、この和睦に応じることになった。ただし、この計画は総大将であった新田義貞には伝えられておらず、後醍醐天皇らがすぐに出発できる状態にまでなってようやく義貞は報せを受けている。これに対して、新田氏一門の堀口貞満《ほりぐちさだみつ》（一二九七―一三三八）が後醍醐天皇のもとに駆けつけ、鳳輦《ほうれん》（天皇の乗る車）にすがりついて

抑《そもそも》、義貞が不義何事にて候へば、多年の粉骨忠功を思《おぼ》し召《め》し捨てられて、大逆《たいぎゃく》無道の尊氏に叡《えい》慮《りょ》を移され候けるぞや。……万死を出でて一生に逢ふこと勝《あ》げて計《かぞ》ふるに遑《いとま》あらず。されば義を重んじて命を墜《おと》す一族百三十二人、節に臨んで尸《しかばね》を曝《さら》す郎従《ろうじゅう》八千余人也。然《しか》れども今洛中数箇度の戦《たたかい》に、朝敵勢盛んにして官軍頻《しき》りに利を失ひ候事、全く戦の咎《とが》に非ず、ただ帝徳の缺《かく》る処に候歟《か》。仍《よっ》て御方《みかた》に参る勢の少き故にて候はずや。詮《せん》ずる処当家累年《るいねん》の忠義を捨てられて、京都へ臨幸《りんこう》成るべきにて候はば、ただ義貞を始めとして当家の氏族五十余人を御前へ召し出され、首を刎《は》ねて伍子胥《ごししょ》（中国春秋時代の楚《そ》の武人）が罪に比し、胸を割いて比干《ひかん》（中国殷代《いんだい》の紂王《ちゅうおう》の叔父）が刑に処せられ候べし。

（巻第十七「自山門還幸事」）

と涙を流しながら強く訴えている。遅れてやってきた新田義貞らは「その気色皆忿《いか》れる心有りといへども、しかも礼儀みだりならず、階下の庭上に袖を連ねて並居たり」（巻第十七「立儲君被著于義貞事」）

と、怒りを抑えながらの様子であった。

新田一族に囲まれ動けなくなった後醍醐天皇は、「天運時未だ到らずして兵疲れ勢ひ廃《すた》れぬれば、尊氏に一旦和睦の儀を謀《はか》って、且《しば》らくの時を待ん為に、還幸《かんこう》の由をば仰せ出さるる也。この事兼ねても内々知らせ度《たく》は有りつれども、事遠聞《えんぶん》に達せば却《かえ》って難儀《なんぎ》なる事も有りぬべければ、期に臨んでこそ仰せられめと打ち置きつるを、貞満が恨み申すに付て朕《ちん》が謬《あやま》りを知れり」と取り繕《つくろ》って見せ、さらに「先彼《まずかしこ》（越前国）へ下って且らく兵の機を助け、北国を打ち随へ、重ねて大軍を起こして天下の藩屏《はんぺい》となるべし。但し朕京都へ出なば、義貞却って朝敵の名を得つと覚ゆる間、春宮《とうぐう》（恒良《つねよし》親王）に天子の位を譲って、同じく北国へ下し奉るべし。天下の事小大《なん》となく、義貞が成敗として、朕に替わらずこの君を取り立て進《まい》らすべし」（同）と、越前国に向かって体勢を整えるよう命じている。

その場しのぎの取って付けた感がある後醍醐天皇の策ではある。ただ、建武政権下では、越前国は国司が義貞の弟脇屋義助《わきやよしすけ》（一三〇五―四二）、守護が堀口貞満であり、新田氏一門による支配体制が敷かれていたこともあり、決して突拍子もない計画ではなかった。さらに単独で動く新田義貞が朝敵とならないよう、春宮恒良親王（一三二四―三八）を託している。この時、恒良親王に天皇位を譲る旨が『太平記』には記されているが、のちに後醍醐天皇自身が恒良親王に預けた三種神器《さんしゅのじんぎ》は偽物であると言っており、新田義貞たちを宥《なだ》めるための形式的なものだったようである。それでも、これを受けて新田義貞や堀口貞満らは「首を低《た》れ涙を流して、皆鎧《よろい》の袖をぞぬらしける」（同）と感激している。

この比叡山でのやりとりからは、いくつかのことがみえてくる。後醍醐天皇およびその周辺の公家たちからは、新田義貞切り捨て策ともいえる計画があったのかもしれない。この直前、楠木正成が新田義貞を切り足利尊氏と和睦するよう奏上していた。その段階では一笑に付されて容れられなかったが、楠木をはじめ主だった兵員を失った後醍醐天皇側からすれば、後醍醐の皇統が維持されるのであれば、新田義貞の切り捨てもやむなし、と考えていても不思議ではない。一方の新田義貞の側からすれば、足利尊氏の目的は義貞を除くことであったのであり、降伏しても許される可能性は少なかった。このまま後醍醐天皇が足利方の和睦に応じてしまえば、取り残された新田義貞の進むべき道は残されていないことになる。そのため、後醍醐天皇に対して、クーデタにも似たような状態で、春宮恒良親王を預かるという最大限の譲歩案を引きだしたのであった。もはや、新田義貞にとって進むべき道は、自ずと決められていたのである。

呆気ない最期

越前国に入った新田義貞は、一三三八(建武五・延元《えんげん》三)年二月には越前国府を攻略し、足羽郡《あすわぐん》の諸城を落としながら、斯波高経《しばたかつね》(一三〇五—六七)が拠《よ》る黒丸城の攻防戦を繰り広げていた。閏《うるう》七月、黒丸城の攻撃とともに、足利方の平泉寺衆徒が立て籠もる藤島城攻めも同時に行っていた。新田義貞は、この藤島城攻めの応援のためにわずか五〇余騎ばかりを随え出陣した。そこへ藤島城の救援のため黒丸城から出陣してきた細川出羽守《でわのかみ》・鹿草彦太郎《かくさひこたろう》らの軍勢三〇〇余騎と鉢合わせしてしまった。

新田側は射手の一人もいなければ楯の一つも持っていなかったといい、中野藤内左衛門《なかのとうないざえもん》から「大志を抱く者は軽はずみなことをしてはならない」と注意されながらも、新田義貞は「士卒《しそつ》を死なせて自分一人死を免れるのは、自分の思うところではない」とばかりに敵に向かっていった。結局、新田義貞は深田に足を取られ、敵の矢に眉間を射抜かれてしまい、自ら首を掻《か》き切って自刃して果ててしまっている。非常に呆気《あっけ》ない最期であった。その様子を見た義貞配下の武士たちは、「馬より飛んで下り、義貞の死骸の前に跪《ひざまず》いて、腹かき切って重なり臥《ふ》す。このほか四十余騎の兵、皆堀溝の中に射落とされて、敵の独りも取り得ず。犬死にしてこそ臥せたりけれ」(巻第二十「義貞自害事」)といった有り様であった。

　この新田義貞の最期について、『太平記』の編者は「この人(新田義貞)君の股肱《ここう》として、武将の位に備はりしかば、身を慎み命を全うしてこそ、大儀の功を致さるべかりしに、自らさしもなき戦場に赴いて、匹夫《ひっぷ》の鏑《やじり》に命を止めし事、運の極めとは云ひながら、うたてかりし事ども也」(同)と、新田義貞の軽率さを批判している。また北畠親房も『神皇正統記』の中で新田義貞の最期に触れ、「北国ニアリシ義貞モ、タビタビメサレシカド、ノボリアヘズ、サセルコトナクテ、ムナシクサヘナリヌトキコエシカバ、云バカリナシ」と、空しく戦死したことを嘆いている。

　新田義貞の首は京都に運ばれ、「朝敵の最、武敵の雄」として、都大路を引き回されて獄門《ごくもん》に架けられている。それでも「この人(義貞)前朝の寵臣《ちょうしん》にて、武功世に蒙《こうむ》らしめしかば、天下の倚頼《いらい》(依頼)として、その芳情を悦び、その恩顧をまつ人、幾千万と云数を知らず、京中に相交はりたれば、車馬道に横たわり、男女岐《みち》に立って、これを見るに堪《た》へず、泣き悲しむ声呦々《ゆうゆう》たり」(巻第二十「義貞首懸獄門事」)と、これを見るに堪えず嘆き悲しむ人が多かったことが記されている。

新田義貞は、もともと足利氏の被官的な立場であったが、鎌倉倒幕軍の総大将となって功績を挙げてしまったがため、歴史の表舞台に引っ張り出された感がある人物である。足利尊氏が建武政権に離反するにあたってはその標的とされたため、否応なく戦わざるを得なくなってしまった。上洛してからは後醍醐天皇の軍事力の中心となり、京都・播磨国・比叡山・越前国と各地を転戦した。しかし、楠木正成は義貞を切って足利尊氏と手を組むように奏上しているし、『太平記』全般も義貞に対する評価は決して芳しいものではない。また「南朝の忠臣」の一人に数えられてはいるが、必ずしも高い評価を得ているわけではない。そういったところから、果たして新田義貞は大将としての器《うつわ》であったのか、という疑問も拭い去れない。いずれにしても、上野国を出陣してから五年余り、後醍醐天皇一筋に戦い暮れた人生であった。

⊙参考文献

峰岸純夫『新田義貞』(吉川弘文館、二〇〇五年)
山本隆志『新田義貞』(ミネルヴァ書房、二〇〇五年)
田中大喜編『上野新田氏』(戎光祥出版、二〇一一年)

兄尊氏に毒殺された敗者の信念

足利直義

…あしかがただよし…

関 幸彦

室町幕府《むろまちばくふ》の初代将軍足利尊氏《あしかがたかうじ》（在職一三三八—五八）の弟直義《ただよし》（一三〇六—五二）は、兄とともに、建武《けんむ》政権を打倒し武家政権の復興を実現した。しかし、後に尊氏と対立し、一三五二（観応《かんのう》三）年正月、鎌倉《かまくら》で生涯を閉じた。二人三脚体制で苦楽をともにした兄弟だったが、分裂の憂《う》き目をみて弟直義は兄尊氏によって毒殺されたとされる（観応の擾乱《じょうらん》）。兄とは異なり理非の原則に即し自己の信念を貫いた、この直義もまた「侠」の人であった。

足利直義と鎌倉将軍府

足利直義の鎌倉下向《げこう》は一三三三（元弘《げんこう》三）年十二月のことであった。関東の秩序回復が急務とされ、鎌倉将軍府はその布石だった。それは建武体制下での足利一門による鎌倉掌握《しょうあく》の前提だった。そこには直義を実質上の鎌倉殿とする方向も看取できる。直義は一方では成良親王《なりよししんのう》（一三二六—三八）を擁《よう》する鎌倉将軍府での公的権力の執行者として、他方では千寿王《せんじゅおう》（後の第二代室町将軍義詮《よしあきら》〔在職一三五八—六七〕）の代弁者という二つの面で鎌倉を切り盛りする資格を与えられたことになる。この鎌倉将軍府は、後醍醐天皇《ごだいごてんのう》（在位一三一八—三二、一三三三—三九）の容認にかかる出先機関が鎌倉に樹立されることであり、それは建武政権と足利勢力との妥協の産物にほかならなかった。

やがて鎌倉の主たる直義に試練がおとずれた。下向から一年半が経過した一三三五(建武二)年七月、北条高時《ほうじょうたかとき》(一三〇三―三三)の遺子・時行《ときゆき》(一三二二―五三)が信濃《しなの》に挙兵した。中先代《なかせんだい》の乱である(北条氏を先代、足利氏を後代とし、その中間の意味で中先代という)。旧得宗被官《とくそうひかん》諏訪頼重《すわよりしげ》(?―一三三五)に擁せられ、信濃から武蔵《むさし》をへて鎌倉を目ざしてきた時行を迎撃するため、直義は、井出沢《いでのさわ》(東京都町田市)に出陣するが、敗走した。

直義は鎌倉撤退のおり、鎌倉に幽閉中《ゆうへいちゅう》の護良親王《もりよし》(一三〇八―三五)を殺害させた。直義は成良および千寿王をともない足利一族の分国の三河へと逃れた。三河で直義は成良を京都に帰還させ、兄尊氏の来援を待った。成良を京都に送還したことで、直義は建武体制からの離脱を表明したこととなった。一三三五(建武二)年八月二日、京都を発した尊氏軍は東海道各地域で時行軍を撃破、同十九日直義とともに鎌倉を奪回した(『太平記』)。

鎌倉ではこの時点で天皇政権か再度武家政権かの選択肢があったものの、現実には後者が濃厚だった。問題は、旧主北条氏を再結集の核とするか、新たなる足利氏に依るか、という方向だった。旧鎌倉殿たる北条なのか、新鎌倉殿の足利なのか。多くの武士たちにとっては〝現実〟が重視された。所領安堵《あんど》(保証)という現実である。建武政権への不満はあったものの、時行への与党化がもたらす果実には限界もあった。義よりも利が選択された。中先代時行は建武政権にとって反乱軍だったからだ。その反乱軍が鎌倉入りをなしたことへの影響が懸念された。仮に護良が時行により救出されたとすれば、事情は相当に異なっていたはずだ。護良との連携を含めた権力の構想だった。これが実現すれば、護良にも時行にも利害の一致をみることができた。「玉」たる護良の暗殺を直義が命じたのは、時行と護良との結合を断つための政治的判断がはたらいていた。

ちなみに『太平記』では、建武新政の立役者の足利尊氏には、武蔵・常陸《ひたち》・下総《しもうさ》・駿河・伊豆《いず》が知行《ちぎょう》国《こく》として、弟直義には遠江《とおとうみ》が与えられた（新田義貞《にったよしさだ》〔一三〇一―三八〕には上野《こうずけ》・越後《えちご》・播磨《はりま》が与えられていた）。尊氏・直義両人への知行国が東海道諸国に集中している点は重視すべきだろう。

尊氏に与えられた武蔵は鎌倉を擁する相模《さがみ》とともに関東の中軸であり、伊豆は関東の境界領域で、箱根《はこね》・三島《みしま》・走湯山《そうとうざん》（静岡県熱海市）の神々の集住の場でもある。ここを知行国として分与されたことは大きかった。さらに直義の遠江は、隣国の三河に鎌倉時代以来、足利氏の家領（一色《いっしき》・細川《ほそかわ》・吉良《きら》・今川《いまがわ》など）が集中しており、兵站《へいたん》確保の面でも重要だった。いずれにしても、尊氏・直義の足利一門が東海道筋に所領基盤を有したことは、中先代の乱での攻防にも有利に作用することとなった。かくして鎌倉の主人は再度時行から尊氏・直義へと交替することになる。

京都か、鎌倉か――直義の構想

尊氏の鎌倉下向は武士たちに歓迎された。

「此比《このごろ》、公家ヲ背《そむ》キ奉ル人々其数ヲシラズ有シガ、皆喜悦《きえつ》ノ眉ヲ開テ御供《おとも》申ケリ」とは『梅松論《ばいしょうろん》』が伝えるものだが、建武政権への離反の風潮をうかがわせる。時行を鎌倉から追撃した尊氏・直義だが、両人には京都に対しての温度差があった。京都への反旗に消極的な尊氏と、立場を異にした直義の相違だ。

だが、武家として合戦参加への恩賞の授与の件は共通していた。武士たちへの恩賞授与の権限は武家が握るべきとの判断である。他方京都側の主張は「軍功ノ賞」については「綸旨《りんじ》ヲモテ宛行《あてがわ》ルベキ」(『梅松論』)だとした。建武政権が標榜《ひょうぼう》する綸旨主義(天皇の意志が優先する考え)からの当然の結論だった。

けれども武家の道理を掲げる尊氏・直義にとって従軍武士への恩賞授与は、棟梁《とうりょう》たる自己の判断にもとづくとの立場である。これは鎌倉(=幕府・武家)的秩序への回帰にほかならない。幕府を否定したことで樹立された建武政権にとって、恩賞授与権の掌握は大きな問題であった。その京都側の思惑が尊氏の京都召還に繋がった。尊氏は自身の立場を表明すべく入京しようとする。だが、直義以下の一門の武将たちは以下のように説得する。

御上洛はよろしくない。なぜなら高時を滅ぼし天下一統となったのは武略によるものです。しかし昨今、京都に居たおりには公家や義貞が度々陰謀をなして、大御所(尊氏)を亡き者にしようとしましたが、幸い運が味方して虎口《ここう》を逃れ鎌倉に来ることができたからです。

『梅松論』が語る直義の主張を意訳すれば、こんなところになろうか。ここには上洛による後醍醐との協調を模索《もさく》する尊氏に、拾った運を自ら放棄した場合の反作用を危惧する直義の思惑が語られている。〃運は尽きるもの〃(定量主義)の直義と、〃運は開くもの〃(非定量主義)の尊氏との考え方の違いが見え隠れする。それを原理・原則派と状況派との相違と理解することもできそうだ。状況派の尊氏は現実を重視する。現に京都に天皇の政権があり、これに同化しようとするのが尊氏の方向である。

直義の場合、初期に関東に下向し、鎌倉将軍府体制を推進するなかで、京都政権との連携への限界が認識されていた。公家との不協和音を早い段階から感知した直義は、陸奥《むつ》将軍府構想を逆手に取る形で、鎌倉将軍府の設立を現実のものとした。

陸奥将軍府は陸奥＝東北方面での関東武士団分裂・離反策への布石であった。それへの対抗という面から、直義側の判断は必要な措置だったとされる。兄弟ながら直義のほうが冷徹に足利一門と武家のその後を見据えていたのかもしれない。その点では、直義は武家の故地《こち》たる鎌倉において京都の出方を見極めることを選択しようとした。直義は鎌倉派だった。南北朝の動乱をへて鎌倉府が樹立されるが、その足場はまずはこの直義により祖型がつくられる。

鎌倉派、直義

尊氏と直義が苦慮したのは開府《かいふ》の所在地をめぐってであった。『建武式目《けんむしきもく》』の冒頭に「鎌倉、元ノ如ク、柳営《りゅうえい》(幕府、将軍の居場所)タルベキカ、他所タルベキヤ否ヤノ事」とある文言は、このことを語ってくれる。『建武式目』の制定は、尊氏が京都にあった一三三六(建武三)年十一月のことである。ここでの眼目は尊氏・直義兄弟の政権構想だ。

前述の状況主義と原理・原則主義の思惑は、凝縮した形でこの『建武式目』にもみえている。かつて北条時行から鎌倉を奪い返した足利勢は、従軍武士への恩賞授与の専断で京都側からの糾弾《きゅうだん》を受け、これへの対応で揺れていた。尊氏は弁明で、直義は黙殺で応じようとした。他方で、直義は京都との関係にあっては、常に〝確信犯〟だった。兄尊氏のような揺れはなかった。

既述したように直義は、尊氏の上洛に関しては断固反対した。それが前述した、『梅松論』に載せる直義の兄への諫言《かんげん》だ。直義はそのなかで次のようにも指摘し、鎌倉に尊氏をおしとどめようとする。


この際、ご上洛はとどめられて、若宮大路の将軍家の旧跡に御所をつくられるならば、高《こう》・上杉などの家人たちが軒をならべ武家の都として立派になることでしょう。


この直義の発言は明らかに鎌倉を再び武家の府とするとの趣旨にほかならない。直義はまさしく東国・鎌倉再建派ということができる。武家再建の立場では共通するものの、後醍醐への反旗にためらう尊氏との間にはミゾがあった。協調・調和主義に立つ尊氏の方針が混乱を与えたこともたしかだった。鎌倉で武家権力の再編を目ざす直義と、そこに執着しない尊氏の相違ともいえる。

『建武式目』にはそれが反映されることになる。前述のように「鎌倉、元ノ如ク、柳営タルベキカ」で始まる冒頭部分には、尊氏・直義兄弟の柳営の拠所をめぐる思惑が見え隠れしていた。鎌倉派直義と京都派尊氏相互の思惑が『建武式目』の文言にも反映していたことになる。

直義の人となり

以下では武家の論理の代弁者直義の人となりについてふれてみたい。それが顕著なのは直義と尊氏の戦いぶりである。原理・原則に依拠し、自己を規制し、配下の武将をも厳しく戒めた直義は、例えば苅田《かりた》や狼藉《ろうぜき》的な無法行為とは距離があった。少なくとも自己が直接指揮している将兵にあっては、戦場での非法を戒めていた。

他方、尊氏の執事たる高師直《こうのもろなお》(?—一三五一)・師泰《もろやす》(?—一三五一)の場合、〝現地調達主義〟だった。『太平記』が語るように、〝持てる者〟からの調達に徹した。伝統・秩序から解放された人々を当時、婆沙羅(バサラ)と称した。高師直はその婆沙羅的大名の気質も併有した。彼は直義とは異なり、戦略家ではなく、戦術家だった。それゆえに戦いには強かった。後年この師直と直義が対立するのは、その両人の性格に由来したのかもしれない。

武士一般は〝食わせてくれる存在〟に忠節をつくす。その限りでは直義は師直と比べた場合、臨機応変の幅が少なかった。〝勝つためにも手段を選ぶ〟のが直義だった。

想起されるのは、『梅松論』が語る尊氏・直義兄弟の八朔《はっさく》(陰暦《いんれき》八月一日の意、古くから贈答の習慣があった)の贈物への両者の態度だ。両人の師、夢窓疎石《むそうそせき》(一二七五—一三五一)が語ったことだともいわれる。それによると、尊氏は贈物を受け取りつつ、これをすべて他者に分与する。直義は送られる理由はなしと拒否し送り返す。一見どこにでもありそうな話で、自己にも甘く他者にも甘い尊氏と、その正反対の直義の差ということになろう。

後世の著名な川柳《せんりゅう》の一句を借用すれば、直義は「白河の清きに魚のすみかねて」の例えにも相当するような、潔き武人だったのかもしれない。観応《かんのう》の擾乱《じょうらん》にみられる兄弟の対立の遠因は、両者が構想化する権力の青写真の違いにあったのだろう。鎌倉を主軸とする直義とそれに拘《こだわ》らない尊氏の相違にも繋がる。血脈を分断した両者の闘いは直義の敗北で終止符が打たれるが、鎌倉派を標榜したその遺産は鎌倉府そして鎌倉公方に部分的に継承された。

闘う公家の真骨頂
南朝最大のイデオローグ

北畠親房
…きたばたけちかふさ…

関 幸彦

北畠《きたばたけ》親房《ちかふさ》(一二九三―一三五四)は公卿《くぎょう》であり、武将だった。村上源氏の末裔《まつえい》で後醍醐天皇《ごだいごてんのう》(在位一三一八―三三、一三三三―三九)の側近として建武《けんむ》体制の中心的役割を担った。一三三三(元弘《げんこう》三)年、長子顕家《あきいえ》(一三一八―三八)とともに義良親王《のりよししんのう》(後の後村上《ごむらかみ》天皇〈在位一三三九―六八〉)を奉じ、陸奥《むつ》へ下向、その後足利尊氏《あしかがたかうじ》(在職一三三八―五八)の反旗により、親房は後醍醐天皇を吉野に奉じ京都の北朝と対峙した。その徹底した抵抗ぶりに闘う公家の姿勢が鮮明に語られている。とりわけ、一三三六(延元《えんげん》三、暦応《れきおう》元)年からの関東の常陸小田城《ひたちおだじょう》での抗戦は著名だろう。劣勢のなかでの親房の挫《くじ》けぬ強さは「俠」たる資格を有した人物といえそうだ。

以下では南朝の重臣親房の諦めない強さについて、その常陸での攻防戦を軸に語っておこう。

北畠親房の評価

強烈な意志で歴史にその正義を問いかけた人物として、北畠親房はやはり記憶されねばならない。中世が生み出したイデオローグの代表に位置づけられるからだ。東国・常陸経略のなかで著した『神皇正統記《じんのうしょうとうき》』には、その親房の歴史観が反映されている。とりわけ近世(江戸期)の史論界に与えた影響は少なくなかった。『大日本史』を背景とした幕末の「水戸学《みとがく》」には、この親房の思想が陰に陽に作用していた。

豈《あに》、所謂《いわゆる》、通儒ナル者ニ非《あら》ズヤ……幼主ヲ補佐シ、屹《きっ》トシテ南朝ノ元老ト為レルハ、蓋《けだ》シ諸葛《しょかつ》亮《りょう》ノ風アリ……。

（『大日本史賛藪《さんそう》』）

一読して了解されるように、親房への最大級の讃辞である。幼帝後村上を補佐する姿勢は、中国三国時代の蜀《しょく》の名将諸葛孔明《こうめい》を彷彿《ほうふつ》させるとある。名分論に立脚した『大日本史』は、親房の考え方に共鳴した。

南朝正統論に立つ『大日本史』的観点からすれば、親房の立場は「恢復《かいふく》ノ志ハ、百折スルモ回ラズ、独リ招討ヲ以テ己ガ任ト為ス」とあるように、挫折せずに己の志を貫徹したとして、親房への讃辞が示されている。

ちなみに親房の行動の象徴は、東国・常陸での攻防戦だった。伊勢《いせ》から東国経略の

❖北畠氏関係略系図

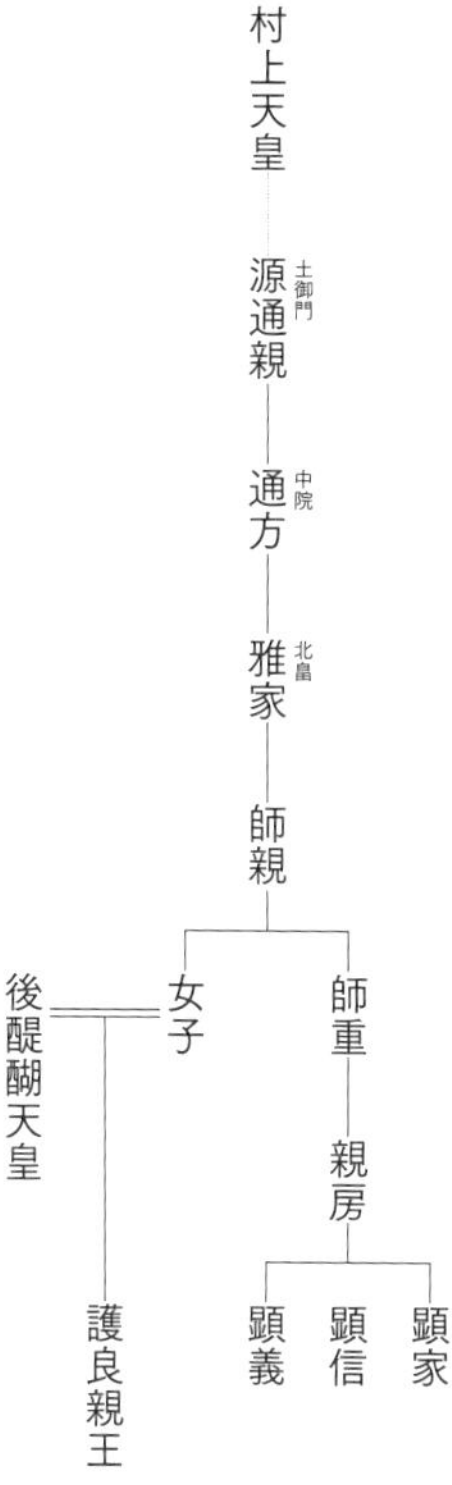

ため赴いた親房は、ここを基盤に南朝勢力の回復を企図しようとした。そこでのキーマンは、白《しら》河結城氏《かわゆうきし》の中心親朝《ちかとも》(?—一三四七)だった。そのため親房は彼を味方に引き入れるべく腐心していた。だが親朝は親房の要請に動かなかった。『大日本史』はそれを非とした。とはいえ筆誅《ひっちゅう》された側の親朝にも言い分はあるはずだろう。父宗広《むねひろ》(?—一三三八)・弟親光《ちかみつ》(?—一三三六)ともどもが後醍醐側に味方し、その中心的武力を提供していた。親房にとっては親朝の関城《せきじょう》参陣が忠節の証とされた。

この親房的論理とは別に、多くの武士にとって相伝《そうでん》所領の継承と、それを保証する政治権力の後ろ盾が必要だった。空手形は有効ではなかった。どうすれば所領の保全と一族の存続が可能なのか。諸国の武士たちにとっては、情況主義に立つ観望の立場が一般的だった。その点ではこの北畠一族、楠木一族《くすのき》、そして九州の菊池《きくち》一族などはむしろ例外だった。その例外を生み出す時代情況こそもまた議論の主題となるが、それはともかく結城氏が父子・兄弟が異なる行動をなすことは、〝種の保存〟(一族の存続)から当然ともいえる。

目前の利にとらわれない親房的名分思想は、実益をもたらさない。本家の下総《しもうさ》結城氏は早くから足利側に味方していた。その関係で白河結城氏は本家からの自立・独立をめざし、南朝方に加担した。けれども、同氏にとっては保険も必要だった。南朝に軸足をおくなかで一族の滅亡の回避だ。親朝が本領を離れず観望する方針は、当然の選択であったかもしれない。

親房の戦略構想

地勢的関係から常陸は東北と関東の接点にあたる。平安末・鎌倉期以来、常陸には三つの主要な武士団があった。北部の佐竹《さたけ》氏(義光《よしみつ》流源氏)、中部の常陸大掾《だいじょう》氏(繁盛《しげもり》流平氏)、そして西部の小田氏(道兼《みちかね》流藤原氏)である。この三つの勢力のうち佐竹・大掾両氏は早く尊氏側に参陣していた。小田氏の場合、最終的に尊氏側につくことになるが、当初は親房を擁して戦った。

親房にとって常陸は奥州への橋頭堡《きょうとうほ》であった。多賀《たが》城(仙台市の東方)・霊山《りょうぜん》(福島市の北東)の重要ルートに白河関《しらかわのせき》があるが、ここを扼《やく》する形で押えていたのが結城氏だった。その点では小田氏とこれに隣接する名族下野《しもつけ》小山氏(秀郷《ひでさと》流藤原氏)をしたがえるためにも、白河結城氏との連携は大きかった。

建武政権樹立のおり親房は、子息の顕家ともども陸奥将軍府を設営した。さらに顕家自身は二度奥州勢力をしたがえ(一三三五年十二月、一三三七年八月)、畿内に進撃したことで、奥州武士団との連帯の余地もあった。その限りでは、自立を保持する利根川以東の関東武士団(旧豪族領主層とさらに小田・小山・宇都宮《うつのみや》・結城諸氏)を自らの陣営に組み込む方策も構想されていた。

以下、五年間の常陸経略の動きを、今日残されている「親房書状」(『松平本結城文書』所収)と当該地域での政治的情況(合戦もふくむ)から、幾つかの節目にしたがい整理しておこう。

第一期　常陸上陸(一三三八年九月)から小田城在陣(一三三九年十月)までの段階＝常陸合戦以前
第二期　常陸合戦の開始(一三三九年十月)から小田城陥落(一三四一年十一月)までの段階＝小田城攻防戦
第三期　小田城陥落(一三四一年)から関城・大宝城合戦終焉(一三四三年十一月)までの段階

親房は天皇に対する「忠」と父宗広への「孝」の二つながらを主張し、親朝の説得にあたった。が、後方支援に徹した親朝は、ついに軍勢派兵にはいたらなかった。その間にも尊氏側からの親朝の参陣打診がなされていた。親房が関城へと移った段階のころだ。他方、尊氏側の親朝の調略がなされた、一三四二(暦応五、興国《こうこく》三)年四月には本領安堵《ほんりょうあんど》の約諾《やくだく》もなされた。

親房がまだ一縷《いちる》の望みを期待していたころ、親朝は尊氏・親房双方の申し出を推し量りながら、その進展を見極めていた。最終的に「忠」「孝」よりは現実の「利」を選ぶことで、親朝は一族の存続をはかった。義に殉じようとして闘ってきた親房にとっては、歯噛みの仕儀《しぎ》となった。観望論に立った現実路線への転換により、親朝は後世には「懦夫《だふ》」(臆病者《おくびょうもの》)の記憶を歴史のなかに与えられることになった。

親朝の路線転換は小田城陥落以降のことだったろう。小田城退去の二日後、親房の無念が親朝宛の書状にも見える。「此間、度々仰セラルルトコロ、戮力《りくりょく》遅々ニヨリ、此難儀出来《しゅったい》シ了《おわん》ヌ」(この落城については度々の要請にもかかわらず、来援が遅延したためにこうした状況になってしまった)。

親房の忿懣《ふんまん》が見え隠れするようだ。

親房の遺産

親房の常陸経略の五年間は、関城陥落でおわった。この期間が長いと考えるか、短いとするかはそれぞれだ。それにしても、劣勢のなかよく孤塁《こるい》を守り抜いたとするのが普通だろう。親房が親朝と交わした多くの書信には戦略上の要請以外にも、武家たる立場での行動原理などに筆がついやされている。

親房の歴史意識は何度かふれた『神皇正統記』に示されている。この書物は小田城在陣中の一三三九(暦応二、延元四)年秋に著されたものだった。

親房はその翌年の十二月『職原抄《しょくげんしょう》』も完成させている。前者は史論書であり、後者は有職書《ゆうそくしょ》としての性格が濃いものだが、そこには親朝に送った書信に通底する内容もある。親朝をはじめとした地域武士たちに日本国のあるべき姿を歴史に問い、語ろうとした面があった。

親房は自己の有するその言説を普遍化させることで、武士たることの分限・官職の秩序などを共有してもらおうとした。『神皇正統記』の主眼は歴世の王権の正統性を語ったもので、幼帝後村上への教訓の書でもあった。それとともに、より深い日本国の記憶を歴史に問いかける試みだった。

凡《およ》ソ保元・平治ヨリコノカタノミダリガワシサニ、頼朝《よりとも》ト云人モナク泰時《やすとき》ト云者ナカラシカバ、日本国ノ人民イカヾナリナマシ。此イワレヲヨクシラヌ人ハユヱモナク、皇威《こうい》ノオトロヘ、武備ノカチニケルトオモヘリ。是《これ》ハアヤマリナリ。

右の『神皇正統記』の有名な一節に示されているように、親房自身は武家を否定したわけではない。源頼朝や北条泰時など自らの分限を守る存在への賛意は惜しまない。武家を王権の外護者として位置づけ、武権の役割を相応に評価しているからだ。武家は範《のり》を超えない枠で存在すべきだとの考え方である。

要はあるべき日本国の理想の姿は、武士も王民の立場で天皇の下で弓馬《きゅうば》に携わり治安維持に尽力することがその使命であるとする。この考え方は、一三四二(興国三)年八月のものとみられる書状にも見える。「凡《およ》ソ重代ノ輩ハ皆コレ王民ナリ、保元平治以来、源平ノ家ニ属シテ、各陪臣《ばいしん》トナリ、皇家ノ列ニ属サズ、承久《じょうきゅう》以来ハ剰《あまつさ》へ、義時・泰時等ノ指麾《しき》ニ拘《かか》ワル……。心アルノ輩、先祖ノ譜系ヲ見レバ、心恥《はじ》ザルベケンヤ」とあるように、頼朝的秩序への回帰を主張したなかにも散見される。そこにあっては北条氏による陪臣支配への臣従を恥として、王家一統下での公武協力体制の樹立と維持こそが主張されており、ブレない親房の強烈な意志が伝わってくる。

凡ソ王土ニハラマレテ、忠ヲイタシ命ヲ捨ツルハ人臣ノ道ナリ。必ズ是ヲ身ノ高名ト思フベキニアラズ。然《しか》レドモ後ノ人ヲハゲマシ、其跡ヲ哀レミ賞セラル、ハ君ノ御政ナリ。下トシテ競ヒ申スベキニアラヌニヤ。

ここには人臣の道とは無私の精神たることが説かれ、官職とは勲功により与えられるもので、望むものではないことも力説されている。叙位《じょい》・任官への限りない要望への批判も強く指摘されている。これなどもすでにふれた親房書状の語るところと一致している。

原則論に立脚した親房の論理はすべての公家・武家たちが共有したものではなかったにしろ、鎌倉の武家の登場以来の歴史認識においてさほど的外れではない。例の慈円《じえん》(一一五五―一二二五)の『愚管抄《ぐかんしょう》』にあっても、親房的歴史認識と重なる部分が少なくなかったことからも、この点は了解されよう。

闘う公家たる親房の真骨頂はその言説による主義・主張の広げ方にあった。文筆による文化闘争を介し、歴史に対してその正当性を問おうとした。親房の東国経略は失敗したが、その種子はその後も点としてではあったが散布された。顕家・顕信の奥州経略は霊山陥落後も葛西《かさい》・田村・南部といった東北勢に継承され、やがては奥羽北方の津軽の浪岡《なみおか》氏や安東氏もまき込む形で動かすことになる。このあたりの事情は本稿の範囲外ではあるが、親房的な義の遺伝子は周縁に点線ながらも伝えられたことになる。

貴種《きしゅ》を戴《いただ》く形での南朝の戦略論は、東国・東北世界のみならず鎮西《ちんぜい》・九州方面でも現実化した。征西将軍懐良《かねよし》親王(一三〇八―一三五)による鎮西経略である。肥後《ひご》菊池氏との共同歩調のなかで、独自の存在証明をはたしたことは、これまた特筆されることだった。

歴史への洞察を介した親房の文化闘争は、部分として水面下で継承されていった。武家全盛の時代にあっても点滅しつづけた。すでにふれたように、近世江戸期の水戸学には親房的論理が受容されていた。

足利将軍を討った武将の大義

赤松満祐

…あかまつみつすけ…

渡邊大門

赤松満祐《あかまつみつすけ》（一三七三?―一四四一）は、一三七三（応安《おうあん》六）年に義則《よしのり》の子として誕生した。一四二七（応永《おうえい》三四）年に義則が没すると、播磨《はりま》、備前《びぜん》、美作《みまさか》の守護となった。

しかし、将軍足利義持《あしかがよしもち》（在職一三九四―一四二三）は同族の赤松持貞《もちさだ》（?―一四二七）を贔屓《ひいき》にしており、播磨を御《ご》料国《りょうこく》（将軍の直轄領）として、持貞をその代官にした。怒った満祐は京都の自邸を焼いて本国播磨に帰り、坂本城（兵庫県姫路市）に拠《よ》って幕府に叛旗《はんき》を翻《ひるがえ》した。義持は山名時熙《やまなときひろ》らに命じて満祐を討伐しようとしたが、持貞と義持の側室の一人との密通が露見し、持貞は自害に追い込まれた。結局、満祐は上洛して義持に謝罪して許され、剃髪《ていはつ》して性具《しょうぐ》と称したのである。

万人恐怖の政治――足利義教

一四二八（正長《しょうちょう》元）年一月に四代将軍義持が亡くなると、持ち上がったのが後継者問題である。義持の死後、その後継者が籤《くじ》によって選ばれた。選ばれたのは、義満の子で義持の同母弟の義円《ぎえん》（以下、義教《よしのり》で統一）である。当初、新将軍義教（在職一四二九―四一）は諸重臣の意見に耳を傾け政務を行っていたが、のちに将軍専制の志向を強める。

　義教の専制的な性格は、守護や公家《くげ》を恐怖に陥れた。一四三四（永享《えいきょう》六）年、義教の妻日野重子《ひのしげこ》（義資《よしすけ》の妹）は、のちの七代将軍義勝《よしかつ》（在職一四四二―四三）を産んだ。多くの人が重子の兄義資邸に詰め掛け、その誕生を祝したが、義教はあらかじめ義資邸に見張りをつけて、訪問者をすべて調べあげていた。そして、義教は祝賀に訪問した公家らを大量に処罰したのである。義資もその後、不慮の死を遂げた。公家の高倉永藤《たかくらながふじ》は、うっかり義資の不慮の死を義教の仕業《しわざ》であると噂を流し、流罪に処せられている。

　些細《ささい》な不手際《ふてぎわ》から死に至らしめられた者は、身分の貴賤《きせん》を問わず、多くの数に上った。その受難者は、二〇〇名を超えるといわれている。

　義教に叛旗を翻す者は、徹底して弾圧された。武家では、永享の乱がよい例である。永享の乱と

❖赤松氏略系図

則景《のりかげ》―（略）―円心
- 円心
  - 範資《のりすけ》―光範《みつのり》
  - 貞範―顕則《あきのり》
  - 則祐《そくゆう》
    - 義則
      - 満祐―教康《のりやす》
      - 祐尚《すけひさ》
      - 義雅―性存《しょうぞん》―政則―義村―晴政（政村《まさむら》）―義祐―則房《のりふさ》
    - 満則
    - 義祐
  - 氏範《うじのり》

は、永享十・十一(一四三八・三九)年に鎌倉公方《くぼう》足利持氏《もちうじ》(一三九八—一四三九)が起こした内乱である。乱の発端は、持氏が嫡子《ちゃくし》の元服に際し、慣例を無視して将軍の偏諱《へんき》を受けなかったことにある。関東管領《かんれい》上杉憲実《うえすぎのりざね》はこれを諫めたが、持氏は逆に憲実を討とうとした。この報に接した義教は、今川・武田・小笠原の諸氏に持氏討伐を命じたのである。結局、持氏は降伏し、一四三九(永享十一)年十一月、武蔵国金沢称名寺《むさしのくにかねさわしょうみょうじ》(横浜市金沢区)で出家したが、義教はこれを許さず、憲実に命じて持氏を自害させたのである。

一四四〇(永享十二)年の大和越智《やまとおち》氏の討伐では、重臣で守護の一色義貫《いっしきよしつら》と土岐持頼《ときもちより》を謀殺《ぼうさつ》するなど、容赦《ようしゃ》ない処罰を行った。一色氏と土岐氏の没落後、その守護職《しゅごしき》を継承したのは、武田信栄《のぶひで》、細《ほそ》川持常《かわもちつね》(一四〇九—五〇)、一色教親《のりちか》らであるが、彼らはいずれも義教の近習《きんじゅう》であった。『看聞日記《かんもんにっき》』の記主である伏見宮貞成《ふしみのみやさだふさ》(一三七二—一四五六)は、義教の所行を「万人恐怖《ばんにん》」と称した。むろん、こうした状況について、満祐が鈍感であるはずがなかった。

嘉吉の乱前夜

同じ頃、播磨守護の赤松満祐は打ち続く土一揆《つちいっき》などで領国支配に不安を抱えており、やがて中央政治においても凋落《ちょうらく》の一途をたどる。特に、義教が跡を継いだあとは、以前に増して赤松氏への風当たりは厳しくなった。

一四三三(永享五)年閏《うるう》七月、比叡山《ひえいざん》(滋賀県大津市)の衆徒《しゅうと》が嗷訴《ごうそ》を行い、その中に赤松氏一族の赤松満政《みつまさ》(?—一四四五)を理由とするものも含まれていた。その内容とは、満政が賄賂《わいろ》を受け取り、ある山僧に便宜を与えたというものである。比叡山衆徒は満政の遠流《おんる》を要求したが、結局惣領家《そうりょうけ》預《あず》けとなった。満政の処罰が軽減されたのには、幕府の強い意向があった。将軍義教は満政に配慮を見せていることから、特別な感情を抱いていたと考えられる。

満政は、幕政の重要な地位にあった。当時、将軍と地方の守護・国人《こくじん》の間を仲介する取次《とりつぎ》は有力守護が担当しており、赤松満祐は薩摩国《さつまのくに》島津氏《しまづし》と伊勢国司《いせこくし》北畠氏《きたばたけし》の取次を担当していた。しかし、のちに有力守護から取次の役割が手を離れ、満政は将軍の近習にも関わらず取次を担当するようになった。一連のできごとから、義教による守護抑制策の一端を垣間見《かいまみ》ることができる。

一四三七(永享九)年二月、義教は正親町三条実雅《おうぎまちさんじょうさねまさ》邸を訪れていた。このとき義教は、満祐から播磨・美作を取り上げることを考えていたようである(『看聞日記』)。その手始めとして、一四四〇(永享十二)年三月、義教が満祐の弟義雅《よしまさ》(一三九七—一四四一)の所領を没収し、取り上げた所領を満祐・貞村《さだむら》(一三九三—一四四七)、そして細川持賢《もちかた》に与えたことを確認できる(『建内記《けんないき》』)。義雅の所領が没収された理由は、よくわかっていない。

義雅の所領の概要は不明であるが、そのうち摂津国昆陽野荘《せっつのくにこやののしょう》(兵庫県伊丹市)は、明徳の乱の勲功《くんこう》として与えられたため、満祐は惣領家に留めるよう義教に懇願した。満祐は、昆陽野荘が本来惣領家に与えられたものであるが、父義則によって義雅に与えられたことに不満を抱いていた。しかし、その願いはついに聞き届けられなかった(『建内記』)。一連の義教による満祐への圧迫は、満祐を精神的に追い込んだに違いない。

嘉吉の乱の勃発

赤松氏と幕府の関係は、徐々に悪化していった。一四四〇(永享十二)年十二月には、満祐の扱いがどうなるのかと世上で噂になっていた(『公名公記《きんなこうき》』)。満祐の危機が広く伝わるほど、両者の関係は危ういものに変化していった。当時、満祐は狂乱状態にあるとの噂が流れていた。こうした情勢の中で勃発したのが、嘉吉《かきつ》の乱である。以下、特に注記しない限り、『建内記』と『看聞日記』によって経過を述べることとしたい。

年号が嘉吉と改まった一四四一(嘉吉元)年四月、結城合戦《ゆうきがっせん》での戦勝が報ぜられ、諸家で招宴が催された。六月二四日、満祐の子教康《のりやす》(一四二三―四一)は京都西洞院《にしのとういん》の自邸において、義教を招き招宴を催した。山名持豊《もちとよ》(宗全、一四〇四―七三)・細川持之《もちゆき》(一四〇〇―四二)・大内持世《おおうちもちよ》(一三九四―一四四一)といった諸大名も招かれている。満祐が招宴を催さなかったのは、前年末から狂乱によって出仕していないからであった。

この招宴では、酒宴とともに赤松氏が贔屓にした観世流《かんぜりゅう》の能楽師《のうがくし》により、猿楽《さるがく》が演じられていた。宴は大いに盛り上がったが、このとき突如として甲冑《かっちゅう》に身を包んだ武者十数人が乱入し、あっという間に義教を斬殺したのである。義教を直接殺害したのは、赤松氏の被官人である安積行秀《あづみゆきひで》(?―一四四一)であったという。

この時、近習として隣室に控えていた山名熙貴《ひろたか》・細川持春《もちはる》らは、ただちに反撃を試みたが、ご相伴《しょうばん》ということもあって武器を携行していなかった。彼らは儀礼用の金覆輪《きんぷくりん》の太刀《たち》を用いて、応戦したという。結果、熙貴・持春は討ち死にし、大内持世は深手を負った。ちなみに熙貴は即死、持春は片腕を切り落とされた。

結局、管領《かんれい》以下、守護および将軍近習らは、義教の遺骸《いがい》を放置したまま、逃げ帰ったのである。義教の首は、敵つまり赤松氏の手に渡った。この義教暗殺の一件は、どのように評価されていたのであろうか。伏見宮貞成《さだふさ》親王の日記『看聞日記』には、かなり辛辣《しんらつ》な感想が綴られている。管領細川持之らは逃走し、そのほかの人々も右往左往して逃散《ちょうさん》したことを非難した。彼らのなかには潔く腹を切るものもなく、赤松氏を討伐しようと追いかける者もいなかったと記す。

将軍の犬死

貞成は義教の死を「自業自得《じごうじとく》」としたうえで、将軍のこのような犬死は古来からその例がないとしている。これまで義教は世間からの評判が芳しくなかったので、その死は「自業自得」であると冷たく突き放されたのである。

赤松氏の宿所が放火されたため、義教の遺体を取り出すことができなかった。狂乱の噂のあった満祐は、奉行人の一人である富田氏の宿所から輿《こし》に乗って落ち延びたという。それだけではない。満祐の弟である義雅と則繁《のりしげ》(一四〇〇—四八)は、自らの宿所に放火し、そのほかの一族・被官人らも放火して逐電《ちくでん》したと伝える。ただし、一族の中でも、赤松満政、貞村《さだむら》（一三九三―一四四七）は「野心」がなく惣領家に従わなかった。それは、有馬義祐《ありまよしすけ》（?―一四二二）も同じであった。

義教の遺体は、結局どうなったのであろうか。義教が殺害された翌二五日、焼跡から遺体が見つかり、等持院《とうじいん》（京都市右京区）に安置された。義教の葬儀が執り行われたのは、翌月の七月六日のことであった。葬儀ののち、義教には普広院《ふこういん》と追号がなされた。肝心の義教の首は、満祐によって摂津国中島の崇禅寺《すうぜんじ》（大阪市東淀川区）に運ばれたと伝えている。

しかし、『公名公記』によると、満祐は将軍の首を播磨国に運び、葬儀を行ったという。現在、安《あん》国寺《こくじ》（兵庫県加東市）の裏手にある宝篋印塔《ほうきょういんとう》が、義教の首塚と言われているのはその証であろう。葬儀ののち、満祐は義教の首を京都に返しており、相国寺《しょうこくじ》長老の瑞渓周鳳《ずいけいしゅうほう》が播磨に下向して受け取っている（『師郷記《もろさとき》』など）。満祐の反逆によって、様々な情報が飛び交っていたようである。貞成が『看聞日記』に「雑説種々雑多、委細記録に能《あた》わず（噂が多すぎて記録ができない）」とあるのは、その混乱ぶりを示している。義教の首のありかについても、多くの噂が流れたと考えられる。

室町幕府の対応

このような事態にも関わらず、幕府の対応は極めて遅かった。守護らは赤松追討を掲げることなく、家の門を堅く閉ざす有様であった。この間、満祐は一族を引き連れ、本国である播磨へと落ちていった。京都を出発するに際して、満祐は自邸をはじめ一族・被官人の邸宅を焼き払ったと述べたが、それは幕府に対する反逆の意志表示でもあった。

義教の葬儀が行われたのは、同年七月六日であり、乱後十日余りを経過していた。これと前後して、諸大名は評定会議を開き、義教の子千也茶丸《ちやちやまる》（後の義勝）をその後継者とし、室町幕府に移した。義勝はわずか八歳の少年に過ぎなかったので、政務の代行者を管領細川持之に定め、満祐討伐を守護らに命じた。大手の大将は阿波《あわ》守護細川持常、搦《から》め手の大将は但馬《たじま》守護山名持豊にそれぞれ命じている。

持之は、諸大名への配慮も怠っていなかった。嘉吉の乱直後の六月二六日、持之は小山持政《もちまさ》ほかの諸大名に宛てて、二四日に義教が満祐によって討たれたこと、義勝が跡を継いだので安心すること、満祐を討伐するので協力してほしいこと、などを伝えている（「井口文書」）。まさしく幕府の威信をかけて、満祐討伐に臨んだのである。

幕府の率いる軍勢には、細川氏一門のほか各地の守護、そして乱に与《くみ》しなかった赤松貞村・満政、有馬義祐ら赤松氏庶流も加わった。一方、赤松氏側も一族および播磨国内の国人・被官人らが続々と集結し、臨戦態勢を整えた。とりわけ一族の赤松教康《のりやす》・義雅・則尚《のりひさ》には、その中核として播磨、但馬の防御線を守らせた。

満祐による天皇・将軍の擁立

満祐は義教を暗殺する際に、周到な準備をしていたと考えられる。おそらく一般的には、満祐が半ば自棄《やけ》気味に反乱を起こしたと考えられているが、実際にはそうではない。それは、将軍と天皇を戴《いただ》くという構想からうかがうことができる。将軍の候補として擁立されたのが、足利義尊《よしたか》（一四一二—四二）である。

義尊の父は直冬《ただふゆ》の子冬氏《ふゆうじ》であるといわれている（足利直冬の孫）。直冬の実父は、尊氏《たかうじ》であり将軍家の血筋を引いている。直冬の養父は直義《ただよし》であり、観応《かんのう》の擾乱《じょうらん》（一三五〇〜五二年）において、反幕府勢力——反尊氏派——となった。観応の擾乱とは、尊氏・直義の二元的な体制が崩れ、それぞれの派に分かれて争った内紛である。

義尊が史料上に登場するのは、『建内記』嘉吉元（一四四一）年七月十七日条である。同条によると、直冬の子孫である禅僧が満祐に擁立されると、すでに「将軍」と称しており、播磨国内に迎えられたとある。もちろん、正式に将軍宣下《せんげ》を受けたわけではない。自称と考えてよい。義尊はこの年に二九歳であったというので、一四一二（応永二〇）年の生まれとなる。満祐は義尊の名前を使って、各地に軍勢催促《さいそく》を行ったという。

このことに気付いた幕府は、早々に対策を講じている。幕府は義尊の花押《かおう》を写し取り、その花押を据えた文書を持つ者がいれば、召し取るように各地の関所に通達した。つまり、逆に言えば、幕府は義尊の軍勢催促を無視しえず、一定の効果を持つことを予測していたと考えられる。

もう一人のキーパーソンが小倉宮《おぐらのみや》である。満祐が小倉宮を擁立《ようりつ》しようとしたことは、『建内記』嘉吉元年七月十七日条に「南方御子孫小倉宮の末子を赤松が盗み奉った」との記録が見える。正確に言えば、小倉宮自身ではなく、その末子ということになる。ただし、小倉宮の擁立が成功したか否かは不明である。

幕府による赤松氏討伐

同年七月十一日、京都を出発した細川持常を中心とする討伐軍は、赤松氏討伐のために下向した。しかし、討伐軍は未だ西宮(兵庫県西宮市)にも達しておらず、翌八月十六日に攻め込むのではないかと予測されている。同年八月二八日に搦手《からめて》の大将の山名持豊が京都から丹波《たんば》を経て、但馬から播磨に攻め込む準備をしており、細川軍と協力して攻撃を計画していたと考えられる。

『公名公記』嘉吉元(一四四一)年七月二七日条には、赤松氏が兵庫に攻め込むのではないかとの風説が流れ、情報に混乱が見られたようである。この間、京都では軍費調達のため、山名持豊が「借物」と称し、強制的に金銭を借用するなど混乱が相次いだ。また、重傷で伏せていた大内持世が没したのも、ちょうどこの頃である。

幕府軍の歩調が乱れる中、赤松氏に関する風説が流れていた。赤松氏の一行が無事に帰国できるよう、佳瑞《かずい》として石清水八幡宮《いわしみずはちまんぐう》(京都府八幡市)で旗竿《はたざお》を切ったところ、路次では何事もなく播磨国に帰国できたので、赤松氏の人々は歓喜で沸いたという。また、今回の満祐による反乱は、大菩薩《だいぼさつ》の所行であるとの石清水八幡宮のご託宣《たくせん》を得た。さらに幕府軍進発の際、赤松貞村が落馬し、細川持常の目が病に犯されたとも記されている。こうした話は疑わしいが、赤松氏の勢いを感じさせる噂である。

一連の事態を重く見た幕府が、赤松氏討伐の綸旨《りんじ》を奏請《そうせい》したのは、同年七月二六日になってからであった。しかし、この綸旨奏請は武家の私闘であるという理由により、当初は公家からの反対意見があった。管領細川持之は、永享の乱における持氏治罰《じばつ》の綸旨を先例とするよう主張したため、ようやく八月になって下された。このとき後花園《ごはなぞの》天皇は、自ら綸旨の添削を行い、随分と熱心だった。持之が治罰綸旨を申請した背景には、自らの指導力に自信が持てなかったという理由がある。

播磨出陣の準備

満祐討伐の綸旨を得たのち、合戦はいかなる経過で進んだのであろうか。まず重要なのは、前後して幕府が各地の有力な領主層に出陣要請をしていることである。「小早川家《こばやかわけ》文書」の収められた室町幕府管領奉書案によると、細川持之は幼い将軍義勝の意を奉じて、小早川盛景《もりかげ》に軍勢催促を行っている。ほぼ同文の管領奉書は、小早川熙平《ひろひら》、吉川経信《きっかわつねのぶ》、益田兼堯《ますだかねたか》に宛てられた（「吉川家文書」など）。

戦いは武将による軍勢だけでなく、宗教界の協力も不可欠であった。同一四四一年七月七日、東寺《とうじ》（京都市南区）では播州《ばんしゅう》静謐《せいひつ》（赤松氏退治《たいじ》）を祈願して、五壇護摩《ごだんごま》が催された（「東寺二十一口方評定引付」）。五壇護摩（五壇の法とも）とは、天皇や国家の祈りに際し、息災・増益・調伏《ちょうぶく》のために五大明王を東・南・西・北・中央の五壇に祭り行う密教《みっきょう》の修法《じゅほう》のことである。五壇護摩の実施に際しては、武家伝奏《ぶけてんそう》の中山定親《さだちか》が赤松氏退治という本意が速やかに遂げられるよう、東寺に祈禱《きとう》の依頼をしている（「東寺百合《ひゃくごう》文書」)。

赤松退治の祈禱を行ったのは、東寺だけではなかった。近江国《おうみのくに》の園城寺《おんじょうじ》(滋賀県大津市)や奈良の七大寺(東大寺・興福寺・元興寺《がんこうじ》・大安寺・薬師寺・西大寺・法隆寺)に対しても、赤松退治の祈禱を行うよう下知が下された(『薩戒記《さっかいき》』)。鞍馬寺《くらまでら》(京都市左京区)でも代々逆徒を退治した佳例にならって、赤松退治の祈禱が催された(『門葉記《もんようき》』)。そして、祈禱が行われたのちには、一〇〇日以内に赤松満祐の首が都大路《みやこおおじ》を渡り、獄門《ごくもん》に懸けられるであろうと述べている。満祐退治は、広く宗教界を巻き込んでの一大事だったのである。

戦いの経過

戦いの火蓋《ひぶた》は、八月中旬にはすでに切られていた。『建内記』嘉吉元(一四四一)年八月十四日条によると、美作国の垪和右京亮《はがうきょうのすけ》が赤松氏の勢力に播磨から攻め込まれ、城衆は火を放って逃げ出したという。『建内記』では、幕府方の武将を官軍と記している。また、備前国では、松田氏と勝田氏がいったんは赤松氏の軍勢を追い払ったものの、再び合戦に及ぶと赤松勢に敗退し、備中国に引き退いた。細川氏の領国である備中国で支援しなかったことに疑問が記されているが、まだ態勢が十分に整っていなかったからであろう。

このように、赤松氏は攻めて来る敵の撃退に見事に成功した。一方、幕府内部では、細川持之が細川教春《のりはる》(一四二三—五〇)に出陣を促したが、なかなか従わなかったようである。そのため持之は教春に出陣を要請するとともに、他家に示しがつかないと書状を送っている(「細川家文書」)。教春が重い腰を上げ、兵庫(神戸市兵庫区)に着陣したのは、八月十七日のことであった。

八月十九日、淡路国《あわじのくに》守護細川持親《もちちか》の率いる軍船が塩屋関《しおやのせき》(神戸市垂水区)を焼き払った。このとき赤松貞村も合戦で奮闘し、幕府軍を勝利に導いた。一方で、山名教清《のりきよ》(生没年不詳)の率いる軍勢は、赤松氏の領国美作国へ侵攻し、朝敵つまり赤松氏の軍勢を退散させた。赤松氏の当初の勢いは、すっかり陰りを見せていたのである。

同日、塩屋関で赤松氏を撃破した幕府軍は進軍を続け、蟹坂《かにがさか》・人丸塚《ひとまるづか》(兵庫県明石市)で赤松氏と交戦状態になった。このとき教康《のりやす》を中心とした赤松軍は、有利に戦いを進め、いったん幕府軍を須磨《すま》(神戸市須磨区)へと追い返した。しばらく膠着《こうちゃく》状態が続いたが、二五日の戦いでも赤松氏は勝利を収めた。しかし、二六日には幕府軍の必死の反撃に遭い、赤松軍は敗走する。この戦いは大変な激戦であり、吉川氏は多くの被官人を失った(「吉川家文書」)。また、誤報ではあるが、『建内記』には加古川《かこがわ》で赤松則繁が溺死《できし》したと伝え聞いており、天罰であると感想を漏らしている。

一方、山名持豊や赤松満政の動きは、細川持之の書状によって把握することが可能である(「足利将軍御内書 并《ならびに》 奉書留」)。但馬を進発した持豊は、七宝寺《しっぽうじ》(兵庫県神河町)の要害を攻め落とし、そのまま城山城を目指した。一方、赤松満政は二五日に山王鼻構《さんのうはなかまえ》(兵庫県たつの市)を攻め落としたという。北部と西部から幕府軍は赤松氏を攻略し、徐々に満祐らが籠もる坂本城に迫ったのである。

蟹坂・人丸塚は相当な激戦であったらしく、関連する多くの感状《かんじょう》が残っている。吉川経信は、高戸氏、田坂氏、沢津氏などの被官人を失った(「吉川家文書」)。細川教春も被官人一名が討ち死にしたが、手負いの者が数十人に及んだという(「細川家文書」)。二人に対しては、翌月に御教書《みきょうしょ》と太刀が忠節の証として与えられた。

追い詰められた赤松氏

備前国では八月二三日に高尾城(岡山市東区)が山名教清によって落城させられ、協力した益田兼堯が細川持之から感状を与えられた(「益田家文書」)。八月二八日、山名持豊率いる但馬の軍勢は、生野《いくの》坂《ざか》(兵庫県朝来市)から大山口(同神河町)に侵攻し、赤松軍を敗走させている。翌二九日以降、山名軍は粟賀《あわが》(同神河町)から市川を渡り、赤松氏の居城坂本城を攻撃した。赤松氏の包囲網は、着実に本拠の坂本城に迫ったのである。

『建内記』嘉吉元(一四四一)年九月五日条には、持豊が坂本城を攻略し、赤松氏の国人らを降伏させたことを記録する。満祐父子は城山城《きのやまじょう》(同たつの市)へと逃れたが、赤松氏に従った多くの国人は降参したという。討ち取られた赤松氏被官人の首は、京都の六条河原で晒《さら》された。ほぼ同じ頃、備前国の守備にあたっていた小寺氏は、松田氏らの謀反に遭っていた。赤松氏の勢力は、少しずつ幕府軍に対して劣勢に追い込まれていたのである。

赤松氏が城山城に逃げ込むことによって、播磨国は「無主の地」になってしまった。寺社本所領では、管領から制札《せいさつ》を受け取り、現地での濫妨《らんぼう》行為を防ごうとした。制札の大きさは、長さ一尺《しゃく》五寸《すん》（約四五センチ）、幅一尺（約三〇センチ）であったという。また、播磨国の東部八郡は合戦から解放され、年貢が京都に届くようになった（『建内記』）。もはや赤松氏の威勢は、播磨国内に届かなくなっていたのである。

同年九月十日、山名軍はついに城山城に総攻撃を仕掛けた。城は攻め落とされたが、赤松氏関係者の行方については、様々な情報が飛び交っていた。例えば、赤松則繁は城中で自殺したと記されているが、実際には脱出に成功している。赤松教康も自殺したと記されているが、実際には則繁と同様に脱出していたことが判明する。幕府方においても、赤松満政が陣中で自殺したとの誤報が流れたようである（以上『建内記』など）。

満祐の最期

赤松氏関係者で死を確認できるのは、赤松満祐であった。満祐は城山城中で自害したと考えられるが、その首は燃え盛る城山城内にあった。幕府軍から山名教之《のりゆき》が火中の城内に入り、満祐の首を持ち出すことに成功した。しかし、一方では赤松満政が満祐の首を取ったとの誤報が流れ、その後の播磨国守護職をめぐって相論になるのではないかと記されている（『建内記』）。満祐の弟である義雅や被官人らは、幕府軍に生け捕りされた。実際、首は満祐のものだけではなく、二六もの数に上ったという（『東寺執行《しぎょう》日記』）。

九月十七日、満祐の首は京都に到着した。この日、細川持之が首実検を行い、満祐のものであると確認された。翌十八日には、将軍義勝と伊勢貞国が宿所で首を確認している。満祐の首と義教を直接手に懸けた安積行秀の首は、都大路を渡り獄門となった。四条河原において、二人の首は長刀に付けられたという。誠に無残な姿であった。

満祐の弟義雅は同族の満雅の陣に降参したが、縁座《えんざ》は逃れられないと覚悟し、陣中で切腹した。また、義雅の弟である龍門寺真操《りゅうもんじしんそう》は、播磨下国を機会に還俗《げんぞく》したが、このときに自害した模様である。二人の首は満祐から遅れて二一日に京都に届き、二一日から三日の間、六条河原に晒された(『建内記』)。こうして嘉吉の乱は、終結したのである。

満祐は、義教から身を守るために挙兵した。おそらく理由はそれだけでなく、義教の圧政に苦しむ人々を救うべく、立ち上がったのかもしれない。義教の横暴な振る舞いには、公家、武家を問わず苦しんでいた。寺社の記録では満祐の行為を正当化し、むしろ応援しているような節がある。満祐の義侠心は、当時の人々に広く受け入れられたのかもしれない。

◉主要参考文献
高坂好『赤松円心・満祐』(吉川弘文館、一九七〇年)
今谷明『足利将軍暗殺——嘉吉土一揆の背景』(新人物往来社、一九九四年)
渡邊大門『赤松氏五代』(ミネルヴァ書房、二〇一二年)

時の権力者に翻弄された
能の大成者の生涯

世阿弥
…ぜあみ…

渡邉大門

室町幕府《むろまちばくふ》の第六代将軍足利義教《あしかがよしのり》(在職一四二九—四一)の勘気《かんき》を蒙《こうむ》って、佐渡《さど》に流されたのが、能《のう》の大成者として知られる世阿弥《ぜあみ》(一三六三—一四四三?)である。世阿弥は室町前期の能役者として活躍し、総合芸術としての能を確立し、現代まで脈々と続く能芸の基礎を築き上げた。

世阿弥は、一三六三(貞治《じょうじ》二)年頃、観世座《かんぜざ》の創始者・観阿弥《かんあみ》(一三三三—八四)の長男として誕生した(諸説あり)。稚児名《ちごな》は藤若《ふじわか》、幼名は鬼夜叉《おにやしゃ》と称されていた。通称は三郎、実名は元清《もときよ》という。中年以後の擬法名的な芸名が世阿弥陀仏であり、世阿弥、世阿はその略称である。晩年は、至翁善芳《しおうぜんぽう》という法名を名乗った。

一三七〇(応安《おうあん》三)年頃、観阿弥・世阿弥父子は京都の醍醐寺《だいごじ》(京都市伏見区)で七日間の猿楽《さるがく》を演じ、京都市中に名声を広めた。四年後の一三七四(応安七)年、三代将軍足利義満《よしみつ》(在職一三六八—九四)は京都の今熊野《いまくまの》(京都市東山区)で、初めて観阿弥・世阿弥父子の猿楽を観賞した。以来、世阿弥は三代将軍足利義満の寵《ちょう》を受けるようになった。

世阿弥は美童だったといわれており、猿楽だけでなく連歌《れんが》や蹴鞠《けまり》にも秀でていたという。それゆえ義満は、一三七八（永和四《えいわ》）年六月の祇園祭《ぎおんまつり》の鉾《ほこ》見物の桟敷《さじき》に世阿弥を招くほどだった。しかし、公家衆《くげしゅう》はこれを歓迎せず、「散楽《さんがく》は乞食《こつじき》の所行《しょぎょう》なり」とまで言い放ち、義満に迎合して世阿弥を称える武家を非難した（『後愚昧記《ごぐまいき》』）。

公家の二条良基《にじょうよしもと》（一三二〇—八九）も義満の機嫌をとるため、世阿弥を引き立てた一人である。良基は世阿弥に藤若の名を与え、同時に芸の素晴らしさと美童ぶりを絶賛し、義満の卓見を称賛するほどだった。良基は自邸に世阿弥を招いて連歌会を催し、その付句《つけく》を絶賛した。同じ頃、良基は義満が公家生活を送る際の指南役《しなんやく》を仰せつかった。おおむね、十六、七歳頃までの世阿弥は、生涯のなかでもっとも人気が高かった時期と考えられる。

観阿弥死後の状況

一三八四（至徳《しとく》元）年に父の観阿弥が亡くなると、世阿弥は観世流能楽のトップである観世大夫《かんぜたゆう》を引き継ぐ。世阿弥は二〇歳を越えたところであり、まだまだ初心の段階だったといえる。この頃になると、かつて義満が寵愛《ちょうあい》した美童としての世阿弥の魅力は失われており、義満の好みも近江猿楽《おうみ》の犬王《いぬおう》（生没年不詳）や喜阿弥《きあみ》（生没年不詳）に傾いていたと考えられる。その兆しは、すでに父・観阿弥の頃から見られていたようである。

世阿弥は厳しい状況にあったが、一三九九（応永《おうえい》六）年に義満の後援のもと京都の一条竹鼻《たけはな》（京都市山科区《やましな》）で、三日間の勧進《かんじん》猿楽を興行して成功を収めた。こうして世阿弥は、芸能界において第一人者として認められた。最初の能楽論書『風姿花伝《ふうしかでん》』の第三までは、翌年に書かれており、芸名を世阿弥と称し始めたのは四〇歳頃である。

ところが、当時の第一人者は、世阿弥より一世代上の先輩の犬王だった。犬王は舞歌に秀で、優美で情趣の豊かな能を得意とし、観阿弥の死後は能会の第一人者だった。一時、犬王は結城満藤《ゆうきみつふじ》の京都追放に絡んで失脚したが、義満に許されて復帰すると、世阿弥以上に贔屓《ひいき》にされたという。一四〇一(応永八)年頃、犬王は義満の法名「道義《どうぎ》」の一字を与えられ、道阿弥《どうあみ》と名乗った。これは破格の待遇である。

世阿弥によると、道阿弥は天女の舞を得意とし、幽玄美《ゆうげんび》を重視していたという。義満は晩年に公家化を志向していたので、道阿弥の芸はその意に沿った高級なものだったといわれている。世阿弥はその芸風の影響を大きく受け、物まねや言葉の面白さを主体とする能から、歌舞中心の幽玄(優美な)能へと、その芸を転換させていった。世阿弥は能の歌舞劇化を進め、自身の能を大きく進歩、変貌させたのである。

義持の時代

一四〇八(応永十五)年に義満が没すると、世阿弥は最大の後援者をなくした。後継者の第四代将軍義持《よしもち》(在職一三九四―一四二三)に重用されたものの、その前途は多難だった。義持は父・義満と折り合いが悪かったので、ことごとく父の方針に反発したことも一因だった。義持は芸能に関して尊氏《たかうじ》、義詮《よしあきら》の時代（一三三八～六七年）に回帰し、猿楽よりも田楽《でんがく》に支援の重点を置いた。
とりわけ義持は、尺八《しゃくはち》の名手として知られた新座の増阿弥《ぞうあみ》（生没年不詳）を重んじた。その舞はわずかな扇あしらいだったが、世阿弥をも感動させたという。玄人《くろうと》好みの渋い演技だったといわれているが、当時、禅《ぜん》に傾倒していた義持はお気に入りだった。とはいえ、義持は世阿弥を遠ざけたわけではない。

増阿弥の最大の持ち味は、賑やかな田楽という演技のなかで、尺八を用いた「冷えたる能」だったといわれている。尺八の渋い音色は、舞を「冷えに冷えた」美に変貌させた。これが、義持の心をとらえたといえよう。やがて、京都市中での世阿弥の出番は減り、増阿弥が主催する公演が増えていったのである。

ところが、世阿弥はライバルを妬《ねた》むことなく、柔軟に時代の流れに対応した。世阿弥は「花」を生み出す幽玄美が高められたところに「冷えたる美」があることを学び、増阿弥の能から「冷え」を享受したのである。このように世阿弥は生涯にわたって自らの芸を高めようと努力し、能楽論を次々と執筆していった。

世阿弥の能楽論書としては、『風姿花伝』『花鏡《かきょう》』『至花道《しかどう》』ほか二〇余部がある。能の作品に「高《たか》砂《さご》」「老松《おいまつ》」「清経《きよつね》」「井筒《いづつ》」「砧《きぬた》」「班女《はんじょ》」「融《とおる》」など多数ある。

厚遇された世阿弥

一四二四（応永三一）年、醍醐寺清滝宮《せいりゅうぐう》（京都市伏見区）の楽頭職《がくとうしょく》が世阿弥に与えられた。前任の榎並《えなみ》大夫が亡くなったからである。その際、世阿弥は義持から、千疋《せんびき》の銭を与えられた。これは醍醐寺からの俸禄《ほうろく》とは別なので、義持から重用されたのは明らかである。義持は増阿弥を贔屓にしていたが、世阿弥も幕府の御用役者として厚遇したのである。

その背景には、義持が義満以上に能の鑑識眼が高かったことにある。義持は本格的に禅に打ち込んでおり、禅の精神に裏打ちされた高度な知性と洗練された趣味の文雅《ぶんが》の共同体の構築を目論《もくろ》んだ。義持の意向に沿って、能そのものが洗練され、数段上の芸術性が求められるようになったのである。

ここから世阿弥の能も、大きく変化する。

世阿弥の能の特色は、上品な優雅さと「幽玄《ゆうげん》」の美意識にあった。それは、大和猿楽本来の物まねや言葉の面白さを主体とする能から脱却するものだった。当時の武家や公家は、能への鑑識眼が高まっており、その要望に応えざるを得なかったのである。世阿弥が能を単なる物真似芸から、歌舞劇へ進展させた功績は大きい。そのもっとも大きな功績は、序破急《じょはきゅう》五段の作劇法と「夢幻能《むげんのう》」と称される演劇であろう。

能の芸術性を高めた世阿弥は、より前衛的な演劇を志向した。神や亡霊や鬼の登場は、その一例であるといえよう。それだけでなく、これまでの能楽者や現役の能楽者の優れた部分を巧みに取り入れ、観客の好みに応じて演じて見せた。こうして世阿弥は、能の芸術性をさらに高めたのである。

ほかにも、世阿弥には『伊勢物語』『源氏物語』『平家物語』などの著名な文学作品を題材とし、よく知られた人物をシテ（主人公）とした。セリフも和歌などの知られたものを採用し、劇的な展開で観衆の興味も誘った。その作品の多くは、世阿弥が確立した夢幻能なのである。

一四二二（応永二九）年、世阿弥は出家し至翁善芳と名乗り、子の元雅《もとまさ》（?―一四三二）に観世大夫の座を譲った。世阿弥も義持と同じく、禅に強い関心を抱いていたらしい。出家後、世阿弥は長男の元雅、次男の元能《もとよし》、甥の三郎元重《もとしげ》（一三九八―一四六七）の指導に打ち込み、もっとも充実した時間を過ごしたのである。

なお、元雅には能楽論秘伝書『花鏡』を送り、そこに「初心忘るべからず」「命には終わりあり、能には果てあるべからず」「ただ美しく柔和なる体、これ幽玄の本体なり」等の言葉を与えた。優れた能を創作し、多くの著書をものにしたのもこの頃である。

悲劇の訪れ

一四二八（応永三五）年に義持が亡くなり、義教が第六代将軍の座に就いた。義教が将軍になって以降、世阿弥に悲運が訪れた。もともと義教は榎並大夫を贔屓にしていたが、やがて世阿弥の甥の元重（音阿弥《おんあみ》）を寵愛するようになった。ただ困ったことに、義教は世阿弥に強い圧迫を加えるようになる。

たとえば、一四二九（永享《えいきょう》元）年に後小松院《ごこまついん》の要請で催す予定の仙洞御所《せんとうごしょ》での演能は、義教によって中止に追い込まれた。翌年、義教によって、世阿弥の清滝宮楽頭職を元重に移すよう、醍醐寺に圧力がかけられた。つまり、義教は元重を重用し、同時に世阿弥を排除しようとしていたのである。やがて元重は独立志向を高め、観世座の主流を占めるようになった。

それにともない、世阿弥らの一派は窮地に追い込まれた。一四三〇(永享二)年十一月、次男の元能は芸そのものを捨てて出家した。ちょうど、世阿弥が『申楽談義《さるがくだんぎ》』を書き終えた直後のことだった。一説によると、元能が出家した理由は、将来を悲観したからだといわれている。

一四三二(永享四)年、長男の元雅は伊勢で客死《きゃくし》し、世阿弥の後継者は絶えてしまった。一四三〇(永享二)年の十一月、元雅は吉野(奈良県吉野町)の天川《てんかわ》弁才天に尉面《じょうめん》を奉納して所願成就《しょがんじょうじゅ》を祈念しており、父の後継たるべきことを自認していたので、不意の出来事だった。世阿弥自身も、元雅の才能を高く評価していたのである。この頃、すでに七〇歳を超えていた世阿弥は、ただ悲嘆に暮れるしかなかった。こうして一四三三(永享五)年、観世大夫の地位は、元重が継承したのである。

元重(音阿弥)が観世大夫に就任し、義教以下の公家・武家から支持されると、世阿弥の立場は弱くなった。一四三三(永享五)年、観世大夫になった元重が披露のため、京都の糺河原《ただすがわら》で盛大な勧進申楽《さるがく》を三日間にわたって興行した。この興行には、義教以下の公家・武家が訪れ、名実ともに元重が能界の第一人者になったことが明らかになった。その状況下において、世阿弥に突如悲劇が襲ったのである。

翌一四三四(永享六)年五月、世阿弥は義教の命により、突如として佐渡に配流《はいる》となった。実のところ、流罪《るざい》になった理由はよくわかっていない。一説によると、元重が観世大夫を継承するにあたり、世阿弥に義教の機嫌を損ねるような言動があったといわれている。ただでさえ義教は難しい性格であるので、怒りを鎮めることはできなかったのだろう。

かねてより義教は世阿弥に良い感情を抱いていなかったが、元重(音阿弥)を重用することにより、その存在すら疎《うと》ましくなった可能性がある。結果、世阿弥は佐渡への流罪という重罪を科されたのである。この頃、世阿弥はもう七〇歳を越えていた。

流罪になった世阿弥

佐渡は古来より流刑《るけい》の地として知られており、鎌倉時代に順徳《じゅんとく》上皇、日蓮《にちれん》聖人、京極為兼《きょうごくためかね》が流されたことで有名である。

佐渡時代の世阿弥の動静については、自身の手になる小謡曲舞集『金島書《きんとうしょ》』にしか書かれていないが、その沈んだ心をうかがうことができる。金島とは、佐渡の島に古来から黄金が産出されることにちなんで名付けられたという。ただし、『金島書』には原本がなく、写本しか伝わっていない。

一四三四(永享六)年五月四日、世阿弥は都を出発し、次の日には小浜《おばま》(福井県小浜市)の港に到着した。小浜は、敦賀《つるが》(福井県敦賀市)と比肩する室町時代の海港だった。世阿弥は、京都と小浜を陸路で結ぶ若狭《わかさ》街道(鯖《さば》街道)を経て、小浜へ向かったと考えられる(大津から船で琵琶湖を下ったという説もある)。海路は船で日本海を北上しており、石川県南東の白山連峰を見ながらの旅となった。その後、世阿弥は七島を眺めながら珠洲《すず》(石川県珠洲市)の岬に至り、やがて船は富山湾に入ったのである。

船旅の途中に北アルプスの立山が見えたので、世阿弥は夢幻能の題材にした源平の古戦場である礪波山《となみやま》、倶利伽羅峰《くりからとうげ》に触れている。名所、旧跡は和歌だけではなく、能の素材にもなったのである。五月の下旬には佐渡に着いたので、十五日から二〇日間程度の旅程となった。一見して優雅な旅であるが、流人であることを忘れてはならない。

佐渡に入った世阿弥は、多田に上陸した。その後、長谷寺《はせでら》から万福寺《まんぷくじ》に移り、さらに正法寺《しょうほうじ》(佐渡市金井町泉)に住まいを変えた。世阿弥は鎌倉後期の歌人・京極為兼の配所の八幡《やはた》(佐渡市佐和田町八幡)、承久《じょうきゅう》の変(一二二一年)で流された順徳上皇の配所の泉(佐渡市金井町泉)を訪ねた。正法寺には、世阿弥が都から持参したという鬼神面が伝わっている。

『金島書』の奥書によると、一四三六(永享八)年まで世阿弥が佐渡にいたことが分かっている。その間、世阿弥の周囲には支援者がいたと考えられ、細々とでも生活を送っていたのだろう。一四四一(嘉吉《かきつ》元)年、義教は赤松満祐《あかまつみつすけ》に討たれたが(嘉吉の乱)、世阿弥が許されて帰京したのか否かは判然としない。世阿弥が帰依《きえ》した大和の補巌寺《ふがんじ》(奈良県田原本町)の文書には、忌日が八月八日と書かれているが、没年は不明である。享年八一というのは、あくまで伝承に過ぎない。

以上のように世阿弥の例を見ると、流罪となった理由は義教の個人的な好悪によって実行された可能性が高い。しかも、世阿弥は反逆者でなかったにもかかわらず、義教の生きている間に許された形跡はない。つまり、義教が決めた流罪というのは、気に入らない人物を懲《こ》らしめる手段に転じたといえよう。
なお、一九四一(昭和十六)年に、世阿弥の「佐渡状」が奈良県生駒市《いこまし》の宝山寺で発見された。これは世阿弥の直筆の書状で、一四三五(永享七)年六月に佐渡から娘婿の金春禅竹《こんぱるぜんちく》に宛てたものである。内容は老妻寿椿《じゅちん》を禅竹に託して佐渡に向かったこと、銭十貫文が届いたことへのお礼、鬼の能についての禅竹への同答などが記されている。

◉主要参考文献

増田正造『世阿弥の世界』(「集英社新書」、二〇一五年)
今泉淑夫『世阿弥』(吉川弘文館、二〇〇九年)
北川忠彦『世阿弥』(「中公新書」、一九七九年)

鎌倉府と室町幕府の関係維持に身命を捧げた

上杉憲実

…うえすぎのりざね…

下川雅弘

越後《えちご》上杉家《うえすぎけ》に生まれた上杉憲実《のりざね》(一四一〇—六六)は、山内《やまのうち》上杉家を継いで、一四一九(応永《おうえい》二六)年に鎌倉公方《かまくらくぼう》を補佐する関東管領《かんとうかんれい》となった。関東管領は室町幕府《むろまちばくふ》の将軍とのつながりが強く、鎌倉公方を監視する役割を期待されていた。将軍足利義教《あしかがよしのり》(在職一四二九—四一)と鎌倉公方足利持氏《もちうじ》(一三九八—一四三九)は、たがいに牽《けん》制《せい》し合う関係であったが、教科書などでは、憲実と持氏との対立を契機に、将軍の権力強化を狙った義教が、一四三八(永享《えいきょう》十)年から三九(同十一)年にかけての永享の乱で持氏を討伐したと説明されている。なお、上杉憲実は、後に「坂東《ばんどう》の大学」と称された下野《しもつけ》の足利学校を再興した人物としても、必ず教科書に登場する。

憲実の出自と関東管領就任

上杉憲実は、越後上杉家の房方《ふさかた》(一三六七—一四二一)の三男として、一四一〇(応永十七)年に生まれた。幼名を孔雀丸《くじゃくまる》という。父の房方は山内上杉家の出身で、越後上杉家を継いでいた。憲実は後に山内上杉家を継いで、関東管領に就任することとなる。

さて、憲実誕生前年の一四〇九(応永十六)年、鎌倉公方足利満兼《みつかね》(一三七八—一四〇九)の死去にともない、嫡子《ちゃくし》の幸王丸《こうおうまる》(後の足利持氏)が十二歳で家督を継いでいる。この持氏こそ上杉憲実の後の主君であり、二人は宿命的な間柄となる。

ところで、鎌倉公方とは、室町幕府より関東の統治を委任された鎌倉府《かまくらふ》の長である。鎌倉府は関東において幕府と同等の権限を認められていたこともあり、歴代の鎌倉公方は、幕府からの自立志向と将軍への対抗意識をしだいに高めていった。こうした鎌倉公方に対して、自制を促す役割を幕府から期待されたのが、関東管領上杉氏である。

たとえば、一三七九(康暦《こうりゃく》元)年の康暦の政変における幕府の混乱に乗じて、鎌倉公方足利氏満が将軍足利義満《よしみつ》(在職一三六八—九四)への対抗を企てると、関東管領山内上杉憲春《のりはる》(?—一三七九)が諫死《かんし》してこれを防ぎ、また、一三九九(応永六)年の応永の乱における大内義弘《おおうちよしひろ》(一三五六—九九)の挙兵に呼応して、鎌倉公方足利満兼が出陣すると、関東管領山内上杉憲定《のりさだ》(一三七五—一四一二)がこれに諫言《かんげん》して思い止まらせている。以上のように関東管領、中でも山内上杉家は、幕府と連携して鎌倉公方を抑制する機能を有していたのである。

上杉憲実が生まれた一四一〇(応永十七)年、山内上杉家の憲定に替わって、犬懸《いぬかけ》上杉家の禅秀《ぜんしゅう》(?—一四一七、氏憲《うじのり》)が関東管領に就任した。同年には家督《かとく》を継いで間もない足利持氏が、叔父足利満隆の謀叛《むほん》の噂により、憲定邸に避難する事件も起きている。持氏の父である故足利満兼は、陸奥《むつ》・出羽《でわ》統治の代官として弟の満直《みつなお》(?—一四四〇)・満貞《みつさだ》(?—一四三九)を派遣し、それぞれ篠川御所《ささかわごしょ》・稲村《いなむら》御所と呼ばれていたが、持氏の叔父である彼らもまた、持氏から距離をおく存在であった。そのため

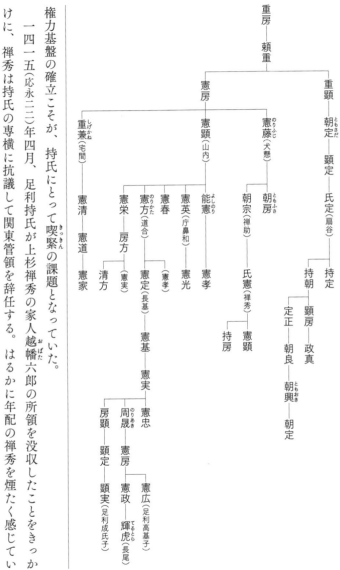

❖上杉氏略系図

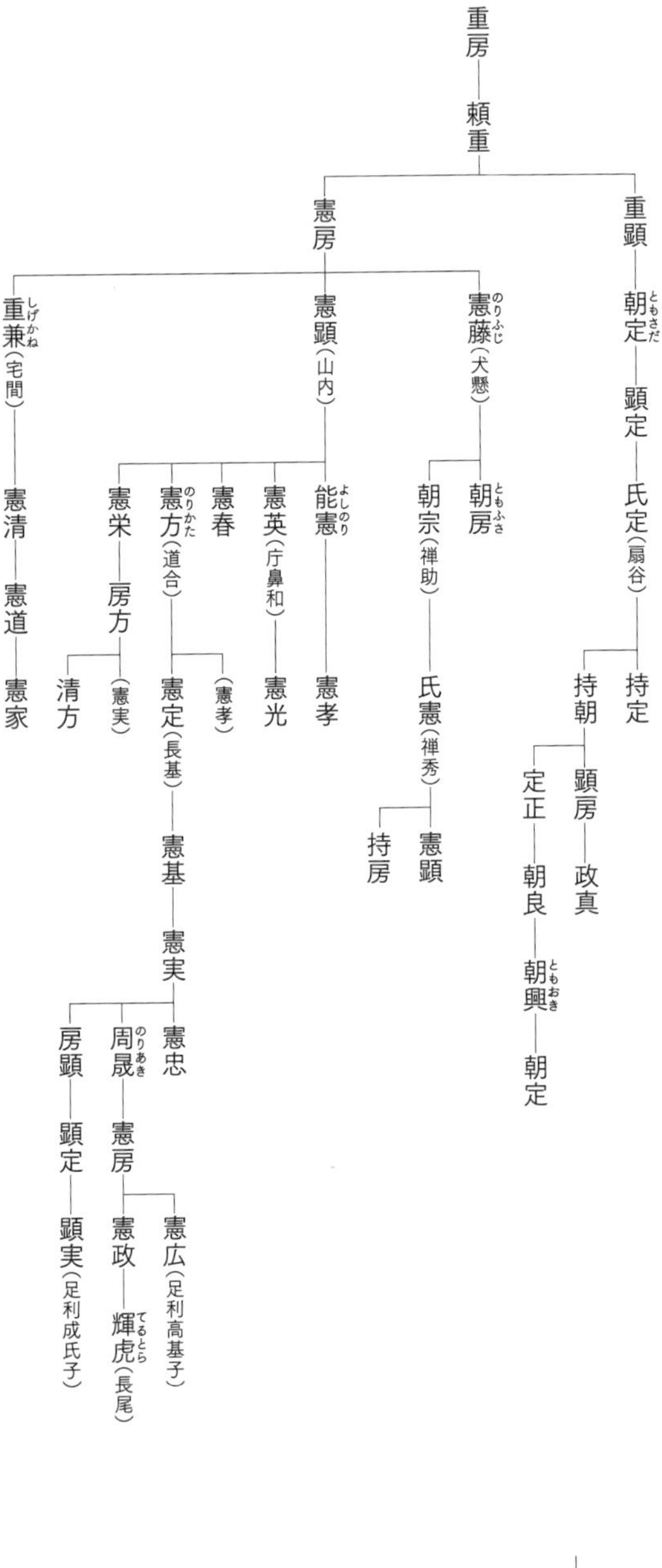

権力基盤の確立こそが、持氏にとって喫緊《きっきん》の課題となっていた。

一四一五(応永二二)年四月、足利持氏が上杉禅秀の家人越幡《おばた》六郎の所領を没収したことをきっかけに、禅秀は持氏の専横に抗議して関東管領を辞任する。はるかに年配の禅秀を煙たく感じていた持氏は、すかさず山内上杉憲定の子憲基《のりもと》（一三九二―一四一八）を関東管領とした。翌一四一六（応永二三）年十月、禅秀が持氏の叔父足利満隆《みつたか》（?―一四一七）を擁立《ようりつ》して鎌倉を奇襲すると、持氏は駿河《するが》へ、憲基は越後へ逃れた。けれども、京都の幕府が持氏支持を決定し、将軍足利義持《よしもち》（在職一三九四―一四二三）が持氏に御旗を与えると、多くの者が禅秀方から持氏方へ寝返り、持氏は相模《さがみ》方面から、憲基は上野《こうずけ》方面から反撃に転じたため、一四一七（応永二四）年正月には禅秀・満隆らが鎌倉雪下《ゆきのした》で自害した。

翌一四一八（応永二五）年正月、関東管領の上杉憲基が、男子のいないまま二七歳の若さで没してしまう。そのため越後上杉家の憲実が、山内上杉家の養子として鎌倉に迎えられることとなった。正確な時期は定かでないものの、一四一九（応永二六）年二月までには元服して憲実を名乗り、関東管領に就任している。当時、上杉憲実はわずか十歳、鎌倉公方の足利持氏は二二歳であったため、関東管領による抑止力が働かなくなった持氏は、しだいに専横を極めていった。なお同年八月、憲実は将軍足利義持により、上野・伊豆《いず》の守護にも補任されている。

持氏の自立志向と憲実

一四一七（応永二四）年正月、上杉禅秀の乱を鎮圧した鎌倉公方足利持氏は、同年五月に禅秀の女《むすめ》婿《むこ》である岩松満純《いわまつみつずみ》を誅殺したのを皮切りに、自身の威信を高めるため、禅秀与党の討伐を繰り返していった。これに対して京都の将軍足利義持は、京都扶持衆《ふちしゅう》として編成された禅秀与党を含むおもに北関東の武士たちに、鎌倉公方を牽制《けんせい》する役割を担わせたのである。また、持氏の叔父である篠川御所足利満直には、京都扶持衆の盟主的な立場となることを期待していく。

さて、鎌倉公方が所管する国々の守護職は、鎌倉公方との合意を前提に将軍が任命する慣例であったが、この頃の足利義持は足利持氏の了解のないままに、将軍の与党である京都扶持衆たちを守護に補任《ぶにん》しようとした。このように将軍との対立が深まる中、鎌倉公方持氏は、一四二二(応永二九)年閏《うるう》十月に京都扶持衆の佐竹与義《さたけともよし》を攻撃して自害に追い込んだ。さらに持氏は、翌一四二三(応永三〇)年八月にも小栗満重《おぐりみつしげ》・宇都宮持綱《うつのみやもちつな》といった京都扶持衆を討伐している。

こうした鎌倉公方足利持氏の動向に対し、足利義持が東海地方の諸将に命じて圧力を強めたため、持氏は使者を派遣して義持に謝罪し、一四二四(応永三一)年二月には両者の和睦《わぼく》が成立した。翌一四二五(応永三二)年二月に、義持の子で一四二三(応永三〇)年より将軍職に就いていた足利義量《よしかず》(在職一四二三―二五)が若くして没すると、持氏は同年十一月に義持の猶子《ゆうし》として上洛したいと申し出たが、義持はまったく取り合わなかった。

一四二八(応永三五)年正月、足利義持が死去すると、鎌倉公方足利持氏はいよいよ自身が将軍となることを期待した。ところが、次期将軍は義持の兄弟四人の中から籤《くじ》引きで選ぶこととなり、その結果、義円《ぎえん》(後の足利義教《よしのり》〔在職一四二九―四一〕)が後継者に決定する。次期将軍どころか、その候補にさえなれなかった持氏は、同一四二八(正長《しょうちょう》元)年五月に武力による上洛を企て、関東管領上杉憲実の諫言にさえ耳を貸さなかった。そこで一計を案じた憲実は、上野より新田氏《にったし》の残党が鎌倉に攻め上ってくるとの情報があると偽り、何とか持氏の上洛を思い止まらせたのである。

一四二九年九月には正長から永享へ改元がなされるが、足利持氏はその後も正長年号を使用し続け、幕府への敵対心を表明している。また、こうした状況を憂慮した上杉憲実の判断と思われる使僧が、同(永享元)年十月に京都へ派遣されるものの、将軍足利義教との対面は叶わなかった。一四三一(永享三)年三月、憲実はあらたな使節として鎌倉府政所執事《まんどころしつじ》の二階堂盛秀《にかいどうもりひで》(生没年不詳)を送るが、義教が対面を許さなかったため、憲実は鎌倉府と幕府の取次役であった細川持之《ほそかわもちゆき》(一四〇〇—四二)や管領の斯波義淳《しばよしあつ》(一三九七—一四三三)に対して書状を出し、義教へのとりなしを求めている。義淳ら諸大名の説得もあり、京都扶持衆討伐の停止と鎌倉公方に野心がないことを起請文《きしょうもん》として提出すべきと、盛秀から足利持氏に伝えることを条件に、同年七月、ようやく盛秀は義教との対面を果たしたのである。こうして鎌倉府と幕府との和睦が成立すると、持氏はついに永享年号を使用し始めている。

一四三二(永享四)年になると、今度は将軍足利義教が富士遊覧という名目で、鎌倉府への示威《じい》行動を計画する。同年八月、上杉憲実は幕府に対して、富士遊覧の延期を申し入れるものの、九月に富士遊覧は実行された。ただし、大きな混乱もなく義教が帰京すると、憲実は十一月、義教の護持僧である満済《まんさい》(一三七八—一四三五)に礼として進物を届けている。

以上のように上杉憲実は、鎌倉公方足利持氏と将軍足利義教の間に立って、鎌倉府と幕府の衝突回避に努めることこそが、関東管領としての自身の役割と認識していたのであろう。なお、この頃の幕府方は、『満済准后日記《じゅごう》』の永享四(一四三二)年三月二九日条に、「およそ安房守(憲実)、都鄙《とひ》の事、一大事と存ずる者なり」とあるように、幕府と鎌倉府の調停役としての憲実の姿勢を評価している。

永享の乱と憲実の苦悩

一四三三(永享五)年三月、甲斐《かい》に一定の勢力を有し、鎌倉府に出仕していた武田信長《たけだのぶなが》(?—一四七七)が、鎌倉府を離反して甲斐に帰国し、同年六月には駿河《するが》に身を寄せた。これに対して同月、鎌倉公方足利持氏は信長誅伐《ちゅうばつ》を認めるよう幕府に要請し、関東管領上杉憲実も同様の書状を幕府に届けている。けれども、幕府は信長誅伐を認めず、信長の駿河退去で済まそうとしたため、持氏はこうした措置にたいそう不満を抱くこととなる。またこの頃、駿河の今川家では、幕府によって駿河守護に補任された今川範忠《いまがわのりただ》(一四〇八—六一)と、鎌倉府が支援する弟千代秋丸《ちよあきまる》が、家督をめぐって抗争しており、幕府と鎌倉府との代理戦争の様相を呈していた。

翌一四三四(永享六)年三月になると、足利持氏は鶴岡八幡宮《つるがおかはちまんぐう》に、怨敵《おんてき》を呪詛《じゅそ》するといった内容の血書願文を奉納している。怨敵とは将軍足利義教ではないかと推察される。同年八月には延暦寺《えんりゃくじ》で義教呪詛が行われ、持氏と同心した延暦寺が、持氏に上洛を勧めたとの風聞があった。さらに、『満済准后日記』の同年十月二八日条に「駿河より注進到来す、関東野心、すでに現行と云々」、十一月三日条に「只今、駿河辺へ勢仕あるべきのよし、雑説ながら駿河より注進致しおわんぬ、(中略)武田右馬助(信長)を駿河守護許容によりて、富士下方へ一勢を入るべきと云々」などとあるように、駿河守護の今川範忠が、武田信長の駿河在国を認めたため、持氏が信長誅伐のため駿河に侵攻するとのうわさが、京都に伝わっている。ただし、『同』十一月二八日条には、「関東野心、安房守(憲実)申し止むにより、延引せしむといえども、関東御心中は、ただ同前と云々」とあるとおり、持氏が野心を実行に移すことは、ひとまず上杉憲実が思い止まらせたようである。ここでも幕府と鎌倉府との調停に努める憲実の役割がうかがえるものの、満済が書き残したように、持氏の心中にまったく変わりはなく、やがて持氏は永享の乱を引き起こすこととなる。

さて、永享の乱については、『鎌倉大草紙』『永享記』『鎌倉持氏記』といった軍記物に基づく叙述がこれまで多かったが、近年の研究では、古文書《こもんじょ》・古記録といった一次史料による史実の捉え直しが進んでいる。こうした成果に学びつつ、一次史料では明らかにできない部分については、軍記物といった二次史料も適宜参照しながら、叙述していくこととする。

一四三六(永享八)年、信濃《しなの》で守護小笠原政康《おがさわらまさやす》(一三七六―一四四二)と対立した村上氏が、鎌倉府に助けを求めてきた。信濃は幕府の分国であり、小笠原氏はその守護であるので、村上氏を支援すべきでないと、上杉憲実が諫言したにもかかわらず、足利持氏は村上氏に加勢しようとしたという。翌一四三七(永享九)年四月、持氏は村上氏救援のため、近臣の上杉憲直《のりなお》(?―一四三八)を信濃へ派兵するが、これは憲実を討つためであるとのうわさが立ち、六月には憲実の被官たちが参集して鎌倉が騒然とした。持氏は憲直らを藤沢に退去させるなど、近臣を処分することで事態の鎮静化を図り、八月に憲実が持氏とようやく和解したという。以上は二次史料に叙述されている逸話である。なお一次史料では、『看聞日記《かんもんにっき》』の永享九(一四三七)年五月六日条と七月三日条に、持氏の信濃介入により憲実が関東管領を辞任したとの風聞と、憲実の諫言によって持氏との間で合戦となり憲実が勝利したとの情報が残されている。また、複数の古文書からも、一四三七(永享九)年に憲実が藤沢に出陣したことや、憲実のもとに被官が集まろうとした徴証が見出せることが指摘されており、鎌倉公方の信濃介入問題をきっかけとして、一四三七年に持氏と憲実の間に大規模な対立が生じたことは、史実と考えて間違いない。

一四三八(永享十)年六月、足利持氏の嫡子賢王丸《けんおうまる》の元服式《げんぷくしき》が鶴岡八幡宮で行われた。鎌倉公方の名乗りは、将軍より一字を賜るのが先例であったが、先例の踏襲を進言する上杉憲実を無視して、持氏は賢王丸を義久《よしひさ》(?―一四三九)と名乗らせる。これにより再び持氏と憲実の関係が悪化していく。二次史料では、同年八月十二日、持氏が憲実を八月十六日に襲撃するとの風聞があり、主君と敵対することになってしまった憲実は、その苦悩から自害しようとするものの被官たちに阻止され、八月十四日に分国である上野へ下向したとされている。ただし一次史料では、すでに同年七月末以降、幕府が駿河守護の今川範忠や篠川公方の足利満直らに対して、憲実への合力を命じていることが確認できる。また、幕府から東北の伊達《だて》氏に宛てられた八月十三日付の古文書では、すでに憲実が下国した旨が伝えられており、当時の情報伝達に必要な日数を勘案すると、少なくとも八月初旬以前には、憲実は上野へ下向していたようである。

一四三八(永享十)年八月十五日、足利持氏は上野に向けて鎌倉を出立し、武蔵府中《むさしふちゅう》に着陣した。

八月二二日には上杉教朝《のりとも》（一四〇八—六一）を大将とする幕府軍の派遣が確認でき、朝廷も後に同月二八日付で持氏追討の綸旨《りんじ》を発給するとともに、錦御旗《にしきのみはた》を篠川公方足利満直に下している。九月六日には信濃守護の小笠原政康が、幕府に命じられて上野の憲実のもとへ出陣する。九月二七日、幕府軍は相模の小田原・風祭《かざまつり》の合戦で、持氏近臣の上杉憲直に大勝している。その後、持氏は幕府軍に対応するため、武蔵府中から相模の海老名《えびな》に陣を移す。また、二次史料によると、持氏から鎌倉の留守を預かっていた三浦時高《みうらときたか》（一四一六—九四）が、十月三日に鎌倉を退いた後、十月十七日に鎌倉に攻め入ったという。一次史料では『看聞日記』の十月十日条に、持氏が留守にする鎌倉に幕府軍が討ち入り、同所を焼き払ったとの情報が記されている。

さて、上杉憲実の動向はというと、十月中旬までには上野に着陣した越後長尾実景《ながおさねかげ》（一四一二—五五）とともに、十月下旬までに武蔵府中に着陣していたことが、一次史料により確認できる。二次史料では、武蔵府中の分倍河原《ぶばいがわら》に在陣していた憲実は、十一月一日に家宰の長尾忠政《ただまさ》（？—一四五〇、芳伝）を鎌倉に派遣すると、翌二日に同じく鎌倉を目指していた足利持氏と相模の葛原で出合い、持氏が近臣の処分を約束したため、忠政は臣下の礼をとってともに鎌倉に入ったという。持氏はその後、鎌倉の浄智寺《じょうちじ》・永安寺《ようあんじ》を経て金沢《かねさわ》の称名寺《しょうみょうじ》に移ると、同月五日に出家を遂げ道継《どうけい》と号し、同月十一には再び永安寺に戻った。この頃に持氏が永安寺に籠居《ろうきょ》したであろうことは、『看聞日記』にも見える。なお『看聞日記』や古文書といった一次史料では、長尾忠政が上杉憲直ら持氏近臣を金沢合戦で破り、多くを討ち死にさせたことがうかがえる。

この頃の上杉憲実は武蔵府中から動こうとせず、十一月六日に長尾実景が持氏方と合戦すべきことを憲実に提言していることが一次史料から確認でき、憲実が持氏との直接対決を避けていた様子がうかがえる。その後十一月末までには鎌倉に入ったとみられる憲実は、『看聞日記』によると十二月八日と十五日、足利持氏・義久父子の助命を幕府に繰り返し嘆願しているが、幕府は早急な持氏の処分を憲実に命じている。

翌一四三九(永享十一)年閏正月初旬、上杉憲実は下野の足利学校に、五経の注釈書である『五経疏本』などを寄進している。これらの書籍は、山内上杉家が所領とする六浦《むつら》の金沢文庫《かねさわぶんこ》に所蔵されていたものと考えられている。足利学校の創設については不明な点が多いが、足利氏の名字の地である下野足利に存在していた同校を、憲実が一四三九(永享十一)年以前に再興し、円覚寺《えんがくじ》の僧快元《かいげん》(?―一四六九)を招いて初代の庠主《しょうしゅ》としたとみられる。憲実による足利学校への書籍等の寄進が、幕府より持氏の処分を迫られるなかで行われた理由は不明であるものの、金沢文庫から持ち出していた蔵書の散逸を防ごうとする憲実の思いが感じられよう。

同閏正月下旬になると、将軍足利義教が僧柏心周操《はくしんしゅうそう》を鎌倉に派遣して上杉憲実を問いただすとともに、場合によっては幕府軍のみで足利持氏を誅伐せよと、小笠原政康らに対して命じた。さらに『建内記《けんないき》』の同年二月二日条には、憲実が幕府に対して出家した持氏の赦免《しゃめん》と義久への相続を求め、願いが叶わなければ切腹すると迫ったので、京都では幕府軍と憲実との合戦の可能性がうわさされていることなど、憲実と幕府との駆け引きについて詳述されている。けれども二月十日、ついに義教の命に服した憲実は永安寺を攻撃させ、持氏を自害に追い込んだのである。なお、二月下旬には報国寺《ほうこくじ》にいた足利義久も自害している。

その後の憲実

一四三九（永享十一）年六月、上杉憲実は永安寺の持氏の影前で自害を図ったものの、家臣に阻まれて一命を取り留めたという。その後の憲実であるが、十月には出家して長棟《ちょうとう》と名乗っていることが確認できるとともに、分国伊豆の国清寺《こくしょうじ》に退いて、越後より弟の上杉清方《きよかた》（?—一四四四）を呼び寄せて山内上杉家の名代としたようである。けれども、翌一四四〇（永享十二）年三月に足利持氏の残党が、持氏の遺児安王丸《やすおうまる》・春王丸《はるおうまる》を擁して挙兵し、下総の結城氏朝《ゆうきうじとも》（一四〇二—四一）の結城城に入ると、幕府は長棟（憲実）の政界復帰を求めた。同年四月には清方らが鎌倉を発向し、七月には結城城を包囲する。長棟も十一月に武蔵府中に着陣している。一四四一（嘉吉《かきつ》元）年四月に結城城は落ちたが、六月の嘉吉の変で将軍足利義教が暗殺されると、幕府は隠居を願う長棟に対して、関東管領として鎌倉府を任せたいと強請してきた。

同（嘉吉元）年六月、長棟は次男竜春《たつはる》（一四三五—六六、後の房顕《ふさあき》）の在京奉公と所領譲与を幕府より認められていたが、翌一四四二（嘉吉二）年十月にこれを追認されている。一四四四（文安《ぶんあん》元）年八月以前に上杉清方が没すると、長棟は竜春以外の子息を出家させる意志を示すものの、九月に長棟の長男竜忠《たつただ》（一四三三—五四、後の憲忠《のりただ》）が、山内上杉家家臣らにより清方の後継として当主に擁立される。

一四四七（文安四）年三月、「彼（長棟）管領せざるは、また京都と不和の事など、出で来るの基なり、かの者（長棟）不変節、京都大事のよし、その意を得るをもって、今に無為なり」（『建内記』同年三月十三日条）とあるように、幕府は長棟の関東管領復帰を望み、綸旨による補任まで検討された。また、不在であった鎌倉公方の後継者を誰にするかについても長棟に一任しようとしたが、長棟はこれらを固辞した。すると幕府は同年七月、竜忠を関東管領に決定し、竜忠は元服して憲忠と名乗った。十月に長棟は憲忠を義絶《ぎぜつ》している。

一四四九（宝徳《ほうとく》元）年、足利持氏の遺児万寿王丸《まんじゅおうまる》が元服して成氏《しげうじ》（一四三四―九七）と名乗り、鎌倉府が復活することとなった。翌一四五〇（宝徳二）年四月になると、鎌倉公方足利成氏と関東管領上杉憲忠が対立し、江ノ島合戦が起こっている。さらに、一四五四年（享徳《きょうとく》三）年十二月には成氏が憲忠らを謀殺する享徳の乱が勃発し、東国は長い戦乱の時代に突入するのである。

ところで、一四四七（文安四）年頃には政界を完全に引退した長棟は、伊豆に遁世《とんせい》した後、僧侶として諸国を漂白し、一四五二（享徳元）年には長門《ながと》の大寧寺《たいねいじ》に入ったとされる。父の戒めを破って政界に進出した長男上杉憲忠が足利成氏に謀殺されたのは、その二年後ということになる。さらに十二年後の一四六六（文正《ぶんしょう》元）年閏二月、長棟は大寧寺で五七年の生涯を閉じた。

伝、上杉憲実の墓
（山口県長門市、大寧護国禅寺提供）

関東管領としての上杉憲実は、対立する鎌倉府と幕府の関係をどうにか維持することこそが、山内上杉家当主としての自身の使命と考えていたのであろう。憲実の前半生はこの役割を果たすことだけにひたすら注力しており、永享の乱で足利持氏と対立することになったのも、鎌倉府と幕府との関係を破綻《はたん》させないためであった。憲実が最後まで持氏との直接的な戦いを避け続け、持氏の助命を幕府に繰り返し嘆願したことも、その表徴といえる。鎌倉府と幕府の関係を維持することができなかった憲実は、だからこそ後半生において政界から距離をおき、子息たちにもこれを戒め、やがて出家者として諸国を遍歴する余生を選択したのではなかろうか。

⦿参考文献
植田真平編著『シリーズ・中世関東武士の研究　二〇　足利持氏』(戎光祥出版、二〇一六年)
黒田基樹編著『シリーズ・中世関東武士の研究　一一　関東管領上杉氏』(戎光祥出版、二〇一三年)
黒田基樹編著『関東足利氏の歴史　四　足利持氏とその時代』(戎光祥出版、二〇一六年)
関幸彦『その後の鎌倉――抗心の記憶』(山川出版社、二〇一八年)
田辺久子『上杉憲実』(吉川弘文館、一九九九年)

讒言に散った、江戸城を築造した男の最期

太田道灌

…おおたどうかん…

渡邊大門

太田道灌《おおたどうかん》(一四三二―八六)と言えば、扇谷上杉家《おうぎがやつうえすぎけ》の定正《さだまさ》(一四四三―九四)を主君として支え、江戸《えど》城(東京都千代田区)を築いた人物として知られている。しかし、定正は対立する山内《やまのうち》上杉家の憲定《のりさだ》(一四三三―五五)や越後《えちご》の上杉房定《ふささだ》(?―一四九四)の讒言《ざんげん》を真に受け、相模糟屋《さがみかすや》(神奈川県伊勢原市)の館で道灌を暗殺した。このように非業の死を遂げた道灌は、どのような人物だったのだろうか。

一四三二(永享《えいきょう》四)年、太田道灌は資清《すけきよ》(一四一一―九二)の子として誕生した。幼名は鶴千代《つるちよ》(以下、道灌で統一)。当時、関東一円を管轄《かんかつ》していたのは、室町幕府の出先機関の鎌倉府《かまくらふ》だった。鎌倉府の長が鎌倉公方《くぼう》で、足利《あしかが》氏の一族が務めていた。鎌倉公方を支えていたのが、関東管領《かんれい》の上杉氏である。

関東管領上杉氏は山内上杉家・犬懸《いぬかけ》上杉家・宅間《たくま》上杉家・扇谷上杉家に分かれており、このうち山内家と犬懸家が勢力を保持していた。ところが、一四一六(応永《おうえい》二三)年の上杉禅秀《ぜんしゅう》の乱で犬懸家が没落すると、以後は山内家が関東管領職を世襲《せしゅう》するようになった。太田家が仕えていたのは扇谷上杉家で、家宰《かさい》を務めていた。

幼い道灌は鎌倉五山（一説によれば建長寺《けんちょうじ》）で学問を修め、日本最古の学校の足利学校（栃木県足利市）でも学んだと伝わる（『永享記《えいきょうき》』）。その聡明ぶりは、『太田家記』などにも描かれている。たとえば、父資清が「驕者不久」（驕れるものは久しからず）と書くと、道灌はこれに書き加えて「不驕者又不久」（驕らざるものも久しからず）としたという（『寛政《かんせい》重修《ちょうしゅう》諸家譜《しょかふ》』）。いずれも後世の史料ではあるが、道灌の豊かな才能を伝えていて興味深い。

戦乱のなかで

道灌の生きた時代は、実に複雑だった。鎌倉公方足利持氏《もちうじ》（一三九八―一四三九）と関東管領山内上杉憲実《のりざね》（一四一一―六六）は長らく不和の状態にあったが、その最中の一四三八（永享十）年に永享の乱が勃発《ぼっぱつ》した。同じ頃、資清が補佐していたのは、扇谷上杉家の持朝《もちとも》（一四一六―六七）だった。結局、室町幕府は鎌倉に攻め込み、持氏は抵抗虚しく敗死した。

その後、室町幕府は鎌倉公方に持氏の子成氏《しげうじ》（一四三六―九七）を任じ、その補佐として関東管領に憲実の長男憲忠《のりただ》（一四三三―五五）を任命した。憲忠が関東管領に就任すると、憲忠の義父持朝の要請もあって、資清が山内家の家宰《かさい》長尾《ながお》景仲《かげなか》とともに憲忠を支えることになった。景仲は資清の義父であり、道灌にとって母方の祖父にあたる人物だった。

このように関東の支配は安定したかに見えたが、再び争乱が勃発する。一四五四（享徳《きょうとく》三）年、成氏と憲忠は対立関係にあったが、ついに成氏が憲忠を暗殺する挙に出た。享徳の乱のはじまりである。上杉氏一門は成氏のいる武蔵高安寺《むさしこうあんじ》(東京都府中市)に攻め込んだが、翌一四五五(享徳四)年の分倍河原《ぶばいがわら》の戦い(同上)で成氏に敗北を喫した。それどころか、扇谷家当主の上杉顕房《あきふさ》(持朝の子)も討ち死にしたのである。

室町幕府はただちに成氏の討伐を決定すると、駿河守護今川範忠《するがしゅごいまがわのりただ》が幕府軍を率いて鎌倉に攻め込んだ。成氏は戦いに敗れて、下総古河城《しもうさこが》(茨城県古河市)に逃げ込んだ。以後、成氏は古河公方《こがくぼう》と称し、抵抗を続けることになった。こうして古河公方と関東管領は二つの陣営に分かれ、長い戦争に突入する。

一四五五(康正《こうしょう》元)年頃、太田家は品川湊《しながわみなと》(東京都品川区)の近くに居館を築き、翌一四五六(康正二)年に道灌が太田家の家督を継承した。享徳の乱は二八年もの長きにわたって続いたが、道灌は政真《まさざね》(一四五一―七三、顕房の子)・定正(顕房の弟)の二人を支え続けることになる。

顕房の没後、持朝が扇谷家当主に復帰すると、古河公方側と戦うために拠点づくりが喫緊《きっきん》の課題となった。一四五六(康正二)年から翌一四五七(長禄《ちょうろく》元)年にかけて、太田資清・道灌父子は、武蔵国入間郡《いるまぐん》に河越城《かわごえ》(埼玉県川越市)を築城した。河越城は平山城で、武蔵野台地の北端の丘陵に築かれた自然の要害である。

江戸城の築城

河越城を築いただけでは、とても安心できなかった。古河公方を支援する武将には、房総《ぼうそう》地域に拠点を持つ千葉氏《ちばし》の存在があった。千葉氏を牽制《けんせい》するためには、両勢力の境界の利根川《とねがわ》下流域に築城する必要性が生じた。そこで道灌はもともと江戸氏の所領があった、武蔵国豊嶋郡《としまぐん》に江戸城を築いたのである。

道灌が江戸城を築いた理由については、二次史料に基づいたさまざまな逸話《いつわ》が伝わっている。ある説によると、道灌が江戸の地に城を築いたのは、霊夢《れいむ》によるお告げがあったからだという(『新編武蔵風土記稿《ふどきこう》』)。また、ある説によると、道灌が品川沖を航行していた際、舟にコノシロという魚が飛び込んできたので、これは吉兆《きっちょう》であると大いに喜び、江戸に城を築くことにしたという(『関八州《かんはっしゅう》古戦録』)。ただし、いずれも後世の史料に拠るもので、にわかに信は置けないだろう。

江戸城は古河公方への対策で築かれたが、実際は品川から海上交通が発達しており、陸上、河川交通の便が良いなど、交通の要衝地だった。道灌がやみくもに築城したのではないのは、たしかなことといえよう。一四五七(長禄元)年、道灌は品川の居館から江戸城に移ったといわれている。

翌一四五八(長禄二)年、室町幕府は関東支配を目論み、八代将軍足利義政《よしまさ》(在職一四四九―七三)の異母兄政知《まさとも》(一四三五―九一)を関東に送り込んだ。しかし、政知は鎌倉に入ることができず、手前の堀越《ほりこし》(静岡県伊豆の国市)に滞在して堀越公方《ほりこしくぼう》と称した。相変わらず古河公方との対立は深刻だった。

一四六二(寛正《かんしょう》三)年、持朝が政知と対立する。その背景には、政知の側近渋川義鏡《しぶかわよしかね》の讒言《ざんげん》により、持朝に謀叛《むほん》の嫌疑がかけられたといわれている。これにより、持朝の家臣である三浦時高《みうらときたか》、大森氏《おおもりうじ》頼《より》・実頼《さねより》父子、千葉実胤《さねたね》らが出仕を止めるという事態となり、問題の解決にかなりの時間を要した。

一四六五(寛正六)年、道灌はかかる事態を収拾すべく上洛し、将軍義政に関東静謐《せいひつ》の策を献言したとされている。

応仁・文明の乱の勃発

一四六七(応仁元《おうにん》)年に未曽有《みぞう》の大乱として知られる応仁・文明《ぶんめい》の乱が起こった。同じ年、道灌の主君持朝が亡くなり、孫の上杉政真が上杉家の家督を継承した。以降、関東の情勢は、さらに複雑さを増していった。

一四七一(文明三)年、攻勢に出た古河公方が武蔵国を経て箱根《はこね》(神奈川県箱根町)を越え、堀越公方政知の伊豆国へ攻め込んだ。迎え討った上杉方は古河公方を返り討ちにすると、さらに古河城を落すことに成功し、成氏は千葉孝胤《のりたね》(一四五九—一五二一)を頼り逃亡した。こうして上杉氏は優位に立った。一四七二(文明四)年、今度は成氏が攻勢に出ると、たちまち古河城を奪い返したのである。

翌一四七三(文明五)年、古河公方は五十子《いかっこ》の陣(埼玉県本庄市)を攻撃し、政真を敗死させた。不幸なことに、政真には後継者たる子がなかった。そこで、道灌ら扇谷上杉氏の家臣が協議し、扇谷家当主に上杉定正(政真の叔父)を据えたのである。この頃、道灌は出家した(以後、道灌と称す)。

同年、山内家の家宰長尾景信《かげのぶ》が亡くなると、子の景春《かげはる》(一四四三—一五一四)が家督を継承した。しかし、上杉顕定《あきさだ》(一四五四—一五一〇)は景春に家宰職を継承させず、景信の弟長尾忠景《ただかげ》に与えてしまった。このことが遺恨となり、のちの長尾景春の乱へとつながっていく。

一四七六（文明八）年二月、駿河守護今川義忠《いまがわよしただ》が遠江国出陣の帰途に討ち死にした。義忠の死後、持ち上がったのが後継者問題である。義忠には子の龍王丸《りゅうおうまる》がいたが、異議を唱えたのが従兄の小《お》鹿範満《しかのりみつ》（?―一四八七）である。二人は、家督をめぐって争った。範満の母が堀越公方の執事犬懸上杉政憲《まさのり》の娘だったこともあり、道灌は範満を支援した。道灌は政憲とともに駿河に入り、範満を今川家の家督に据えようとしたのである。

今川家の家督争いは、意外な形で終結した。龍王丸の叔父伊勢《いせ》新九郎《しんくろう》（伊勢宗瑞《そうずい》、北条《ほうじょう》早雲《そううん》、一四五六―一五一九）が仲裁に入り、龍王丸が成人するまで、範満を家督の代行にすることを提案した。これにより両者は和解し、事態は収拾したのである。結果、駿河に押し寄せていた道灌と政憲も納得して兵を引いた。後世の史料に拠ると、伊勢新九郎が道灌と会見を行ったところ、道灌が新九郎の示した和解案に同意したという（『別本今川記』）。

長尾景春の乱

一四七六（文明八）年六月、道灌が駿河に向かった隙を突いて、長尾景春が古河公方と結託して鉢《はち》形《がた》城（埼玉県寄居町《よりいまち》）で兵を挙げた。これが、長尾景春の乱である。

挙兵の際、景春は従兄弟の道灌に味方になるよう要請したが、道灌はこれを拒否した。道灌は長尾景春を懐柔するために、いったん家宰職にあった忠景を退けるよう、関東管領の顕定に献言したが、これは受け入れられなかった。次に、道灌は景春を武蔵国守護代に就けるよう進言したがこちらも拒否され、景春を討つ提案も却下された。これにより、事態は深刻さを増していった。

翌一四七七（文明九）年一月、景春が五十子の陣に攻め込むと、不意を突かれた顕定、定正は逃亡した。それどころか、周囲の国人《こくじん》は長春に次々と味方し、上杉氏はたちまち窮地に陥ったのである。しかも、江戸城と河越城の中間にある石神井城《しゃくじい》（東京都練馬区）の豊島泰経《やすつね》が長尾景春に与《くみ》したため、城の間の連絡が絶たれるという危機的な事態になった。

同年三月、道灌は景春方の溝呂木城《みぞろぎ》（神奈川県厚木市）と小磯城《こいそ》（同大磯町）を攻略すると、翌四月には沼袋原《ぬまぶくろはら》の戦いで豊島泰経・泰明《やすあき》兄弟を打ち破り、その勢いで石神井城を落城させた。これにより、河越城から江戸城への連絡網が復活した。

同年五月、道灌は長尾景春に用土原《ようどはら》の戦い（埼玉県寄居町）で勝利し、景春の本拠である鉢形城を包囲した。しかし、このときは古河公方の成氏が救援に駆け付けたため、道灌は撤退。景春を滅亡に追い込むチャンスを逸した。

道灌の活躍により、徐々に景春は威勢を失いつつあった。道灌は上野国《こうずけのくに》の塩売原《しおうりはら》（群馬県前橋市）で長尾景春と戦うが雌雄を決することができず、翌一四七八（文明十）年一月、古河公方成氏が上杉方へ和睦《わぼく》を持ちかけてくる。和睦が成立したため、景春は古河公方という大きな後ろ盾を失ったが、道灌との戦いは継続した。

同年四月、道灌は武蔵の小机城《こづくえ》（横浜市港北区）を攻囲したが、道灌の軍勢が乏しかったので攻城戦は難航した。しかし、道灌は味方を鼓舞しつつこれを落城させると、そのままの勢いで景春方の相模の諸城を次々と攻め落とした。

古河公方が上杉方と和睦したことには、古河公方を支えていた千葉孝胤《のりたね》が反対していた。同年十二月、道灌は境根原合戦《さかいねはらがっせん》(千葉県柏市《かしわし》)で孝胤を打ち破ると、翌年には千葉氏一族の自胤《よりたね》を擁立した。当時、自胤は千葉氏当主を自称する孝胤と争っていた。道灌は甥の太田資忠《すけただ》を房総方面に出陣させると、孝胤の勢力を掃討したのである。

ところが、戦いは終わることなく、資忠は孝胤が拠る臼井《うすい》城を攻略中に戦死した。臼井城が落城して孝胤は逃亡したものの、太田方が臼井城から退却すると、たちまち勢力を巻き返して自胤方を下総から放逐した。結局、景春と孝胤との連携を断つことに成功したが、自胤を千葉氏の当主に据え、下総を支配させることはできなかった。以後、孝胤の系統が千葉氏の当主の座を継承する。

一四八〇(文明十二)年六月、道灌は景春が籠《こも》る日野《ひの》城(埼玉県秩父市)を攻め落とし、景春の没落は決定的になった。一四八二(文明十四)年、古河公方と上杉家は和睦を結び(「都鄙《とひ》合体」)、三〇年近く続いた享徳の乱は終止符を打ったのである。一四八四(文明十六)年、道灌は馬橋《まばし》城(千葉県松戸市)を築いて下総に進出する足掛かりとし、孝胤を牽制《けんせい》する拠点とした。しかし、二年後に道灌が没したので、馬橋城から撤退を余儀なくされた。

主君との対立

「太田道灌状」によると、道灌は上杉家があるのが自身のおかげであると豪語している、たしかに道灌は上杉家を支えるため、幾多の戦いで勝利した。戦った回数は、三〇余回に及んだという。道灌の軍功により、上杉扇谷家の定正の威勢は大いに増したが、同時に道灌の存在感も大きくなっていった。

とはいえ、そのことはかえって定正に警戒心を抱かせることになった。つまり、道灌は卓越した戦略と統率力で敵を討ち滅ぼすと、その軍功を誇って定正を軽んじたと受け取られたのである。道灌の優れた能力が災いし、定正はあえて道灌の献言を採用しないことがあったという。これが、互いの疑心暗鬼を生み出すことになった。

その結果、人心の離れた山内家に道灌が謀反を画策したとか、道灌が江戸・河越両城を修繕しているのは謀反の意があった、などと讒言されたと言われている。道灌は右の誹謗中傷《ひぼうちゅうしょう》になんら弁解をしなかったが、一つだけ不満があった。それは、父資清と道灌の軍功が正当に評価されないことで、主家から冷遇されることに少なからず不満を抱いていた。こうして道灌と定正の心は、少しずつ離れていったのである。

一四八六(文明十八)年七月、定正は道灌を糟屋の館に招いた。そして、道灌が入浴後に風呂場を出たところ、曽我《そが》兵庫《ひょうご》が斬り殺したのである(「太田資武状」)。道灌は斬られた際に「当方滅亡」と言い残した。当方とは、扇谷上杉家のことである。それは、道灌がいなくなれば、扇谷上杉家が成り立たないということを意味した。

なぜ、定正は道灌を暗殺したのだろうか。一説によると、伊勢宗瑞(北条早雲)の陰謀によって、道灌は暗殺されたというが、取るに足りない俗説に過ぎない(『岩槻巷談《いわつきこうだん》』)。定正自身は道灌が主導権を握ったことに対して家中に不満が起こったこと、加えて道灌が顕定に謀反を企てたことが暗殺した理由であると述べている(「上杉定正消息」)。あるいは顕定が定正の弱体化を図るべく画策したとか、定正が道灌に取って代わられることを恐れたとの説もある。

道灌が暗殺されたことにより、再び情勢は大きく変わった。扇谷上杉家に与していた国人らは、こぞって山内上杉家に属し、道灌の子資康《すけやす》も扇谷上杉家を離れたので、定正はたちまち威勢が衰えた。一四八七(長享《ちょうきょう》元)年、定正と顕定の関係は破綻し、両者は抗争を繰り広げることになった(長享の乱)。

その後、伊勢宗瑞が関東に勢力を拡大しはじめ、扇谷上杉家は宗瑞の孫氏康《うじやす》によって滅亡に追い込まれ、山内上杉家も関東から放逐された。奇しくも道灌の予言は、的中したのである。

◉主要参考文献

黒田基樹『図説 太田道灌――江戸東京を切り開いた悲劇の名将』(戎光祥出版、二〇〇九年)

黒田基樹『扇谷上杉氏と太田道灌』(岩田書院、二〇〇四年)

勝守すみ『太田道灌』(人物往来社、一九六六年)

山田邦明『敗者の日本史八　享徳の乱と太田道灌』(吉川弘文館、二〇一四年)

己の実力だけを信じて戦い続けた戦国大名の草分け

畠山義就

…はたけやまよしひろ…

下川雅弘

畠山《はたけやま》義就《よしひろ》《よしなり》(一四三七—九〇)は、室町幕府で重きをなした管領家《かんれいけ》畠山氏の血を引く、持国《もちくに》(一三九八—一四五五)の子として一四三七(永享九)年に生まれたとされる。教科書などでは、将軍家の継嗣をめぐる細川氏・山名氏《やまなし》ら諸大名の対立や、斯波氏《しばし》における義敏《よしとし》・義廉《よしかど》の争い、畠山氏における政長《まさなが》(一四四二—九三)・義就の争いが複雑に絡《から》み合って、応仁の乱が勃発したと説明されている。また、応仁の乱終結後も畠山政長と義就の抗争が続き、南山城に大軍を集結させて対陣したため、同地域の国人《こくじん》たちが山城国一揆《やましろのくにいっき》を結成して両畠山軍の退陣を要求し、これを実現したことについても、民衆による自治や下剋上《げこくじょう》の代表例としてしばしば紹介される。

義就の出自と家督相続

応仁の乱で西軍の有力武将として活躍する畠山義就は、一四四二(嘉吉《かきつ》二)年から一四四五(文安《ぶんあん》二)年と一四四九(宝徳《ほうとく》元)年から一四五二(享徳《きょうとく》元)年の二度にわたって管領を務めた畠山持国の子として、一四三七(永享《えいきょう》九)年に誕生したと考えられるが、幼少期についてはほとんど明らかでない。ところが、一四四八(文安五)年に突如として義就の存在が注目されることとなる。まずはこれを伝える『経覚私要鈔《きょうがくしようしょう》』の同年十一月二一日条の記事を引用する。

昨日廿日《はつか》、畠山禅門《ぜんもん》、弟の尾張守《おわりのかみ》、養子分をもって相続の事治定の処、禅門実子十二歳の小者、八幡法師になすべきのよし治定の体を召し出し、元服《げんぷく》せしめ惣領《そうりょう》に立つると云々……

この記事にあるように、もともと畠山禅門（持国）は、弟の尾張守（持富《もちとみ》、?―一四五二）を養子に定めていた。ところが、一四四八（文安五）年十一月に持国はこれを撤回し、実子で石清水八幡宮《いわしみずはちまんぐう》の社僧にする予定であった十二歳の小者を元服させ、畠山家の惣領とする方針を示したのである。この十二歳の小者は、翌一四四九（文安六）年四月に元服して義夏《よしなつ》と名乗る。彼こそ後の畠山義就である。

ところで、かつて義就の父持国は、一四四一（永享十三）年正月に六代将軍足利義教《あしかがよしのり》（在職一四二九―一四四一）の勘気《かんき》を蒙《こうむ》り、異母弟の持永《もちなが》（?―一四四一）に畠山家の家督を交替させられ、分国の河内《かわち》に逼塞《ひっそく》していたところ、同年六月の嘉吉の変で将軍義教が暗殺されたため、八月に上洛して家督に返り咲き、持永が逃亡の後に落命するという内紛を経験していた。持国が上洛する前の月に、持永の同母弟である持富は、河内に下って持国に味方した。持国はこの異母弟持富を養子分として、彼に家督相続を約束していたのである。

では、畠山持国は実子（後の義就）がいたにもかかわらず、なぜ異母弟の持富を家督継承者としたのであろうか。畠山義就の母については、『豊前《ぶぜん》豊津小笠原家譜』に「（小笠原持長の）母妾たり、この女、諸侯の子三人を産む、長子畠山右衛門佐義就、その次（小笠原）持長、季子飛騨国《ひだのくに》江間氏の子なり」と記されていることなどから、複数の男性と関係を持つ女性との悪評がつきまとう。けれども、実際の小笠原持長は一三九六（応永三）年生まれであり、長子とされる義就より四〇歳以上年長になってしまうなど、『豊前豊津小笠原家譜』の記事の信憑性《しんぴょうせい》には根本的な問題がある。ただ一次史料においても、『東寺執行《とうじしぎょう》日記』の享徳三（一四五四）年四月三日条に「子息伊予殿《いよどの》（義就）を、御内の物（者）ども入道（持国）の子息無きのよし、神保《じんぼ》、梅岡等申す」とあるように、当時から畠山家臣の間でも義就を持国の実子ではないと主張する者たちがいた。義就の母には素性の疑わしい女性と噂されるだけの要因が存在したのは間違いなかろう。こうした母の出自の怪しさにより、当初持国は実子義就を家督継承者と定めることができなかったと考えられる。

なお、畠山義就の母については、『蔗軒日録《しゃけんにちろく》』の文明《ぶんめい》十八（一四八六）年八月二三日条に「府君（義就）尊母、八十に及ぶ、病尽に復すや」、『大乗院寺社雑事記《だいじょういんじしゃぞうじき》』の延徳《えんとく》二（一四九〇）年八月二七日条に「畠山右衛門佐義就の母の儀、去る十九日逝去《せいきょ》す、今日葬礼と云々、この間住居西林寺（河内国古市郡）内に所有す」と記されており、子息義就が本拠とする河内の古市で八四年の生涯を終えたことはたしかで、ここから逆算すると、一四三七（永享九）年生まれの義就は、母が三一歳のときの子ということになる。

さて、一四四八（文安五）年に畠山持富にかわって家督継承者と定められ、翌年に元服した畠山義夏（後の義就）は、一四五〇（宝徳二）年六月に父畠山持国より惣領を譲与され、八代将軍足利義成《よしかげ》（後の義政〔在職一四四九―七三〕からの安堵御判《あんどごはん》も得ている。義夏の「義」の字は、将軍義成から拝領したものので、幕府も正式に義就を畠山家の惣領と認めていたのである。また、叔父の持富もこれに異を唱えることなく、一四五二(宝徳四)年に病没している。

享徳三年の畠山家内訌《ないこう》

ところが、畠山義夏(後の義就)の出自を問題視する神保氏ら一部の家臣たちが、故畠山持富の子弥三郎《やさぶろう》(?―一四五九)を家督に擁立《ようりつ》しようと画策する。こうした事態に畠山持国は、一四五四(享徳三)年四月、家臣の遊佐《ゆさ》氏らに神保邸を襲撃させ、神保氏は戦死し弥三郎派の家臣たちも没落した。

畠山家でこのような内紛が起こると、同家の勢力削減を目論む管領細川勝元《かつもと》(一四三〇―七三)が、家臣の磯谷邸に畠山弥三郎を匿《かくま》い、勝元と提携する山名宗全《そうぜん》(持豊、一四〇四―七三)も、没落した弥三郎派の畠山家臣たちを保護した。これに対して将軍足利義政は、畠山持国の求めに応じて弥三郎の治罰を命じる御教書を与えるなど、持国・義夏父子を支持している。

けれども、反撃に出た弥三郎派の牢人たちが、同年八月に畠山持国邸を襲撃したことによって、持国が隠居して建仁寺《けんにじ》に移り、畠山義夏が京都を追われると、足利義政はやむを得ず方針を転換して、弥三郎治罰の命令を取り下げ、弥三郎を畠山家の家督と認めてしまう。同時に義政は怒りの矛《ほこ》先《さき》を細川勝元に向け、弥三郎を匿った磯谷氏を誅殺《ちゅうさつ》するよう勝元に命じ、同年九月にこれを実行させた。さらに、かつて弥三郎派を保護した山名宗全に対しても、義政は十一月に山名討伐の命令を発したが、勝元の嘆願によって討伐は中止され、宗全は隠居処分となった。

同年十二月、山名宗全が隠居して分国の但馬《たじま》に下向すると、伊賀《いが》に逃れていた畠山義夏が、これと入れ替わるように五〇〇から六〇〇騎の軍勢を率いて上洛を果たし、足利義政は義夏と対面した。これにより畠山弥三郎は没落して大和へ落ち延びることとなる。畠山家の内紛をめぐる義政の対応は優柔不断で場当たり的であったものの、結果的に義政は細川氏・山名氏を抑えつつ、当初より支持していた義夏の立場を維持することに成功したのである。

翌一四五五(享徳四)年三月に畠山持国が死去し、名実ともに畠山家の家督となった義夏であるが、彼はこの頃に義夏から義就へ改名している。なお、義就の読みについて、従来は後世の軍記物の記述により「よしなり」とされてきた。毛利元就のように「就」を「なり」と読むことには、疑問を差し挟む余地もなかったといえよう。ところが、『東寺百合文書』「廿一口方評定引付」の寛正二(一四六一)年二月十八日条所収の足利義政御内書写(同年正月二三日付)には、「義就」の「就」の傍らに「ヒロト云々」という注記がなされていることから、「よしひろ」と読むべきとの解釈が示されて以来、「よしひろ」とルビが振られることが多くなっている。ただし、この唯一の根拠史料に「云々」とある通り、「よしひろ」という読みが正しいとは断定できないので、本稿では「よしひろ(よしなり)」と仮名を振ることにした。

義就追討令から嶽山城合戦へ

一四五五(享徳四・康正《こうしょう》元)年七月、畠山義就は大和《やまと》へ逃れた畠山弥三郎を攻撃し、同年十月には弥三郎派を一掃して帰洛した。ところが、一四五七(康正三)年になると、義就が足利義政の上意と偽って、七月に大和で勝手な裁定を下し、九月には細川勝元勢力下の山城木津《やましろきづ》を無断で攻めている。義政はこれに激怒し、義就との関係が悪化していく。

一四五八(長禄《ちょうろく》二)年八月、隠居処分とされていた山名宗全が、細川勝元の赦免《しゃめん》運動によって足利義政から許され上洛した。また、翌一四五九(長禄三)年正月には、幕政に大きな影響力をもち、畠山義就を支持していた今参局《いままいりのつぼね》が処罰されている。こうして義就の立場は不安定となり、同年七月に畠山弥三郎の赦免《しゃめん》が決定される。ところが、弥三郎は上洛直後の同年九月に病没してしまう。すると弥三郎派は、彼の弟である弥次郎(後の畠山政長《まさなが》)を擁立《ようりつ》して義就に対抗した。

畠山政長が管領細川勝元の支援を受けるなか、一四六〇(長禄四)年九月に足利義政の近習伊勢貞親《きんじゅういせさだちか》が、畠山義就の家臣である遊佐氏らを呼び寄せて、能登《のと》畠山家の出身で義就猶子《ゆうし》の畠山政国に家督を譲るよう迫った。こうした措置に反発した義就が、京都の遊佐邸を焼き払い河内に下向すると、将軍義政は政長に畠山家の家督を与えたのである。

翌閏《うるう》九月には、足利義政が畠山義就の追討を諸大名以下に命令し、畠山政長らが大和へ出陣した。また、朝廷からは義就治罰の綸旨《りんじ》も出されている。対する義就は徹底抗戦の構えを示し、政長方の大和龍田城《たつたじょう》に攻めかかった。ところが、政長方の反撃にあって、義就方の遊佐氏をはじめとする家臣たちが討たれると、義就は南河内に退いて嶽山城《だけやまじょう》に入った。

嶽山城に立て籠もった畠山義就方は、幕府軍の攻撃を受け続けるものの、二年半にわたって抵抗を続けた。一四六三(寛正《かんしょう》四)年四月、政長方の計略によってついに嶽山城が落とされると、逃れた義就は高野山を経て奥吉野の天川《てんかわ》に潜伏することとなる。

義就の上洛と御霊合戦

一四六三(寛正四)年八月、将軍足利義政の母である日野重子《ひのしげこ》が亡くなり、同年十一月に百箇日の供養が行われると、その恩赦として畠山義就や斯波義敏をはじめ、失脚していた多くの者が赦免《しゃめん》された。ただし赦免とはいうものの、家督はあくまでも畠山政長であり、義就追討令の解除と身の安全の保障がなされただけである。こうして義就討伐は中止されたものの、義就は引き続き天川に留まらざるを得なかった。一四六四(寛正五)年九月の重子の一周忌に、義就は二〇〇〇疋を献上するが、同年十一月には政長が細川勝元の支援を受けて管領に就任している。

一四六五(寛正六)年十一月、畠山義就が天川で挙兵する。これに対して斯波義廉を補佐する朝倉《あさくら》孝景《たかかげ》が、義就に祝儀を贈っている。これは一昨年に斯波義敏が赦免されたことに危機感を強めた義廉が、義就を味方につけようと考えたためであろう。けれども、一四六六(文正元)年七月には、足利義政が近習の伊勢貞親らの意見により、義廉の出仕を停止して、斯波家の家督を義敏に替えてしまう。こうした義政の措置に対して諸大名は反発し、山名宗全は義廉の支援を表明した。

同年九月になると、足利義政から後継者に指名されていた弟足利義視《よしみ》(一四三九—九一)に謀叛の疑いありと伊勢貞親が讒訴《ざんそ》し、義視は細川勝元・山名宗全を頼って無実を訴えた。すぐに勝元が義政に働きかけたことにより、かえって貞親や斯波義敏らが京都から没落した。これを文正の政変という。時を同じくして畠山義就が河内に侵攻し、畠山政長方の嶽山城を奪還する。その後、義就は大和へ勢力を拡大したため、同年十月に政長ら諸大名が出陣している。十二月になると山名宗全の呼びかけに応じて義就が上洛し、大報恩寺に陣を取った。斯波義廉も義就を支援した。これに対して細川勝元を後ろ盾とする政長は、自邸に矢倉を設けて立て籠もった。

一四六七(文正二)年、将軍による管領邸への御成《おなり》は正月の恒例であったが、足利義政は管領畠山政長邸への御成を中止し、山名宗全邸で畠山義就と対面した。その翌日、義政は政長に対して、畠山邸を義就に引き渡すよう迫り、その数日後に斯波義廉が管領に任命されている。義就は事実上、畠山家の家督に返り咲いたのである。細川勝元や政長が、将軍邸に押しかけ義就討伐を義政に訴えたため、宗全・義廉・義就は将軍邸を警固した。将軍義政は勝元に対して政長に合力しないよう命じ、勝元は宗全が義就に合力しないことを条件に、これを了承する。義政は両畠山氏の争いを、私戦として決着させようとの立場を示したのである。ところが、政長が自邸に火を放って上御霊社《かみごりょうしゃ》に陣取り、義就がこれを攻撃すると、将軍との約束を守った勝元は政長に味方しなかったにもかかわらず、宗全と義廉が義就に合力したこともあり、敗れた政長は逃亡して勝元邸に匿われることとなった。

応仁の乱と義就の活躍

御霊合戦の後しばらくは情勢が落ち着いていたものの、畠山政長を見捨てるかたちとなってしまった細川勝元は、山名宗全らに一矢報いざるを得なくなり、一四六七(応仁元)年五月になると、諸国の勝元方が動き出す。山名宗全・畠山義就らは、管領斯波義廉邸に集まり、対策を協議している。そして、同月末にはついに応仁の乱の火蓋《ひぶた》が切られるのである。

開戦当初、中立を保っていた将軍足利義政は、畠山義就に五月二六日付けの御内書を宛て、「まず下国せしめ、命をまっとうし堪認《かんにん》致さば、神妙たるべく候」と、ひとまず義就には兵を引いて河内に下国してほしいと要請している。合戦の端緒となった義就さえ京都からいなくなれば、合戦の拡大は避けられると義政は考えたのであろう。けれども、義就が下国するはずもなく、市街戦によって京中の各所が焼亡し、六月初めに義政が将軍旗を細川勝元に与えてしまったため、東軍が戦闘を優位に進めていくこととなった。

ところが、山名宗全に呼応した大内政弘《おおうちまさひろ》(一四四六—九五)が八月に上洛し、西軍が攻勢に転じると、足利義政は九月八日付けで再び御内書を畠山義就に送り、「山名右衛門督入道、在国の事、早々申し合はさるべし、兼ねてまた、尾張守一国割分の事、互いに相計らるべく候の条々、本意《ほい》に背き候といえども、天下無為のために候の間、このごとく候」とあるように、山名右衛門督入道(宗全)と相談して河内に下国し、尾張守(政長)と河内を分け合うよう義就に働きかけている。このように義政は、義就こそがこの大乱でもっとも鍵となる人物と捉えていたのである。

だが、足利義政の提案が受け入れられることはなく、十月には畠山義就らが相国寺《しょうこくじ》を焼き払い、山名宗全が将軍邸を攻撃するなど西軍が勢いを盛り返したが、その後戦況は膠着《こうちゃく》状態に陥っていく。一四七三（文明五）年になると、和睦を模索していた山名宗全と細川勝元が相次いで病没する。なお、同年には義政の子義尚《よしひさ》（在職一四七三―八九）が元服し、九代将軍に就任すると、義政の妻日野富子《とみこ》（一四四〇―九六）の兄である日野勝光《かつみつ》（一四二九―七六）がこれを補佐した。

一四七四（文明六）年二月には、和睦交渉が再開される。これに反対する畠山義就は、西軍諸将に結集を呼びかけたものの、大内政弘の他には誰もこれに応じなかった。こうした状況の中で、同年四月には山名宗全の孫政豊《まさとよ》と細川勝元の子政元《まさもと》（一四六六―一五〇七）が、単独で和睦してしまう。東軍に下った政豊方と西軍の義就方が、ほどなく一戦を交えた。同年閏五月、日野勝光が、二一〇〇疋《びき》の礼銭納入を条件とした和睦交渉を義就に持ちかけたものの、不調に終わっている。

義就の下国と河内制圧

和睦交渉を仲介していた日野勝光が、一四七六（文明八）年六月に没すると、足利義政が大乱の終結を願う御内書を、同年九月十四日付けで大内政弘に宛てており、翌月には政弘も協力姿勢を示したことが確認できる。また、同年末までには、一四六八（応仁二）年十一月以来、西軍の公方として擁立されていた足利義視が、兄である義政に対して背く気持ちのないことを伝えている。さらに、翌一四七七（文明九）年閏正月、義視から日野富子へ礼銭を進上する約束がなされ、同年五月には政弘が肩代わりするかたちで三〇〇〇疋が納められたのである。なお、政弘から富子へも五〇〇〇疋が進上されており、これらの礼銭は和睦の仲介に対する謝意を表すものと考えられる。

同年九月、足利義視や大内政弘が東軍との和睦に傾く中、畠山義就は大軍を率いて河内を目指した。大和勢も河内に出陣し、このうち古市氏《ふるいちし》・越智氏《おちし》は義就方に、筒井氏《つついし》は政長方に加わっている。対する畠山政長自身は京都から動かず、足利義政を通じて朝廷に要請し、寺社勢力等に宛てた義就追討の綸旨《りんじ》を出してもらう。

翌十月には河内の守護代で政長方の遊佐氏が守る若江城と、同じく政長方の和田氏が守る誉田《こんだ》城《じょう》を分断するため、畠山義就はこれらの間に位置する八尾城《やおじょう》に入り、ついで誉田城を攻め取った。討たれた和田氏らの首は、京都にいる畠山政長のもとにわざわざ送り付けられている。勢いに乗る義就方は若江城をも攻め落とし、城主の遊佐氏は天王寺から船でひとり逃亡した。このようにきわめて短期間のうちに、義就は河内一国を自力でほぼ手中に収めたのである。なお、義就方は同月中に大和へ向かう。古市氏が河内から、大内政弘の援軍が南山城から奈良に攻め入り、政長方の筒井氏らを没落させている。

ところが、十一月になると大内政弘が東軍に降伏し、周防《すおう》・長門《ながと》・豊前《ぶぜん》・筑前の守護職などを安堵《あんど》されて帰国の途についた。西軍の諸大名もそれぞれ本国に戻り、足利義視は土岐成頼《ときしげより》とともに美濃に下った。十一年間に及んだ応仁の乱は、こうして一応の終結をみる。ただし、河内の畠山義就は降参しておらず、その後も合戦を続けていくのである。

終わりなき抗争

在京する畠山政長は、一四七七(文明九)年十二月に管領となるものの出陣すら叶わず、翌一四七八(文明十)年四月、山城守護に補任されることによって、南山城への影響力を行使しようとする。ところが、政長による南山城支配は思うように進まなかった。一方、河内の古市を本拠と定めた畠山義就は、一四七九(文明十一)年十月に新造屋形を構築し、翌一四八〇(文明十二)年正月には古市氏や越智氏をこの屋形に招待するなど、河内から大和にかけて大きな勢力を保持していたことが確認できる。さらに、一四八一(文明十三)年になると、義就方は南山城に侵出し、政長方を追い落としていった。

これに対して畠山政長は、一四八二(文明十四)年三月、細川政元に支援を要請してともに出陣し、畠山義就を朝敵とする治罰の奉書まで出してもらう。けれども、政長に深入りしたくない政元が、同年七月に義就方と和睦をしてしまったため、政長は河内の正覚寺を拠点に単独で義就と対峙し続けざるを得なくなる。こうした状況に乗じた義就方は、同年十二月に南山城を攻撃し、ここをほぼ制圧下においた。すると将軍足利義尚と母日野富子は、義就を山城守護に補任しようとさえ考えるが、これは足利義政の反対により撤回されている。

ところで、快進撃を続けていた畠山義就であるが、一四八三(文明十五)年十一月に嫡男《ちゃくなん》の修羅《しゅら》が死去したため、修羅の弟である次郎(後の基家)を跡継ぎと定めた。『大乗院寺社雑事記』の文明十六(一四八四)年九月十日条には、「浮説、去年冬入滅の修羅御曾子(御曹司)の子息、去月誕生の処、畠山右衛門佐（義就）の成敗に、母の儀ならびに誕生の子、相ともにこれを害しおはんぬ、家徳（家督）の事、次男乱法師（次郎）に与奪の上は、惣領の子益なく、一家の乱の基の由、相存ずるゆえなりと云々」と記されている。あくまでも噂であるとはいえ、あらたな家督争いを避けるためには、孫らの殺害さえ躊躇《ちゅうちょ》しない人物というのが、義就に対する世評であったと考えられる。

さて、一四八四（文明十六）年九月になると、足利義政は戦況の思わしくない畠山政長の山城守護を解任し、山城を政所《まんどころ》執事《しつじ》の伊勢貞宗《さだむね》に預けて御料所《ごりょうしょ》としたが、貞宗も南山城からの収益を上げられなかった。ところが、翌一四八五（文明十七）年七月、義就方の南山城占領を支えていた斎藤彦次郎が、突如として政長方へ離反してしまう。河内ではいまだ畠山義就と政長との睨《にら》み合いが続く中、没落していた政長方の筒井氏らが南山城に侵攻し、勢力を拡大していった。義就方の河内勢や古市氏らと、政長方の斎藤氏・筒井氏らが、南山城で対陣を続けていたところ、同年十二月に同国の国人たちが、国一揆《くにいっき》を結んで両畠山軍の退陣を要求したため、義就方は河内、政長方は京都へと撤兵せざるを得なくなった。いわゆる山城国一揆の蜂起である。

一四八六（文明十八）年三月、畠山義就の南山城からの撤退を評価した足利義政・義尚父子は、ついに義就の赦免を決定した。翌四月には義就から義政・義尚に対し、三万疋と腹巻一両がそれぞれ御礼として贈られている。ただし、義就はその後も河内を実効支配し、畠山政長も和睦を拒否して在陣を続けると、同年七月には義尚の右大将拝賀のため、政長に替わって細川政元が管領に就任した。

一四九〇（延徳二）年十二月、畠山義就は五四歳で病没し、基家（後の義豊）が跡を継いだ。『大乗院寺社雑事記』の記主である尋尊《じんそん》は、「畠山右衛門佐義就、去十一日入滅必定と云々、仏法、王法の敵、この仁に過ぐべからざるものなり」との悪評を書き残している。けれども、義就は管領や守護などといった役職を必要とせず、幕府や朝廷から敵とみなされることをも恐れず、ただ実力のみで自己の立場や権益を守り続ける生涯を送ったのである。これまでの研究で何度も指摘されている通り、義就こそ後の戦国大名の草分け的な存在であった。

なお、畠山義就亡き後、畠山政長の要請を受けた十代将軍足利義材(後の義稙)は、一四九三(明応二)年二月に河内へ出陣し、古市を本拠とする畠山基家に対抗するため、正覚寺に在陣した。ところが、同年四月に京都で細川政元らが清晃(後の十一代将軍足利義澄)を擁立すると、基家と通じる政元方の軍勢が正覚寺を攻撃し、翌月に政長は切腹、子の尚慶(後の尚順)は紀伊に逃れ、義材は捕縛されてしまう(明応の政変)。こうして両畠山氏による泥沼の抗争は、子の世代に引き継がれていくのである。

⦿参考文献
石田晴男『戦争の日本史 九 応仁・文明の乱』(吉川弘文館、二〇〇八年)
呉座勇一『応仁の乱』(中央公論新社、二〇一六年)
小谷利明『畿内戦国期守護と地域社会』(清文堂出版、二〇〇三年)
桜井英治『日本の歴史 一二 室町人の精神』(講談社、二〇〇一年)
森田恭二「河内守護畠山氏とその城郭」(『大乗院寺社雑事記研究論集 二』和泉書院、二〇〇三年)

見直される下剋上の
典型とされた男の生涯

松永久秀
…まつながひさひで…

下川雅弘

戦国期の大名・松永久秀《まつながひさひで》（一五〇八―七七）の前半生は不明であるが、細川晴元《ほそかわはるもと》（一五一四―六三）の家臣である三《み》好長慶《よしながよし》（一五二二―六四）に仕えた。長慶が晴元を追放し畿内《きない》周辺で台頭すると、久秀も次第に頭角を現していく。教科書などでは、長慶の子を毒殺して、長慶の死後に三好家から実権を奪い、一五六五（永禄《えいろく》八）年に室《むろ》町幕府《まちばくふ》第十三代将軍足利義輝《あしかがよしてる》（在職一五四六―六五）を襲って自殺させ、東大寺大仏殿を焼き討ちした下剋上《げこくじょう》の典型的な人物と説明されている。また、一五六八年に織田信長《おだのぶなが》（一五三四―八二）が足利義昭《よしあき》（第十五代将軍、在職一五六八―七三）を奉じて上洛すると、信長に降伏して臣従したがやがて離反し、信長に都合三度も背いた結果、一五七七（天正《てんしょう》五）年についに大和の信貴山《しぎさん》城を囲まれ、壮絶な最期を遂げたとのエピソードも有名である。

久秀をめぐる俗説

江戸時代中期に岡山藩主《おかやまはんしゅ》池田家に仕えた儒学者《じゅがくしゃ》の湯浅常山《ゆあさじょうざん》が、一七七〇（明和《めいわ》七）年に完成させた戦国武将の逸話集『常山紀談《じょうざんきだん》』には、つぎのような松永久秀のエピソードが掲載されている。

東照宮《とうしょうぐう》(徳川家康《とくがわいえやす》)、信長に御対面の時、松永弾正《だんじょう》久秀かたへにあり、信長、この老翁は世の人のなしがたき事三ツなしたる者なり、将軍を弑《しい》し奉り、又己《おのれ》が主君の三好を殺し、南都の大仏殿を焚《やき》たる松永と申す者なり、と申されしに、松永汗をながして赤面せり、

徳川家康(一五四二―一六一六)が織田信長に対面した際、信長は傍らにいた松永久秀を、将軍足利義輝と主君三好義興《よしおき》(一五四二―六三、三好長慶の嫡子《ちゃくし》)を殺害し、東大寺大仏殿を焼き払うという三つの悪を働いた人物として、家康に紹介したというのである。こうした下剋上の典型例としての破天《はてん》荒《こう》な久秀のイメージは、『常山紀談』をはじめとする後世の編纂物《へんさんぶつ》などによって創られたものであるが、主君毒殺・将軍暗殺・大仏殿焼き討ちに加えて、上洛《じょうらく》する信長に降参し、名物茶入「付藻茄子《つくもなす》」を献上して許されたのをはじめ、都合三度も信長に敵対の上、最期は信長が所望する名物茶釜「平《ひら》蜘蛛《ぐも》」に火薬を詰めて爆死したという逸話など、その後もさまざまな脚色が施され、現在でも流布《るふ》している。

以上のような松永久秀像は、古文書《こもんじょ》や古記録といった一次史料の検証によって、大幅に見直されてきている。こうした近年の研究成果に学びながら、久秀の実像に迫っていきたい。

長慶家臣としての久秀

松永久秀の前半生は謎に包まれている。ただし、一五六八(永禄十一)年時点で「当年六十一歳」と

『多聞院《たもんいん》日記』の記事にあることから、生年は一五〇八(永正《えいしょう》五)年と確認できる。出自については複数の説があって定かでないが、一七二九(享保《きょうほう》十四)年に作成された摂津《せっつ》の「郡家村・東五百住《ひがしよすみ》村境見分絵図」に、「松永屋敷跡畑田」と記された半町四方程度の居館跡が描かれており、他にも複数の傍証史料が存在することから、摂津国嶋上郡《しまがみぐん》東五百住村(現、大阪府高槻市)の土豪出身とする説がもっとも有力である。

松永久秀の活動が最初に確認できるのは一五四〇(天文《てんぶん》九)年六月で、摂津下郡を支配する三好長慶の奉行人として弾正忠《だんじょうのちゅう》の官途を名乗り、西宮《にしのみや》神社の門前寺院に宛てた奉書を出している。一五四二(天文十一)年十月には、長慶が家臣の久秀を大和へ侵攻させるとのうわさがあったと、『多聞院日記』が伝えている。

一五四九(天文十八)年、細川晴元と将軍足利義輝を京都から追った三好長慶が上洛を果たすと、松永久秀は長慶の内者として訴訟を取り次ぐなどの活動で実力を発揮し、本願寺の証如《しょうにょ》からは礼物を贈られる存在となった。一五五一(天文二〇)年には、弟の松永長頼《ながより》(?―一五六五)とともに晴元方との戦いを繰り広げている。一五五二(天文二一)年正月に長慶と義輝との和睦が成立すると、久秀は三好長逸《ながやす》(生没年不詳、長慶の従叔父)とともに義輝を近江逢坂《おうさか》で出迎えた。けれども翌一五五三(天文二二)年、和睦を破った義輝が再び京都を追われると、長慶は久秀・長頼兄弟に晴元方の波多野氏が籠《こ》もる丹波《たんば》を攻撃させ、長頼はその後、丹波守護代で長慶方の内藤《ないとう》氏《し》を継ぎ、内藤宗勝《むねかつ》を名乗ることとなる。

さて、将軍足利義輝を京都から追放した三好長慶は、一五五三(天文二二)年に摂津の芥川山《あくたがわやま》城を本拠として畿内近国に君臨するが、翌一五五四(天文二三)年までには松永久秀も摂津の滝山《たきやま》城の城主となり、長慶より摂津下郡の支配を任された。また一五五六(弘治《こうじ》二)年、久秀は長慶とともに禁《きん》裏《り》修築を命じられ、翌一五五七(弘治三)年には、武家伝奏広橋国光《ぶけてんそうひろはしくにみつ》の妹で後宮《こうきゅう》女房として出仕していた保子《やすこ》(?—一五六四)を側室とするなど、久秀は朝廷との関係を深めていく。

一五五八(永禄元)年三月、将軍足利義輝が挙兵すると、三好長慶は五月に松永久秀と弟内藤宗勝や三好長逸らに出陣を命じて義輝と対峙するものの、十一月には両者の和睦が成立し、義輝はついに帰京を果たすこととなる。翌一五五九(永禄二)年八月、長慶の指示を受けた久秀は、大和《やまと》に侵攻して筒井順慶《つついじゅんけい》(一五四九—八四)の筒井城を攻め落とした。大和は長らく守護が置かれず、興福寺《こうふくじ》をいただく筒井氏・古市《ふるいち》氏・越智《おち》氏などといった国人たちが、幕府や畠山氏と結びつつ複雑に抗争を続けてきた。当時は河内の畠山高政《はたけやまたかまさ》(一五二七—七六)と家臣の安見宗房《やすみむねふさ》(生没年不詳)が対立しており、宗房が幼少の順慶と手を結んで大和への影響力を強め、さらに高政を追放していた。長慶は河内の安定化を図るため、宗房と同盟する順慶の討伐を久秀に命じたのである。大和に侵攻した松永久秀は各地を転戦し、一五六〇(永禄三)年には大和をほぼ手中に収め、信貴山城を居城としたという。

同一五六〇年、松永久秀は三好長慶の嫡子義興とともに、将軍足利義輝から御供衆《おともしゅう》に召し加えられている。翌一五六一(永禄四)年になると、義興・久秀が朝廷から従四位下に叙せられ、義輝より桐御紋《きりごもん》の使用を許可された。久秀は幕府と朝廷から同時に、主家と同等の待遇を受けたのである。

同年三月に義輝による義興邸への御成《おなり》がなされるが、ここでの久秀は義興の家臣であると同時に、義輝の御供衆としての所作《しょさ》をこなしている。

ところで、一五六〇(永禄三)年には対立していた河内の畠山高政と家臣の安見宗房が和睦するのであるが、一五六一(永禄四)年四月に三好長慶の弟で和泉《いずみ》を守る十河一存《そごうかずまさ》(一五三二—六一)が病死したのをきっかけに、高政と近江の六角承禎《ろっかくじょうてい》が同調して三好方に敵対した。三好義興と松永久秀は同年八月、六角方に対抗するため京都に陣取っている。翌一五六二(永禄五)年三月、和泉久米田《くめだ》の戦いで長慶の弟三好実休《じっきゅう》が畠山方により敗死すると、義興・久秀は京都を放棄し足利義輝を石清水八幡宮《いわしみずはちまんぐう》に退去させたが、同年五月の河内教興寺《かわちきょうこうじ》の戦いで三好方が畠山方を破ったため、六角方も京都から退却した。

三好方の勝利により大和へ帰国した松永久秀は、同一五六二年八月に東大寺の北方に多聞山城《たもんやま》を棟上げする。『多聞院日記』によると久秀が築いたこの城には、「四階ヤクラ」という建造物が存在したといい、天守相当の四階櫓《やぐら》は城郭《じょうかく》建築として初めての採用であると考えられている。多聞山城については複数の一次史料に記載があり、四階櫓だけでなく会所《かいしょ》や主殿《しゅでん》などをともない、装飾や調度品にも趣向を凝らした画期的な城郭であったことが確認できる。久秀は多聞山城の棟上げと同時に、大和と南山城に徳政令《とくせいれい》を発しており、これらは自身が興福寺に代わる新たな大和の支配者であることのアピールであった。なお、一五六三(永禄六)年四月以前に、松永方の信貴山城が攻略されて筒井順慶の手に渡るものの、翌五月には松永方がこれを奪還するなど、大和をめぐる順慶との抗争は一進一退の様相を呈していた。

同一五六三年八月、すでに事実上の三好家家督の地位にあった三好義興が死去した。義興の死について『足利季世記《あしかがきせいき》』といった後世の編纂物は、久秀の毒殺によるものとの風聞があったとしているが、久秀は同年六月の書状の中で義興の病を嘆き悲しんでおり、久秀が主君義興を殺害したとの逸話は俗説に過ぎない。三好家の後継者は、三好長慶の弟・十河一存の子義継《よしつぐ》(一五四九—七三)と定められ、松永家の家督も久秀から嫡子の松永久通《ひさみち》(?—一五七七)へ継承された。翌一五六四(永禄七)年七月には、三好長慶が病没したものの、その死はしばらく秘匿《ひとく》されることとなる。

永禄の変後の久秀と信長

一五六五(永禄八)年五月、三好義継は三好長逸・松永久通とともに上洛し、将軍足利義輝の御所を取り囲んで自害に追いやった。この永禄の変当時、松永久秀は義輝の弟覚慶《かくけい》(後の足利義昭)を大和で保護しており、久秀による将軍暗殺という逸話も史実ではない。老齢の久秀は将軍権威の重みを知っていたが、次世代の義継や久通にはそうした思考が欠けていたようである。

けれども、松永久秀は同年七月に保護していた覚慶を取り逃してしまう。さらに八月には、久秀の弟内藤宗勝が丹波で反三好方に討たれている。すると十一月、三好長逸・三好宗渭《そうい》(?—一五六九)・石成友通《いわなりともみち》(?—一五七三)が、主君三好義継に久秀と断交するよう迫ったため、久秀は三好家から追放されることとなった。長逸・宗渭・友通の三名は、この頃から三好三人衆と呼ばれるようになる。三好三人衆は筒井順慶らと提携し、大和で久秀との抗争を展開していく。

一五六六（永禄九）年になると、反松永方の攻勢に悩まされた久秀は、畠山高政の弟で家督を継いでいた秋高《あきたか》（?—一五七三）と同盟を結んだ。けれども同年五月、三好三人衆方との合戦に大敗した久秀は消息不明となっている。翌六月には足利義栄《よしひで》（義輝の従弟で阿波に所在、第十四代将軍、在職一五六八）を擁立した阿波《あわ》三好家が三人衆方と手を組むと、三好義継は秘匿し続けていた長慶の葬儀を河内《かわち》で執り行った。この間、松永方は足利義昭と同盟を結び、義昭が尾張《おわり》の織田信長とともに上洛を果たせるよう計画を進めていたものの、三人衆方の攻勢によりこの構想は頓挫《とんざ》し、義昭は越前《えちぜん》の朝倉義景《あさくらよしかげ》（一五三三—七三）のもとへ身を寄せた。

三好義継は一五六七（永禄十）年二月、三好三人衆を「悪逆無道」、松永久秀こそ「大忠」と評して、唐突に久秀と同盟を結んだ。主君義継を取り戻した久秀は、同年四月に信貴山城を経て多聞山城へ復帰したのである。これを追った三人衆方は、大和に進軍して東大寺に陣取った。八月には織田信長が松永方への支援を表明している。

同一五六七年十月、松永久秀が東大寺の三好三人衆を攻撃すると、大仏殿に兵火がかかり全焼してしまう。これは久秀による意図的な大仏殿焼き討ちではなく、むしろ三人衆方からの失火であったとの記録も存在する。実際には『多聞院日記』に書き残されているように、「兵火の余煙《よえん》」によるものであったと考えられる。翌一五六八（永禄十一）年四月には、久秀が京都阿弥陀寺の清玉《せいぎょく》に宛てた書状で、東大寺大仏殿再興の勧進《かんじん》に対する謝意を伝えており、久秀に大仏殿焼き討ちの意志がなかったことはたしかである。

同一五六八年二月になると、三好三人衆方に擁され摂津富田《とんだ》に逗留していた足利義栄が、朝廷より将軍宣下《せんげ》を受けた。朝倉義景を見限った足利義昭が、同年七月に織田信長を頼って美濃に入ると、信長は三好義継・松永久秀方と手を結び、義昭を擁して九月に上洛を果たす。同月に義栄が病没したこともあり、三人衆方は阿波へ逃れていった。

松永久秀は広橋保子との間の娘を祝言として信長の子息と縁組みさせるとともに、十月には名物茶入「付藻茄子」も献上している。こうしたことから久秀が信長に降伏し従属したとの見方がなされてきたが、実際には一五六六(永禄九)年段階から久秀と信長は同盟関係を築いており、協力して足利義昭の上洛を成功に導いたのである。将軍に任官した義昭は、久秀に大和一国、三好義継と畠山秋高に河内半国ずつの支配を認めている。久秀は信長に臣従したのではなく、信長や義継・秋高とともに、義昭を新たな将軍に迎えた室町幕府を支える立場にあった。

義昭・信長と敵対する久秀

一五六八(永禄十一)十月、松永久通が筒井順慶の拠る筒井城を攻め落とすと、足利義昭の上洛直前に失っていた信貴山城を、十二月に松永久秀が奪還している。一五七〇(元亀《げんき》元)年四月、久秀は朝倉義景を討伐しようとする織田信長とともに越前に向かうが、近江《おうみ》の浅井長政《あざいながまさ》(一五四五—七三)が寝返ると、信長を助けつつ京都まで退却した。五月に多聞山城へ帰還した久秀は、七月には大和で大規模な知行割と給人の入れ替えを行い、大和の旧主である興福寺を苦しめている。

一五七〇(元亀元)年七月に三好三人衆が河内に侵攻し、ついで摂津中嶋《なかじま》周辺に陣取った。同年九月になると、大坂の本願寺《ほんがんじ》が三人衆方として参戦し、さらに延暦寺《えんりゃくじ》を味方に付けた浅井長政・朝倉義景が京都に迫ってきた。松永久秀はこうした危機的状況を打開するため、信長方に三人衆方との和睦を提案し、信長に遣わしていた久秀の娘を織田家の養女として十一月に三人衆方の阿波三好家への人質としたため、和睦が成立する。時を同じくして足利義昭らの仲介により、信長と義景・延暦寺との間でも和議が結ばれた。こうして幕府は窮地を脱したのである。

翌一五七一(元亀二)年六月、河内高屋《たかや》城の畠山秋高と足利義昭の側近で摂津高槻《たかつき》城の和田惟政《わだこれまさ》(?—一五七一)が、三好三人衆方との和睦に不満を抱いて手を結んだ。同月には義昭が九条家からの養女を筒井順慶に嫁がせ、同盟を結んでいる。これらの事態に対して久秀は、翌七月に三好義継らとともに惟政を攻撃し、義昭の幕府からの離脱を表明した。ところが同年八月、大和辰市《たついち》の戦いで久秀・久通・義継は順慶に大敗し、筒井城を奪還されてしまう。なお、同月に惟政が三人衆方との戦いで討ち死にすると、久秀は高槻城を接収しようとしたが、織田信長の家臣佐久間信盛《さくまのぶもり》(一五二七—七三)との交渉によって撤兵しており、久秀と信長がこの時点では敵対していなかったことが確認される。

けれども一五七二(元亀三)年四月になると、三好義継と松永久秀が畠山秋高家臣である安見氏の河内交野《かたの》城を攻撃したため、織田信長は佐久間信盛らに交野城の救援を命じ、ついに久秀と信長は対立することとなった。久秀は主君義継らとともに、筒井順慶らと手を結んだ信長方との抗争を繰り広げていく。

さて、この頃の将軍足利義昭にとって、味方が織田信長・徳川家康・筒井順慶らに限られていたのに対し、朝倉義景・浅井長政・本願寺・三好義継・松永久秀ら敵対勢力は優位な状況にあった。義昭は甲斐《かい》の武田信玄《たけだしんげん》(一五二一―七三)に近づくが、一五七二(元亀三)年十二月の三方原《みかたがはら》の戦いで信玄が家康を破ると、信長は勝手に信玄と結んだ義昭を痛烈に非難する。一五七三(元亀四)年二月、追い詰められた義昭は、義景・長政と協力して対信長の兵を挙げ、久秀らとも同盟を結んだ。

ところが同一五七三年四月に、上洛途上の武田信玄が病没すると、織田信長は同年七月に山城《やましろ》槇《まき》島《しま》城の足利義昭を破って追放した。その後、朝倉義景・浅井長政を滅ぼした信長は、同年十一月には河内若江《わかえ》城の三好義継を攻撃し自害させている。この間ほとんど動くことのなかった松永久秀は、信長に降伏を申し出た。信長はこうした久秀を「つらにくき子細」としながらも、多聞山城の明け渡しや松永久通を信貴山城に移すことなどを条件にこれを許した。ここに松永久秀・久通父子は、はじめて信長に臣従することとなったのである。同年十二月、久秀は出家して道意《どうい》と号した。

一五七五(天正三)年三月、織田信長は家臣の塙直政《ばんなおまさ》を大和の守護とし、松永方には大和十市郷《とおちごう》の三分の一が与えられた。松永方による大和支配は完全に終焉《しゅうえん》を迎えたのである。翌一五七六(天正四)年五月、本願寺を攻撃していた直政が戦死すると、信長は松永久秀に出陣を命じて本願寺に反撃するとともに、直政に代わる大和支配を筒井順慶に任せた。『多聞院日記』によると、南都の諸寺院はこれを大いに喜んだという。翌一五七七(天正五)年六月、織田信長は筒井順慶に対して、多聞山城の「四階ヤクラ」を建造中の安土城へ移動するよう命じており、同年閏《うるう》七月には多聞山城を完全に破却している。

同一五七七年八月、織田信長の家臣として本願寺攻めに従軍していた松永久秀・久通父子は、信長から離反し信貴山城に籠城した。これは毛利輝元《もうりてるもと》に庇護《ひご》されていた足利義昭の上洛計画に呼応したものではあるが、久秀にとって長年の敵である筒井順慶を、信長が大和支配に重用したことに対する不満こそ、その最大の要因であったと考えられる。信長方は信貴山城など松永方を攻撃し、同年十月十日に久秀は「腹を切り自焼」した。『多聞院日記』は、この日時が十年前の東大寺大仏殿焼失と同日同時刻であったため、「奇異の事なり」と伝えている。

なお、落城とともに名物茶釜「平蜘蛛」も失われたが、後に破片を接いで復元され、一五八〇（天正八）年の茶会で多羅尾綱知《たらおつなとも》が使用したと、『天王寺屋会記』には記されている。江戸初期に成立した『大かうさまくんきのうち』に「まつなかふし、（中略）てんしゆに、ひをかけ、ひらくものかま、うちくたき、やけしに候」、『川角太閤記《かわすみたいこうき》』に「頸《くび》は鉄砲の薬にてやきわり、みじんにくだけければ、ひらくもの釜と同前なり」とあり、「平蜘蛛」に火薬を詰めて爆死したというエピソードが、後世次第に脚色され成立していった俗説であることが分かる。

下剋上の典型とされた久秀の実像

ここまで二次史料で語られてきた松永久秀像を、一次史料に基づいた近年の研究成果によって見直してきたが、久秀はそもそも主君三好義興を毒殺していなかった。その後も一時的に三好三人衆によって新たな主君三好義継を奪われたものの、関係が改善されてからは義継を支え続け、最終的には三人衆とも和睦して三好氏を主家とする体制を再構築している。また、久秀による将軍足利義輝の暗殺についても史実ではない。むしろ久秀は義輝の弟・覚慶(義昭)を大和で保護しており、後に織田信長らとともに義昭を擁立し、室町幕府を再興している。また、朝廷との関係も終始きわめて良好であった。久秀は将軍権威あるいは天皇権威の重みを熟知していたのである。さらに、東大寺大仏殿の焼失についても、あくまで兵火の余煙によるものであって、久秀が意図的に焼き討ちしたものではなく、むしろ大仏殿の失火には心を痛めていた。

織田信長との関係についても、彼が上洛する以前からの同盟相手であり、ともに足利義昭の幕府を支え合う間柄であった。その後も松永久秀は信長との関係悪化を極力避けており、最終的な敵対も成り行きによるところが大きかった。また、久秀が信長に臣従するのは、あくまで義昭が追放されてからのことであり、その後は家臣として忠実に信長の命に従っている。つまり、三度信長に敵対したというのも史実ではない。

以上のように松永久秀は、後世の脚色されたエピソードにみられるような、破天荒な人物ではけっしてなかったのである。ただし、事実上の守護・興福寺をいただいた国人《こくじん》たちが主導する大和において、摂津からの侵入者で大和の旧秩序を破壊した久秀は、たしかに下剋上の典型例であった。『多聞院日記』の記主である興福寺多聞院の英俊《えいしゅん》をはじめ、大和の旧勢力たちが久秀を酷評しているのは、これを明瞭に示している。逆に久秀の立場からすると、旧勢力の代表的存在である筒井順慶は、駆逐《くちく》すべき最大の敵であった。久秀が足利義昭と敵対するに及んだのも、最後に織田信長への無謀な反乱を企てたのも、義昭や信長が順慶を厚遇したことが原因であることを考えると、久秀の下剋上とはきわめて現実的な範疇で解釈できる性質のものといえよう。

⊙参考文献

天野忠幸『松永久秀と下剋上——室町の身分秩序を覆す』（平凡社、二〇一八年）
天野忠幸編『松永久秀——歪められた戦国の〝梟雄〟の実像』（宮帯出版社、二〇一七年）
金松誠『シリーズ・実像に迫る　〇一九　筒井順慶』（戎光祥出版、二〇一九年）
金松誠『シリーズ・実像に迫る　〇〇九　松永久秀』（戎光祥出版、二〇一七年）
田中信司「御供衆としての松永久秀」（『日本歴史』七二九、二〇〇九年）
福島克彦『戦争の日本史　一一　畿内・近国の戦国合戦』（吉川弘文館、二〇〇九年）

【執筆者略歴】

（掲載順）

松尾 光（まつお ひかる）
一九四八年、東京都生まれ。一九七五年、学習院大学大学院博士課程終了。博士（史学）。現在、早稲田大学エクステンションセンター講師、奈良県立万葉文化館研究顧問。主要著書：『白鳳天平時代の研究』『万葉集とその時代』『闘乱の日本古代史』『現代語訳魏志倭人伝』

鈴木 哲（すずき さとし）
一九四八年、千葉県生まれ。一九七六年、学習院大学大学院単位取得退学。現在、日本大学非常勤講師。主要著書：『文明と文化の諸相』『中世日本の地域的諸相』『闘諍と鎮魂の中世』『怨霊の宴』『取手市史』

下向井 龍彦（しもむかい たつひこ）
一九五二年、広島県生まれ。一九八〇年、広島大学大学院修了。文学修士。現在、広島大学名誉教授。主要著書・論文：『講談社版 日本の歴史〇七 武士の成長と院政』、『物語の舞台を歩く 純友追討記』、「音戸瀬戸清盛開削伝説の形成と浸透」（『芸備地方史研究』第二八二・二八三号所収）、「王朝国家国衙検断権の構成」（『史人』第六号所収）、「王朝国家財政構造の展開と斎院禊祭料の諸段階」（『史人』第七号所収）、「『高倉院厳島御幸記』の厳島参詣航路」（『厳島研究』第十五号所収）

繁田 信一（しげた しんいち）
一九六八年、東京都生まれ。神奈川大学大学院歴史民俗資料学研究科修了。博士（歴史民俗資料学）。現在、神奈川大学日本常民文化研究所特別研究員、東海大学文学部非常勤講師。主要著書：『陰陽師と貴族社会』『庶民たちの平安京』『紫式部の父親たち』『かぐや姫の結婚』『王朝貴族のおまじない』

元木 泰雄（もとき やすお）
一九五四年、兵庫県生まれ。一九八三年、京都大学大学院文学研究科指導認定退学。博士（文学：京都大学）。現在、京都大学大学院人間・環境学研究科教授。主要著書：『源頼朝 武家政治の創始者』、『人物叢書 源頼義』、『敗者の日本史 五 治承・寿永の内乱と平氏』、『河内源氏』、『平清盛の闘い 幻の中世国家』

永井 晋（ながい すすむ）
一九五九年、群馬県生まれ。一九八六年、国学院大学大学院博士課程後期中退。博士（歴史学）。現在、関東学院大学客員教授。主要著書：『金沢北条氏の研究』、『源頼政と木曽義仲――勝者になれなかった源氏――』、『平氏が語る源平争乱』

岡田 清一（おかだ せいいち）
一九四七年、茨城県生まれ。一九七五年、学習院大学大学院人文科学研究科博士課程（史学専攻）満期退学。博士（文学：東北大学）。現在、東北福祉大学大学院教育学研究科嘱託教授。主要著書：『鎌倉の豪族Ⅱ』、『中世日本の地域的諸相』（共著）、『鎌倉幕府と東国』、『中世東北の地域社会と歴史資料』、『相馬氏の成立と発展』、『北条義時』

下山 忍（しもやま しのぶ）
一九五六年、群馬県生まれ。一九八〇年、学習院大学大学院人文科学研究科史学専攻修士課程修了。現在、東北福祉大学教育学部教授。主要著書・論文：『もう一度読む山川日本史史料』、『武蔵武士を歩く』、『学力を伸ばす日本史授業デザイン』、「北条義時の発給文書」・「北条経時の発給文書」（北条氏研究会編『北条氏発給文書の研究』所収）、「極楽寺流における北条義政の政治的立場と出家遁世事件」（北条氏研究会編『北条時宗の時代』所収）、「学習指導要領の改訂――歴史総合の趣旨――」（『歴史と地理』七二七号所収）

久保田 和彦（くぼた かずひこ）
一九五五年、神奈川県生まれ。一九八四年、学習院大学大学院人文科学研究科史学専攻博士課程単位習得退学。現在、鶴見大学文学部文化財学科・日本大学文理学部史学科非常勤講師。主要著書・論文『六波

羅探題　研究の軌跡』(『日本史史料研究会ブックス』)、「十一～十二世紀における国司・国衙権力の国衙領支配」(『日本歴史』三八七号所収)、「黒田荘出作・新荘の成立過程と国司政策」(『ヒストリア』一二八号所収)、「六波羅探題発給文書の研究――北条泰時・時房探題期について――」(『日本史研究』四〇一号所収)、「鎌倉幕府「連署」制の成立に関する一考察」(『鎌倉遺文研究』四一号所収)

角田　朋彦(つのだ　ともひこ)
一九六九年、群馬県生まれ。一九九八年、駒沢大学大学院博士後期課程満期退学。現在、駒沢大学・京都造形芸術大学各非常勤講師。主要著書：『南北朝遺文　関東編』(共編)

渡邊　大門(わたなべ　だいもん)
一九六七年、神奈川県生まれ。二〇〇八年、仏教大学大学院文学研究科博士後期課程修了。博士(文学)。現在、(株)歴史と文化の研究所代表取締役。主要著書：『関ヶ原合戦は「作り話」だったのか――一次史料が語る天下分け目の真実――』、『明智光秀と本能寺の変』、『光秀と信長　本能寺の変に黒幕はいたのか』、『地域から見た戦国一五〇年　七　山陰・山陽の戦国史』『奪われた「三種の神器」皇位継承の中世史』、『宇喜多秀家と豊臣政権　秀吉に翻弄された流転の人生』

下川　雅弘(しもかわ　まさひろ)
一九七五年、京都府生まれ。二〇〇三年、日本大学大学院文学研究科日本史専攻満期退学。現在、駒沢女子大学人間総合学群文化学類准教授。主要著書・論文：『三好長慶』、『室町幕府全将軍列伝』(以上共著)、「三好長慶の上洛と東寺からの礼銭」(『戦国史研究』五六)、「山科言経の医療行為と贈答文化」(『生活文化史』六六)、「大坂の陣豊臣方関連史跡の創出」(『戦国期政治史論集』所収)

2020年4月15日　第1刷発行

「侠《きょう》の歴史《れきし》」日本編《にほんへん》（上《じょう》）

編著者
関《せき》 幸彦《ゆきひこ》

発行者
野村久一郎

印刷所
法規書籍印刷株式会社

発行所
株式会社 清水書院
〒102-0072
東京都千代田区飯田橋3-11-6
［電話］03-5213-7151㈹
［FAX］03-5213-7160
http://www.shimizushoin.co.jp

デザイン
鈴木一誌・下田麻亜也・吉見友希

ISBN978-4-389-50120-4
乱丁・落丁本はお取り替えします。
本書の無断複写は著作権法上での例外を除き禁じられています。
また、いかなる電子的複製行為も私的利用を除いては全て認められておりません。